毛泽东与毛泽东后的当代中国

毛泽东研究三部曲

李君如 著

海峡出版发行集团
THE STRAITS PUBLISHING & DISTRIBUTING GROUP
福建人民出版社

图书在版编目(CIP)数据

毛泽东与毛泽东后的当代中国/李君如著．—2版．--福州：福建人民出版社，2014.12（2022.11重印）
（毛泽东研究三部曲）
ISBN 978-7-211-06856-2

Ⅰ．毛…　Ⅱ．李…　Ⅲ．①毛泽东思想－思想评论②邓小平（1904～1997）－思想评论　Ⅳ．①A84②A849

中国版本图书馆CIP数据核字（2013）第311589号

毛泽东与毛泽东后的当代中国
MAO ZEDONG YU MAO ZEDONG HOU DE DANGDAI ZHONGGUO

著　　者：李君如
责任编辑：李天兵
出版发行：福建人民出版社
地　　址：福州市东水路76号
邮政编码：350001
发行部电话：（0591）87533169
网　　址：http://www.fjpph.com
电子邮箱：211@fjpph.com
印　　刷：东莞金杯印刷有限公司
地　　址：广东省东莞市常平镇金杯路3号1栋101室
开　　本：787毫米×1092毫米　1/16
印　　张：25.75
字　　数：364千字
版　　次：2014年12月第2版
印　　次：2022年11月第2次印刷
印　　数：3001－5000
书　　号：ISBN 978-7-211-06856-2
定　　价：82.00元

本书如有印装质量问题，影响阅读，请与发行部联系调换。

总 序

李君如

为纪念毛泽东同志诞辰120周年，福建人民出版社同我商量，希望再版由《毛泽东与近代中国》《毛泽东与当代中国》《毛泽东与毛泽东后的当代中国》组成的“毛泽东研究三部曲”。犹豫再三，我还是答应了。

之所以要犹豫，是因为这三本书是我在上一世纪80年代末开始写作、90年代初期和中期陆续出版的（有的已经再版过，而且多次印刷），现在再版就有一个问题：究竟是保持历史原貌，还是根据新的认识做必要的修改；修改这样已经在社会上有一定影响的著作是否合适。听了许多朋友的意见，考虑到做一定的修订是必要的（为尊重历史，观点性的修订可以加注释说明），最后我还是同意出版社再版。

之所以说修订是必要的，其中一个原因是，由于原来三部著作是陆续成书的，《毛泽东与当代中国》还写在《毛泽东与近代中国》前，三部书缺少一个总序。因此，这次修订有必要补上一个总序。这就是这篇总序的由来。

我为什么那么重视这篇“总序”？是因为从毛泽东与近代中国，到毛泽东与当代中国，再到毛泽东与毛泽东后的当代中国，始终贯穿着“马克思主义中国化”这条主线。然而，由于原来这三部书是分卷写成的，只能在《毛泽东与近代中国》中提到这一思想是怎么提出的，还无法说明这一思想对于中国共产党的实践创新和理论创新有多么大的意义。所以，非常有必要补上这一点。与此同时，我们也确实需要在研究中国共产党的历史和理论时，从基础做起，对“马克思主义中国化”这一命题提出和发展的一系列基本问题，进行深入的思考和研究。

一　“马克思主义中国化”的提出

“马克思主义中国化”这一命题，是毛泽东认真总结中国革命实践中积累的丰富经验，并进行深入的哲学和理论思考的基础上提出的；在改革开放新的实践基础上，在21世纪初，我们把这一命题作为中国共产党的理论创新和理论武装的中心任务重新提了出来。

（一）“马克思主义中国化”命题的提出

“马克思主义中国化”这一命题是毛泽东在全民族抗日战争初期提出的。

1938年10月，在中共扩大的六届六中全会上，毛泽东作了题为《论新阶段》的长篇报告。在这一著名报告的第七部分《中国共产党在民族战争中的地位》中，他以中国共产党在北伐战争和土地革命战争经历的两次胜利、两次失败的历史经验和全民族抗日战争初期在统一战线问题上出现的右倾错误为鉴戒，深刻地指出：“没有抽象的马克思主义，只有具体的马克思主义。所谓具体的马克思主义，就是通过民族形式的马克思主义，就是把马克思主义应用到中国具体环境的具体斗争中去，而不是抽象地应用它。成为伟大中华民族之一部分而与这个民族血肉相联的共产党员，离开中国特点来谈马克思主义，只是抽象的空洞的马克思主义。因此，马克思主义的中国化，使之在其每一表现中带着中国的特性，即是说，按照中国的特点去应用它，成为全党亟待了解并亟须解决的问题。”① 在这里，毛泽东第一次在中央全委会上提出了“马克思主义中国

① 毛泽东：《论新阶段》（1938年10月）。《建党以来重要文献选编》第15册，第651页，中央文献出版社，2011。

化”的任务，并强调这是全党“亟待了解并亟须解决的问题”。

在中国革命和建设的伟大实践中形成的毛泽东思想，就是马克思主义中国化的第一个成果。刘少奇在中共七大报告中论述毛泽东思想是党的指导思想的时候，明确指出：毛泽东“成功地进行了马克思主义中国化的巨大工作”。

（二）“马克思主义中国化”思想的形成

毛泽东之所以能够在全民族抗日战争初期提出“马克思主义中国化”这一命题，是因为中国革命的实践告诉我们：马克思主义是解决中国问题的最好理论武器，但是马克思主义只有与中国革命的具体实践相结合，才能使中国革命的面貌焕然一新。

从中国革命的实际进程来考察，毛泽东关于“马克思主义中国化”思想的形成及其这一命题提出的过程，经历了三个重要的发展阶段。

第一阶段，以“改造中国与世界”为己任学习和接受马克思主义。近代中国落后挨打、任人宰割的悲惨命运，激发了无数志士仁人救亡图存的爱国热情。但是，从林则徐、魏源提出“师夷之长技以制夷”，到洪秀全领导的波澜壮阔的太平天国运动，到康有为、梁启超推动的戊戌变法，都没有获得成功。孙中山先生领导的辛亥革命，尽管结束了统治中国二千多年的君主专制制度，但并没有改变中国自 1840 年鸦片战争以来逐步形成的半殖民地半封建社会的性质，革命的成果最终还落到了北洋军阀手中，国家和人民仍然处在水深火热之中。毛泽东在青年时代就具有“改造中国与世界”的志向。为了救亡图存，他和同时代的许多爱国青年一样，在五四新文化运动“打倒孔家店”的呐喊中突破中国封建文化的藩篱，以宽广的世界眼光寻找救国救民的真理。应该讲，五四新文化运动也有不足，还存在着毛泽东后来在《反对党八股》中所说的，对中国传统文化缺乏历史唯物主义的批判精神，即“所谓坏就是绝对的坏”等形式主义问题。但是在五四新文化运动中，世界上各种思潮汹涌澎湃地进入中国，毛泽东的思想认识也发生了急剧的变化，实现了一次又一次超越。在哲学思想上，他经历了从"无我论"到"唯我论"特别是"精神之个人主义"，到"平民主义"，再到唯物史观的转变；在政治思想上，他经历了从传统的爱国主义到民主主义特别是无政府主义，再到共产主义的转变。毛泽东经历的这一系列思想转变，不是在书斋里发生的，而是在他亲身经历的实践推动下发生的，即在他参与和领导的思想启蒙运动、驱张运动、湖南自治运动等一系列民主主义实践遭受失败以后发生的，所以他的思想转变要比别人更为深刻。[①] 他最终接受或选择马克思主义，表明他开始把马克思主义作为改造中国和世界的思想武器。而这一点，正是他后来形成并提出"马克思主义中国化"的历史起点。

第二阶段，在"反对本本主义"中提出马克思主义"本本"与中国实际相结合的原则。毛泽东和一批先进的知识分子接受马克思主义，并把马克思主义与中国工人运动结合起来创建中国共产党，是因为他们在实践中认识到，马克思主义反映了社会发展的客观规律并代表被剥削被压迫的广大劳动人民的利益，认识到只有马克思主义才是解决中国社会的主要矛盾即反对帝国主义和封建主义的思想武器。但是，实践告诉毛泽东和中国共产党人，产生于西方社会并以解决无产阶级与资产阶级的矛盾为主要任务的马克思主义，要运用于中国社会环境，还必须根据中国实际提出能够解决中国问题的正确的战略思想和方针政策。为此，毛泽东运用马克思主义的阶级分析方法，全面系统地分析了中国社会的阶级状况，形成了无产阶级领导的团结广大农民阶级、城市小资产阶级和民族资产阶级，反对帝国主义、封建主义以及与此相联系的买办资本主义的战略策略思想；在大革命失败后，又不失时机地提出了"枪杆子里出政权"的思想并带领秋收起义队伍走上了农村包围城市、最后夺取全国政权的独特革命道路；在农村革命根据地建设中，通过深入细致的调查研究提出了解决农村土地问题、红色政权建立问题、人民军队建设和

---

① 毛泽东说："因俄式系诸路皆走不通了新发明的一条路，只此方法较之别的改造方法所含可能的性质为多。"参见毛泽东：《在新民学会长沙会员大会上的发言》（1921年1月1日、2日）。《毛泽东文集》第1卷，第1—3页，人民出版社，1993。

党的建设等一系列新问题。在此基础上，他在1930年针对党的工作指导中出现的主观主义倾向，提出了“反对本本主义”，要把马克思主义的“本本”与中国实际相结合，没有调查就没有发言权，中国革命斗争的胜利要靠中国同志了解中国情况，要形成从斗争中创造新局面的思想路线等一系列重要思想。毛泽东这些关于如何对待马克思主义的唯物主义思想的提出，是“马克思主义中国化”思想形成的重要环节。①

第三阶段，在历史经验和哲学思想的总结中提出“马克思主义中国化”这一科学命题。经过长征和遵义会议的生死考验，毛泽东在红军到达陕北以后，一方面总结北伐战争和土地革命战争两次胜利两次失败的经验教训，写了《中国革命战争的战略问题》和《实践论》、《矛盾论》等讲义，着手在红军指战员中进行党的历史经验和马克思主义哲学思想的教育；另一方面分析国内外形势的变化，特别是国内民族矛盾取代阶级矛盾上升为社会主要矛盾的新特点，制定了建立抗日民族统一战线的政治策略路线，并以第一次国共合作的经验教训为鉴戒提出了共产党要在统一战线中保持独立自主的原则。正当毛泽东在进行这一些马克思主义的创造性工作的时候，1937年11月，王明以共产国际执委会主席团委员的领导身份回国，并在中央政治局12月会议上传达共产国际提出的“一切服从统一战线”“一切经过统一战线”的指示，批评了毛泽东关于党要在统一战线中保持独立自主的主张。1938年，中共中央派任弼时去苏联向共产国际汇报工作。当时主持共产国际工作的李米特洛夫了解了中国的实际情况后，派中共驻共产国际代表王稼祥回国，指示中国共产党“在领导机关中要在毛泽东为首的领导下解决”。根据这一重要指示，中国共产党召开了扩大的六届六中全会。② 毛泽东在会上作了《论新阶段》的著名报告，强调党要加强学习，要研究理论、历史和现实，包括要研究从孔夫子到孙中山的历史和中国革命的丰富经验，提出了“马克思主义中国化”的理论任务。

---

① 毛泽东：《反对本本主义》（1930年5月）。《毛泽东选集》第1卷，第109—118页，人民出版社，1991。

② 《毛泽东传（1893—1949）》下卷，第504—521页，中央文献出版社，2004。

马克思主义中国化的提出，是中国共产党的理论创新的重要成果，也为全党反对主观主义特别是教条主义提供了重要的思想武器。1942 年的延安整风，1945 年胜利召开的中共七大，就是在马克思主义中国化的思想指导下取得成功的。毛泽东思想就是马克思主义中国化的第一个成果。研究“毛泽东与近代中国”，毛泽东在推进中国共产党的实践创新和理论创新中之所以能够取得那么辉煌的成就，之所以能够领导中国共产党和中国人民赢得中国革命的历史性胜利，靠的就是马克思主义中国化。

(三)“马克思主义中国化”的重新提出

但是，在新中国建立后，我们很少公开使用“马克思主义中国化”这一提法，一般只是使用“马克思主义与中国实际相结合”这一提法。

研究者注意到，在新中国建立前夕，国际共产主义运动中发生过一件重要的事情，与此有关系。这就是，1948 年 6 月共产党情报局通过决议，批评南斯拉夫共产党的所谓民族主义、反苏和亲资本主义倾向。当时，中国共产党正在准备夺取全国政权，很重视共产党情报局的决议，专门做了学习贯彻的决定，并且发表了社论，还把这些文件和社论列为中央党校学习的文献。考虑到“马克思主义中国化”的提法可能会被误解为民族主义倾向，那以后，党中央在公开场合不再提“马克思主义中国化”。后来在《毛泽东选集》出版时，把《中国共产党在民族战争中的地位》一文中的“马克思主义中国化”，改为“使马克思主义在中国具体化”①。

即使如此，后来在中苏论战的时候，苏共还是对中国共产党在历史上使用过“马克思主义中国化”这一提法进行了指责。1960 年 11 月初，刘少奇率中共代表团到莫斯科出席全世界共产党和工人党代表会议，苏

① 《毛泽东选集》第 2 卷，第 534 页，人民出版社，1991。毛泽东同中国音乐协会负责人谈话时，说过在艺术上要学习西方好的东西，但是“应该越搞越中国化，而不是越搞越洋化”。参见毛泽东：《同音乐工作者的谈话》（1956 年 8 月 24 日）。《毛泽东文集》第 7 卷，第 82 页，人民出版社，1999。

共中央在送交中共代表团给中共中央的长篇《答复信》中，对中国共产党进行了一系列指责，其中之一就是："马列主义是一个国际主义的学说，它对一切国家都同样是适用和可以采纳的。然而中共的同志们，中国的报刊，竟广泛地使用'中国化的马克思主义'这个概念。譬如说，刘少奇同志在中共七大的报告中，就说到马克思主义中国化，说毛泽东同志'成功地进行了马克思主义中国化的巨大工作'。"因此，毛泽东在1961年1月中共八届九中全会上对此作了回应。他风趣地说道："'马克思主义中国化'，恐怕不是你（指刘少奇）的专有权，我想我也讲过嘛！文字上有，我记得好像有，六中全会上写了马克思主义中国化，我记得我提过，所以发生这个版权问题。所谓马克思主义中国化，就是马克思主义普遍真理跟中国革命具体实践的统一，一个普遍一个具体，两个东西的统一叫中国化。"

实践证明，毛泽东提出的"马克思主义中国化"的任务是正确的。研究"毛泽东与当代中国"，我们在社会主义革命和建设中能够克服各种困难，建立起社会主义基本制度，建立起独立的工业体系和完整的国民经济体系，靠的依然是马克思主义中国化；我们在"大跃进"和人民公社化运动中犯错误，甚至发生了长达10年之久的"文化大革命"那样严重的错误，也是因为离开了马克思主义中国化。

因此，改革开放以来，即在"毛泽东后的当代中国"，邓小平在认真总结中国和世界社会主义运动的历史经验的基础上，继承和发展了毛泽东提出的"马克思主义中国化"思想，探索并提出了"走自己的道路，建设有中国特色的社会主义"这一科学命题，并以社会主义的崭新实践验证了马克思主义中国化的正确性。由邓小平创立，并由江泽民推进到21世纪、胡锦涛在新世纪从新的历史起点出发继续坚持和发展的中国特色社会主义，是继毛泽东思想后马克思主义中国化的又一成果，或者说是马克思主义中国化的最新成果。

值得一提的是，进入21世纪之初，中国共产党以实践为检验真理的标准，重新使用了"马克思主义中国化"和"中国化马克思主义"的提法。2001年7月1日，江泽民在庆祝中国共产党成立80周年的重要讲话中，首次用“中国化了的马克思主义”来说明毛泽东思想和邓小平理论在马克思主义发展史上的地位。同年9月26日，中共中央在《关于加强和改进党的作风建设的决定》中，明确提出了“不断推进马克思主义中国化”的要求。中共十六大以后，“马克思主义中国化”就成为中国共产党经常使用的提法。2003年6月22日，中共中央在关于学习“三个代表”重要思想的通知中，强调这一重要思想“是马克思主义中国化的最新成果”。胡锦涛在2003年7月中共中央政治局集体学习时的重要讲话、同年12月在纪念毛泽东诞辰110周年上的重要讲话、2005年1月在新时期保持共产党员先进性专题报告会上的重要讲话、2006年8月在学习《江泽民文选》报告会上的重要讲话、同年10月在中共十六届六中全会上的讲话以及在其他一系列重要活动的重要讲话中，多次使用了“马克思主义中国化”这一提法。2006年5月31日，胡锦涛在为全国干部学习培训教材所写的序言中，明确提出“干部教育培训工作，必须坚持以马克思列宁主义、毛泽东思想、邓小平理论和‘三个代表’重要思想为指导，全面贯彻落实科学发展观，把学习和传播马克思主义中国化的最新成果作为中心内容，着力引导广大干部准确把握当代中国马克思主义理论发展成果的科学内涵和精神实质，并用以武装头脑、指导实践、推动工作”。

特别是，2007年召开的中共十七大，继1945年中共七大后，再一次把“马克思主义中国化”，写进了党代会报告，提出要“深入学习贯彻中国特色社会主义理论体系，着力用马克思主义中国化最新成果武装全党”。

综上所述，我们可以体会到，在中国共产党人的理论创新过程中，贯串着一条鲜明的主线，这就是：马克思主义中国化。

二　“马克思主义中国化”的科学内涵

历史的回顾告诉我们，“马克思主义中国化”是一个全新的命题。这一命题的提出，不仅在中国是一个理论创新，在马克思主义发展史上也是一个理论创新。因此，我们在研究马克思主义中国化的过程中，应该深入地研究这一命题的科学内涵。

(一)“马克思主义中国化”的基本原则和理论要求

什么是毛泽东和中国共产党所说的“马克思主义中国化”呢？

这个问题当年在延安曾经引起人们广泛的兴趣。事实上，在毛泽东提出“马克思主义中国化”这一命题之前，当年已有盛名的马克思主义哲学家艾思奇就已经在1938年4月提出过“现在需要来一个哲学研究的中国化、现实化的运动”[①]。1940年2月，他还针对叶青以“马克思主义中国化”为名，鼓吹“中国国情特殊”，用复古主义来否定马克思主义的错误言论，进行了深入的分析和批驳。[②]

根据毛泽东在《实践论》《矛盾论》中阐述的辩证唯物主义认识论，特别是他从《反对本本主义》开始到延安时期反复强调的，关于学习研究马克思主义的一系列科学论述，我认为，“马克思主义中国化”这一科学命题，回答的是在中国应该“怎么样坚持和发展马克思主义”这一根本的理论问题。因此，它首先是一个马克思主义理论工作的原则，同时又是马克思主义对党的理论工作的要求。

这里，有必要区分一下“马克思主义中国化”与“中国化的马克思主义”这两个概念。前者指的是中国的马克思主义理论工作者在理论工作中必须坚持的原则和要求，后者指的是在马克思主义中国化过程中所获得的理论成果。

中国的马克思主义理论工作者在理论工作中必须坚持的原则和要求，

---

① 艾思奇：《哲学的现状和任务》。《艾思奇全书》第2卷，第491页，人民出版社，2006。

② 艾思奇：《论中国的特殊性》。《艾思奇全书》第2卷，第772—779页，人民出版社，2006。

包括了一个基本原则、三个理论要求：

一个基本原则，就是“马克思主义与中国实际相结合”。用当时的话来说，是“马克思主义普遍真理与中国革命具体实践相结合”。也就是不能抽象地教条式地对待马克思主义。毛泽东在《论新阶段》（1938年）第七部分《中国共产党在民族战争中的地位》中明确提出这一问题后，在《〈共产党人〉发刊词》（1939年）中，进一步系统地论述了中国共产党对这个问题的认识过程及其对党的成熟程度的影响。值得注意的是，在《中国共产党在民族战争中的地位》中，强调党要努力学习，研究理论，研究历史，研究现实，在这样三方面的学习中实现“马克思主义中国化”；而在《改造我们的学习》（1941年）这篇著名的整风文献中，毛泽东在阐述“理论联系实际”的“实事求是”原则时，指出理论与实践相结合必须做到理论与历史、现实相结合，也就是说理论与此结合的“实际”包括“历史经验”和“现实状况”两个方面。在这里，毫无疑问，“现实状况”的研究是最重要的。不研究现实问题，不解决现实问题，就谈不上理论联系实际，就不可能实事求是，就无所谓马克思主义中国化；与此同时，“历史经验”也是很重要的一个方面，毛泽东在运用马克思主义研究现实问题时，特别重视联系更广更深的历史经验来研究现实运动的规律。这里所讲的“历史经验”，包括中国的，也包括外国的；包括中国现代的，也包括中国古代的。实际上，是运用马克思主义研究古今中外历史经验的基础上，来认识现实并解决现实问题的。马克思主义中国化的过程，是一个艰苦的理论研究过程，是理论与包括历史经验和现实状况的客观实际之间相结合的复杂过程。

三个理论要求，就是：一要运用马克思主义研究和解决中国问题，包括要运用马克思主义研究总结中国的历史经验进而研究总结中国现实社会的矛盾运动规律；二要总结中国革命和建设实践中形成的丰富经验，并在同外国经验的深刻比较中使之上升为理论，充实到马克思主义理论体系中去，即毛泽东所说的“要使中国革命丰富的实际马克思主义化”[①]；三要通过民族形式包括中国人民喜闻乐见的民族语言来表达马克思主义，不仅在内容上要努力使马克思主义中国化，在形式上也要努力实现马克思主义中国化。

把这三个理论要求与基本原则统一起来，我们可以注意到两点：

第一，马克思主义中国化的过程，是马克思主义与中国实践之间双向互动的过程。这个过程，既是理论指导实践的过程，也是实践经验上升到理论的过程。究其实质，是马克思主义面对中国实际，回答和解决中国实践提出的问题的过程，是在实践中坚持和发展马克思主义理论的过程。这里，理论要面对中国现实，指导中国实践；同时要深入实践而不能脱离实践，回答和解决实践中提出的问题；还要在实践中敢于和善于进行理论概括、理论创新。

第二，马克思主义中国化的过程，是马克思主义指导下的历史经验总结与现实矛盾研究之间双向互动的过程。不研究现实矛盾不可能实事求是，不研究历史经验也不可能实事求是。只有把对现实矛盾的研究与对古今中外历史经验的研究结合起来，才有可能认识并揭示事物内部的矛盾运动规律，推进马克思主义的理论创新，实现马克思主义中国化。

(二)“马克思主义中国化”与“异端”问题

在对“马克思主义中国化”科学内涵思考的过程中，有一种观点值得重视。这就是，要正确看待马克思主义中国化过程的所谓“异端”。

提出这一问题，是因为在马克思主义中国化过程中，许多创新的理论观点都曾经被看作是“异端”。这种情况，在思想史上具有某种普遍

---

① 毛泽东：《反对主观主义和宗派主义》(1941年9月10日)。《毛泽东文集》第2卷，第374页，人民出版社，1993。

性。马克思主义中国化的过程，是一个在解放思想、实事求是过程中进行实践探索和实践创新、理论探索和理论创新的过程，对于在实践中形成的新经验和新观点也有一个需要以实践为基础进行再认识、以实践为标准进行客观检验的过程。在这个探索和创新过程中，难免会发生一系列新旧观点的分歧、对立和冲撞，难免会有一些新经验新观点被看作是正统理论的“异端”。比如毛泽东关于农村包围城市最后夺取全国胜利和中国革命的主力军是农民的思想，邓小平关于以经济建设为中心建设社会主义和社会主义也可以搞市场经济的思想，江泽民关于共产党要坚持“三个代表”和新的社会阶层的优秀分子也可以入党的思想，等等，都曾经被所谓正统的理论视作马克思主义的“异端”。邓小平在谈到中共十二届三中全会通过的《关于经济体制改革的决定》时说过：“这次经济改革的文件好，就是解释了什么是社会主义，有些是我们老祖宗没有说过的话，有些新话。我看讲清楚了。过去我们不可能写出这样的文件，没有前几年的实践不可能写出这样的文件。写出来，也不容易通过，会被看作‘异端’。”① 这在马克思主义发展史上出现过，在人类文明发展史上也发生过，因此它不是一个你愿意不愿意的问题，而是一个在实践和理论探索、创新过程中难以完全避免的问题。所以，在理论创新过程中，在马克思主义中国化过程中，必须解放思想，正确对待所谓的“异端”。

正确对待“异端”，就是要正确对待新观点。问题是，并不是什么新观点都是正确的。中国共产党在“文化大革命”时期曾经提出过“无产阶级专政下继续革命的理论”，并说这一理论把马克思主义发展到了新阶段。实践证明，这一理论是完全错误的。正因为是这样，就有一个正确认识“异端”、正确认识新观点的问题。我们要以实践为检验真理的唯一标准，看一看人们提出的各种新观点，究竟有哪一些是符合客观规律的，在实践中是有成效的，是正确的。当然，这也不是一朝一夕就能够检验

---

① 邓小平：《在中央顾问委员会第三次全体会议上的讲话》（1984 年 10 月 22 日）。《邓小平文选》第 3 卷，第 91 页，人民出版社，1993。

出来的，要经过长期的实践、长期的观察、长期的检验，才能够认识其真伪对错。

三 “马克思主义中国化”与民族主义、多元化

考虑到自从“马克思主义中国化”提出来以后，曾经有过各种错误的解读，因此有必要对其中一些有重大影响的问题，进行研究和讨论。

（一）“马克思主义中国化”与民族主义

提出这个问题，就是前面所介绍的，中国共产党在相当长的时间里没有使用“马克思主义中国化”这一提法，是为了避免被苏共误解中国共产党具有民族主义的倾向。

首先，需要指出的是，民族主义是一个多义词。有时候，人们把民族主义等同于爱国主义；有时候，人们把民族主义看作是以民族利益为中心并且狭隘地维护民族利益，没有国际责任，甚至不惜侵犯其他民族利益的思潮。对于后者，我们又常常称它为“狭隘民族主义”。由于这种情况的复杂性，为避免误解，中国共产党很少在褒义的意义上使用“民族主义”这个词。当年，共产党情报局批评南斯拉夫的民族主义，又是一种情况，即认为他们常常在共产主义运动中同苏共不一致。显然，他们并没有能够正确地区分不同的民族主义。而中国共产党提出的马克思主义中国化，强调的是中国共产党要从中国实际出发，独立自主地处理重大问题，实现中华民族的独立、解放和发展。毛泽东在领导革命的时候，经常强调要把我们的爱国主义与无产阶级的国际主义统一起来，就是这个意思。在我们强调国际主义的时候，苏共并没有意见；在我们突出爱国主义的时候，他们总认为我们是那种狭隘的民族主义。我们不能

因为人家怀疑我们是这种民族主义就放弃爱国主义的旗帜，我们也不能因为强调爱国主义而纵容那种狭隘的民族主义。这是我们在坚持马克思主义中国化的时候，一定要注意和牢记的。

同时，我们要认识到，爱国主义也是历史范畴。毛泽东说过："爱国主义的具体内容，看在什么样的历史条件之下来决定。有日本侵略者和希特勒的'爱国主义'，有我们的爱国主义。"① 同样是我们倡导的爱国主义，在民族危亡的时候，救亡是爱国主义的主题；在今天，爱国主义的主题是在发展中国特色社会主义事业中实现中华民族的伟大振兴。因此，我们讲马克思主义中国化，是同我们民族肩负的历史任务紧密地联系在一起的。

（二）"马克思主义中国化"与多元化

这个问题，与邓小平提出建设有中国特色的社会主义这一科学命题后发生的一场争论有关。

长期以来，我们认为苏联模式的社会主义就是标准的社会主义。在苏联模式社会主义的弊端日益暴露的过程中，人们开始重新思考"什么是社会主义、怎样建设社会主义"，包括社会主义是不是只能有苏联一种模式。邓小平提出要"走自己的道路，建设有中国特色的社会主义"，是在社会主义发展史对这个问题的一个重大突破。1983 年，在南斯拉夫的察夫塔特召开的世界社会主义圆桌会议上，中国代表团作了关于"建设有中国特色社会主义"的报告，引起众多专家学者的关注，但也遭到了苏联的抨击，指责这是搞社会主义多元化。但是，经过深入思考，越来越多的人认识到这一问题的重要性。在 1985 年召开的世界社会主义圆桌会议上，一些专家指出："每个国家都有权以自己的特定方式去发展社会

---

① 毛泽东：《中国共产党在民族战争中的地位》（1938 年 10 月）。《毛泽东选集》第 2 卷，第 520 页，人民出版社，1991。

主义”；“马克思主义并不是任何人的私有财产，不能按照或低或高的利率进行借贷和租用，但也不能把它封闭起来，排斥其他概念和思想。假若不实现这些前提，那么社会主义就会受到自身的危害”；“由于存在多种民族和多种文化，所以也将存在多元的社会主义。在这个意义上，世界历史的进程仍然在不断地向前发展，但它显然正在脱离这个单一性和一元性的模式”。这些国家的理论工作者在支持“中国特色社会主义”，批评苏共的“社会主义多元化”指责的过程中，把中国代表团提出的“中国特色”问题，概括为“多元的社会主义”，并没有准确地反映我们党的立场和观点。这样把社会主义模式的多样性归结为社会主义的多元化，弄得不好，会否定科学社会主义的基本原则。上一世纪 80 年代在东欧和苏联曲折推进的新一轮改革最终失败，就是一个严重的教训。

我们都知道，邓小平提出“中国特色社会主义”，是中国共产党在马克思主义中国化过程中取得的一个极其重要的成果。因此，这个关于社会主义能否“多元化”的争论，实际上就是马克思主义能否“多元化”的问题。由于“元”的问题非常复杂，涉及马克思主义的本体问题。弄得不好会为从根本上否定马克思主义基本原理留下很大的缝隙。我们强调马克思主义中国化，决不能走向马克思主义多元化，进而否定马克思主义。这也是应该注意的。

四 马克思主义中国化的两次飞跃和两大成果

我们已经知道，马克思主义中国化的基本要求，是要坚持马克思主义与中国实践相结合。那么，什么是马克思主义与中国实践相结合呢？所谓“相结合”，不是坐在书斋里研究概念与概念之间的联系、范畴与范畴之间的变化，而是马克思主义者从实际出发，回答和解决实践提出的问题。因此，马克思主义中国化的成果，就是中国马克思主义者回答和解决中国重大课题的理论成果。

自从中国共产党成立以来，要回答和解决的是近代中国两大历史性课题：一是求得民族独立和人民解放；二是实现国家繁荣富强和人民共同富裕。简单地说，一要救亡，二要发展。这两大历史性课题，解决前一个课题，才能为解决后一个课题创设条件。毛泽东提出“马克思主义中国化”的任务，就是要求我们立足中国国情，依靠自己的实践，回答和解决近代中国这两大历史性课题。因此，在领导革命、建设、改革的过程中，中国共产党进行了两次“结合”，实现了两次历史性的理论飞跃。

为解决中华民族面临的第一个历史性课题，中国共产党进行了马克思主义与中国实践的第一次“结合”，实现了第一次理论飞跃，形成了新民主主义理论。新民主主义理论的主要创立者是毛泽东。他从半殖民地半封建社会的基本国情出发，找到了具有中国特色的革命道路，揭示了从新民主主义到社会主义转变的历史必然性。

为解决中华民族面临的第二个历史性课题，中国共产党又进行了马克思主义与中国实践的第二次“结合”，开始了第二次理论飞跃，形成了中国特色社会主义理论。中国特色社会主义理论的探索始于毛泽东1956年“以苏为鉴”，从中国实际出发，对社会主义道路的思考，但是后来由于指导思想上的失误没有成功，只是给我们留下了大量宝贵的思想遗产。这一理论的主要创立者是邓小平。他继承毛泽东的未竟之业和思想财富，总结中国和世界社会主义运动的历史经验和中国改革开放的新鲜经验，带领全党全国人民开辟了中国特色社会主义道路，创立了中国特色社会主义理论。伴随着这次理论飞跃在实践中的深化，以江泽民为主要代表的中国共产党人面对世纪之交世界和中国的发展变化对党和国家工作提出的新要求，提出的“三个代表”重要思想，为坚持、丰富和发展中国特色社会主义理论作出了新的贡献。中共十六大以来，以胡锦涛为总书记的党中央从新世纪新阶段新的实际出发提出的科学发展观等重大战略思想，进一步坚持、丰富和发展了中国特色社会主义理论。

尽管这次理论飞跃尚未完结，但是从邓小平理论的创立到“三个代表”重要思想的形成，到中共十六大以来科学发展观等一系列重大战略思想的提出，始终贯穿着一个共同的主题：中国特色社会主义。这是当代中国共产党人全部理论和全部实践的主题。而且，围绕这个主题形成的理论观点已经形成一个科学体系。所以，胡锦涛在中共十七大、十八大报告中明确指出："中国特色社会主义理论体系，就是包括邓小平理论、'三个代表'重要思想以及科学发展观等重大战略思想在内的科学理论体系。"并且指出这个理论体系，就是"马克思主义中国化最新成果"。

在上面研究马克思主义中国化最新成果的过程中，有一个问题需要补充说明。这就是，怎么认识毛泽东思想与中国特色社会主义理论体系的关系问题。这是中共十七大后在中共党史界和理论界争论最多的一个问题。在这个问题上没有一个统一的认识，就会影响坚持中国特色社会主义这一根本方向。

中共十七大后，在这个问题上出现了两种不同的看法：

一种看法认为，毛泽东思想与中国特色社会主义理论体系是马克思主义中国化的两大理论成果。理由是两条：一是中国特色社会主义理论体系由邓小平理论、"三个代表"重要思想、科学发展观构成，不包括毛泽东思想；二是十七大报告明确地指出，中国特色社会主义理论体系坚持和发展了马列主义和毛泽东思想。

另一种看法认为，中国特色社会主义理论体系中包括毛泽东关于社会主义建设的重要思想。因为，毛泽东思想不仅包括马列主义与中国革命实践相结合过程中形成的理论成果，而且包括马列主义与中国社会主义建设实践相结合过程中形成的理论成果，毛泽东关于社会主义建设的重要思想也是中国特色社会主义理论体系的重要组成部分。

显然，这两种意见各有道理，应该很好地加以研究。中共十八大报告把这个问题很好地解决了。在十八大报告中，用"四个成功"分两大历史段落对这个问题作了全面论述。"四个成功"，就是毛泽东"成功实现了中国历史上最深刻最伟大的社会变革"，同时毛泽东"为新的历史时期开创中国特色社会主义提供了宝贵经验、理论准备、物质基础"；邓小平"成功开创了中国特色社会主义"，江泽民"成功把中国特色社会主义推向二十一世纪"，胡锦涛"成功在新的历史起点上坚持和发展了中国特色社会主义”。这里，既讲了毛泽东对中国特色社会主义所作的贡献，又讲了中国特色社会主义的开创者是邓小平。也就是说，以中国特色社会主义的开创为界限，划分了两大历史段落。在这个问题上，我们既要肯定毛泽东为我们今天开创中国特色社会主义所作出的贡献，又要明确中国特色社会主义是以中共十一届三中全会为标志在邓小平领导下开创的。我们应该把思想认识统一到十八大报告的这一科学论断上来。

那么，既然毛泽东也对中国特色社会主义的开创提供了宝贵经验、理论准备、物质基础，那又为什么不能说中国特色社会主义是毛泽东开创的呢？这主要是因为毛泽东在探索过程中“经历了严重曲折”，特别是他在晚年提出了一个与他探索初期的指导思想完全背反的“无产阶级专政下继续革命的理论”，并在临终之际仍然坚持这一理论，我们对毛泽东的宝贵思想遗产是通过拨乱反正才继承下来的。因此，我们并不因为毛泽东晚年犯了严重错误就否定他为我们今天开创中国特色社会主义所作出的贡献，同时也必须看到毛泽东在他人生的最后阶段坚持的并不是中国特色社会主义，中国特色社会主义是我们从中共十一届三中全会后在拨乱反正和改革开放的基础上开创出来的崭新事业，我们讨论这一问题，不能离开这一历史进程的实际。这是一定要注意的。

也就是说，在涉及马列主义、毛泽东思想与中国特色社会主义理论体系的关系，这样一个重大和敏感的问题上，我们一定要注意讲两句话：一句话是，马克思列宁主义、毛泽东思想一定不能丢，丢了就丧失了立党之根本；另一句话是，在当代中国，坚持中国特色社会主义理论体系，就是真正坚持马克思列宁主义、毛泽东思想。

因此，贯穿《毛泽东与近代中国》《毛泽东与当代中国》《毛泽东与毛泽东后的当代中国》的思想理论主线是马克思主义中国化；我们研究毛泽东与中国革命、建设、改革的历史，也是为了更好地了解和坚持马克思主义中国化这一中国共产党的思想理论建设主线。

2013 年 10 月 17 日

序　言

周　抗

君如同志“毛泽东研究三部曲”中的《毛泽东与当代中国》《毛泽东与近代中国》这两部，早于1991、1994年先后问世。现在，其第三部《毛泽东与毛泽东后的当代中国》已在北京脱稿，终于“全曲”合成，可喜可贺！我想，广大读者从对前两部书的阅读中，一定会觉察到，这不仅是有助于加深对毛泽东思想的认识，而且是有助于加深对邓小平建设有中国特色社会主义理论的理解的颇有深度的科学研究成果。

我知道，君如于1993年被调到北京工作之后，科研时间不像在上海社科院时那样宽裕。我也知道，君如不论处在任何岗位上，都不会放弃对毛泽东思想和邓小平理论的研究。别人休息入睡的时刻准是他开始搞科学研究的时候。果然，他一点一滴挤时间，又在百忙之中完成了他的“毛泽东研究三部曲”中的最后一部。接到他托人从北京带到上海来的书稿，透过每一页稿纸，可以清晰地看到他对事业执著追求的信念、责任心和毅力。

我作为书稿的第一读者，可以有更多的时间，对君如面临的课题进行思考。研究“毛泽东与毛泽东后的当代中国”，实际上就是对毛泽东和邓小平这两位杰出的中国共产党领导人之间的思想联系或关系的研究。

我深知，在这个问题上，不论在社会上或在我们共产党内部，不同的看法颇多。这是一个难度多么大的研究课题啊！但是，当着初读书稿之后，就发现君如抓住了一条关键性的线索，从而势如破竹地解决了研究中的难题。

这条关键性的线索，就是毛泽东在延安整风时期所倡导的实事求是的思想作风，也就是邓小平于“三落三起”之后当即站出来重申的解放思想、实事求是的思想路线。

然而君如是怎样抓住这条线索的呢？他是有一个学习与准备时期的。在念高中时，他就是一个品学兼优的学生干部。他对于毛泽东讲解过的共产党“不是靠吓人吃饭”而是“靠实事求是吃饭，靠科学吃饭”等等的道理，是非常熟悉的。但是，正当君如已有以上的思想基础之时，“文革”灾难突然从天而降，那些“靠吓人吃饭”的“造反派”从阴暗角落里钻出来，用朗诵“语录”的方法，大肆兴妖作怪！不久，君如的老父亲就被“造反派”整死了！当时我们整个国家，在所谓“造反有理”的叫嚣声中，一切都乱了套。君如坚信马列主义不是教条，而是实事求是的科学真理。他竭力使自己冷静下来。1968 年，他下乡插队落户，白天参加田间劳动，夜晚坚持学习。1972 年至 1973 年，他在上海师范大学政史系培训期间，开始系统学习马列主义，联系批判林彪唯心主义先验论钻研辩证唯物主义哲学。以后，在中学和党校的教学岗位上，坚持白天八小时工作，晚上八小时自学，十余年如一日地坚持了理论与实际相结合的研究。在《资本论》的学习中，在列宁《哲学笔记》的学习中，在《毛泽东选集》和中共党史的学习中，他对“实事求是”的认识日益加深。真理标准讨论时，我初识君如，就注意到他对“实事求是”的重视。

就是在如上所说的学习研究基础上，君如在他的书上告诉我们：毛泽东是一位伟大的马克思列宁主义者。坚持无产阶级在革命和建设中的领导地位，坚持工农联盟，坚持通过武装斗争夺取政权，坚持走社会主义道路，坚持为共产主义远大理想而奋斗，如此等等，都标志着毛泽东所信仰的是马克思列宁主义。但毛泽东领导中国人民夺取政权的形式，不是马克思热情赞扬过的巴黎公社式的或列宁成功地实践过的俄国十月革命式的，那种在中心城市举行武装起义，从城市到农村的革命道路，而是以农村包围城市、最后夺取全国政权的道路。因此，毛泽东不是教条式地理解马克思列宁主义，而是创造性地运用马克思列宁主义的。

这里说的“创造性”，显然不是主观随意地去创造，而是既坚持马列主义基本原理，又善于从中国具体实际出发，在理论与实际相结合的过程中获得新结论的创造性。这就是毛泽东于 1930 年在《反对本本主义》

一文中提出“共产党人从斗争中创造新局面的思想路线”时所强调的，“马克思主义的‘本本’是要学习的，但是必须同我国的实际情况相结合”。这也就是1941年他在《改造我们的学习》中论证的，并在1942年延安整风时大力提倡的“实事求是”。

同时，君如还指出了另外一种“创造性”。比如像毛泽东晚年“创造性地”提出“无产阶级专政下继续革命的理论”，“创造性地”论断了“资产阶级就在共产党内”。这种自以为是的“创造性”，已经为实践所证明：既是对马克思列宁主义的曲解，又是完全脱离中国实际的，显然是同实事求是原则背道而驰的，因而是必须纠正的。

邓小平确实是毛泽东思想培育出来的学生中最杰出的一位。君如已经在书中指出，有人把毛泽东的“老三篇”等同于毛泽东思想，有人则说毛泽东思想的精华是“斗争哲学”，而邓小平则明确指出，毛泽东思想的精髓是实事求是。相比之下，各种论断中，最能准确地把握毛泽东思想科学体系的，是邓小平。正因为邓小平认识到了这一点，所以他能够成功地领导拨乱反正，即纠正毛泽东的晚年错误，又坚定地维护了毛泽东的历史地位和毛泽东思想的指导作用；所以他能够成功地领导全面改革，既从根本上变革社会主义经济体制、全面地对外开放，又坚定地坚持四项基本原则，走出一条中国特色社会主义的新路。

君如注意到了，“实事求是”是毛泽东与邓小平这两位中国共产党人的杰出代表在思想上的联结之点和贯通之处。它既是毛泽东思想的精髓，也是邓小平建设有中国特色社会主义理论的精髓。这一点，决定了邓小平建设有中国特色社会主义理论同毛泽东思想一脉相承，和毛泽东思想科学体系一样是中国化马克思主义的构成部分；也决定了邓小平创立的建设有中国特色社会主义理论，是毛泽东思想在新的历史条件下的发展，是把中国化的马克思主义推进了新的阶段，也就是当代中国的马克思主义。

君如在书中提醒我们，无论毛泽东也好，邓小平也好，他们那种从具体条件出发，在具体运用中，既勇于坚持又勇于发展马克思主义理论的科学态度和创造精神，直接来自列宁。他在书中多处讲到列宁对社会主义的思考，注意到从列宁到毛泽东，再到邓小平，是一个前后相继的极其艰辛的探索过程。可以这样说，邓小平建设有中国特色社会主义理论的创立，是马列主义真谛的继承和发扬。

认真研读《邓小平文选》，可以看到，邓小平对列宁是多么尊重！他称列宁是“真正的伟大的马克思主义者”，认为在社会主义建设问题上，“列宁的思路比较好，搞了个新经济政策，但是后来的苏联模式僵化了”。列宁不论对于来自右面的还是来自“左”面的机会主义，都给予严厉的批驳，坚定地捍卫了马克思主义的基本原则。同时，列宁决不对马克思主义搞教条主义，总是从变化着的实际情况出发，灵活地运用马克思主义基本原理。十月革命胜利后，在签订布列斯特和约的问题上所采取的革命的妥协策略，生动地体现出列宁既严肃而又灵活的马克思主义风格。1918 年春夏之交，由于外国武装干涉和国内战争的爆发，原已制定的经济建设的任务和政策，被迫中断，适应着新的形势，制定了称为“战时共产主义”的新政策。但当着这场战争一结束，列宁就立即把经济恢复问题摆到了首要地位。就在这时，他果断地提出，必须想方设法，利用资本主义国家的资金和技术。以 1921 年 3 月俄共（布）十大为标志，形成了从“战时共产主义政策”向“新经济政策”的历史转折。列宁在 1921 年 4 月写的《论粮食税》一文中，深刻、鲜明、精辟地从理论上阐明了“新经济政策”。他说：“同社会主义比较，资本主义是祸害。但同中世纪制度、同小生产、同小生产者涣散性引起的官僚主义比较，资本主义则是幸福。既然我们还不能实现从小生产到社会主义的直接过渡，所以作为小生产和交换的自发产物的资本主义，在一定程度上是不可避免的。所以我们应该利用资本主义（特别是要把它纳入国家资本主义的轨道）作为小生产和社会主义之间的中间环节，作为提高生产力的手段、途径、方法和方式。”这种态度，也就是辩证唯物主义和历史唯物主义的态度。而这也就是我们中国共产党人所讲的实事求是的科学态度。

现在世界上有两种人：一种人把苏联社会主义建设过程中出现过的错误，苏联模式社会主义体制中存在的弊端，统统都归罪于列宁，把苏联解体看作是列宁主义的失败，肆无忌惮地把脏水往列宁身上泼；另一种人口头上嚷嚷捍卫列宁主义，但总是竭力把列宁某一方面的理论观点教条化、绝对化。这些人不是把列宁主义看作是一个科学体系，更不懂得列宁主义的“活的灵魂”是“具体地分析具体的情况”这样一种“完备的唯物主义”、“彻底的唯物主义”。

今天在对待马列主义的态度问题上，我们应该学习邓小平。他虽然“三落三起”，而仍然顽强地为实事求是而斗争。他在多次谈话中表明：我们如果发现工作中存在这样那样的问题，那就应当首先从自己身上找原因，更好地去学习、掌握、应用马列主义理论，而不能把什么过错责任都追究到马克思、列宁头上；同样，也不能躺在马列主义书本上，碰到什么问题都钻到马列的本本中去寻找现成的答案。我们在学习马列主义时，必须力求掌握马列主义的立场、观点和方法，按照马列主义原理所指明的方向，开动脑筋，认真总结我们自己的实践经验，仔细地研究自己所面临的新情况，以期独立自主地依靠人民群众去解决革命和建设事业中的新问题。——从以上这些谈话精神中，我们不难看出邓小平同志的彻底唯物主义者无私无畏的英雄气概！

读了君如的《毛泽东与毛泽东后的当代中国》，联系到《毛泽东与近代中国》《毛泽东与当代中国》，获益良多，感触不少。其中比较重要的，就是上面这些话。就当作这本书的序言吧。我希望，广大读者也能像我一样，从君如的书中得到这样或那样的启示！我更希望读者们，在这本书的启示下，更好地去学习邓小平建设有中国特色社会主义理论！

1997 年 2 月

目　录

引论　80—90年代“中国的神话与现实”

1976年毛泽东逝世后，邓小平成为来到前台的中国领导人之一。他开始了一系列的改革，这种改革能触及几乎社会的每个角落。在农业、工业、教育甚至在党的领导地位上进行的改革使观察家们把它描写成“第二次革命”。这种改革将使中国成为世界经济中有力的竞争者，并将比自1949年以来任何时候更能给更多的中国人带来繁荣。

——［美］J. 克拉索

第一节　接班风云：从毛泽东到邓小平

《美国新闻与世界报道》总编辑莫·朱克曼在 1989 年我国春夏之交政治风波发生后访华，受到江泽民总书记、迟浩田总参谋长和公安部陶驷驹副部长的亲切接见。回国后，他在 1990 年 3 月 12 日发表了访华观感的文章和社论。文章的题目颇有意思——《中国的神话与现实》。

莫·朱克曼所说的“神话”，指的是“色彩单调、一片灰色、令人畏惧的中国变成了一个多彩的世界”。他说：“数亿中国人的生活好起来了。只有世界上 7%的可耕地，却养活了 22%的世界人口，这真是个奇迹。”“在打破单调的城市生活方面也同样发生了变化。电视机、洗衣机、冰箱、自行车和缝纫机的数量增加了 10～30 倍。不可思议的是，10 亿人民的平均收入翻了一番。人们有了希望感和开放意识。”至于他所说的“现实”，既指中国发生的奇迹是美国和国际社会无法回避的客观事实，又指中国在发展中也碰到了通货膨胀和学潮等困难。应该讲，莫·朱克曼的观察是客观的、真实的，因而也是正确的。

在这之前，已有一些国际知名人士和著名研究机构，对中国 80—90 年代发生的巨大变化，做过生动的报道和认真的研究。比如，英国伦敦研究所在 1986 年 5 月的一份研究报告中说：

> 毛泽东逝世后的十年中，中国的社会、政治和经济改革使它的面貌发生了变化……中国的变化确实是巨大的……中国的改革在很大程度上取决于邓小平的眼光和政治上的机敏。他的务实精神和决心谋求变革，使人不能相信他已是 82 岁的高龄。但是他和其他领导人无意在中国建立资本主义的民主社会，而是要在中国建立有中国特色的社会主义。

又比如法国的施密特 1993 年 11 月 26 日在《时代》周报撰文说：

> 当欧洲不十分清楚该走哪一条路，甚至不知道要不要向前发展的时候，远东有一股加速发展的活力已在改变世界。这股活力尤其存在于日本和中国。
>
> 在有 12 亿人口的中国内部发生的变化，意义更为重大。北京摆脱中苏大战的噩梦，邓小平提出经济开放和面向市场，这促使经济出现两位数的实际增长率。中国的社会总产值不仅将超过日本，而且也将超过美国和欧洲联盟。可见，中国国民经济能够相当迅速地跃居世界前列。
>
> 尼克松和基辛格（还有勃列日涅夫）一直知道，中国迟早要成为世界大国；现在克林顿（还有科尔）也发现了这一点。
>
> 21 世纪初，世界将形成五角：美国、欧洲联盟、中国、日本和俄国。

这些评论文章都谈到了一个基本事实——促使中国在 80—90 年代经济起飞和社会进步的原因，是因为在毛泽东后的当代中国，在毛泽东领导下翻身当家做主的中国人民，选择了邓小平作为自己的领袖和致富的引路人。

“当代中国”始于 1956 年中国社会主义制度的建立。从那时开始，中国面临要解决的主要矛盾不再是阶级矛盾，而是人民群众日益增长的物质文化需要同落后的社会生产之间的矛盾；中国共产党面临的主要任务，是要领导全国各族人民在落后的经济文化条件下建设社会主义。毛泽东历来根据社会主要矛盾的变化，来划分社会发展阶段，决定党的工作重点。用毛泽东思想哺育出来的中国共产党人，研究中国共产党领导的革命和建设事业，只能采用毛泽东提供的这种矛盾分析的哲学方法论。

从 1956 年到 1976 年，当代中国这 20 年，在以毛泽东为核心的党中央第一代领导集体领导下，开始了社会主义建设的艰辛探索。毛泽东为之付出了后半生的全部心血，留下的是交织着成功和失误，包括像“文化大革命"那样严重失误的，一份沉重的历史遗产——建设社会主义的未竟之业。

1976年毛泽东去世到今天，可称为"毛泽东后的当代中国"。进入这一新的历史时期后，中国面临一个无法回避的问题是：毛泽东后的当代中国，社会主义建设的宏伟大业由谁来领导？毛泽东留下的历史遗产由谁来清理和继承？

"继承人"即"接班人"。这个接班人的问题，早在毛泽东在世的时候，已经引人注目地摆在领袖、党和人民群众面前。

从中共七大确定刘少奇为党中央副主席，成为毛泽东的副手，到八大选举刘少奇为排名第一的党中央副主席，继而又由全国人大根据中共中央建议选举刘少奇为国家主席起，党内外就把刘少奇看作是毛泽东的接班人。1961年9月毛泽东在回答蒙哥马利关于"接班人"问题的提问时，明确回答：刘少奇是接班人。但在"文化大革命"开始前，毛泽东对他的接班人问题进行了重新思考。他怀疑中央出了修正主义，刘少奇是走资本主义道路的当权派。在几千年中国王朝更替的历史中，为皇位的继承权问题烦恼过多少开国明主，演出过多少血腥的宫廷争斗。中国共产党建立的不是封建王朝，而是人民共和国。但是在人民共和国民主和法制还不健全的年代里，在人民共和国面临外部多重压力的条件下，中国共产党如何保证党的优良传统和正确领导能够一代又一代地传下去，中国共产党用什么方法来保证这种交接班能够顺利实现，是一个严峻的考验和重要的课题。第一个社会主义国家苏联也没有能够解决好这个问题，使毛泽东更加焦虑。他提出了要培养千百万无产阶级革命事业的接班人这样一个关系党和国家的前途和命运的重大课题，并对这个问题作了许多思考和安排。可是在他提出和解决这一问题的时候，没有一以贯之地坚持党和国家政治生活中的集体领导原则和民主集中制，直至发动"文化大革命"，对刘少奇进行了错误的批判和斗争。1966年8月，中共八届十一中全会根据毛泽东的意志，对党中央领导机构进行了错误的改组，刘少奇在排名上由第二位降到第八位，实际上废除了他的接班人地位，野心家、阴谋家林彪则从第六位上升到第二位，成为毛泽东的接班人。1969 年 4 月召开的中国共产党第九次全国代表大会，破天荒地把林彪的“接班人”问题写进了党章的总纲。这种同党的无产阶级先锋队性质根本不相容的做法，产生了严重的后果。林彪、江青两个反革命集团为争夺接班人的权位，各施阴谋，争权夺利，败坏了党的形象和风气。党和人民为了揭露他们篡党夺权的阴谋，展开了激烈的斗争。

——1970 年至 1971 年间发生了林彪反革命集团阴谋夺取最高权力、策动反革命武装政变的严重事件。毛泽东、周恩来机智地粉碎了这次叛变。

——1974 年，江青反革命集团以“批林批孔”为名把矛头指向周恩来，毛泽东在发现江青等人借机进行篡权活动以后，对他们作了严厉批评，宣布他们是“四人帮”，指出江青有当党中央主席和操纵“组阁”的野心。1975 年，周恩来病重，毛泽东支持邓小平主持中央日常工作。

——1975 年 11 月，在江青反革命集团的诬告下，毛泽东发动了所谓“批邓、反击右倾翻案风”运动。1976 年 1 月周恩来逝世后，4 月间在全国范围内掀起了以“天安门事件”为代表的悼念周总理、反对“四人帮”的强大抗议活动，拥护以邓小平为代表的党的正确领导。

——1976 年 9 月，毛泽东逝世，江青反革命集团加紧篡夺党和国家最高领导权的阴谋活动。10 月上旬，中央政治局执行党和人民的意志，毅然粉碎了江青反革命集团，结束了“文化大革命”这场灾难。

毛泽东去世，江青反革命集团被粉碎，最初接班的是华国锋。

华国锋是由毛泽东在 1976 年“批邓”运动中提议担任中共中央第一副主席兼国务院总理的。他在粉碎江青反革命集团的斗争中，应该讲是有功的，以后也做了有益的工作。在粉碎江青反革命集团当晚的中共中央政治局会议上，通过了华国锋任中共中央主席、中央军委主席的决定。① 这样，华国锋就正式接任了毛泽东的职务。但是，毛泽东后的当代中国面临着一系列复杂的矛盾，既要揭发批判林彪、江青两个反革命集

① 这个决定后来由 1977 年 7 月举行的中共十届三中全会追认。

团的倒行逆施，清查他们的帮派体系，平反冤假错案，纠正毛泽东晚年的错误，又要维护毛泽东的历史地位和毛泽东思想的指导地位，坚持党的领导；既要领导人民群众进行社会主义现代化建设，又要防止和克服经济工作中求成过急；既要坚持社会主义基本制度，又要改革不适合生产力发展的生产关系和上层建筑一系列相互联系的环节。解决这些复杂的矛盾，需要正确的思想路线、高超的政治艺术、杰出的组织才能和崇高的领导权威。实践很快证明，华国锋承担不了解决这些复杂矛盾的艰巨任务。1980 年 11 月 10 日、11 日、13 日、14 日、17 日、18 日、19 日、29 日和 12 月 5 日，中央政治局连续开了九次会议，讨论向十一届六中全会提出人事更动方案。12 月 5 日政治局一致通过的会议通报介绍了这九次会议的主要内容：

> 大家在发言中指出：华国锋同志在粉碎“四人帮”这一事件中是有功劳的，这应当肯定；但对这一事件应作历史分析，不应把功劳只归于个人。
>
> 华国锋同志提出“两个凡是”，长时间坚持这个完全违背马克思主义的错误观点。提出“两个凡是”，实际上是要把毛泽东同志晚年“左”的一套继续照搬下去。在三中全会以后，他的思想有改变，但在一些原则问题上还没有根本的改变。
>
> 华国锋同志在“十一大”前后提出的一系列政治口号，基本上还是“文化大革命”中的口号。这虽有一定的历史背景，但他有不可推诿的个人责任。除了仅仅与“四人帮”有关的一些问题以外，他从来没有主动地提出过纠正“文化大革命”错误的创议。他对解放党内大批老干部、平反历史上大批冤假错案的态度，他对中央领导层一些同志的态度，明显地违反了党内大多数同志的愿望。
>
> 华国锋同志很热心于制造和接受新的个人迷信。被称为英明领袖，把自己的像和毛泽东同志的像并挂，接受种种出格的歌颂，觉得心安理得。这种情况，甚至在今年不久以前还在继续。把个人同党和人民的关系摆错了位置，这是严重的思想问题和党性问题。

一九七七、一九七八两年中，华国锋同志在经济问题上提出了一些“左”的口号。这两年经济工作中的冒进，造成了国民经济的严重损失和困难。这主要是一个经验不足的问题，不能由华国锋同志一个人负责，但是他确有重要的责任。

华国锋同志在过去四年中作过一些有益的工作，但是显然缺乏作为中央主席所必要的政治能力和组织能力。他对军委主席的不能胜任是大家知道的。

鉴于上述情况，中央政治局认为华国锋同志继续担任现职是不适当的。

中央政治局会议通报，不仅讲到了华国锋的问题，也对是否由邓小平来继承毛泽东去世后留下的党中央主席职务等问题，作了介绍：

许多同志曾提议邓小平同志担任中央主席兼军委主席，因为这是众望所归。邓小平同志认为，由他担任中央主席不相宜。从三中全会以来，中央一直致力于让比较年富力强而能坚持正确政治方向的同志担负领导工作。他认为在六十多岁的同志中，胡耀邦同志担任中央主席比较适当。至于军委主席，暂时没有其他适当的人选，他可以担任一段时间，以便培养新的比较年轻的同志将来接替。当然，只有六中全会才能对这些问题作出决定。中央政治局一致同意了邓小平同志的意见。

实际上，从1978年底中共十一届三中全会开始，中国共产党已经在实践中承认并接受了邓小平的政治主张和领导权威。这种权威不是由职务高低决定的，而是由他的实际才干、正确主张和核心作用所决定的；不是自封的，而是全党公认、群众拥护的。比如，邓小平在中共中央工作会议闭幕会上的讲话《解放思想，实事求是，团结一致向前看》（1978年12月），对十一届三中全会起了指导性的作用，所以中共中央文献编辑委员会在《邓小平文选》第2卷这篇讲话的题注中说，“邓小平同志的这个讲话实际上是三中全会的主题报告”①。又比如，邓小平在党的理论工作务虚会上的讲话《坚持四项基本原则》(1979年3月30日)，不仅对当时复杂的政治形势起了导向的作用，而且对中国现代化全过程必须坚持的政治方向和政治原则作了明确的规定。当时，邓小平并没有担任党中央主席的职务，但他的政治敏锐性和政治鉴别力、他的领导魄力和领导艺术，一而再、再而三地表现出来，为全党钦佩，为人民折服，事实上已经成为党中央的领导核心。

80年代末，邓小平几次讲到党的领导核心及其交接班的历史。他说：

> 我们党的历史上，真正形成成熟的领导，是从毛刘周朱这一代开始。这一代的前期是好的，后期搞“文化大革命”，变成一场灾难。华国锋只是一个过渡，说不上是一代，他本身没有一个独立的东西，就是“两个凡是”。第二代是我们这一代，现在换第三代。要真正建立一个新的第三代领导。②

> 党的十一届三中全会建立了一个新的领导集体，这就是第二代的领导集体。在这个集体中，实际上可以说我处在一个关键地位。这个集体一建立，我就一直在安排接班的问题。……
>
> 任何一个领导集体都要有一个核心，没有核心的领导是靠不住的。第一代领导集体的核心是毛主席。因为有毛主席作领导核心，“文化大革命”就没有把共产党打倒。第二代实际上我是核心。因为有这个核心，即使发生了两个领导人的变动，都没有影响我们党的领导，党的领导始终是稳定的。进入第三代的领导集体也必须有一个核心，这一点所有在座的同志都要以高度的自觉性来理解和处理。

① 见《邓小平文选》第2卷，第140页题注，人民出版社，1994。

② 邓小平：《组成一个实行改革的有希望的领导集体》(1989年5月31日)。《邓小平文选》第3卷，第298页，人民出版社，1993。

要有意识地维护一个核心，也就是现在大家同意的江泽民同志。①

在这些论述中，有三点是值得注意的：

第一，毛泽东去世后，形式上最初接班的是华国锋，但华国锋本身没有一个独立的东西，有的只是“两个凡是”。他只是一个过渡人物。

第二，作为一个成熟的领导集体接过以毛泽东为核心的第一代中央领导集体班的，是以邓小平为核心的第二代中央领导集体。

第三，第二代中央领导集体形成或建立的标志，是中共十一届三中全会。尽管那时形式上党的最高领导人是华国锋，实际上处在关键地位、起核心作用的是中共中央副主席、中央军委副主席、全国政协主席、国务院副总理邓小平。

现在，我们可以做这样的归纳了——

毛泽东后的当代中国，真正坚持毛泽东思想的科学体系，能够担当历史重任，清理和继承毛泽东留下的历史遗产，领导中国社会主义建设宏伟大业的，不是曾经猖獗一时的“四人帮”，也不是华国锋，而是在毛泽东长期培育下久经考验的伟大的无产阶级革命家，杰出的共产主义战士，我国社会主义改革开放和现代化建设的总设计师，建设有中国特色社会主义理论的创立者邓小平。

第二节　历史：毛泽东论邓小平

1978 年 12 月，邓小平在著名的《解放思想，实事求是，团结一致向前看》的讲话中，曾经动情地说过：

---

① 邓小平：《第三代领导集体的当务之急》（1989 年 6 月 16 日）。《邓小平文选》第 3 卷，第 309—310 页，人民出版社，1993。

毛泽东同志在长期革命斗争中立下的伟大功勋是永远不可磨灭的。回想在一九二七年革命失败以后，如果没有毛泽东同志的卓越领导，中国革命有极大的可能到现在还没有胜利，那样，中国各族人民就还处在帝国主义、封建主义、官僚资本主义的反动统治之下，我们党就还在黑暗中苦斗。所以说没有毛主席就没有新中国，这丝毫不是什么夸张。毛泽东思想培育了我们整整一代人。我们在座的同志，可以说都是毛泽东思想教导出来的。没有毛泽东思想，就没有今天的中国共产党，这丝毫不是什么夸张。毛泽东思想永远是我们全党、全军、全国各族人民的最宝贵的精神财富。我们要完整地准确地理解和掌握毛泽东思想的科学原理，并在新的历史条件下加以发展。①

“我们整整一代人”，“我们在座的同志”，毫无疑问，首先就包括邓小平本人。大量的史实证明，邓小平是毛泽东思想培育出来的，深谙毛泽东思想精髓的，毛泽东思想最杰出的继承者。长期以来，毛泽东对邓小平十分器重，评价很高。

一 “所谓毛派的头子”，这是毛泽东对邓小平历史功绩的重要评价

邓小平，1904 年 8 月 22 日出生于四川省广安县。1920 年赴法国勤工俭学，1922 年参加中国社会主义青年团，1924 年参加中国共产党，后转往苏联学习。1926 年底动身回国，被派到中国西北部冯玉祥将军领导的军队中从事政治工作。1927 年底到 1929 年夏任中共中央秘书长。1929 年底和 1930 年初，他和张云逸等在中国南部的广西领导百色起义和龙州起义，创立中国工农红军第七军、第八军和左江、右江革命根据地。1931 年到位于江西省南部和福建省西部的中央革命根据地，曾担任军委

① 《邓小平文选》第 2 卷，第 148—149 页，人民出版社，1994。

总政治部秘书长、红军报纸《红星》报主编和中共江西地方组织的领导工作。1933 年由于拥护毛泽东的正确主张，曾被当时党内“左”倾的领导者撤职。1934 年 10 月参加长征，年底担任中共中央秘书长，1935 年 1 月参加了在贵州省遵义县城召开的中央政治局扩大会议——这是《简明不列颠百科全书》(中国大百科全书出版社 1985 年 7 月版) “邓小平”词条中介绍的邓小平在抗日战争前的一段简历。

这段简历，加上毛毛写的《我的父亲邓小平》以及其他文史资料，联系中共党史来研究，可以发现在中国共产党领导新民主主义革命的伟大征程中，两次关系到党生死存亡的历史性转折，邓小平都十分荣幸地参加了，并站在正确一方。

第一次历史性转折，是从北伐战争失败到土地革命兴起。转折的关键环节是 1927 年 8 月 7 日在汉口召开的中共中央紧急会议，即八七会议。会议旗帜鲜明地清算了北伐战争后期以陈独秀为代表的右倾机会主义错误，确定了土地革命和武装反抗国民党反动派的总方针，挽救了革命，挽救了党。毛泽东在会议的发言中讲了四个问题：一是国民党问题，即在和国民党建立统一战线时“始终无当此房子主人的决心”，“这是一大错误”；二是农民问题，即党不去发动农民进行土地革命，“广大的党内党外的群众要革命，党的指导却不革命，实在有点反革命的嫌疑”；三是军事问题，即党“不做军事运动专做民众运动”；四是组织问题，强调上级机关应尽心听下级的报告。在这个讲话中，毛泽东提出了“政权是由枪杆子中取得的”① 这一著名论断，年轻的邓小平，当时以中央秘书的身份列席了这一具有历史意义的重要会议，并在当年年底出任中共中央秘书长。②

第二次历史性转折，是从第五次反“围剿”失败到全民族抗日战争开始。转折的关键环节是 1935 年 1 月在遵义召开的中共中央政治局扩大会议，即著名的遵义会议。会议针对“左”倾教条主义的错误，集中全

---

① 毛泽东：《在中央紧急会议上的发言》(1927 年 8 月 7 日)。《毛泽东文集》第 1 卷，第 47 页，人民出版社，1993。

② 毛毛：《我的父亲邓小平》，第 166、171 页，中央文献出版社，1997。

力纠正当时具有决定意义的军事上和组织上的问题。毛泽东、张闻天、王稼祥作了重要发言，尖锐地批评第五次反“围剿”战争中实行单纯防御、长征中实行退却逃跑的错误。经过激烈的辩论，多数与会者同意他们三人提出的提纲和意见，并增选毛泽东为中央政治局常委。会后不久，政治局常委决定由张闻天代替博古负总责，成立由毛泽东、周恩来、王稼祥组成的三人小组负责全军的军事行动。遵义会议在事实上确立了毛泽东在红军和党中央的领导地位，这以后逐步形成了以毛泽东为核心的党中央第一代领导集体。遵义会议在极其危急的情况下，挽救了中国共产党、中国红军和中国革命，是中国共产党历史上一个生死攸关的转折点。由于在 1934 年 12 月黎平会议期间，邓小平已被任命为中共中央秘书长，使他有幸参加了这一具有重要历史意义的会议。著名作家索尔兹伯里在《长征——前所未闻的故事》中，曾经对邓小平是否参加遵义会议做过考证，作了肯定性的论断。

在这一系列重大的、严峻的斗争和考验中，在同党内右的和“左”的错误搏斗中，邓小平在政治上站住了。其中生动的一例是，1933 年，当时任江西省委宣传部部长的邓小平，坚定地同毛泽覃、谢唯俊、古柏等一起，拥护、支持毛泽东的正确意见，反对临时中央的“城市中心论”，主张向敌人力量薄弱的广大农村发展；反对军事冒险主义，主张诱敌深入；反对用削弱地方武装的办法来扩大主力红军，主张两种武装力量都要发展；反对“左”的土地分配政策，主张对中农和富农采取正确的政策。临时中央在反对所谓“江西罗明路线”（罗明为中共福建省委代理书记，遭到临时中央的错误批判）时，撤销了邓小平的省委宣传部长职务，把他派到边远一个县的区委当巡视员，并对他作了“党内最后严重警告”的处分。这件事在毛泽东脑海里留下了深刻的印象。在延安整风期间一次中央政治局扩大会议上，毛泽东在谈到党的历史问题时，专门提及此事，并说：反邓、毛、谢、古是指鸡骂狗，邓、毛、谢、古死了三个人，希望邓要为党争气。“文化大革命”中，即使邓小平被作为党内第二号所谓的“走资本主义道路的当权派”打倒时，毛泽东也没有忘记邓小平的这段历史功绩。1971 年 9 月 13 日林彪仓皇出逃、自我灭亡后，邓小平给中央写信，表示坚决拥护中央关于林彪反党集团的决议。1972年8月3日，邓小平再次致信毛泽东，揭发批判林彪。8月14日，毛泽东对邓小平的来信写了一段重要的批语：

> 请总理阅后，交汪主任印发中央各同志。邓小平同志所犯的错误是严重的。但应与刘少奇加以区别。（一）他在中央苏区是挨整的，即邓、毛、谢、古四个罪人之一，是所谓毛派的头子。整他的材料见两条路线，六大以来两书……（二）他没历史问题，即没有投降过敌人。（三）他协助刘伯承同志打仗是得力的，有战功。除此之外，进城以后，也不是一件好事都没有作的，例如率领代表团到莫斯科谈判，他没有屈服于苏修。这些事我过去讲过多次，现在再说一遍。

这里毛泽东列举的邓小平的“好事”，第一件就是1933年邓小平作为“所谓毛派的头子”挨整这件事。

这里所说的“所谓毛派”即拥护和支持毛泽东正确主张的人。现在国际学术界和舆论界使用“毛派”“毛主义者”“毛主义分子”这样相近的概念颇多，但它们的含意和所指称的对象大相径庭。这里所谓的“毛派”是一种含意。另外的场合说的“毛派”或“毛主义分子”，指的则是“文化大革命”中那些在“高举毛泽东思想伟大红旗”名义下搞极左的人，比如意大利记者奥琳埃娜·法拉奇在1980年采访邓小平时说：“我听说，所谓‘毛主义分子’仍然存在。”她还特地解释道：“我说的‘毛主义分子’是指‘文化大革命’的支持者。”此外，还有第三种含意，国际学术界一般都把认为毛泽东的思想是马克思主义“异端”的本杰明·施瓦兹（又译为许华茨）等自由派学者，称为“毛主义者”。这种概念的歧义会给我们的研究工作带来一些困难，但只要了解它们的区别，就可以正确地开展深入的研究。邓小平被称为所谓的“毛派”，在国外学术著作中时有所见，所指的内涵不只是1933年挨整这件事，但有一点是共同的，即认为邓是毛的正确主张和正确路线的坚定拥护者。毛泽东把邓小平称为“所谓毛派的头子”，也是认为在一些问题上，邓小平是他的正确主张和路线的坚定拥护者，同时也是他对邓小平在中国共产党重要历史性转折和艰苦奋斗中展现的政治风范的高度评价。①

二 “我是主席，为正帅，邓小平是总书记，为副帅”，这是毛泽东对邓小平在社会主义建设时期领导作用的重要评价

《简明不列颠百科全书》“邓小平”词条在介绍他中华人民共和国成立后到“文化大革命”前的经历时，十分概括地排了一个年谱：“中华人民共和国成立后，他担任中央人民政府委员、中共中央西南局第一书记、西南军政委员会副主席、西南军区政治委员。1952 年任中央人民政府政务院（1954 年改为国务院）副总理。1954 年任中共中央秘书长，同年任国防委员会副主席。1955 年中共七届五中全会上，增选为中央政治局委员。1956 年在中共第八次全国代表大会上作关于修改党的章程的报告。在八届一中全会上当选为中央政治局常务委员、中央委员会总书记。1956 年至 1963 年，他曾多次赴莫斯科同苏共领导人进行谈判和斗争。”从担任党中央秘书长起，邓小平成了以毛泽东为核心的领导集体的成员。中共八大决定设中央委员会总书记一职，是毛泽东提议的；推荐邓小平担任这一职务的，也是毛泽东。据龚育之、石仲泉的《邓小平建设有中国特色社会主义理论新论大纲》一书介绍：

> 在 1956 年 9 月 13 日的七届七中全会上讨论八大的组织人事安排时，邓小平表示还是安于担任原来的秘书长职务。毛泽东对新职务的设置作了解释，说中国的秘书长就相当于外国的总书记，他说不顺，我可以宣传宣传，大家如果都赞成，就顺了。毛泽东还夸奖邓

① 必须说明的是，“所谓毛派”即并非真的存在一个这样的派别。邓小平在 1989 年 5 月 31 日专门说过：“我们这个党，严格地说来没有形成过这一派或那一派。三十年代在江西的时候，人家说我是毛派，本来没有那回事，没有什么毛派。”（《邓小平文选》第 3 卷，第 300—301 页，人民出版社，1993）

小平说：我看邓小平这个人比较公道。他比较有才干，比较能办事。你说他样样事都办得好呀？不是，他跟我一样，有许多事情办错了，也有的话说错了，但比较起来，他会办事。他比较周到，比较公道，是个厚道人，使人不那么怕。毛泽东还说：他说他不行，我看行。不满意他的人也会有的，像有人不满意我一样。但大体说来，这个人比较顾全大局，比较厚道，处理问题比较公正，他犯了错误对自己很严格。毛泽东对其他领导人也有过不少肯定的评价，但像对邓小平这样高的评价，是不多见的。①

这里，除了评价和看法问题外，更重要的是毛泽东为什么要设置总书记一职的问题。

关于毛泽东当时对邓小平的评价和看法，除了七届七中全会这段话之外，更形象生动的可算是 1957 年毛泽东在莫斯科同赫鲁晓夫的对话。这个对话，在随同毛泽东访苏的工作人员回忆录和赫鲁晓夫的回忆录中都有所反映，虽然各种回忆的说法不尽一致，但有一点都相同，即在对刘少奇、周恩来、邓小平等几位党的领导人评价中，毛泽东对邓小平的评价最为突出，认为他是一个难得的人才。这里，不妨把张世明、郑晓国、相三栓在编写《我是中国人民的儿子——1976 年以后的邓小平》和参与撰写《邓小平大辞典》过程中，搜集并加以整理的一个材料录上：

1957 年 11 月。

莫斯科。

毛泽东率领中国代表团前往苏联参加十月革命 40 周年纪念活动，在不同场合（包括会议休息室、宴会席间，乃至汽车上等）与赫鲁晓夫有过多次交谈。

在一天晚上，毛泽东把翻译李越然叫到他的房间里。毛泽东侧

① 龚育之、石仲泉：《邓小平建设有中国特色社会主义理论新论大纲》，第 27—28 页，上海辞书出版社，1994。

身卧在床上，拿起一个苏联的信封，他口述，要李越然写。写完他一看说：“不是要你写中文，是写俄文……”接着，毛泽东又重新给了李越然一个信封，这回李越然写成了俄文，内容是：

“赫鲁晓夫同志：

我已经睡了。关于和平过渡的问题，由邓小平同志和你们说，我们俩不谈了，好吗？”

李越然写完，毛泽东就在这个信封上签了毛泽东三个字。

原来，赫鲁晓夫在毛泽东第一次进餐时，毛泽东将手一划，像分清职责一般，说：“那些具体事情让邓小平和苏斯洛夫他们搞去。”这是因为，莫斯科会议将在十月革命40周年庆祝活动之后举行，但那只是形式，重要的是会前的准备活动，特别是起草宣言，可是这项工作遇到了不曾料到的困难和麻烦。毛泽东这时所说的正是关于宣言起草的事宜。

在赫鲁晓夫的脑子中，邓小平这位中国共产党的总书记在他的同事中“独树一帜”，将头发剪得很短，这种发型在中国恰恰又是被称为“小平头”。然而，在欧洲又不同。圣保罗早已肯定这种发式是“给上帝的荣耀”，象征着男性的力量与雄伟。何况，他的头发一根根向前直挺，既硬又粗，显示出一种勃勃的进取精神。怪不得苏斯洛夫和波斯别洛夫那样的老牌理论家，长期主持意识形态工作，却也报告说：“这个人很厉害，不好谈，他话不多，专抓你要害和漏洞……”

在一次宴席间，毛泽东用庄重的口气对赫鲁晓夫说：“我准备辞去国家主席的职务了。”

赫鲁晓夫并不感到意外，因为半年前伏罗希洛夫已经带回了这个信息。他问：“有人接替吗？”

“有。我们党里有几位同志，他们都不比我差，完全有条件。”毛泽东搬动手指，如数家珍：“第一个是刘少奇。这个人在北京和保定参加了五四运动，后来到你们这里来学习，1921 年转入共产党，无论能力、经验还是声望，都完全具备条件了。他的长处是原则性很强，弱点是灵活性不够。”

“第二个是邓小平。”毛泽东扳下一个指头，继续说：“这个人既有原则性，又有灵活性，是难得的人才。”

赫鲁晓夫点点头，苦笑说：“是啊，我也感觉到这个人很厉害，不好打交道。他观察问题很敏锐。”（注：1956 年匈牙利事件时，赫鲁晓夫与邓小平打过交道。）

毛泽东笑了笑，他知道邓小平在谈判中使苏联人日子不好过。毛泽东继续扳下第三个指头：“第三个是周恩来，这个同志在大的国际活动方面比我强，善于处理各种复杂的矛盾。他是非常精明强干的人，有弱点能自我批评，是个好人。”

赫鲁晓夫点头说：“咱们都是 60 多岁的人了，我们这里将由柯西金接替部长会议主席职务。米高扬也是政治上原则性不够强，但他是个好人。”讲到这里，赫鲁晓夫舔一下口唇，又情不自禁地补充说：“不过大家还是希望由我来管全局。”

毛泽东已经扳下第四个指头：“朱德同志年龄大了。他德高望重，但不能指望他主持工作了。年龄不饶人。总之，这些人不管谁到这里来，希望你们都像对我一样对待他们，都看作是你们的朋友。”

“那好，我们一定会这样做。”赫鲁晓夫晃动着右手说。

赫鲁晓夫后来回忆说：“唯一一个毛似乎赞许的同志是邓小平。我记得毛曾经指着邓对我说：‘看见那边那个小个子了吗？他非常聪明，有远大的前程。’我对这个邓小平一无所知。中国人民胜利以后，我曾几次听到有人提到他的名字，但在此之前则从未听说过。”①

① 张世明、郑晓国、相三栓：《邓小平珍闻录》，第 114—116 页，知识出版社，1993。

关于为什么要设置总书记一职，除了七届七中全会的说明外，1958年中央决定成立财经、政法、外事、科学、文教等小组时，毛泽东在批示中有个更明确的说明：“这些小组是党中央的，直隶中央政治局和书记处”，“大政方针在政治局，具体部署在书记处。只有一个‘政治设计院’，没有两个‘政治设计院’。”① 显而易见，毛泽东看到了建设社会主义的任务并不比打天下容易。经济建设我们还缺乏经验，工作中会付出一些代价，但希望不要有革命时期所付出的代价那么高。因此，毛泽东设计了领导体制的两个层次：大政方针设计和具体部署。政治局是“政治设计院”，负责制定大政方针。中央政治局常委七位，包括党中央主席毛泽东，副主席刘少奇、周恩来、朱德、陈云、林彪和总书记邓小平。可以说，毛泽东是这个“政治设计院”的总负责。书记处则负责具体部署，由总书记邓小平负总责。

在这个领导体制的设计和总书记人选的选择中，可以看出毛泽东对邓小平的器重和信任。1959年在上海会议上，毛泽东说了一句非同寻常的话：

> 政治局就是“政治设计院”，权力集中在中央政治局常委和书记处，我是主席，为正帅，邓小平是总书记，为副帅。②

这个“副帅”，是十分胜任的。在担任总书记期间，邓小平主持书记处工作，协助党中央主席、副主席处理中央日常事务，参与党和国家的重要决策，表现了良好的政治家素养和卓越的领导才干。

但是，邓小平一生被称为“副帅”不止这一次。“文化大革命”一开始，邓小平就同刘少奇一起遭到毛泽东的严厉批判，继而又被作为所谓“党内走资本主义道路的当权派”打倒，而且是作为所谓刘少奇“资产阶级司令部”的副帅被打倒的。邓小平谈及这段经历时说过：“当时很多老

---

①② 转引自龚育之、石仲泉：《邓小平建设有中国特色社会主义理论新论大纲》，第41页，上海辞书出版社，1994。

干部受迫害，包括我在内。我是刘少奇之后第二号‘走资本主义道路的当权派’，刘少奇是‘统帅’，我是‘副统帅’。”①

有意思的是，虽然这两个“副帅”的头衔，是以一褒一贬的形式出现的，但实质是一回事：邓小平是以毛泽东为核心的党中央领导集体中负责对党的大政方针进行具体部署的领导人。因为，所谓刘少奇的“资产阶级司令部”是一个子虚乌有的东西。毛泽东始终是党中央的领导核心，刘少奇在担任党和国家领导人期间所做的工作都是在毛泽东和中央政治局领导下进行的。对此，中共中央十一届六中全会通过的《关于建国以来党的若干历史问题的决议》，已经做了明确的结论：“党内根本不存在所谓以刘少奇、邓小平为首的‘资产阶级司令部’。确凿的事实证明，硬加给刘少奇同志的所谓‘叛徒’、‘内奸’、‘工贼’的罪名，完全是林彪、江青等人的诬陷。”② 对于邓小平来说，这个贬义的“副统帅”头衔，恰恰从另一面证明了他是以毛泽东为核心的党中央领导集体中的重要一员，担任着具体部署党的大政方针的领导责任，是毛泽东所说的“副帅”。

三　“人才难得”，“政治思想强”，这是毛泽东对邓小平总体素质的重要评价

林彪的自我爆炸对于“文化大革命”，是一个绝妙的讽刺的否定。尽管毛泽东对自己发动的“文化大革命”不能从根本上加以否定，但也不得不思考这场“革命”是否绝对正确。1972 年 1 月 10 日，毛泽东突然决定参加陈毅追悼会，并在会前对陈毅夫人张茜说：“陈毅同志是一个好人，是一个好同志。”“要是林彪的阴谋搞成了，是要把我们这些老人都搞掉的。”这表明，经过林彪事件，毛泽东开始重新考虑发挥那些老战友

① 邓小平：《吸取历史经验，防止错误倾向》（1987 年 4 月 30 日）。《邓小平文选》第 3 卷，第 227 页，人民出版社，1993。

② 中共中央文献研究室编：《三中全会以来重要文献选编》下册，第 810 页，人民出版社，1982。

即“我们这些老人”的作用了。8 月 14 日，他对邓小平的来信写了肯定性的批语。接着，1973 年 3 月 10 日，根据毛泽东的意见，中共中央作出了《关于恢复邓小平同志的党的组织生活和国务院副总理的职务的决定》。

一个重要的决策，在毛泽东的脑海中逐渐形成了。这就是让他“文化大革命”前的“副帅”出山，由邓小平主持中央日常工作。这个决策的实施过程，大体是这样的：

1973 年 12 月 12 日，毛泽东在中央政治局会议上讲话，提出各大军区司令员对调问题。13 日、14 日、15 日又同政治局有关同志和北京、沈阳、济南、武汉军区负责人谈话。毛泽东提议由邓小平当军委委员、政治局委员。他说：“现在，请了一个军师，叫邓小平。发个通知，当政治局委员，军委委员。”“他呢，有些人怕他，但是办事比较果断。他一生大概是三七开。你们的老上司，我请回来了，政治局请回来了，不是我一个人请回来的。”根据毛泽东的意见，12 月 22 日，中央军委发布了八大军区司令员实行对调的命令。同日，中共中央发出通知，决定：邓小平为中央政治局委员，参加中央领导工作，待十届二中全会开会时追认；邓小平为中央军委委员，参加军委领导工作。

1974 年 3 月 27 日，因江青反对邓小平率代表团出席联合国大会第六次特别会议，毛泽东致信江青说：“邓小平同志出国是我的意见，你不要反对为好。小心谨慎，不要反对我的提议。”4 月 4 日，他批准了邓小平的大会发言稿。10 日，邓小平在联大特别会议上作了轰动世界的重要发言。

1974 年 6 月 1 日，周恩来因病住院。10 月 4 日，毛泽东提议邓小平任国务院第一副总理。这实际上是让邓小平主持国务院的日常工作。

1974 年 10 月 17 日晚，邓小平在政治局会议上同“四人帮”展开了面对面的交锋。18 日，王洪文到长沙毛泽东处诬告周恩来、邓小平，毛泽东当即告诫王洪文不要跟江青搞在一起；20 日，毛泽东建议邓小平任党的副主席、国务院第一副总理、军委副主席兼总参谋长。12 月 23 日、24 日、25 日、27 日，毛泽东同前来长沙汇报工作的周恩来、王洪文谈人事安排问题时，再次提出：“我看小平做个军委副主席、第一副总理兼总参谋长。”并且对邓小平做了九个字的高度评价：

人才难得。
政治思想强。

1975年1月5日，中共中央发出一号文件，任命邓小平为中共中央军委副主席兼中国人民解放军总参谋长。1月8日至10日，中共十届二中全会在北京召开，会议选举邓小平为中共中央副主席、中央政治局常务委员。紧接着，第四届全国人民代表大会第一次会议在北京举行，会议任命邓小平为排名第一的副总理，确定了以周恩来、邓小平为核心的国务院领导机构，挫败了江青反革命集团的“组阁”篡权阴谋。

“人才难得”，“政治思想强”，是毛泽东对邓小平总体素质的评价。在两位无产阶级革命家长期共事的风风雨雨中，毛泽东对邓小平各方面的素质有很多评价，十分赏识邓小平的才干。

——“要照辩证法办事。这是邓小平同志讲的。我看，全党都要学习辩证法，提倡照辩证法办事。”这是1957年1月毛泽东在省市自治区党委书记会议上的讲话中，对邓小平理论素质的评价。邓小平的这句话，在《毛泽东选集》第五卷中公开发表后，哲学界十分关注，但不知邓小平是什么时候讲的。据有的研究者多方考证，“要照辩证法办事”，是邓小平抗日战争时期在太行山工作时留下的一句名言；在七届三中全会上也说过。[①] 毛泽东十分重视这个观点，在七大期间肯定过，在省市自治区党委书记会议上再次肯定。我们只要认真阅读《邓小平文选》，就可以体会到那些朴实的语言中蕴涵的深刻哲理和闪耀的辩证法光辉。

——“这个人比较顾全大局”，这是毛泽东1956年在七届七中全会上对邓小平思想素质的评价。无论在民主革命时期，还是在社会主义革命和社会主义建设时期，讲大局、顾全大局始终是邓小平的革命风格。

---

① 王宁：《邓小平的革命风格》，载《党的文献》，1995年第6期。

在1993年编辑出版《邓小平文选》第三卷的时候，在一次审阅文稿时，邓小平还说过不管对现在还是对未来，他讲的东西都不是从小的角度讲的，而是从大局讲的。毛泽东赞赏邓小平顾全大局，可谓深知其人。

——“这个人既有原则性，又有灵活性”，毛泽东1957年对赫鲁晓夫讲到的邓小平这一优点，更是对邓小平政治素质的高度评价。苏联的意识形态专家在中苏谈判中，已经领略到邓小平这种风格。改革开放过程中邓小平在处理一系列复杂问题时，也一再展现了这种政治家的风貌。

——“他办事比较果断”，这是毛泽东1973年把邓小平请回中央任政治局委员、军委委员时讲的，是对他工作风格的评价。毛泽东多次夸奖邓小平能办事、会办事，原因之一，就在于邓小平办事果断。这种雷厉风行、毫不拖沓的作风，是一种革命精神的体现。在“四人帮”横行的时候，毛泽东曾对邓小平说：“你呢，人家有点怕你，我送你两句话，柔中有刚，绵里藏针，外面和气一点，内部是钢铁公司。”这说明毛泽东虽然要求邓小平对那些怕他的人要和气一点，但对他的“刚”还是肯定的。

——“他比较有才干”，这也是毛泽东1956年在七届七中全会上推荐邓小平任总书记的时候讲的。这之前，1951年9月3日，梁漱溟从四川考察回来同毛泽东交谈时，当梁漱溟谈到邓小平年轻、能干、治政有方、深得人心时，毛泽东脱口而出：梁先生看得蛮准，无论是政治，还是军事，论文论武，邓小平都是一把好手。

因此，“人才难得”，“政治思想强”，是毛泽东对邓小平总体素质长期观察的结果，是毛泽东对邓小平在经验和理性的统一上得出的基本估价。事实证明，毛泽东的这一评价是正确的，有说服力的。四届全国人大一次会议召开后不久，周恩来病情加重。邓小平在“四人帮”不断干扰，毛泽东没有改变对“文化大革命”基本肯定的看法这样一种环境下，代总理主持国务院工作，并在实际上主持中央日常工作。他冒着极大的风险，顶着巨大的压力，相继召开了军委扩大会议和解决工业、农业、交通、科技等方面问题的一系列重要会议，着手对许多方面的工作进行整顿，使形势有了明显好转：工业总产值由1974年只增长0.3%，上升为1975年增长15.1%，农业总产值1975年比1974年增长4.6%，军队建设得到加强，科学、教育、文艺等领域开始打破万马齐喑的局面，萌发出生机勃勃的新气象。

但是，问题的复杂性在于：毛泽东对“四人帮”的篡权有敏锐的警觉性，同时又认为他们对“文化大革命”有功；毛泽东支持邓小平主持中央日常工作，同时又不能容忍邓小平系统地纠正“文化大革命”的错误。惯于搞阴谋的“四人帮”看准了这一点，他们以“文化大革命”问题为突破口，力争毛泽东的支持，再次打倒邓小平。

“四人帮”让担任毛泽东联络员的毛远新，向毛泽东“汇报”说：“我很注意小平同志的讲话，我感到一个问题，他很少讲文化大革命的成绩，很少批刘少奇的修正主义路线。”还说：“感到一股风，主要是对文化大革命。”毛泽东认为，“文化大革命”是“三七开”，七分成绩，三分错误。他指出，“文化大革命”犯了两个错误，一是打倒一切，二是全面内战，但总的看法是基本正确，有所不足。在毛远新的挑唆下，他对邓小平警觉了起来，但又认为邓小平有才干。

毛泽东这种内心深处的矛盾，在他晚年的最后一段光阴里，表现得很充分。他希望由邓小平来主持作一个关于“文化大革命”的决议，这样，既可以肯定他的“三七开”论断，肯定“文化大革命”的主流是正确的，又可以继续让邓小平主持中央日常工作。当邓小平以“我是桃花源中人，不知有汉，无论魏晋”为由，不愿担此“重任”后，政治局要停止邓小平一切工作，毛泽东则坚持让邓小平“专管外事”。当所谓“批邓、反击右倾翻案风”运动已经拉开帷幕，周恩来逝世时，“四人帮”极力反对由邓小平代表中央致悼词，毛泽东则同意叶剑英的意见，圈阅同意由邓小平致悼词。当他决心再次批判邓小平，由华国锋担任国务院代总理，主持中央日常工作时，在他1976年3月3日6时批示“同意”下发的《毛主席重要指示》中，一方面说邓小平“他不懂马列，代表资产阶级”，另一方面又说：

他还是人民内部问题，引导得好，可以不走到对抗方面去，如刘少奇、林彪那样。邓与刘、林还是有一些区别的，邓愿作自我批评，而刘、林则根本不愿。

当1976年4月5日“天安门事件”发生后，“四人帮”猖狂攻击邓小平，江青亲自找毛泽东要开除邓小平党籍，但毛泽东没有表态。中央政治局作出关于“四五”事件性质的错误判断，并且要撤销邓小平党内外一切职务的决议，毛泽东写了“同意，要保留党籍，以观后效”。这是邓小平政治生涯中，继在江西中央苏区和“文化大革命”初期两次被“打倒”后，第三次被“打倒”。毛泽东虽然惜才、爱才，但还是错打了邓小平，真是历史的遗憾！

第三节 现实：邓小平论毛泽东

具有传奇色彩的是，邓小平这个“小个子”三次被打倒，三次都复出。

1976年的中国，历经磨难，终于在金秋十月，迎来了喜悦和欢笑，也给第三次被错打的邓小平带来了复出的曙光。

那一年，首先是哀曲不断。1月8日，人民敬爱的好总理周恩来离开人世；4月5日，悼念周恩来、支持邓小平、反对“四人帮”的群众运动遭到血腥镇压；4月7日，撤销邓小平党内外一切职务；7月6日，人民敬重的老革命家朱德去世；9月9日，中国人民的伟大领袖毛泽东与世长辞。在不到一年的时间里，三位党和国家的杰出领导人相继逝世。全国人民对他们在缔造党、军队和国家，在领导中国民主革命和社会主义建设等方面的伟大功绩和卓越贡献，都怀有深深的崇敬和感激之情。他们的逝世，使全党、全军和全国各族人民沉浸在巨大的悲痛之中。

毛泽东逝世后，“四人帮”加紧了夺取党和国家最高领导权的活动。为了党和人民的利益，10月6日，华国锋、叶剑英、李先念等政治局多数同志，毅然粉碎了“四人帮”即江青反革命集团，结束了“文化大革命”这场灾难。消息一传出，举国上下即刻沉浸在欢乐的海洋中，从北京到各地纷纷举行盛大集会，庆祝粉碎“四人帮”。85 岁的郭沫若在《水调歌头·粉碎“四人帮”》中，兴奋地写道：

> 大快人心事，
> 揪出“四人帮”。①

这场斗争的胜利，标志着我们的国家进入了新的历史发展时期，但到 1978 年底中共中央召开十一届三中全会之前，党的工作经历了两年徘徊。原因在哪里？困难在哪里？

这是因为，在怎样评价“文化大革命”，并进而怎样对待毛泽东的指示这样一个重大的问题上，党内外存在着明显的巨大的分歧，面临着极大的考验。

这也是对邓小平和华国锋这两个政治人物的巨大而又复杂的考验：

——邓小平在“文化大革命”发动之初和结束前夜，两次受冤屈、被打倒，党和人民在这场灾难中蒙受的伤害和损失，在他的身上体现得十分充分，理所当然，他要带领人民从根本上否定“文化大革命”，纠正毛泽东晚年的错误，但这种否定和纠正又不能否定毛泽东思想及其主要的杰出代表者毛泽东。

——华国锋在“文化大革命”中受到毛泽东赞赏而又同林彪、江青两个反革命集团有区别，在“文化大革命”结束之际被推上党政军最高领导地位，他要肯定和维护毛泽东和毛泽东思想，但这种肯定和维护决不能变成肯定和维护毛泽东晚年错误，特别是毛泽东亲自发动和领导的“文化大革命”。

显然，这是一道难题。解开他们两人面临的难题，需要深厚的马克思列宁主义政治家的素养，即科学的思想路线、高超的领导艺术和无畏

---

① 载《解放军报》，1976 年 11 月 1 日。

的政治胆略。没有这些素养，不可能经受这样巨大而又复杂的考验。

历史已经证明，华国锋缺乏这方面完备的素养。

历史也已经证明，邓小平具备这些政治家的素养，能够承担继承和发展毛泽东思想，开创中国社会主义建设新局面的时代重任。

邓小平在这场巨大而又复杂的考验面前，对毛泽东和毛泽东思想作出了三个科学的结论。

一　毛泽东思想是个科学体系

粉碎“四人帮”后，广大干部和群众以极大的热情投入各项革命和建设工作。揭发批判“四人帮”的罪行，清查他们的帮派体系，取得了很大成绩；整顿党和国家组织，冤假错案的平反也开始部分地进行；工农业生产得到比较快的恢复；教育科学文化工作也开始走向正常。但是，这样的拨乱反正工作，遇到了严重的障碍。当党内外广大干部群众越来越强烈地要求纠正“文化大革命”错误的时候，1977年2月7日，《人民日报》、《红旗》杂志、《解放军报》社论提出了“两个凡是”的方针，即“凡是毛主席作出的决策，我们都坚决维护，凡是毛主席的指示，我们都始终不渝地遵循。”这就告诉人们，如果不能正确地评价毛泽东思想，就不可能把拨乱反正引向深入，彻底纠正“文化大革命”的错误。

在这种复杂的政治背景下，还处在被批判地位的邓小平，在1977年5月同中央两位同志谈话时说：

> 今年四月十日我给中央写信，提出“我们必须世世代代地用准确的完整的毛泽东思想来指导我们全党、全军和全国人民，把党和社会主义事业，把国际共产主义运动的事业，胜利地推向前进”，这是经过反复考虑的。①

① 邓小平：《“两个凡是”不符合马克思主义》（1977年5月24日）。《邓小平文选》第2卷，第39页，人民出版社，1994。

这里，邓小平以“准确的完整的毛泽东思想”这样一个提法，与那种简单地照抄照搬毛泽东片言只语的做法，即“两个凡是”的观点，划了一道界限。他紧接着说：

> 毛泽东思想是个思想体系。我和罗荣桓同志曾经同林彪作过斗争，批评他把毛泽东思想庸俗化，而不是把毛泽东思想当作体系来看待。我们要高举旗帜，就是要学习和运用这个思想体系。①

同年 5 月 24 日，邓小平同两位中央领导同志谈话时，再次讲了这两段话，其核心思想即认为毛泽东思想是个科学体系。

邓小平能提出这个问题，是因为他长期以来在毛泽东培育下，对毛泽东思想有着深刻的认识。

——1943 年 10 月，邓小平担任北方局代理书记并主持八路军总部的工作，领导了所属党组织的整风。11 月 10 日，在北方局党校第 8 期开学时，他作了一个整风动员报告。在报告中，他同王稼祥等老一辈无产阶级革命家一样，使用了“毛泽东思想”这一科学概念，并认为这一思想在全党具有科学的指导作用。他说：“我党自从一九三五年一月遵义会议之后，在以毛泽东为首的党中央领导之下，彻底克服了党内‘左’右倾机会主义，一扫主观主义、宗派主义和党八股的气氛，把党的事业完全放在中国化的马列主义，即毛泽东思想的指导之下，直到现在已经九年的时间，不但没有犯过错误，而且一直是胜利地发展着。”“在以毛泽东思想为指导的党中央的领导之下，我们回忆起过去机会主义领导下的惨痛教训，每个同志都会感到这九年是很幸福的。”②

——1959 年林彪被任命为国防部长后，打着“高举毛泽东思想的旗帜”这面大旗，大搞把毛泽东思想简单化、庸俗化的一套，引起了邓小

---

① 邓小平：《“两个凡是”不符合马克思主义》（1977 年 5 月 24 日）。《邓小平文选》第 2 卷，第 39 页，人民出版社，1994。

② 邓小平：《在北方局党校整风动员会上的讲话》（1943 年 11 月 10 日）。《邓小平文选》第 1 卷，第 88 页，人民出版社，1994。

平的警觉。1960 年 3 月 25 日，在中共中央天津会议上，他征得毛泽东的同意，专门就如何宣传毛泽东思想问题讲了话。他说：

> 对毛泽东思想的宣传问题，我曾经在山东、天津谈过，后来在中央也议了。昨天在毛主席那里还谈了这个问题，他赞成这个意见：第一，现在的主要问题是把毛泽东思想用得庸俗了，什么东西都说成是毛泽东思想。例如，一个商店的营业额多一点就说是毛泽东思想发展了，打乒乓球也说是运用了毛泽东思想。第二，马克思列宁主义很少讲了。这种情况，不少报纸都不同程度地存在。为什么要提出这个问题呢？因为按照我们对毛泽东思想的正确理解，一个是要坚持马克思列宁主义，保卫马克思列宁主义；一个是要发展马克思列宁主义。毛泽东思想同马克思列宁主义是一回事。毛泽东思想坚持了马克思列宁主义的普遍真理，并且在马克思列宁主义的宝库里面增添了很多新的内容。所以，不要把毛泽东思想同马克思列宁主义割裂开来，好像它是另外一个东西。①

邓小平用“坚持”“保卫”“发展”这三个动词，阐述毛泽东思想与马克思列宁主义的关系，在全党产生了深远的影响。1971 年 5 月，周恩来曾经在一次讲话中说到，“继承”“捍卫”“发展”三个动词，还是邓小平提的；三个副词，“天才地”，加一个“创造性地”，又加一个“全面地”，是林彪搞的，毛泽东看到这三个副词，把它勾掉了。②

——60 年代担任解放军总政治部主任的罗荣桓，在毛泽东思想的学习方针问题上，同林彪发生了冲撞。林彪的学习方针即当年很有名的

---

① 邓小平：《正确地宣传毛泽东思想》（1960 年 3 月 25 日）。《邓小平文选》第 1 卷，第 283 页，人民出版社，1994。

② 林彪长期都宣传“毛泽东同志天才地、创造性地、全面地继承、捍卫和发展了马克思列宁主义”。在中共八届十二中全会讨论九大党章时，毛泽东两次圈去新党章草案上写的这句话中“天才地、创造性地、全面地”三个副词。

“二十一字方针”：“带着问题学，活学活用，学用结合，急用先学，立竿见影。”① 罗荣桓认为，带着问题学，就是要到毛主席著作中去找答案，这样提不适当。比如两口子吵架，发生了问题，如何到毛主席著作中去找答案？还是应当学习立场、观点、方法。1961 年 4 月 30 日，在军委常委会议讨论到“带着问题学习毛主席著作”的提法时，罗荣桓当面向林彪提出：“应当是学毛主席著作的精神实质。带着问题学这句话改掉为好。”林彪听不进不同意见，粗暴地打断罗荣桓的发言，宣布散会。邓小平听到反映后，感到罗荣桓提出的问题十分重要，在中央书记处会议上进行了讨论，支持了罗荣桓的意见。1975 年 9 月下旬至 10 月上旬召开的农村工作座谈会上，他在插话中还讲到此事。

——1975 年在主持中央日常工作，领导整顿时，针对林彪、“四人帮”在学习毛泽东思想时搞的教条主义、实用主义倾向，邓小平说：

> 我总觉得现在有一个很大的问题，就是怎样宣传毛泽东思想。林彪把毛泽东思想庸俗化的那套做法，罗荣桓同志首先表示不同意，说学习毛主席著作要学精神实质。当时书记处讨论，赞成罗荣桓同志的这个意见。林彪主张就学“老三篇”（后来加成“老五篇”），是割裂毛泽东思想。毛泽东思想有丰富的内容，是完整的一套，怎么能够只把“老三篇”、“老五篇”叫做毛泽东思想，而把毛泽东同志的其他著作都抛开呢？怎么能够抓住一两句话，一两个观点，就片面地进行宣传呢？割裂毛泽东思想这个问题，现在实际上并没有解决。比如文艺方针，毛泽东同志说，要古为今用，洋为中用，百花齐放，推陈出新。这是很完整的。可是，现在百花齐放不提了，没有了，这就是割裂。现在相当多的学校学生不读书，这也不符合毛泽东思想。……恐怕在相当多的领域里，都存在怎样全面学习、宣传、贯彻毛泽东思想的问题。②

---

① 林彪：《关于加强政治思想工作的指示》（1961 年 1 月）。

② 邓小平：《各方面都要整顿》（1975 年 9 月 27 日、10 月 4 日）。《邓小平文选》第 2 卷，第 36—37 页，人民出版社，1994。

由此可见，邓小平在 1977 年提出"毛泽东思想是个科学体系"，不是偶然的。这是他在长期的革命斗争中对毛泽东思想的深刻认识，是他同林彪、"四人帮"的阴谋活动和恶劣学风进行长期斗争的科学总结，也是他针对毛泽东后的当代中国出现的"两个凡是"错误观点所采取的正确态度。这就是说，高举毛泽东思想的伟大旗帜，不是要维护毛泽东说过的每一句话、作出的每一个决定，用教条主义的态度来高举。其理由有两条：一是领袖的话是有一定的时间和地点的，即有针对性的。离开了这种针对性就失去了他的论述的科学基础，就会把科学的真理变成僵硬的教条。二是领袖也是人，他的话难免也会因种种局限性而存在着某些不足甚至错误的东西，不能盲目迷信。对此，邓小平说得很清楚：

> 把毛泽东同志在这个问题上讲的移到另外的问题上，在这个地点讲的移到另外的地点，在这个时间讲的移到另外的时间，在这个条件下讲的移到另外的条件下，这样做，不行嘛！毛泽东同志自己多次说过，他有些话讲错了。他说，一个人只要做工作，没有不犯错误的。又说，马恩列斯都犯过错误，如果不犯错误，为什么他们的手稿常常改了又改呢？改了又改就是因为原来有些观点不完全正确，不那么完备、准确嘛。毛泽东同志说，他自己也犯过错误。一个人讲的每句话都对，一个人绝对正确，没有这回事情。……这是个重要的理论问题，是个是否坚持历史唯物主义的问题。彻底的唯物主义者，应该像毛泽东同志说的那样对待这个问题。①

所以，邓小平反复强调，不能够搞"两个凡是"，不能够只从个别词句来理解毛泽东思想，而必须从毛泽东思想的整个体系去获得正确的理解；至于个别的论断中有这样那样的失误，都不属于毛泽东思想的基本原理所构成的科学体系；毛泽东思想不是在个别的方面，而是在许多领域发

① 邓小平：《"两个凡是"不符合马克思主义》（1977 年 5 月 24 日）。《邓小平文选》第 2 卷，第 38—39 页，人民出版社，1994。

展了马克思列宁主义，是个科学的体系，要用相当多的工夫从各个领域阐明毛泽东思想的体系；学习和宣传毛泽东思想，就是要用毛泽东思想的体系来教育我们的党。只有这样的高举，才是真高举。那种教条主义的、形式主义的高举，是假高举。

二 没有毛主席就没有新中国

同对毛泽东思想的评价相联系的，就是如何评价毛泽东的历史地位。在国际共产主义运动的历史上，对领袖人物功过是非的评价，历来是一个敏感而又重大的问题。赫鲁晓夫在苏联共产党第二十次全国代表大会作秘密报告，全盘否定斯大林，导致了世界社会主义运动内部的思想混乱，在有的国家甚至出现了否定马列主义、反对共产党领导的政治风波。在毛泽东后的当代中国，如何评价毛泽东，绝非像评价一般的历史人物那样，是个纯学术的问题，而是一个同现实政治紧密相关的，关系到党和国家前途和命运的重大问题。

事实就是如此。粉碎“四人帮”后，中国政治生活中出现了极为复杂的情况：一方面，华国锋推行的“两个凡是”方针阻碍了拨乱反正的深入展开；另一方面，在拨乱反正、纠正冤假错案中，出现了否定毛泽东的历史地位，进而否定社会主义制度、否定人民民主专政、否定党的领导、否定马列主义和毛泽东思想的错误思潮。比如上海有个所谓“民主讨论会”，其中有些人诽谤毛泽东，打出大幅标语，鼓吹“万恶之源是无产阶级专政”，要“坚决彻底批判中国共产党”。

具有丰富政治经验的邓小平，从拨乱反正一开始，就提出：“作为伟大的马克思主义者，毛泽东同志多次反对对他本人的一些不适当不科学的评价，经常教育我们正确理解人民与领导人或领袖的关系。”① 这就是说，要科学地评价毛泽东，不搞个人崇拜，也决不允许任何人丑化和否

① 邓小平：《完整地准确地理解毛泽东思想》（1977 年 7 月 21 日）。《邓小平文选》第 2 卷，第 43 页，人民出版社，1994。

定毛泽东的历史地位和历史作用。

首先，邓小平强调，毛泽东在长期革命斗争中立下的伟大功勋是永远不可磨灭的。在《解放思想，实事求是，团结一致向前看》的讲话中，他论述了毛泽东的三大历史功勋：一是领导中国革命转危为安，取得了革命的胜利；二是毛泽东思想培育了我们整整一代人，没有毛泽东思想就没有今天的中国共产党；三是创立了毛泽东思想，毛泽东思想永远是我们全党、全军、全国各族人民的最宝贵的精神财富。邓小平说：“如果没有毛泽东同志的卓越领导，中国革命有极大的可能到现在还没有胜利，那样，中国各族人民就还处在帝国主义、封建主义、官僚资本主义的反动统治之下，我们党就还在黑暗中苦斗。”① 1980 年 8 月在接受意大利记者奥琳埃娜·法拉奇采访时，他又一次这样说：

> 没有毛主席，至少我们中国人民还要在黑暗中摸索更长的时间。毛主席最伟大的功绩是把马列主义的原理同中国革命的实际结合起来，指出了中国夺取革命胜利的道路。②

邓小平对毛泽东的这一高度肯定的评价，反映了中国革命历史的真实面貌，也反映了中国人民包括一大批历经沧桑的老战士的心声。在拨乱反正的年代里，笔者曾经听到过一个传闻，说一个老干部家庭内部，儿子因在“文化大革命”中受老子的株连吃了不少苦头，不理解老子为什么还要维护毛泽东的形象，同老子怄气斗嘴，而老子则气愤地对儿子说：“如果没有毛主席，中国革命现在还不会胜利，我也不会活到今天，哪里还会有你?”那位老干部在“文化大革命”中受尽迫害，但解放出来后并未因此而否定毛泽东，还站在历史的高度，从大局出发，教育儿子维护毛泽东的历史地位，确实难能可贵。这个传闻，笔者没有核对过，但相

---

① 邓小平：《解放思想，实事求是，团结一致向前看》（1978 年 12 月 13 日）。《邓小平文选》第 2 卷，第 148 页，人民出版社，1994。

② 邓小平：《答意大利记者奥琳埃娜·法拉奇问》（1980 年 8 月 21 日、23 日）。《邓小平文选》第 2 卷，第 345 页，人民出版社，1994。

信它是真实的。中国确实有千千万万这样的老干部。最典型的莫过于邓小平了。他们是掌握辩证唯物主义和历史唯物主义武器的先进分子，尊重这样一个基本的事实：“没有毛主席就没有新中国。”①

同时，邓小平强调，对毛泽东的评价，不是仅仅涉及毛泽东个人的问题，它同我们党、我们国家的整个历史是分不开的。1979 年 3 月底在党的理论工作务虚会上，邓小平针对拨乱反正中出现的错误思潮，作了《坚持四项基本原则》(1979 年 3 月 30 日) 的著名讲话。在论及如何评价毛泽东这一重大政治问题时，他说了一段十分深刻的话：

> 毛泽东同志的事业和思想，都不只是他个人的事业和思想，同时是他的战友、是党、是人民的事业和思想，是半个多世纪中国人民革命斗争经验的结晶。这正如马克思的情况一样。恩格斯在评价马克思的时候说，现代无产阶级只是依赖马克思才第一次意识到本身的地位和要求，意识到本身的解放条件。这难道是说个人创造了历史吗？历史是人民创造的，但是这丝毫不排斥人民对于杰出的个人的尊敬；而尊敬，当然不是迷信，不是把他当作神。②

确实，毛泽东长期来处在党的最高领导地位上，是党中央第一代领导集体的核心。历史造就的这种地位，决定了毛泽东的活动，除了极小一部分纯属个人性质的活动外，都是领导党进行的事业和活动。参加这一活动的，不只是毛泽东一个人，还有党中央领导集体、党和党所领导的广大人民群众。因此，无论是肯定还是否定毛泽东，必定会涉及肯定还是否定党中央领导集体、党和党所领导的广大人民群众的问题。我们许多缺乏政治经验的人不懂得这一深刻的道理，而一些试图否定党的领导和社会主义道路的人，则深知其中的奥妙。他们力图通过丑化、诽谤、诋毁毛泽东个人，来否定中国共产党及其领导的革命事业。

---

① 邓小平：《解放思想，实事求是，团结一致向前看》(1978 年 12 月 13 日)。《邓小平文选》第 2 卷，第 148 页，人民出版社，1994。

② 《邓小平文选》第 2 卷，第 172—173 页，人民出版社，1994。

这样说，并不是要回避毛泽东的缺点和失误，而是为了更好地尊重历史，包括更科学地说明毛泽东的缺点和失误，更科学地总结我们党的历史经验。1988 年 9 月 5 日，邓小平在会见外宾时，对此讲得十分清楚：

> 毛泽东同志从一九五七年开始犯了“左”的错误，最“左”是“文化大革命”的十年。他生前自己也承认有错误，他说过，我死后如果能够得到三分错误、七分功劳的评价就满意了。从一九二一年建党到一九五七年，三十六年内他做的好事了不起，是他领导我们取得了革命胜利。我们党总结历史经验不能丢掉毛泽东，否定毛泽东就是否定中国革命大部分的历史。……如何评价党的历史这个问题，我们有，你们也有。每个党、每个国家都有自己的历史，只有采取客观的实事求是的态度来分析和总结，才有好处。①

如果说“没有毛主席就没有新中国”，说的是中国革命的基本事实，那么，“否定毛泽东就是否定中国革命大部分的历史”，说的就是马克思主义者评价伟大历史人物时必须注意的重大政治问题。邓小平对毛泽东的评价，坚持了这种实事求是的科学性和政治性的统一，既体现了他对毛泽东的无比尊重，更体现了他深厚的马克思主义的理论素养和优秀的政治品格，展现了一代伟人的风采。

三　毛主席的功绩是第一位的，错误是第二位的

评价毛泽东和毛泽东思想的历史地位，最难的地方在于如何评价毛泽东晚年的错误。邓小平最初讲要“实事求是”，后来加了一个要“恰如其分”②。这就是说，评价毛泽东晚年的错误，必须恰当、有分寸，真正

① 邓小平：《总结历史是为了开辟未来》（1988 年 9 月 5 日）。《邓小平文选》第 3 卷，第 271—272 页，人民出版社，1993。

② 邓小平：《对起草〈关于建国以来党的若干历史问题的决议〉的意见》（1980 年 3 月—1981 年 6 月）。《邓小平文选》第 2 卷，第 309 页，人民出版社，1994。

做到实事求是。为此，他作了许多重要的指示，为澄清一系列模糊认识，达到全党思想的统一，作出了杰出的贡献。

——“毛主席的错误和林彪、‘四人帮’问题的性质是不同的。”[①] 由于“文化大革命”这场灾难时间之长、范围之广，在中国共产党的历史上前所未有，堪称“史无前例”，因此在拨乱反正、总结历史经验时，许多人义愤填膺，对毛泽东说了许多过头的话。邓小平对此十分警惕，明确指出：“对于毛泽东同志的错误，不能写过头。写过头，给毛泽东同志抹黑，也就是给我们党、我们国家抹黑。”[②] 为了解决这一问题，邓小平以历史事实为根据，对“文化大革命”这场灾难中毛泽东的错误和林彪、“四人帮”的问题，从性质上划了一道大界限。这就是说，林彪、“四人帮”是要利用毛泽东亲自发动的这场“文化大革命”，阴谋篡夺党和国家的最高权力，背着毛泽东进行了大量祸国殃民的犯罪活动，他们是两个反革命集团。毛泽东犯的则是一个伟大的无产阶级革命家所犯的错误。理论上，他提出了一系列“左”倾错误观点，明显脱离了作为马克思列宁主义基本原理与中国革命具体实际相结合的毛泽东思想的轨道；组织上，他重用了林彪、江青等人，致使党、国家和人民遭到建国以来最严重的挫折和损失。但是，毛泽东发动和领导“文化大革命”，主观上“主要是从反修防修的要求出发的”[③]。就是在他犯严重错误的时候还多次要求全党认真学习马克思、恩格斯、列宁的著作，还始终认为自己的理论和实践是马克思主义的，是为巩固无产阶级专政所必需的，这是他的悲剧所在。而且，在“文化大革命”中，他也纠正和制止过一些具体错误，保护过一些党的领导干部和党外著名人士，使一些负责干部重新回到重要的领导岗位。特别值得指出的是，粉碎林彪反革命集团的斗争，是他

---

① 邓小平：《答意大利记者奥琳埃娜·法拉奇问》（1980 年 8 月 21 日、23 日）。《邓小平文选》第 2 卷，第 344 页，人民出版社，1994。

② 邓小平：《对起草〈关于建国以来党的若干历史问题的决议〉的意见》（1980 年 3 月—1981 年 6 月）。《邓小平文选》第 2 卷，第 301—302 页，人民出版社，1994。

③ 邓小平：《解放思想，实事求是，团结一致向前看》（1978 年 12 月 13 日）。《邓小平文选》第 2 卷，第 149 页，人民出版社，1994。

亲自领导的；阻止江青反革命集团夺取党和国家的最高领导权，也是他的重要部署。此外，“文化大革命”中对外一些正确的政策的制定，社会主义制度的保存，国家没有分裂，社会主义建设仍在进行，等等，都同毛泽东的作用分不开。邓小平说过：“第一代领导集体的核心是毛主席。因为有毛主席作领导核心，‘文化大革命’就没有把共产党打倒。”[①] 邓小平在毛泽东和林彪、“四人帮”之间划这么一道大界限，是实事求是、恰如其分的，是正确的，具有说服力的，因而为全党统一思想发挥了重大的作用。

——“毛主席一生中大部分时间是做了非常好的事情的，他多次从危机中把党和国家挽救过来。”[②] 邓小平不仅指出了毛泽东晚年错误同林彪、“四人帮”在性质上的区别，而且具体地、历史地分析了他在各个时期的功过及其比重。他有根有据、客观公正地指出：从 1921 年建党到 1957 年，36 年内毛泽东做的好事了不起，是他领导我们取得了革命胜利；建国后 17 年这一段，有曲折，有错误，基本方面还是对的；他在一生的后期，特别在“文化大革命”中是犯了错误的，而且错误不小，给党、国家和人民带来许多不幸，但即使“文化大革命”期间，并非他所有的决策都是错误的，比如提出“三个世界”理论、中美建立外交关系等都是正确的。因此，总起来说，毛泽东的一生，功绩是第一位的，错误是第二位的。

——“讲错误，不应该只讲毛泽东同志，中央许多负责同志都有错误。”[③] 邓小平认为，在分析社会主义建设时期中国共产党工作中发生的一些错误时，要公正，不要造成一种印象，似乎别的人都正确，只有一个人犯错误，这不符合事实。他还诚恳地说：“‘大跃进’，毛泽东同志头

---

① 邓小平：《第三代领导集体的当务之急》（1989 年 6 月 16 日）。《邓小平文选》第 3 卷，第 310 页，人民出版社，1993。

② 邓小平：《答意大利记者奥琳埃娜·法拉奇问》（1980 年 8 月 21 日、23 日）。《邓小平文选》第 2 卷，第 344 页，人民出版社，1994。

③ 邓小平：《对起草〈关于建国以来党的若干历史问题的决议〉的意见》（1980 年 3 月—1981 年 6 月）。《邓小平文选》第 2 卷，第 296 页，人民出版社，1994。

脑发热，我们不发热？刘少奇同志、周恩来同志和我都没有反对，陈云同志没有说话。”“中央犯错误，不是一个人负责，是集体负责。”① “当然，毛泽东同志要负主要责任。”② 字里行间，我们可以清晰地看到邓小平实事求是的科学精神和勇于承担责任的革命气概。为了说服大家接受这一观点，他还说过：“那时大家把什么都归功于一个人。有些问题我们确实也没有反对过，因此也应当承担一些责任。当然，在那个条件下，真实情况是难于反对。但是，不能回避‘我们’，我们承担一下责任没有坏处，还有好处，就是取得教训。这是从中央领导角度上说的，地方上没有责任。我和陈云同志那时是政治局常委，起码我们两个负有责任。其他的中央领导同志也要承担一些责任。合不合乎实际？也合乎实际。这样站得住脚，益处大。”③ 在邓小平的说服下，全党统一了对这个问题的认识。

——“单单讲毛泽东同志本人的错误不能解决问题，最重要的是一个制度问题。”④ 为了正确评价毛泽东，分析他的晚年错误，同时更好地从中吸取经验教训，邓小平不仅强调要集体承担错误的责任，而且强调要看到毛泽东这样伟大的无产阶级革命家犯错误，有着复杂而又深刻的原因。他说：“毛泽东同志说了许多好话，但因为过去一些制度不好，把他推向了反面。”⑤ “制度是决定因素，那个时候的制度就是那样。”⑥

根据邓小平的意见，中共中央在十一届六中全会通过的《关于建国以来党的若干历史问题的决议》(1981 年 6 月) 中，对毛泽东作了这样一个评价：

> 毛泽东同志是伟大的马克思主义者，是伟大的无产阶级革命家、战略家和理论家。他虽然在“文化大革命”中犯了严重错误，但是就他的一生来看，他对中国革命的功绩远远大于他的过失。他

①②③④⑤⑥ 邓小平：《对起草〈关于建国以来党的若干历史问题的决议〉的意见》(1980 年 3 月—1981 年 6 月)。《邓小平文选》第 2 卷，第 296、308、309、297、297、308—309页，人民出版社，1994。

> 的功绩是第一位的，错误是第二位的。他为我们党和中国人民解放军的创立和发展，为中国各族人民解放事业的胜利，为中华人民共和国的缔造和我国社会主义事业的发展，建立了永远不可磨灭的功勋。他为世界被压迫民族的解放和人类进步事业作出了重大的贡献。①

邓小平和党中央关于毛泽东历史地位的这一客观、全面而又深刻的科学评价，解决了拨乱反正中一个极为复杂的难题，使党既纠正了毛泽东晚年的错误，又维护了毛泽东和毛泽东思想的历史地位，从而维护了党的团结和政局的稳定，为党领导各族人民在拨乱反正后进行全面改革提供了良好的政治环境。如果再联系一下苏联和东欧一些社会主义国家的历史境遇，他们那里没有邓小平这样杰出的无产阶级革命家，没有能够经受住总结历史经验、评价历史人物的严峻考验，从否定斯大林开始否定各国党的历史，最后导致政局剧变，社会主义运动遭受严重挫折。中国共产党和中国人民最值得庆幸和自豪：我们有毛泽东这样具有开天辟地雄才大略的伟大领袖，又有邓小平这样具有求实精神和领导艺术的毛泽东事业的杰出接班人，因此我们不仅能推翻帝国主义、封建主义和官僚资本主义的反动统治，创建人民当家做主的新中国，而且能摆脱贫穷和愚昧的束缚，建设富强、民主、文明的社会主义现代化国家。

第四节　逻辑：毛泽东思想和邓小平理论

从毛泽东到邓小平，历史与现实，在逻辑中得到了生动的体现，达

① 中共中央文献研究室编：《三中全会以来重要文献选编》下册，第825页，人民出版社，1982。

到了具体的统一。

逻辑就是：在邓小平领导的毛泽东后的当代中国，毛泽东思想不仅获得了最好的继承和坚持，而且得到了新的发展。继承、坚持和发展的成果，就是毛泽东思想科学体系的研究和邓小平建设有中国特色社会主义理论（我们暂且把它简称为“邓小平理论”[①]）的形成和发展。

这个逻辑，用邓小平的话来表述就是——

> 我们搞改革开放，把工作重心放在经济建设上，没有丢马克思，没有丢列宁，也没有丢毛泽东。老祖宗不能丢啊！问题是要把什么叫社会主义搞清楚，把怎么样建设和发展社会主义搞清楚。[②]

> 现在我们还是把毛泽东同志已经提出、但是没有做的事情做起来，把他反对错了的改正过来，把他没有做好的事情做好。今后相当长的时期，还是做这件事。当然，我们也有发展，而且还要继续发展。[③]

这个逻辑的起点，在中共十一届三中全会公报中，已经可以清晰地看到。公报在谈到如何科学地对待毛泽东和毛泽东思想的时候，明确地指出：

> 党中央在理论战线上的崇高任务，就是领导、教育全党和全国人民历史地、科学地认识毛泽东同志的伟大功绩，完整地、准确地掌握毛泽东思想的科学体系，把马列主义、毛泽东思想的普遍原理同社会主义现代化建设的具体实践结合起来，并在新的历史条件下

---

① 本书1996年12月定稿，1997年4月出版。1997年9月，中共十五大正式将邓小平创立的建设有中国特色社会主义理论定名为邓小平理论。

② 邓小平：《对起草〈关于建国以来党的若干历史问题的决议〉的意见》（1980年3月—1981年6月）《邓小平文选》第3卷，第369页，人民出版社，1993。

③ 邓小平：《总结经验，使用人才》（1991年8月20日）。《邓小平文选》第2卷，第300页，人民出版社，1994。

加以发展。①

这就是说，毛泽东后的当代中国，势必要对毛泽东这样一个伟大人物作出评价，这种评价不是一般的“盖棺定论”，它还要涉及对这个伟大人物的思想财富的研究，因为这个伟大人物不仅是一个伟大的马克思主义者，伟大的无产阶级革命家，伟大的政治家、军事家和诗人，而且是一个伟大的战略家和理论家。邓小平在继承毛泽东领导的中国革命事业的时候，在评价毛泽东的历史地位时，必须回答两个互相联系的问题：毛泽东思想这一科学体系如何完整、准确地掌握？毛泽东思想如何在新的历史条件下加以发展？对毛泽东思想，一要科学地坚持，二要正确地发展，这是毛泽东后的当代中国“党中央在理论战线上的崇高任务”。

事实上，党中央不仅提出了这个任务，而且在邓小平亲自领导下，扎扎实实地进行了以坚持和发展毛泽东思想科学体系为主题的研究工作。

一 邓小平提出和主持了毛泽东思想科学体系的研究

我们知道，“毛泽东思想”这一概念，是王稼祥在《中国共产党与中国民族解放的道路》(1943 年 7 月) 中首先提出的。这一概念不仅很快就为全党所接受，而且在中国共产党第七次全国代表大会上被确立为党的指导思想。在这前后，毛泽东的战友们已经认识到，这一科学思想具有丰富的内容，是一个思想体系。比如，陈毅在《伟大的二十一年》(1942 年 7 月) 中指出，毛泽东创立的“正确的思想体系”运用马列主义解决了中国革命的五大问题：一是关于中国社会性质、革命的动力、前途及革命战略和策略问题；二是关于革命战争问题；三是关于苏维埃政权问题；四是关于建党问题；五是关于思想方法问题。最权威的概括，是刘少奇在中共七大所作的关于修改党章的报告。他在报告中指出毛泽东思

① 中共中央文献研究室编：《三中全会以来重要文献选编》上册，第 12—13 页，人民出版社，1982。

想完全是马克思主义的，又完全是中国的，对这一科学思想的内容从九个方面作了概括：一是关于现代世界情况及中国国情的分析；二是关于新民主主义的理论与政策；三是关于解放农民的理论与政策；四是关于革命统一战线的理论与政策；五是关于革命战争的理论与政策；六是关于革命根据地的理论与政策；七是关于建设新民主主义共和国的理论与政策；八是关于建设党的理论与政策；九是关于文化的理论与政策。这些概括，反映了当时我们党对毛泽东思想科学体系研究的成果，而且是毛泽东的战友们进行的研究和概括，特别有价值。这些概括，不论多少条，基本上都是由三方面基本内容构成：一是近代中国国情论，二是新民主主义革命论，三是新民主主义社会论。在《毛泽东与近代中国》(1994 年 5 月）一书中，笔者曾把它们统称为“新民主主义理论”，这是毛泽东思想科学体系中极其精彩的组成部分。但由于当时研究条件的局限，毛泽东的战友们尽管对这一理论的多方面内容作了概括，但还来不及进行比较翔实而又简明的展开和阐述。

新中国成立以后，出版过一些学习和宣传毛泽东思想的小册子，有的结合党史对毛泽东思想是马克思列宁主义普遍原理和中国革命具体实际之统一的思想，作过一些论述，但对这一思想科学体系及其内容的阐述仍很缺乏力作。

社会主义革命和建设时期，毛泽东思想有许多重大的发展，科学体系中增加了许多新鲜内容，但是科学的研究工作做得不够。60 年代，群众性的毛泽东思想学习活动搞得很热闹，然而由于受到林彪的简单化、庸俗化学习方针的影响，毛泽东思想科学体系的研究和阐述，长期以来没有受到应有的重视。发展到“文化大革命”，毛泽东思想的精髓被阉割，毛泽东思想的科学原理被搞得支离破碎，甚至被曲解，“发展”出了所谓“无产阶级专政条件下继续革命的理论”，造成了很坏的影响。

粉碎“四人帮”后，自从邓小平提出要完整准确地理解毛泽东思想的科学体系这一命题，他就在考虑要做好这一体系的研究工作。1977 年 7 月 21 日中共十届三中全会上，他提出：

毛泽东思想是个体系，是发展了的马克思主义。所以我建议，除了做好毛泽东著作的整理出版工作之外，做理论工作的同志，要花相当多的功夫，从各个领域阐明毛泽东思想的体系。①

在邓小平的建议下，毛泽东著作的整理出版和毛泽东思想科学体系的研究，被提到了毛泽东后的当代中国理论工作的重要位置。特别是1978年中共十一届三中全会以后，这方面工作一步一步扎扎实实地向前推开了。截至1995年12月止，这17年间出版的毛泽东著作达十余种，为新中国成立以来仅见。其中，包括专题集的和综合选集的、公开的和内部的以及其他形式的，内容十分丰富，研究价值极高。它们包括：

《毛泽东农村调查文集》(人民出版社1982年版)；

《毛泽东新闻工作文选》(新华出版社1983年版)；

《毛泽东书信选集》(人民出版社1983年版)；

《毛泽东著作选读》(人民出版社1986年版)；

《毛泽东诗词选》(人民文学出版社1986年版)；

《毛泽东哲学批注集》(中央文献出版社1988年版)；

《毛泽东早期文稿》(湖南出版社1990年版)；

《毛泽东读文史古籍批语集》(中央文献出版社1993年版)；

《毛泽东文集》第1—5卷（第1—2卷，人民出版社1993年版，第3—5卷，人民出版社1996年版)；

《毛泽东军事文集》(军事科学出版社、中央文献出版社1993年版)；

《毛泽东外交文选》(中央文献出版社、世界知识出版社1994年版)；

《毛泽东在七大的报告和讲话集》(中央文献出版社1995年4月版)。

同时，还编辑出版了多卷本的《建国以来毛泽东文稿》和《毛泽东年谱（1893—1949）》，以及《中共中央文件选集》、《建国以来重要文献选编》。并且在1991年6月经修订（包括增补《反对本本主义》、校正某

---

① 邓小平：《完整地准确地理解毛泽东思想》（1977年7月21日）。《邓小平文选》第2卷，第43—44页，人民出版社，1994。

些误署的写作或发表时间、校正某些史实及错漏字、校订注释等)，再版了《毛泽东选集》第1—4卷。① 此外，还出版了几部毛泽东画册和著作、诗文的手迹。

这些著作的搜集、整理和出版，是在党中央领导下，由中央文献研究室和中央档案馆通力合作进行的。他们默默无闻地辛勤耕耘，不仅为党的马克思主义理论建设，而且为中华民族文化宝藏的积累，为世界文明当代成果的研究，都作出了重要贡献。首先得益的，是毛泽东后的当代中国的毛泽东思想研究工作者、党史研究工作者。自从真理标准问题讨论和中共十一届三中全会以来，这十多年中，当代中国的毛泽东研究，出现了四次高潮：第一次高潮，主要发生在1978年十一届三中全会前后，重点在毛泽东倡导的实事求是思想路线的研究；第二次高潮，主要发生在1981年十一届六中全会通过《关于建国以来党的若干历史问题的决议》前后，重点在探讨毛泽东思想的科学体系和毛泽东晚年错误的区别，重新确立了毛泽东和毛泽东思想的历史地位；第三次高潮，主要发生在1989年政治风波前后，中国城乡和大学校园出现了“毛泽东热”，毛泽东的魅力、毛泽东社会主义时期的理论和实践成为关注的话题、研究的重点；第四次高潮，主要发生在1993年毛泽东诞辰100周年前后，毛泽东思想的发展史和科学体系的研究，特别是邓小平对毛泽东思想继承和发展关系的研究，成为研究者讨论的热点。每一次高潮，都涌现一批研究成果、一批研究人才。这种状况，不仅表明我们有了一个较好的毛泽东思想研究的环境，而且表明毛泽东思想已经从一个宣传的对象转变为科学研究的对象，亦即“毛泽东思想是个科学体系”的概念已经真正确立起来，并成为党和人民、广大理论研究工作者的共识。

面对这种研究的新气象，我们不能不钦佩邓小平，是他把这一任务提到全党和全国各族人民面前，也是他带头亲自研究，阐发毛泽东思想的精义和科学体系。只要翻开《邓小平文选》第2卷，我们就可以发现这样一条线索或脉络：

---

① 1977年4月，人民出版社还出版过《毛泽东选集》第5卷，这里没有列入。

1977 年 5 月 24 日，提出要把毛泽东思想当作体系对待。

7 月 21 日，在中共十届三中全会上，建议做好毛泽东著作整理出版工作，加强研究工作，从各个领域阐明毛泽东思想的体系。同时，集中谈了毛泽东思想里面的党的学说问题。他说：

> 把列宁的建党学说发展得最完备的是毛泽东同志。在井冈山时期，即红军创建时期，毛泽东同志的建党思想就很明确。大家看看红军第四军第九次党代表大会的决议就可以了解。他的完整的建党学说，是经过实践在延安整风时期建立起来的。毛泽东同志对于建立一个什么样的党，党的指导思想是什么，党的作风是什么，都有完整的一套。①

8 月 8 日，在科学和教育工作座谈会上，针对“文化大革命”中所谓教育战线过去 17 年是“黑线专政”的错误估计，认为毛泽东在“文化大革命”以前的大部分时间里，对科学研究工作、文化教育工作的一系列指示，基本精神是鼓励，是提倡，是估计到我们知识分子中的绝大多数是好的，是为社会主义服务或者愿意为社会主义服务的。他说：

> 我们要把毛泽东同志在教育方面的主导思想，在知识分子问题上的主导思想讲清楚。毛泽东思想是我们一切领域的指导思想，应当从总体方面完整地准确地表达出来。这是很重要的。对全国教育战线十七年的工作怎样估计？我看，主导方面是红线。②

一个多月以后，在同教育部主要负责同志谈话时，进一步以非常鲜明的语言指出，认为教育战线在“文化大革命”前 17 年是“黑线专政”的文

---

① 邓小平：《完整地准确地理解毛泽东思想》（1977 年 7 月 21 日）。《邓小平文选》第 2 卷，第 44 页，人民出版社，1994。

② 邓小平：《关于科学和教育工作的几点意见》（1977 年 8 月 8 日）。《邓小平文选》第 2 卷，第 49 页，人民出版社，1994。

件，即《全国教育工作会议纪要》，是姚文元、张春桥定稿的，毛泽东虽然对这个文件画了圈，不等于说里面就没有问题了，要完整准确地理解毛泽东思想的体系。

1978 年 6 月 2 日，在全军政治工作会议上，集中论述了“实事求是，是毛泽东思想的出发点、根本点”①，系统地回顾和总结了毛泽东这一最基本的思想方法和工作方法，回顾和总结了毛泽东同主观主义思想路线反复较量、反复斗争的历史经验，回顾和总结了党在坚持实事求是思想路线过程中的经验教训。

12 月 13 日，在十一届三中全会前召开的中央工作会议上，围绕全党工作重点要由阶级斗争转到经济建设上来这一历史性的转移，提出解放思想是当前的一个重大政治问题，民主是解放思想的条件，处理遗留问题为的是向前看，要研究新情况、解决新问题。在这个讲话中，对毛泽东和毛泽东思想的评价，毛泽东倡导的思想路线，以及如何学好毛泽东思想等重大问题，作了极为重要的指示。

1979 年 3 月 30 日，在党的理论工作务虚会上，又以《坚持四项基本原则》为题，论述了在今天的条件下为什么必须坚持毛泽东思想，以及如何提高毛泽东思想的研究水平，如何正确地坚持毛泽东思想等问题。

1980 年 3 月到 1981 年 6 月，在中共中央政治局、中央书记处领导下，在邓小平、胡耀邦主持下，起草了《关于建国以来党的若干历史问题的决议》。邓小平对决议起草工作提出了三点要求、原则和指导思想：第一，确立毛泽东同志的历史地位，坚持和发展毛泽东思想；第二，对建国 30 年来历史上的大事，哪些是正确的，哪些是错误的，要进行实事求是的分析，包括一些负责同志的功过是非，要做出公正的评价；第三，通过这个决议对过去的事情做个基本的总结。他还反复指出：这三条里

① 《邓小平文选》第 2 卷，第 114 页，人民出版社，1994。

面，第一条是“最核心的一条”，“最重要、最根本、最关键的，还是第一条”①。在起草工作的一系列重要谈话中，他的重点始终集中在如何正确评价毛泽东和毛泽东思想上，讲了毛泽东思想形成和发展的历史，讲了毛泽东思想科学体系的内容和对马克思主义的杰出贡献，讲了区分毛泽东思想科学体系和毛泽东晚年错误的界限，讲了如何正确地总结毛泽东晚年的错误，等等。

从以上线索和脉络可以看出，邓小平为了使全党和全国各族人民认清毛泽东思想是一个科学体系，倾注了多少心血和精力。在他的精心主持下，在全党的共同努力下，中共十一届六中全会终于以决议的形式，即全党共同的认识，阐明了毛泽东思想的发展史和本质特征，阐明了毛泽东思想科学体系的主要内容、主要贡献，阐明了毛泽东思想的活的灵魂。这就是《关于建国以来党的若干历史问题的决议》第 28 条、第 29 条、第 30 条的内容。这三条的内容极为重要，有助于我们了解邓小平为构建毛泽东思想的科学体系付出了多么巨大的心血，也有助于我们研究邓小平理解的毛泽东思想的科学体系是一个什么样的理论结构。为此，这里不妨全文引录决议这三条内容：

> (28) 以毛泽东同志为主要代表的中国共产党人，根据马克思列宁主义的基本原理，把中国长期革命实践中的一系列独创性经验作了理论概括，形成了适合中国情况的科学的指导思想，这就是马克思列宁主义普遍原理和中国革命具体实践相结合的产物——毛泽东思想。在一个半殖民地、半封建的东方大国里进行革命，必然遇到许多特殊的复杂问题。靠背诵马克思列宁主义一般原理和照搬外国经验，不可能解决这些问题。主要在本世纪二十年代后期和三十年代前期在国际共产主义运动中和我们党内盛行的把马克思主义教条化、把共产国际决议和苏联经验神圣化的错误倾向，曾使中国革命

---

① 邓小平：《对起草〈关于建国以来党的若干历史问题的决议〉的意见》(1980 年 3 月—1981 年 6 月)。《邓小平文选》第 2 卷，第 291、293 页，人民出版社，1994。

几乎陷于绝境。毛泽东思想是在同这种错误倾向作斗争并深刻总结这方面的历史经验的过程中逐渐形成和发展起来的。它在土地革命战争后期和抗日战争时期得到系统总结和多方面展开而达到成熟，在解放战争时期和中华人民共和国成立以后继续得到发展。毛泽东思想是马克思列宁主义在中国的运用和发展，是被实践证明了的关于中国革命的正确的理论原则和经验总结，是中国共产党集体智慧的结晶。我党许多卓越领导人对它的形成和发展都作出了重要贡献，毛泽东同志的科学著作是它的集中概括。

(29) 毛泽东思想具有多方面的内容。在以下几个方面，它以独创性的理论丰富和发展了马克思列宁主义。

一、关于新民主主义革命。毛泽东同志从中国的历史状况和社会状况出发，深刻研究中国革命的特点和中国革命的规律，发展了马克思列宁主义关于无产阶级在民主革命中的领导权的思想，创立了无产阶级领导的，工农联盟为基础的，人民大众的，反对帝国主义、封建主义和官僚资本主义的新民主主义革命的理论。这方面的主要著作有：《中国社会各阶级的分析》、《湖南农民运动考察报告》、《星星之火，可以燎原》、《〈共产党人〉发刊词》、《新民主主义论》、《论联合政府》、《目前形势和我们的任务》。其基本点，一是认为中国资产阶级有两个部分，一部分是依附于帝国主义的大资产阶级(即买办资产阶级、官僚资产阶级)，另一部分是既有革命要求又有动摇性的民族资产阶级。无产阶级领导的统一战线要争取民族资产阶级参加，并且在特殊条件下把一部分大资产阶级也包括在内，以求最大限度地孤立最主要的敌人。在同资产阶级结成统一战线时，要保持无产阶级的独立性，实行又团结又斗争、以斗争求团结的政策；在被迫同资产阶级、主要是同大资产阶级分裂时，要敢于并善于同大资产阶级进行坚决的武装斗争，同时要继续争取民族资产阶级的同情或中立。二是认为由于中国没有资产阶级民主，反动统治阶级凭借武装力量对人民实行独裁恐怖统治，革命只能以长期的武装斗争为主要形式。中国的武装斗争，是无产阶级领导的以农民为主体的革命战争。农民是无产阶级的最可靠的同盟军。无产阶级有可能和必要通过自己的先锋队用先进思想、组织性和纪律性来提高农民群众的觉悟水平，建立农村根据地，长期进行革命战争，发展和壮大革命力量。毛泽东同志指出，“统一战线和武装斗争，是战胜敌人的两个基本武器”，加上党本身的建设，就成为革命的“三个法宝”。以上这些，就是中国共产党所以能成为全民族的领导核心，并且创造出一条以农村包围城市，最后夺取全国胜利的道路的基本依据。

二、关于社会主义革命和社会主义建设。毛泽东同志和中国共产党，依据新民主主义革命胜利所创造的向社会主义过渡的经济政治条件，采取社会主义工业化和社会主义改造同时并举的方针，实行逐步改造生产资料私有制的具体政策，从理论和实践上解决了在中国这样一个占世界人口近四分之一的、经济文化落后的大国中建立社会主义制度的艰难任务。毛泽东同志提出的对人民内部的民主方面和对反动派的专政方面互相结合起来就是人民民主专政的理论，丰富了马克思列宁主义关于无产阶级专政的学说。在社会主义制度建立以后，毛泽东同志指出，在社会主义制度下，人民的根本利益是一致的，但人民内部还存在着各种矛盾，必须严格区分和正确处理敌我矛盾和人民内部矛盾。他提出人民内部要在政治上实行“团结——批评——团结”，在党与民主党派的关系上实行“长期共存、互相监督”，在科学文化工作中实行“百花齐放、百家争鸣”，在经济工作中实行对全国城乡各阶层统筹安排和兼顾国家、集体、个人三者利益等一系列正确方针。他多次强调不要机械搬用外国的经验，而要从中国是一个大农业国这种情况出发，以农业为基础，正确处理重工业同农业、轻工业的关系，充分重视发展农业和轻工业，走出一条适合我国国情的中国工业化道路。他强调在社会主义建设中要处理好经济建设和国防建设，大型企业和中小型企业，汉族和少数民族，沿海和内地，中央和地方，自力更生和学习外国等各种关系，处理好积累和消费的关系，注意综合平衡。他还强调工人是企业的主人，要实行干部参加劳动、工人参加管理、改革不合理的规章制度和技术人员、工人、干部“三结合”。他提出了调动一切积极因素，化消极因素为积极因素，以便团结全国各族人民建设社会主义强大国家的战略思想。毛泽东同志关于社会主义革命和社会主义建设的重要思想，集中地体现在《在中国共产党第七届中央委员会第二次全体会议上的报告》、《论人民民主专政》、《论十大关系》、《关于正确处理人民内部矛盾的问题》、《在扩大的中央工作会议上的讲话》等主要著作中。

三、关于革命军队的建设和军事战略。毛泽东同志系统地解决了以农民为主要成分的革命军队如何建设成为一支无产阶级性质的、具有严格纪律的、同人民群众保持亲密联系的新型人民军队的问题。他规定了全心全意为人民服务是人民军队的唯一宗旨，规定了是党指挥枪而不是枪指挥党的原则，制定了三大纪律八项注意，强调实行政治、经济、军事三大民主，实行官兵一致、军民一致和瓦解敌军的原则，提出和总结了一套军队政治工作的方针和方法。他在《关于纠正党内的错误思想》、《中国革命战争的战略问题》、《抗日游击战争的战略问题》、《论持久战》、《战争和战略问题》等军事著作中，总结了中国长期革命战争的经验，系统地提出了建设人民军队的思想，提出了以人民军队为骨干，依靠广大人民群众，建立农村根据地，进行人民战争的思想。他把游击战争提到了战略的地位，认为中国革命战争在长时期内的主要作战形式是游击战和带游击性的运动战。他论述了要随着敌我力量对比的变化和战争发展的进程，正确地实行军事战略的转变。他为革命军队制定了在敌强我弱的形势下实行战略的持久战和战役、战斗的速决战，把战略上的劣势转变为战役、战斗上的优势，集中优势兵力、各个歼灭敌人等一系列人民战争的战略战术。他在解放战争中总结出著名的十大军事原则。这些是毛泽东同志对马克思列宁主义的军事理论的极为杰出的贡献。在建国以后，他提出必须加强国防，建设现代化革命武装力量（包括海军、空军以及其他技术兵种）和发展现代化国防技术（包括用于自卫的核武器）的重要指导思想。

四、关于政策和策略。毛泽东同志精辟地论证了革命斗争中政策和策略问题的极端重要性，指出政策和策略是党的生命，是革命政党一切实际行动的出发点和归宿，必须根据政治形势、阶级关系和实际情况及其变化制定党的政策，把原则性和灵活性结合起来。他在对敌斗争和统一战线等方面，提出了许多重要的政策和策略思想。他指出：弱小的革命力量在变化着的主客观条件下能够最终战胜强大的反动力量；战略上要藐视敌人，战术上要重视敌人；要掌握斗争的主要方向，不要四面出击；对敌人要区别对待、分化瓦解，实行利用矛盾、争取多数、反对少数、各个击破的策略；在反动统治地区，把合法斗争和非法斗争结合起来，在组织上采取荫蔽精干的方针；对被打倒的反动阶级成员和反动分子，只要他们不造反、不捣乱，都给以生活出路，让他们在劳动中改造成为自食其力的劳动者；无产阶级及其政党要实现自己对同盟者的领导，必须具备两个条件：一是率领被领导者向着共同的敌人作坚决斗争并取得胜利；二是对被领导者给以物质利益，至少不损害其利益，同时给以政治教育，等等。毛泽东同志的这些政策和策略思想，表现在他的许多著作中，特别是集中表现在《目前抗日统一战线中的策略问题》、《论政策》、《关于打退第二次反共高潮的总结》、《关于目前党的政策中的几个重要问题》、《不要四面出击》、《关于帝国主义和一切反动派是不是真老虎的问题》等著作中。

五、关于思想政治工作和文化工作。毛泽东同志在《新民主主义论》中指出：“一定的文化（当作观念形态的文化）是一定社会的政治和经济的反映，又给予伟大影响和作用于一定社会的政治和经济；而经济是基础，政治则是经济的集中表现。”他根据这个基本观点，在这方面提出过许多具有长远意义的重要思想。例如：关于思想政治工作是经济工作和其他一切工作的生命线，要实行政治和经济的统一、政治和技术的统一、又红又专的方针；关于发展民族的、科学的、大众的文化，实行百花齐放、推陈出新、古为今用、洋为中用的方针；关于知识分子在革命和建设中具有重要作用，知识分子要同工农相结合，通过学习马克思列宁主义、学习社会和工作实践树立无产阶级世界观的思想，等等。他指出"为什么人的问题，是一个根本的问题，原则的问题"，强调要全心全意为人民服务，对革命工作要极端负责，要艰苦奋斗和不怕牺牲。毛泽东同志关于思想政治文化的许多著名的著作，例如《青年运动的方向》、《大量吸收知识分子》、《在延安文艺座谈会上的讲话》、《纪念白求恩》、《为人民服务》、《愚公移山》等，至今仍有重要意义。

六、关于党的建设。在无产阶级人数很少而战斗力很强，农民和其他小资产阶级占人口大多数的国家，建设一个具有广大群众性的、马克思主义的无产阶级政党，是极其艰巨的任务。毛泽东同志的建党学说成功地解决了这个问题。这方面的主要著作有：《反对自由主义》、《中国共产党在民族战争中的地位》、《改造我们的学习》、《整顿党的作风》、《反对党八股》、《学习和时局》、《关于健全党委制》、《党委会的工作方法》等。他特别着重于从思想上建设党，提出党员不但要在组织上入党，而且要在思想上入党，经常注意以无产阶级思想改造和克服各种非无产阶级思想。他指出，理论和实践相结合的作风，和人民群众紧密地联系在一起的作风，以及自我批评的作风，是中国共产党区别于其他任何政党的显著标志。他针对历史上党内斗争中存在过的"残酷斗争、无情打击"的"左"倾错误，提出"惩前毖后、治病救人"的正确方针，强调在党内斗争中要达到既弄清思想又团结同志的目的。他创造了在全党通过批评与自我批评进行马克思列宁主义思想教育的整风形式。建国前夕和建国以后，鉴于我们党成为领导全国政权的党，毛泽东同志多次提出要继续保持谦虚谨慎、戒骄戒躁、艰苦奋斗的作风，警惕资产阶级思想的侵蚀，反对脱离群众的官僚主义。

(30) 毛泽东思想的活的灵魂，是贯串于上述各个组成部分的立场、观点和方法，它们有三个基本方面，即实事求是，群众路线，独立自主。毛泽东同志把辩证唯物主义和历史唯物主义运用于无产阶级政党的全部工作，在中国革命的长期艰苦斗争中形成了具有中国共产党人特色的这些立场、观点和方法，丰富和发展了马克思列宁主义。它们不仅表现在《反对本本主义》、《实践论》、《矛盾论》、《〈农村调查〉的序言和跋》、《关于领导方法的若干问题》、《人的正确思想是从哪里来的?》等重要著作中，而且表现在毛泽东同志的全部科学著作中，表现在中国共产党人的革命活动中。

一、实事求是，就是从实际出发，理论联系实际，就是要把马克思列宁主义普遍原理同中国革命具体实践相结合。毛泽东同志从来反对离开中国社会和中国革命的实际去研究马克思主义。早在一九三〇年，他就提出反对本本主义，强调调查研究是一切工作的第一步，没有调查就没有发言权。他在延安整风运动前夕指出，主观主义是共产党的大敌，是党性不纯的一种表现。这些精辟论断冲破了教条主义的束缚，使人们的思想得到一大解放。他的哲学著作和其他许多包含着丰富哲学思想的著作，从总结中国革命的经验教训中，深刻地论述和丰富了马克思主义的认识论和辩证法。毛泽东同志着重阐明辩证唯物主义认识论是能动的革命的反映论，特别强调充分发扬根据和符合客观实际的自觉的能动性。他以社会实践为基础，全面地系统地论述了辩证唯物主义关于认识的源泉、认识的发展过程、认识的目的、真理的标准的理论；指出正确认识的形成和发展，往往需要经过由物质到精神，由精神到物质，即由实践到认识，由认识到实践多次的反复；指出真理是同谬误相比较而存在、相斗争而发展的，真理是不可穷尽的，认识的是非即认识是否符合客观实际，最终只能通过社会实践来解决。毛泽东同志阐述和发挥了马克思主义辩证法的核心——对立统一规律。他指出不仅要研究客观事物的矛盾的普遍性，尤其重要的是要研究它的特殊性，对于不同性质的矛盾，要用不同的方法去解决。因此，不能把辩证法看作是可以死背硬套的公式，而必须把它同实践、同调查研究密切结合，加以灵活运用。他使哲学真正成为无产阶级和人民群众认识世界和改造世界的锐利武器。特别是他论述中国革命战争问题的重要著作，提供了在实践中运用和发展马克思主义认识论和辩证法的最光辉的范例。毛泽东同志的上述的思想路线，我们党必须永远坚持。

二、群众路线，就是一切为了群众，一切依靠群众，从群众中来，到群众中去。把马克思列宁主义关于人民群众是历史的创造者的原理系统地运用在党的全部活动中，形成党在一切工作中的群众路线，这是我们党长时期在敌我力量悬殊的艰难环境里进行革命活动的无比宝贵的历史经验的总结。毛泽东同志经常强调，只要我们依靠人民，坚决地相信人民的创造力是无穷无尽的，因而信任人民，和人民打成一片，那就任何困难都有可能克服，任何敌人最终都压不倒我们，而只能被我们所压倒。他还指出，领导群众进行一切实际工作时，要取得正确的领导意见，必须从群众中来、到群众中去，实行领导和群众相结合，一般号召和个别指导相结合。这就是说，把群众的意见集中起来，化为系统的意见，又到群众中坚持下去，在群众的行动中考验这些意见是否正确。如此循环往复，使领导的认识更正确、更生动、更丰富。这样，毛泽东同志就把马克思主义的认识论同党的群众路线统一起来了。党是阶级的先进部队，党是为人民的利益而存在和奋斗的，但是党永远只是人民的一小部分；离开人民，党的一切斗争和理想不但都会落空，而且都要变得毫无意义。我们党要坚持革命，把社会主义事业推向前进，就必须坚持群众路线。

三、独立自主，自力更生，是从中国实际出发、依靠群众进行革命和建设的必然结论。无产阶级革命是国际性的事业，需要各国无产阶级互相支援。但是完成这个事业，首先需要各国无产阶级立足于本国，依靠本国革命力量和人民群众的努力，使马克思列宁主义的普遍原理同本国革命的具体实践相结合，把本国的革命事业做好。毛泽东同志一贯强调，我们的方针要放在自己力量的基点上，自己找出适合我国情况的前进道路。在我们这样一个大国，尤其必须主要依靠自己的力量发展革命和建设事业。我们一定要有自己奋

> 斗到底的决心，要信任和依靠本国亿万人民的智慧和力量，否则，无论革命和建设都不可能取得胜利，胜利了也不可能巩固。当然，我国的革命和建设不是也不可能孤立于世界之外，我们在任何时候都需要争取外援，特别需要学习外国一切对我们有益的先进事物。闭关自守、盲目排外以及任何大国主义的思想行为都是完全错误的。但是，尽管我国经济文化还比较落后，我们对待世界上任何大国、强国和富国，都必须坚持自己的民族自尊心和自信心，决不允许有任何奴颜婢膝、卑躬屈节的表现。建国以前和建国以后，在党和毛泽东同志领导下，无论遇到什么样的困难，我们都没有动摇过独立自主、自力更生的决心，没有在任何外来的压力面前屈服，表现了中国共产党、中国各族人民的大无畏的英雄气概。我们主张各国人民和平共处，平等互助。我们坚持独立自主，也尊重别国人民独立自主的权利。适合本国特点的革命道路和建设道路，只能由本国人民自己来寻找、创造和决定，任何人都无权把自己的意见强加于人。只有这样，才能有真正的国际主义，否则就只能是霸权主义。在今后的国际交往中，我们将永远坚持这样的原则立场。①

关于毛泽东思想科学体系的这一概括，首先具有组织上、政治上的权威性。它是以党中央决议形式所作出的理论概括，对于统一全党和全国各族人民的思想，具有一般著作无可替代的积极作用。同时，它也具有理论的权威性。它是中国共产党把毛泽东思想确定为党的指导思想以后，第一个以比较完备、比较系统的理论形式，概括和展现的毛泽东思想的科学体系。

关于毛泽东思想科学体系的概括，是一个可以探讨的学术问题，《决议》的概括有其自身的特点。最富有创造性的是突出了实事求是、群众路线、独立自主，是贯串毛泽东思想各个组成部分的立场、观点、方法，

---

① 中共中央文献研究室编：《三中全会以来重要文献选编》下册，第825—836页，人民出版社，1982。

是毛泽东思想的活的灵魂。揭示这一点，显示出在邓小平领导下中国共产党对毛泽东思想的认识，较之过去已有根本性的深化。同时，在六个组成部分中，除了新民主主义革命与社会主义革命和社会主义建设这两大基本组成部分外，还论述了毛泽东颇有特色的革命军队建设和军事战略、政策和策略、思想政治工作和文化工作、党的建设等方面的理论，比较全面地反映了毛泽东的理论贡献。

二　邓小平结合社会主义现代化建设的实践，推进毛泽东思想的发展，创立了建设有中国特色社会主义理论

在毛泽东思想研究中，我们可以发现，这一科学思想是中国化的马克思主义。它不是从天上掉下来的，也不是人的头脑里固有的，而是在实践中历经曲折，对中国革命规律的一种正确反映。

中国革命发生在一个半殖民地半封建大国，必然有其自身发展规律。毛泽东一再强调，中国革命必须分两步走，第一步是进行民主革命，建立 新民主主义社会；第二步是把民主革命转变到社会主义方向去，进行社会主义革命，实现社会主义理想。民主革命是社会主义革命的必要准备，社会主义革命是民主革命的必然趋势。用毛泽东的话来说，这就是“走历史必由之路”①。因此，从马克思主义中国化所担负的历史使命来讲，它要解决的历史课题有两个：其一是如何赢得新民主主义在中国的胜利，其二是如何进一步赢得社会主义在中国的胜利。在解决第一个历史课题时形成的毛泽东思想是马克思主义中国化的第一个成果；在解决第二个历史课题时历尽曲折形成的，符合中国实际的中国特色的社会主义理论，是马克思主义中国化的新成果。

我们都知道，在如何赢得社会主义在中国胜利的问题上，毛泽东领导党作了艰辛的探索。《关于建国以来党的若干历史问题的决议》概括的

---

①　毛泽东：《五四运动》（1939年5月1日）。《毛泽东选集》第2卷，第559页，人民出版社，1991。

毛泽东关于社会主义革命和社会主义建设的思想，是中国共产党人在探索中对科学社会主义的重要贡献。它反映了中国共产党人从实际出发进行社会主义改造，建立社会主义制度的经验，也反映了中国共产党人从实际出发建设社会主义，巩固和发展社会主义制度，继续完成社会主义这一伟大革命的经验。它的特点和经验，就是能够从中国的实际出发。我们都知道，毛泽东终其一生，没有能够完成这个由“历史必由之路”所赋予的第二大历史课题的全部任务，而且在他的晚年因失误使完成这一任务的探索遭受严重挫折。这样，从中国实际出发，建设、巩固和发展社会主义的历史使命（在实践和理论两个方面），交给了毛泽东后的当代中国的共产党人，交给了邓小平。

邓小平领导党坚持实事求是的思想路线，以实践为检验真理的唯一标准，对毛泽东的社会主义理论“四管齐下”，做了四件事：

第一件事，纠正毛泽东晚年的错误。把毛泽东在社会主义实践和理论中那些错误的、超越阶段的东西，从毛泽东思想的科学体系中剔除出去。比如，明确宣布毛泽东发动“文化大革命”的主要论点，即“无产阶级专政下继续革命的理论”，既不符合马克思列宁主义，也不符合中国实际，是完全错误的。它明显地脱离了作为马克思列宁主义普遍原理和中国革命具体实际相结合的毛泽东思想的轨道，必须把它同毛泽东思想完全区别开来。

第二件事，坚持毛泽东的正确思想。《关于建国以来党的若干历史问题的决议》在拨乱反正的基础上，对毛泽东从中国实际出发形成的社会主义理论，进行了充分的肯定。《决议》还强调要充分认识毛泽东这些思想的科学价值，发挥它们的指导作用。这项工作的意义，使我们对毛泽东思想，继承是实，坚持有据，并且为进一步发展毛泽东思想提供了良好的起点。

第三件事，做到毛泽东没有实行的正确思想。毛泽东在建设社会主义的艰辛探索中，留下了丰富的思想财富。其中有的重要思想他提出了却没有条件实行，有的观点他讲了但没有付诸实践，有些思想他提了，也做了，但没有能坚持。所以邓小平说要把毛泽东“已经提出、但是没有做的事情做起来”，“把他没有做好的事情做好”。比如，1978 年 9 月 16 日，邓小平在听取吉林省委常委汇报工作时说：“我们现在要实现四个现代化，有好多条件，毛泽东同志在世的时候没有，现在有了。中央如果不根据现在的条件思考问题、下决心，很多问题就提不出来、解决不了。比如毛泽东同志在世的时候，我们也想扩大中外经济技术交流，包括同一些资本主义国家发展经济贸易关系，甚至引进外资、合资经营等等。但是那时候没有条件，人家封锁我们。”① 还有，我们现在都知道，毛泽东在 1956 年 12 月听到上海在社会主义改造完成后又出现“地下工厂”的情况后，说过地下工厂因为社会有需要，就发展起来。要使它成为地上，合法化，可以雇工。可以消灭了资本主义，又搞些资本主义。这个极其重要的思想，是符合中国实际的，当时提出后引起了刘少奇、周恩来等中央领导同志的重视，但是毛泽东对于他自己提出的这一“新经济政策”并没有付诸实践。再比如，在《论十大关系》这一著名讲话中，毛泽东提出了通过沿海的发展来促进内地发展的工业化思路，这一很有创见且符合中国实际的思想，实践了一段以后没有能够一以贯之地坚持下去。由此可见，毛泽东是个思想很活跃的社会主义建设的探索者，他有许多精彩的思想需要我们去研究、去发掘，需要我们去实行。

第四件事，开拓毛泽东没有来得及开辟的新路。毛泽东确实想寻找到一条中国式的工业化道路，即符合中国实际的社会主义建设新路。探索中国社会主义建设规律的名著《关于正确处理人民内部矛盾的问题》(1957 年 2 月) 中，他讲了 12 个问题，从“两类不同性质的矛盾”讲起，最后归到“中国工业化的道路”。从现在公开发表的文章看，在论述中国工业化的道路时，着重讲了重工业、轻工业和农业的发展关系问题，认识社会主义社会经济发展的客观规律问题，如何正确地学习苏联经验的

---

① 邓小平：《高举毛泽东思想旗帜，坚持实事求是的原则》(1978 年 9 月 16 日)。《邓小平文选》第 2 卷，第 127 页，人民出版社，1994。据吉林省的同志回忆，邓小平当时讲这段话时，还具体举例说：“毛主席在 60 年代初期，就提出‘给一个矿，让日本开采’。这次金日成同志也对我说，他回忆到毛主席曾跟他谈过，用外国的资金，开发我们的资源。但是那时候没有条件，人家封锁我们。”

问题。按照他当时讲话提纲的手稿，在这个题目下，最后归到“十大关系”，即：

（一）重与轻、农关系

（二）沿海与内地关系

（三）经济与国防关系

（四）国家与生产单位（工厂、合作社）与个人关系

（五）中央与地方关系

（六）汉族与少数民族关系

（七）共产党与民主党派及其他人关系（长期共存）

（八）敌我关系

（九）人民内部关系（是非关系），一家与百家关系（百家争鸣）

（十）中国与外国关系①

这个提纲，基本上是《论十大关系》（1956 年 4 月）的内容（其中第九个关系增加了“一家与百家”的关系即“百家争鸣”问题）。《论十大关系》是毛泽东从中国实际出发，探索中国社会主义建设道路的起点。为开辟这条新路，毛泽东做了大量的工作，其中包含着一连串的失误和反复。在这一曲折的探索过程中，毛泽东没有如愿以偿，找到他想找的新路。

邓小平在继承毛泽东思想的同时，肩负起了发展毛泽东思想，寻找符合中国实际的社会主义新路这一历史重任：

——十一届六中全会通过的《关于建国以来党的若干历史问题的决议》指出了“适合我国情况的社会主义现代化建设的正确道路”的十个主要点：1. 在社会主义改造基本完成以后，我国所要解决的主要矛盾，是人民日益增长的物质文化需要同落后的社会生产之间的矛盾。党和国家工作的重点必须转移到以经济建设为中心的社会主义现代化建设上来。

① 中共中央文献研究室编：《建国以来重要文献选编》第 10 册，第 59 页，中央文献出版社，1994。

2. 社会主义经济建设必须从我国国情出发，量力而行，积极奋斗，有步骤分阶段地实现现代化的目标。3. 社会主义生产关系的变革和完善必须适应于生产力的状况，有利于生产的发展。4. 在剥削阶级作为阶级消灭以后，阶级斗争已经不是主要矛盾。由于国内的因素和国际的影响，阶级斗争还将在一定范围内长期存在，在某种条件下还有可能激化。5. 逐步建设高度民主的社会主义政治制度，是社会主义革命的根本任务之一。6. 社会主义必须有高度的精神文明。7. 改善和发展社会主义的民族关系，加强民族团结，这对于我们这个多民族国家具有重大意义。8. 在战争危险依然存在的国际条件下，必须加强现代化的国防建设。9. 在对外关系上，必须继续坚持反对帝国主义、霸权主义、殖民主义和种族主义，维护世界和平。10. 根据“文化大革命”的教训和党的现状，必须把我们党建设成为具有健全的民主集中制的党。

——在 1982 年 9 月 1 日中共十二大开幕词中提出：“把马克思主义的普遍真理同我国的具体实际结合起来，走自己的道路，建设有中国特色的社会主义，这就是我们总结长期历史经验得出的基本结论。”①

这样，邓小平就提出了走中国特色社会主义道路，创立建设有中国特色社会主义理论的任务。经过不断的探索，党中央在十三大提出了“两次飞跃论”：

> 马克思主义与我国实践的结合，经历了六十多年。在这个过程中，有两次历史性飞跃。第一次飞跃，发生在新民主主义革命时期，中国共产党人经过反复探索，在总结成功和失败经验的基础上，找到了有中国特色的革命道路，把革命引向胜利。第二次飞跃，发生在十一届三中全会以后，中国共产党人在总结建国三十多年来正反两方面经验的基础上，在研究国际经验和世界形势的基础上，开始找到一条建设有中国特色的社会主义的道路，开辟了社会主义建设

① 《邓小平文选》第 3 卷，第 3 页，人民出版社，1993。

的新阶段。[1]

当时，已经提出“建设有中国特色的社会主义理论”[2] 这一概念，并且说到在对社会主义再认识中，这一理论形成“一系列科学理论观点”，包括：关于解放思想，实事求是，以实践作为检验真理的唯一标准的观点；关于建设社会主义必须根据本国国情，走自己的路的观点；关于在经济文化落后的条件下，建设社会主义必须有一个很长的初级阶段的观点；关于社会主义社会的根本任务是发展生产力，集中力量实现现代化的观点；关于社会主义经济是有计划商品经济的观点；关于改革是社会主义社会发展的重要动力，对外开放是实现社会主义现代化的必要条件的观点；关于社会主义民主政治和社会主义精神文明是社会主义重要特征的观点；关于坚持四项基本原则同坚持改革开放的总方针这两个基本点相互结合、缺一不可的观点；关于用“一个国家、两种制度”来实现国家统一的观点；关于执政党的党风关系到党的生死存亡的观点；关于按照独立自主、完全平等、互相尊重、互不干涉内部事务的原则，发展同外国共产党和其他政党的关系的观点；关于和平与发展是当代世界的主题的观点，等等。这些观点，构成了建设有中国特色的社会主义理论的轮廓，初步回答了我国社会主义建设的阶段、任务、动力、条件、布局和国际环境等基本问题，规划了我们前进的科学轨道。

1990 年 12 月 30 日，在中共十三届七中全会通过的《关于制定国民经济和社会发展十年规划和“八五”计划的建议》中，概括了建设有中国特色社会主义的十二条原则。江泽民在全会闭幕时提出：

> 建设有中国特色的社会主义是一篇大文章。邓小平同志已经为它确定了基本思路和基本原则。这是在新的历史条件下对马列主义、

---

① 中共中央文献研究室编：《十三大以来重要文献选编》上册，第 56 页，人民出版社，1991。

② 中共十四大前，对于在改革开放中形成的这一马克思主义中国化的最新成果一直使用这一概念；十四大报告在这一概念中冠以其创立者“邓小平同志”五字；十四大后逐渐改为“邓小平建设有中国特色社会主义理论”；十五大简称为“邓小平理论”。

毛泽东思想的重大发展。我们希望，全党同志特别是党的高级干部，都要把心思用在这里，经过实践，集思广益，继续把这篇大文章作好。①

在以江泽民为核心的党中央领导下，为作好“这篇大文章”做了许多总结和提炼、概括工作，到1992年10月中共十四大，决定用“邓小平同志”命名“建设有中国特色社会主义理论”，确立了这一理论在全党的指导地位；指出这一理论“第一次比较系统地初步回答了中国这样的经济文化比较落后的国家如何建设社会主义、如何巩固和发展社会主义的一系列基本问题，用新的思想、观点，继承和发展了马克思主义”，“是当代中国的马克思主义”；从社会主义的发展道路、发展阶段、根本任务、发展动力，社会主义建设的外部条件、政治保证、战略步骤，社会主义的领导力量和依靠力量，祖国统一等九个方面，概括了这一科学理论的主要内容；并且提出了“用邓小平同志建设有中国特色社会主义的理论武装全党”的战略任务。②

综上所述，在邓小平的领导下，我们纠正毛泽东晚年的错误，坚持毛泽东的正确思想，做到毛泽东没有实行的正确思想，开拓毛泽东没有来得及开辟的新路，终于在“继承”和“发展”的统一过程中，创立了邓小平建设有中国特色社会主义理论。

这，就是毛泽东后当代中国在历史和现实的统一中，主观和客观相一致的逻辑发展过程。

展现这一逻辑发展过程，我们可以获得两个互相联系的基本结论：

第一，邓小平创立的建设有中国特色社会主义理论，坚持了毛泽东倡导的实事求是的思想路线和马克思主义中国化的要求，继续了毛泽东从中国实际出发建设社会主义的正确思路，同时在纠正毛泽东晚年错误的基础上，坚持和发展了毛泽东思想关于社会主义革命和社会主义建设

---

① 中共中央文献研究室编：《十三大以来重要文献选编》中册，第1430页，人民出版社，1991。

② 《中国共产党第十四次全国代表大会文件汇编》，第1—2、12、12—16、46、45页，人民出版社，1992。

的一系列正确观点。在这一意义上，可以说这一科学理论和毛泽东思想一样，是中国化的马克思主义的重要组成部分。

中共十三届五中全会在同意邓小平辞去中共中央军事委员会主席职务时，在会议公报中明确指出：

> 邓小平同志根据马克思列宁主义同中国实际相结合的原则提出的一系列观点和理论，特别是建设有中国特色的社会主义的基本理论，是毛泽东思想的重要组成部分，是毛泽东思想在新的历史条件下的继承和发展，是中国共产党和中国人民的宝贵精神财富。全会要求全党一定要认真学习邓小平同志的著作，使它今后在我国社会主义现代化建设的伟大进程中发挥重大的指导作用。①

第二，邓小平创立的建设有中国特色社会主义理论，在马克思列宁主义基本原理和中国具体实际相结合过程中，是继第一次历史性飞跃创立毛泽东思想后的第二次历史性飞跃的成果，它解决了当代中国建设、巩固和发展社会主义的一系列基本问题，找到了当代中国发展的正确道路。在这个意义上，我们说这一科学理论是当代中国的马克思主义，是马克思主义中国化的新成果，把马克思列宁主义、毛泽东思想推进到了新的发展阶段。

所以，中共十四大在提出用邓小平建设有中国特色社会主义理论武装全党时，深刻地指出：

> 建设有中国特色社会主义的理论，是马克思主义同中国实际相结合的最新成果，是当代中国的马克思主义，是指引我们实现新的历史任务的强大思想武器。学习马克思列宁主义毛泽东思想，中心内容是学习建设有中国特色社会主义的理论。②

---

① 中共中央文献研究室编：《十三大以来重要文献选编》中册，第678页，人民出版社，1991。

② 《中国共产党第十四次全国代表大会文件汇编》，第46页，人民出版社，1992。

第一章　当代中国首要的基本理论问题

中国是世界社会主义思想的堡垒。中国已从大跃进、“文化革命”及早期发展中吸取了足够的教训。中国建设的具有中国特色的社会主义是真正的社会主义。

——［保］亚·利洛夫

第一节　毛泽东提出：怎么从“必然王国”走出来？

毛泽东后的当代中国，面临着一系列艰巨而又复杂的问题。有全党思想如何统一问题、政治路线如何确定问题、人事安排问题、经济发展问题、外交问题等等，但首要的基本问题是，要搞清楚：什么是社会主义？怎样建设社会主义？

83 岁的毛泽东，在病重和弥留之际，曾经对他的身后事，说过一段令人感慨万千的话：

> 人生七十古来稀，我八十多岁了，人老总想后事，中国有句古语叫盖棺论定，我虽未盖棺也快了，总可以论定了吧！我一生干了两件事。一是与蒋介石斗了那么几十年，把他赶到了那么几个海岛上去了。抗战八年，把日本请回老家去了。打进北京，总算进了紫禁城。对这些事持异议的人不多，只有那么几个人，在我耳边叽叽喳喳，无非是让我及早收回那几个海岛罢了。另一件事你们都知道，就是发动文化大革命。这事拥护的人不多，反对的人不少。这两件事没有完，这笔遗产得交给下一代。怎么交？和平交不成就动荡中交，搞得不好，后代怎么办，就是血雨腥风了。你们怎么办，只有天知道……

这段话的大意，最初是叶剑英在 1977 年一次中央工作会议上传达的。当时人们把它看作是毛泽东的“政治遗嘱”。其实，毛泽东既讲了“这两件事没有完，这笔遗产得交给下一代”，又讲了对“文化大革命”这件事“拥护的人不多，反对的人不少”，是否能和平地交给下一代，是一个问题。这个问题的实质在哪里？想当年，发动“文化大革命”不久，毛泽东曾经高度评价“文化大革命”，说：

> 过去我们搞了农村的斗争，工厂的斗争，文化界的斗争，进行了社会主义教育运动，但不能解决问题，因为没有找到一种形式，一种方式，公开地、全面地、由下而上地发动广大群众来揭露我们的黑暗面。

这就是说，进入社会主义社会后，究竟怎样搞好社会主义，中国共产党进行过许多探索，但都没有找到一种好的形式和方式，“文化大革命”则是他认为的找到的能解决问题的好形式、好方式。而仅仅10年时间，毛泽东就发现他那么欣赏的好形式、好方式，却是“拥护的人不多，反对的人不少”。因此对于这件事、这笔遗产能否顺利地交给下一代，明确地表示了忧虑。他忧虑的是“文化大革命”能否继续下去，而实质不在这里。实质是：“文化大革命”既然也不能解决问题，那么，我们应该怎样搞社会主义呢？我们的出路何在？

怎样搞社会主义，以及在思考和解决这一问题时势必要触及的什么是社会主义，这是毛泽东在社会主义时期碰到的一大难题，也是毛泽东留给后人的一大难题。

这个难题，确实耗费了毛泽东这个伟大的无产阶级革命家一生最后二十多年的心血和精力。

在取得全国革命胜利的前夜，毛泽东明白中国革命的第一步即将胜利结束，不久就要从新民主主义革命转到社会主义革命，开始更伟大的进程。他的名言就是：

> 夺取全国胜利，这只是万里长征走完了第一步。如果这一步也值得骄傲，那是比较渺小的，更值得骄傲的还在后头。在过了几十年之后来看中国人民民主革命的胜利，就会使人们感觉那好像只是一出长剧的一个短小的序幕。剧是必须从序幕开始的，但序幕还不是高潮。中国的革命是伟大的，但革命以后的路程更长，工作更伟

> 大，更艰苦。[①]

他同时也明白，我们对于怎么搞社会主义还缺乏经验和知识。他说过：

> 我们的事情还很多，比如走路，过去的工作只不过是像万里长征走完了第一步。残余的敌人尚待我们扫灭。严重的经济建设任务摆在我们面前。我们熟习的东西有些快要闲起来了，我们不熟习的东西正在强迫我们去做。这就是困难。[②]

因此，他在我国进入社会主义之初，就在最高国务会议第十一次（扩大）会议上所作的《关于正确处理人民内部矛盾的问题》这一著名讲话中，向全党全国各族人民特别是各级领导提出了一个“希望”：

> 经济建设我们还缺乏经验，因为才进行七年，还需要积累经验。对于革命我们开始也没有经验，翻过斤斗，取得了经验，然后才有全国的胜利。我们要求在取得经济建设方面的经验，比较取得革命经验的时间要缩短一些，同时不要花费那么高的代价。代价总是需要的，就是希望不要有革命时期所付的代价那么高。[③]

这说明，他已经注意到社会主义建设是一项非常艰巨的任务，我们又没有现成的经验，还需要探索，探索的主题就是：怎样建设社会主义？

第一次探索，发生在我国进入社会主义之初，即 1956 年到 1957 年反右派斗争之前。

---

① 毛泽东：《在中国共产党第七届中央委员会第二次全体会议上的报告》（1949 年 3 月 5 日）。《毛泽东选集》第 4 卷，第 1438 页，人民出版社，1991。

② 毛泽东：《论人民民主专政》（1949 年 6 月 30 日）。《毛泽东选集》第 4 卷，第 1480 页，人民出版社，1991。

③ 毛泽东：《关于正确处理人民内部矛盾的问题》（1957 年 2 月 27 日）。《毛泽东文集》第 7 卷，第 241—242 页，人民出版社，1999。

这一时期，毛泽东的探索是可贵的，在经济、科学、文化和政治等方面提出了一系列重要思想。

1956 年 1 月 1 日，新年伊始，《人民日报》发表社论《为全面地提早完成和超额完成五年计划而奋斗》，传达和解释了毛泽东提出的多快好省地发展我们的事业的方针。25 日，毛泽东在最高国务会议第六次会议上明确提出："社会主义革命的目的是为了解放生产力。"①

在这个目的和方针下，毛泽东探讨了八个问题。

第一，依靠科技，依靠知识分子，加快生产力的发展。1 月 14 日至 20 日，党中央召开知识分子问题会议，周恩来作专题报告。毛泽东在 20 日会议闭幕时讲话，说：现在叫技术革命，文化革命，革愚蠢无知的命；没有知识分子是不行的，单靠老粗是不行的。中国应该有大批的知识分子。2 月 24 日，中共中央政治局通过了《关于知识分子问题的指示》，肯定知识分子的基本队伍已经成了劳动人民的一部分。3 月 14 日，国务院成立了国家科学规划委员会，决定编制 1956 年至 1967 年全国科学发展的远景规划。

第二，加强农业，发展农业，推动整个国民经济的发展。1 月 23 日，中共中央政治局讨论通过了《1956 年到 1967 年全国农业发展纲要》（草案），并决定将它提请 25 日召开的最高国务会议第六次会议讨论。26 日，向全国人民正式公布了这个纲要。

第三，巩固和扩大统一战线，团结各阶层人民。2 月 16 日至 3 月 3 日，中共中央统战部召开了第六次全国统一战线工作会议，分析了统一战线内部发生的新变化，提出党的任务是继续巩固和扩大人民民主统一战线，团结一切可以团结的力量，为我们的共同目标奋斗。会议通过的《1956 年到 1962 年统一战线工作的方针》，于 3 月 31 日为中共中央批准。

第四，实行学术自由，探讨领导文艺和科学的正确方针。新中国建国后不久，毛泽东就已经注意到，如何领导好文艺和科学，是党执政后

---

① 毛泽东：《社会主义革命的目的是解放生产力》（1956 年 1 月 25 日）。《毛泽东文集》第 7 卷，第 1 页，人民出版社，1999。

必须解决好的重大问题；社会主义改造基本完成后，即全国不但在政治上，而且在经济上，都实行集中统一领导后，党如何领导好文艺和科学，更是一个新问题。1956 年 2 月，当有人向毛泽东汇报说在中国讲学的一位苏联学者表示不同意《新民主主义论》中关于孙中山的世界观的论点，要求向苏联驻中国大使报告时，2 月 19 日，毛泽东在一封信中说："我认为这种自由谈论，不应当去禁止。这是对学术思想的不同意见，什么人都可以谈论"，"如果国内对此类学术问题和任何领导人有不同意见，也不应加以禁止"。[①] 4 月 18 日，又要求中宣部注意苏联的做法，讨论一下这个问题。5 月 2 日，毛泽东在最高国务会议第七次会议上正式宣布：艺术方面的百花齐放的方针，学术方面的百家争鸣的方针，是有必要的。强调要巩固和扩大统一战线也好，实行"双百"方针也好，都是为了调动一切积极因素，建设社会主义。

第五，总结苏联建设经验教训，提出中国社会主义建设的正确道路。1956 年初，毛泽东经过调查研究，对我国社会主义革命和建设的一系列重大关系问题进行了深入的思考，于 4 月 25 日在中央政治局扩大会议上做了《论十大关系》的著名讲话。这一讲话的突出贡献，是总结了苏联、东欧和我国建设社会主义的经验教训，解放思想，独立思考，从中国实际出发，探索了符合中国社会主义建设规律的正确道路。这个重要讲话的思想，为中共八大确定正确的路线指明了方向。

第六，召开中共八大，提出集中力量发展生产力的任务。经过认真准备，1956 年 9 月 15 日至 27 日召开了中共八大。大会指出，社会主义制度在我国已经基本上建立起来；我们还必须为解放台湾，为彻底完成社会主义改造，最后消灭剥削制度和继续肃清反革命残余势力而斗争，但是国内主要矛盾已经不再是工人阶级和资产阶级的矛盾，而是人民对于经济文化迅速发展的需要同当前经济文化不能满足人民需要的状况之间的矛盾；全国人民的主要任务是集中力量发展社会生产力，实现国家工业化，逐步满足人民日益增长的物质和文化需要。

---

① 中共中央文献研究室编：《毛泽东书信选集》，第 471 页，中央文献出版社，2003。

第七，研究社会主义改造后的新情况，探索社会主义经济的新体制。在论述十大关系的时候，毛泽东就已经注意到如何正确处理国家、生产单位和个人的利益关系，如何正确处理中央和地方的关系，是建设社会主义的一个重要问题。4 月 28 日在中央政治局扩大会议上，他把这些问题归结为是一个建立什么样的社会主义经济体制的问题。在中共八大，陈云在发言中提出："我们的社会主义经济的情况将是这样：在工商业经营方面，国家经营和集体经营是工商业的主体，但是附有一定数量的个体经营。这种个体经营是国家经营和集体经营的补充。至于生产计划方面，全国工农业产品的主要部分是按照计划生产的，但是同时有一部分产品是按照市场变化而在国家计划许可范围内自由生产的。计划生产是工农业生产的主体，按照市场变化而在国家计划许可范围内的自由生产是计划生产的补充。因此，我国的市场，绝不会是资本主义的自由市场，而是社会主义的统一市场。在社会主义的统一市场里，国家市场是它的主体，但是附有一定范围内国家领导的自由市场。这种自由市场，是在国家领导之下，作为国家市场的补充，因此它是社会主义统一市场的组成部分。"① 这些观点经过讨论，被写进八大政治报告。12 月 7 日，毛泽东约民建、工商联负责人谈话时说：可以搞国营，可以搞私营。可以消灭了资本主义，又搞资本主义。现在国营、合营企业不能满足社会需要，只要有原料，有销路，私人可以投资开厂。这里可以看出，毛泽东和党中央当时已经开始用很大的精力研究社会主义经济体制问题。

第八，面对社会主义社会客观实际，提出要正确区分和处理两类不同性质社会矛盾。1956 年，苏共二十大以及随之而发生的波兰、匈牙利事件，暴露出社会主义社会中存在着复杂的矛盾。我国在 1956 年冬到 1957 年春，先后也有一万工人罢工、一万学生罢课。毛泽东对此十分重视。中国共产党先后发表了《关于无产阶级专政的历史经验》和《再论无产阶级专政的历史经验》，对此进行了探讨。1956 年 11 月，在中共八

---

① 陈云：《社会主义改造基本完成以后的新问题》（1956 年 9 月 20 日）。《陈云文选》第 3 卷，第 13 页，人民出版社，1995。

届二中全会上，毛泽东在讲话中明确指出，国内阶级矛盾已经基本解决，对于党内和人民内部的矛盾，要用民主的方法加以解决。12 月 4 日，毛泽东在致黄炎培的信中写道："社会总是充满着矛盾。即使社会主义和共产主义社会也是如此，不过矛盾的性质和阶级社会有所不同罢了。既有矛盾就要求揭露和解决。有两种揭露和解决的方法：一种是对敌（这说的是特务破坏分子）我之间的，一种是对人民内部的（包括党派内部的，党派与党派之间的）。前者是用镇压的方法，后者是用说服的方法，即批评的方法。"① 这里，毛泽东提出了社会主义社会存在两类不同性质的社会矛盾这一新思想。后来在 1957 年 2 月《关于正确处理人民内部矛盾的问题》中，对这个思想进行了系统的论述。

毛泽东这些探索的一个鲜明的特点，就是坚持从中国实际出发建设社会主义，寻找符合中国实际的社会主义建设道路。如果从思想史上来研究邓小平建设有中国特色社会主义理论，我们不难发现：这一当代中国马克思主义的形成不是偶然的，正是毛泽东和党中央 1956 年开始的探索及其成果，是这一理论萌芽的历史起点。

但是，1957 年反右派斗争扩大化后，毛泽东改变了中共八大关于社会主义改造基本完成后我国社会主要矛盾的提法，认为两个阶级、两条道路的矛盾仍然是社会主义社会的主要矛盾；随即又夸大主观能动性的作用，离开现实条件，发动了"大跃进"和人民公社化运动，使我国社会主义建设遭受到始料未及的重大挫折。

挫折是坏事，但也促使毛泽东不仅重新思考了怎样建设社会主义，而且进一步思考了什么是社会主义。

第二次探索，发生在毛泽东发现"大跃进"和人民公社化运动的错误之后，即 1958 年底到 1959 年庐山会议前期。

在"大跃进"和人民公社化运动期间，毛泽东曾经非常乐观地认为中国可以较快地过渡到共产主义。但在 1958 年秋冬之间，他在调查研究

---

① 中共中央文献研究室编：《毛泽东书信选集》，第 474 页，中央文献出版社，2003。

中发现很多人在向共产主义过渡问题上有许多空想，当机立断，在郑州召开有中央和地方部分领导人参加的工作会议，即第一次郑州会议，要求大家读一读斯大林的《苏联社会主义经济问题》和《马克思恩格斯列宁斯大林论共产主义社会》，“联系中国社会主义经济革命和经济建设去读这两本书，使自己获得一个清醒的头脑，以利指导我们伟大的经济工作”。在毛泽东修改过的《郑州会议关于人民公社若干问题的决议》[①] 中，对于什么是社会主义和怎样建成社会主义写下了五点意见，其中最重要的是第一点意见：

> 作为共产主义的第一阶段的东西，我们叫作社会主义。在这个阶段内，全党全民的任务是完成社会主义的建设。完成社会主义建设的集中表现，是实现社会主义的全面的全民所有制。我们有了一个不全面的全民所有制，这就是国营工业，大森林地，河道，领海，国营水库、水湖、水塘，国营农场、林场、牧场以及其他各项国营事业。这还只是一部分全民所有制，而非全面的全民所有制。过渡时期，即社会主义时期的任务是实现社会主义的全面的全民所有制。

这个文件，毛泽东慎重考虑后，决定不予发表，准备交给武昌会议再议一次。但从毛泽东修改的文字中可以发现两点：一是毛泽东当时对社会主义的认识，主要是从生产关系特别是所有制方面来论述的；二是认为社会主义建设的任务是实现社会主义的全面的全民所有制，而现在建立的只是一个不全面的全民所有制。

第一次郑州会议后，中共中央政治局在武昌召开了扩大会议。在会议准备过程中，毛泽东要求政治局、书记处的同志讨论一些问题，包括要不要在社会主义和共产主义等问题上划界限，现阶段要不要商品等。会上他就这些重大问题发表了意见。接着在武昌召开的中共八届六中全

---

① 这个决议原题为《郑州会议纪要》，后由毛泽东改为此题。1958 年 12 月 10 日中共八届六中全会通过的《关于人民公社若干问题的决议》是在这个文件的基础上重新起草的。引文中画线部分是毛泽东写的。

会，通过了《关于人民公社若干问题的决议》。《决议》根据毛泽东的意见，提出要划清两条界限，即不能混淆集体所有制和全民所有制的界限，更不能混淆社会主义和共产主义的界限；强调继续发展商品生产和继续保持按劳分配的原则，对于发展社会主义经济是两个重大的原则问题。在论述这些重大问题的时候，突出地强调了这是由我国生产力的发展水平和人民觉悟的水平决定的，提出建设社会主义不能听凭人们的主观愿望。

但当时毛泽东对于向共产主义过渡问题仍有很大兴趣。比如，山东范县提出 1960 年过渡到共产主义，毛泽东从中宣部编印的《宣教动态》上看到这篇报告，十分欣赏，曾在 1958 年 11 月 6 日写了一段批语：

> 此件很有意思，是一首诗，似乎也是可行的。时间似太促，只三年。也不要紧，三年完不成，顺延可也。陈伯达、张春桥、李友九三同志有意思前去看一看吗？行路匪遥，一周可以往还，会后出征，以为如何？

毛泽东说范县的报告“是一首诗”，确是如此。报告中形容两年实现工业化、电气化时的图景是：各种工厂遍地起，处处烟囱如林立，工厂机器轰轰响，大小机器自己使，生产操作按电钮，难分劳动和休息。能产钢铁能产布，能造化肥发电机，拖拉机汽车也会造，生产用品样样齐，果品罐头范县酒，何时需要何时有。电灯电话收音机，使用起来真便利，这样的日子何时到，苦干二年拿到手里。报告描述农业生产的前景是：田间耕作用机器，灌溉自流用电力；粮食亩产好几万，堆大敢与泰山比；棉絮开放似雪野，花生多得不用提；丰收一年顶百季，人人喜得了不得。报告还设计了共产主义的乐园建设规划，描写道：新乐园真正强，四面八方是楼房，有大学有工厂，公园街上百花香，柏油马路明又亮，汽车穿梭排成行，有电影有戏院，劳动以后去听唱，冬天室内有暖气，夏天开开电扇乘乘凉，生活真是大变样，万年幸福乐无疆。报告最后讲到分配制度时，说：人人进入新乐园，吃喝穿用不要钱；鸡鸭鱼肉味道鲜，顿顿可吃四大盘；天天可以吃水果，各样衣服穿不完；人人都说天堂好，天堂不如新乐园。毛泽东认为这个诗一样的规划“似乎也是可行的”，把这个规划和他的批语在中共八届六中全会上印发了。

当然，从总的目标讲，毛泽东当时召开这一系列会议是为了刹住急急忙忙向全民所有制过渡、向共产主义过渡的势头。而且，在八届六中全会后，这个势头是被刹住了。以后，他又在1959年2月、3月间召开了第二次郑州会议，在3月、4月间召开了上海会议，4月初在上海又召开了八届七中全会，直到7月初上庐山召开中央政治局扩大会议，为纠正“大跃进”和人民公社化运动中“左”的错误，做了大量工作。

这一时期，毛泽东和党中央经过探索和总结，从实际出发，在理论上明确了社会主义社会由于社会生产力的发展水平较低，还存在着生产资料全民所有制和集体所有制两种公有制和必要的自留地等小私有，生活资料必须归个人所有；存在着商品生产和商品的交换；实行按劳分配。这是当时党在什么是社会主义、怎样建设社会主义问题上，取得的进展。我们说它有“进展”，这是因为，经过“大跃进”和人民公社化运动中“左”的错误，认识有了提高。中国共产党原来对什么是社会主义、怎样建设社会主义，缺少比较深入和具体的研究，就是对斯大林的《苏联社会主义经济问题》这样的著作也研究不够。我们长期来在学习科学社会主义过程中，已经认识到社会主义必须实行公有制特别是要建立国营经济，比如毛泽东在中共七届二中全会上说过“国营经济是社会主义性质的，合作社经济是半社会主义性质的”①，在《论人民民主专政》(1949年6月)中说过“没有农业社会化，就没有全部的巩固的社会主义”②。周恩来在论述党的过渡时期总路线的时候，也明确地说过：

> 什么叫做社会主义？社会主义最基本的就是完成了社会主义改造，就是取消了生产资料的私人资本主义所有制，归国家所有了，

---

①② 《毛泽东选集》第4卷，第1433、1477页，人民出版社，1991。

就是农业、手工业集体化了。完成这个任务要经过相当长的过渡时期。①

但是，这些思想没有经过实践，认识不深，没有真正掌握。尤其是对于公有制的建立和完善，是以生产力的发展为基础的，在生产力比较落后和两种公有制存在的条件下还要发展商品生产等问题，是经过1958年的曲折之后才认识的。

然而，这种认识还只是初步的。就在正确的认识刚形成之际，1959年庐山会议后期就发生了所谓“反右倾”的斗争，错误地批判了彭德怀等同志。在庐山召开的中央八届八中全会还为此做了决议，“反右倾”斗争很快就传达到全党，发展到全国。纠正“大跃进”和人民公社化运动中“左”的错误的进程不仅被打断，而且，以高指标、浮夸风、“共产”风和瞎指挥为主要特点的“左”倾错误，再度泛起，愈演愈烈，对工农业生产和国民经济造成严重破坏。

党和人民面临的建国以来最严重的经济困难，使毛泽东彻夜难眠，忧心忡忡。为战胜这一困难，他重新回到实事求是的思路上来，郑重提出和反思了什么是社会主义、怎样建设社会主义这一重大问题。

第三次探索，发生在毛泽东觉察到在全国“反右倾”的错误、国民经济面临严重的困难以后，即1960年到1962年秋八届十中全会。1960年春，毛泽东在广东、山东等地上报的材料中注意到在“反右倾”斗争中，重新刮起了“共产风”、浮夸风。6月18日，为在上海召开的中央政治局扩大会议上讲话，毛泽东写了《十年总结》，对社会主义建设的经验教训作了初步的反思。在这篇文章中，他指出：“前八年照抄外国的经验。但从一九五六年提出十大关系起，开始找到自己的一条适合中国的路线。”并说这是“开始反映中国客观经济规律”。这就是我们讲的毛泽东和党中央第一次探索的成果。接着，毛泽东回顾了“大跃进”和人民

① 周恩来：《过渡时期的总路线》（1953年9月8日）。《周恩来选集》下卷，第105页，人民出版社，1984。

公社化运动兴起的过程，指出出了“乱子”。他说，从第一次郑州会议到武昌会议、八届六中全会，“解决了集体、国营两种所有制的界线问题，社会主义与共产主义的界线问题，一共解决两个外部的界线问题，还不认识公社内部的三级所有制问题”。以后又通过一系列会议压钢产量指标。他批评说：“管农业的同志，和管工业的同志、管商业的同志，在这一段时间内，思想方法有一些不对头，忘记了实事求是的原则，有一些片面思想（形而上学思想）。”这就是我们讲的毛泽东和党中央第二次探索的成果。然后，他开始总结庐山会议“反右倾”斗争后的经验教训。当时，他基本上肯定“反右倾”是正确的，获得了胜利；同时，指出经济指标高了，要下决心改，争取主动权。而且，对于“大跃进”和人民公社化运动中的问题，做了自我批评，说：“我本人也有过许多错误。”最后，他说了一段十分深刻、十分重要的话：

> 我们是辩证唯物论的认识论者，不是形而上学的认识论者。自由是必然的认识和世界的改造。由必然王国到自由王国的飞跃，是在一个长期认识过程中逐步地完成的。对于我国的社会主义革命和建设，我们已经有了十年的经验了，已经懂得了不少的东西了。但是我们对于社会主义时期的革命和建设，还有一个很大的盲目性，还有一个很大的未被认识的必然王国。我们还不深刻地认识它。我们要以第二个十年时间去调查它，去研究它，从其中找出它的固有的规律，以便利用这些规律为社会主义的革命和建设服务。

这样，就以总结社会主义建设的经验教训，探索社会主义建设的客观规律为特点，开始了毛泽东的第三次探索。

在《十年总结》中，毛泽东对于“反右倾”斗争后出现的问题，认识是有限的。随着总结的深入，他的认识逐渐深入。1960 年 11 月，中央发出了《关于农村人民公社当前政策问题的紧急指示信》，规定了十二条政策，纠正“左”的偏向。毛泽东在对《紧急指示信》所作的修改中，强调人民公社“三级所有，队为基础”的制度必须在一个长时期内稳定下来，按劳分配必须在很长的时期内贯彻执行，表明对社会主义的认识深入了一步。11 月 28 日在关于甘肃一个报告的批示中，他还写道："毛泽东同志……他自己说，他是同一切愿意改正错误的同志同命运、共呼吸的。他说，他自己也曾犯了错误，一定要改正。"《紧急指示信》和毛泽东一系列重要批示以及他所做的自我批评，推动了全党探索规律、纠正错误。

1960 年底至 1961 年初在北京召开的中央工作会议和八届九中全会，正式通过了对国民经济实行"调整、巩固、充实、提高"的八字方针，毛泽东在会上再次总结了经验教训，提出要大兴调查研究之风，使 1961 年成为实事求是年。会后，他亲自组织和指导三个调查组，分赴浙江、湖南、广东农村进行调查研究，并于 3 月在广州主持起草了《农村人民公社工作条例（草案）》（即"农业六十条"）。"农业六十条"的制定，对于解决农村工作中"左"的偏向起了重大的作用，也是党对于社会主义建设问题认识深化的重要成果。

"农业六十条"通过后，毛泽东一边抓贯彻落实，一边继续总结经验教训，明确提出对于什么是社会主义、怎样建设社会主义，我们经历了曲折的认识过程，认识有所进展，但还不甚了了，还会碰钉子。1961 年 6 月 12 日，在北京召开的中央工作会议上，他说："两次郑州会议开得仓促。我那时对中国社会主义革命如何搞还不甚懂。"庐山会议后把"反右倾"斗争决议传达到县以下，整出了许多右倾机会主义分子，"现在看是犯了错误"。"一九六〇年春看出'共产风'又来了"。"就是因为我们各级干部中许多人不懂得社会主义是什么东西，什么叫按劳付酬，什么叫等价交换"。他在回顾和总结中指出：

> 民主革命从建党到胜利是二十八年。社会主义才搞了十一年，我看再加十一年，二十二年行不行？我在一个小册子（《关于正确处理人民内部矛盾的问题》）里写过：民主革命我们开始也没有经验，翻过斤斗，取得了经验，最后才得到胜利。社会主义革命、社会主义建设取得经验的时间是不是可以缩短一点。这是一种设想。现在看起来，

我们大家都觉悟了就可以缩短时间。民主革命是二十八年，如果社会主义革命、社会主义建设搞二十二年，比民主革命减少六年，也还要十一年。(少奇同志插话：是不是能够缩短，还要看。)……

领导方法不可不注意。我刚才讲了，从北戴河会议、第一次郑州会议、武昌会议、第二次郑州会议、上海会议、六条指示、庐山会议，一直到“六十条”和这次会议，都没有解决问题……

经过三月广州会议、五月北京会议，今年的形势跟过去大不相同了。现在同志们解放思想了，对于什么是社会主义，怎样建设社会主义的认识，大为深入了。为什么有这个变化呢？一个客观原因，就是一九五九年、一九六〇年这两年碰了钉子。有人说“碰得头破血流”，我看大家的头也没有流血，这无非是个比喻，吃了苦头就是了。

1961 年 8 月 23 日在庐山召开的中央工作会议上，毛泽东再次回顾和总结说：

民主革命搞了几十年，经过了陈独秀的错误，三次“左”倾错误，又经过了抗日时期的右倾错误，就是说，犯了许多错误，碰了许多钉子，最后经过延安整风，才搞出了一套为大家所公认的理论和具体政策……

讲到社会主义，我们则不甚了了。人民公社工作“六十条”讲的是所有制、分配和人与人的关系，都是讲如何搞社会主义。这个问题究竟解决得如何，你们说有了一套了，我还不大相信。不要迷信广州会议、北京会议搞出了一套，认为彻底解决问题了。我看还要碰三年，还要碰大钉子……对社会主义，我们现在有些了解，但还不甚了了。我们搞社会主义是边建设边学习的，只是搞了社会主义，才会有社会主义的经验。

我们之所以要大段引用这些讲话，一是因为从中可以看出 1960 年开始的第三次探索同前两次探索的经验总结结合在一起，具有它的宏观性和深刻性；二是因为从中可以看出经过三次探索，毛泽东已经提出问题的核心在于全党对“什么是社会主义、怎样建设社会主义”这个基本问题不甚了了，他明确指出了这个问题并研究了这个问题；三是因为从中可以看出我们经过曲折的实践，对于这个基本问题的认识已经取得一定的进展，但毛泽东十分谨慎，认为还不能说彻底解决问题了。这就是他在1962年1月扩大的中央工作会议即“七千人大会”上讲的：

> 在社会主义建设上，我们还有很大的盲目性。社会主义经济，对于我们来说，还有许多未被认识的必然王国。①

如何从建设社会主义的“必然王国”走出来，毛泽东作了艰辛的探索，取得了可贵的成果。但是这种探索是多么曲折，付出了他始料未及的代价。由于国际国内形势的复杂变化，1962年秋在中共八届十中全会上，他在进行探索社会主义建设规律的时候，提出在无产阶级革命和无产阶级专政的整个历史时期，在由资本主义过渡到共产主义的整个历史时期（这个时期需要几十年，甚至更多的时间）存在着无产阶级和资产阶级之间的阶级斗争，存在着社会主义和资本主义这两条道路的斗争；还说阶级斗争和资本主义复辟的危险性问题，我们从现在起，必须年年讲，月月讲，等等。根据这个思路，1963年以后，党中央在全国城乡发动了一次普遍的社会主义教育运动，并且提出了“以阶级斗争为纲”的方针，开展了大规模的阶级斗争。与此同时，在意识形态领域也开展了一系列过火的、错误的批判和斗争。最后，发展到1966年在全国爆发了一场被称为“文化大革命”的内乱。如本章开头所说，毛泽东原来期望，这样的阶级斗争，这样的“文化大革命”，这样的“无产阶级专政条件下的继续革命”，能够解决社会主义发展中革命和建设的一系列问题，但实际上不仅没有解决问题，而且偏离了前三次探索的正确思路和正确方向，

① 《毛泽东文集》第8卷，第302页，人民出版社，1999。

把问题搞得更乱，以至于他在临终之前不无感慨地说："你们怎么办，只有天知道。"

研究这一段历史及毛泽东的思想进程，可以使我们认识到：搞清楚"什么是社会主义、怎样建设社会主义"，确确实实是建设社会主义必须解决的首要的基本问题，并非如同有些人所讲的这是一个对社会主义信念动摇的命题；毛泽东提出了这个问题，并为我们从社会主义建设的"必然王国"走出来，作了大量的、曲折的、艰辛的探索，他的未竟之业理所当然要由他的承继者和接班人来完成。这就是毛泽东后的当代中国要解决的首要的基本的理论问题的历史渊源和由来。

第二节　邓小平的思考：两个"搞清楚"

毛泽东后的当代中国，面临着一个极大的困惑：中国向何处去？中国社会主义向何处去？

说在这个根本问题上面临一个极大的困惑，是因为当时华国锋主持的党中央，在一系列重大问题上始终在两种对立的主张中徘徊。比如在十届三中全会上，一方面恢复了邓小平的一切职务，另一方面又强调要坚持"无产阶级专政下继续革命的理论"。又比如在具有历史意义的十一大上，一方面初步总结了揭批"四人帮"的斗争，宣告了"文化大革命"的结束，重申中国共产党在新时期的根本任务是要调动党内外、国内外一切积极因素，团结一切可以团结的力量，为在本世纪内把我国建设成为伟大的社会主义的现代化强国而奋斗；另一方面，又肯定"文化大革命"期间召开的第十次全国代表大会的政治路线和组织路线是正确的，赞扬"文化大革命"对于巩固无产阶级专政、防止资本主义复辟，建设社会主义是完全必要的、非常及时的，强调"以阶级斗争为纲"的所谓"党的基本路线"和"无产阶级专政下继续革命的理论"是当代马克思主义最重要的成果，并由此提出了抓纲治国的一系列任务。

怎么结束这种在徘徊中前进的局面？

邓小平一方面恢复毛泽东倡导的实事求是的思想路线，带领全党解放思想，从"左"倾教条主义造成的思想僵化的状态中解放出来，另一方面引导人们深入地思考了建设社会主义的一些基本的理论问题。

1978年3月18日，在全国科学大会开幕式上，邓小平说："在二十世纪内，全面实现农业、工业、国防和科学技术的现代化，把我们的国家建设成为社会主义的现代化强国，是我国人民肩负的伟大历史使命。围绕着要不要四个现代化，我们曾经同'四人帮'进行了尖锐激烈的斗争。'四人帮'胡说什么'四个现代化实现之日，就是资本主义复辟之时'，疯狂进行破坏，使我国国民经济一度濒于崩溃的边缘，科学技术与世界先进水平的差距愈拉愈大。他们真是要搞社会主义、反对资本主义复辟吗？不，完全相反，正是在他们势力最猖狂的一些地方，社会主义遭到严重破坏。"① 这里，他根据我们党同"四人帮"斗争的经验教训，提出了搞社会主义必须发展现代化的生产力这么一个重要的思想。

1978年9月16日，在听取吉林省委常委汇报工作时，他在论述真正高举毛泽东思想伟大旗帜必须坚持实事求是这一毛泽东思想的精髓时，对于怎样理解社会主义的问题，从历史唯物主义的高度，作了深刻的阐述：

> 我们是社会主义国家，社会主义制度优越性的根本表现，就是能够允许社会生产力以旧社会所没有的速度迅速发展，使人民不断增长的物质文化生活需要能够逐步得到满足。按照历史唯物主义的观点来讲，正确的政治领导的成果，归根结底要表现在社会生产力的发展上，人民物质文化生活的改善上。②

接着，1978年10月11日在中国工会第九次全国代表大会上致词时，邓

①② 《邓小平文选》第2卷，第85—86、128页，人民出版社，1994。

小平提出了社会主义生产关系和上层建筑要根据现代化的要求进行改革的任务。他说："党的十一大和五届人大已经向全国人民提出在本世纪末实现社会主义的四个现代化的伟大目标。……这是一场根本改变我国经济和技术落后面貌，进一步巩固无产阶级专政的伟大革命。这场革命既要大幅度地改变目前落后的生产力，就必然要多方面地改变生产关系，改变上层建筑，改变工农业企业的管理方式和国家对工农业企业的管理方式，使之适应于现代化大经济的需要。"①

根据对社会主义的这种理解及其对现存的社会主义进行改革的设想，1978 年底召开的中共十一届三中全会作出了全党工作重点由阶级斗争到经济建设转移的战略决策，提出了改革的任务。这一具有深远意义的伟大转折，结束了 1976 年 10 月以来党的工作在徘徊中前进的局面，我国的社会主义现代化建设真正进入了一个历史发展的新时期。

十一届三中全会后，邓小平没有停止他的理论思考和实践探索，全党也更迫切地需要搞清楚"什么是社会主义、怎样建设社会主义"。因为，十一届三中全会后深入推进的拨乱反正，有一个什么是"正"的问题；十一届三中全会后开始的改革，有一个"改"什么（以及由此而来的"树"什么）的问题。不解决这个问题，就会有两方面的风险：要么口头上说拨乱反正和改革，实际上囿于陈见故步自封，不思进取；要么迷失拨乱反正和改革的正确方向，否定社会主义的根本制度。所以，1980 年 1 月 16 日，邓小平在提醒全党要纠正社会中出现的怀疑社会主义制度的错误思想时说："社会主义制度并不等于建设社会主义的具体做法。苏联搞社会主义，从一九一七年十月革命算起，已经六十三年了，但是怎么搞社会主义，它也吹不起牛皮。我们确实还缺乏经验，也许现在我们才认真地探索一条比较好的道路。但不管怎么样，社会主义制度的优越性已经得到了证明，不过还要证明得更多更好更有力。"② 这里，

---

① 邓小平：《工人阶级要为实现四个现代化作出优异贡献》（1978 年 10 月 11 日）。《邓小平文选》第 2 卷，第 135—136 页，人民出版社，1994。

② 邓小平：《目前的形势和任务》（1980 年 11 月 16 日）。《邓小平文选》第 2 卷，第 250—251 页，人民出版社，1994。

既讲了我们的不是，又讲了要坚持社会主义制度这一基本原则。1980 年 4 月在同外宾的一次谈话中，他进一步从解放思想的角度提出："经济发展对我们来说是一个新的问题，要付学费。现在我们正在摸索比较快的发展道路，我们相信这方面是有希望的。不解放思想不行，甚至于包括什么叫社会主义这个问题也要解放思想。经济长期处于停滞状态总不能叫社会主义。人民生活长期停止在很低的水平总不能叫社会主义。"① 我们可以注意到，无论在解放思想、拨乱反正的时候，还是在探索社会主义道路，改革社会主义生产关系和上层建筑的时候，都有一个要搞清楚什么是社会主义，搞清楚怎样建设社会主义的问题，邓小平继毛泽东在 60 年代初提出这一问题后，在新的历史条件下再次提出了这个问题。从《邓小平文选》看，从 1980 年起到 1992 年初，邓小平先后提出这两个"搞清楚"不下 20 次。

有些人感到困惑不解：我们身子已经进入了伟大的社会主义社会，我们正在从事的事业是宏伟壮丽的社会主义建设事业，为什么还要搞清楚"什么是社会主义、怎样建设社会主义"？然而，正是这种常人难以理解之点，是邓小平的思考深于别人之处。

邓小平提出这个问题，鉴于这样三个事实：

一是中国社会主义建设的经验教训。

社会主义，是中国共产党人的历史追求。它写在中国共产党建党的纲领上，是中国共产党长期进行民主革命所期待的前途。经过对生产资料私有制的社会主义改造，1956 年，中国共产党豪迈地宣布：社会主义制度已经在古老的神州大地确立起来，中国进入了以公有制生产关系为基础的社会主义社会。中国共产党的兴奋，不仅在于自己的奋斗目标终于变成了活生生的现实，而且真诚地认为有了这种崭新的社会制度，中国社会生产力将获得迅速发展，中国将摘去"东亚病夫"的耻辱帽子。的确，社会主义制度一确立，中国的社会经济面貌就明显改观，民族精

① 邓小平：《社会主义首先要发展生产力》（1980 年 4 月—5 月）。《邓小平文选》第 2 卷，第 312 页，人民出版社，1994。

神为之一振。但是，不久我们的工作就出现一个接一个的严重失误。而且，在这些失误发生前甚至发生中，我们都非常自信地认为：我们在坚持社会主义的正确道路，在大踏步奔向共产主义。这种情况，在“文化大革命”期间，发展到了极点。因此，当我们在“文化大革命”这场灾难中走出来时，不得不思考：这是为什么？

邓小平说：“我们冷静地分析了中国的现实，总结了经验，肯定了从建国到一九七八年三十年的成绩很大，但做的事情不能说都是成功的。我们建立的社会主义制度是个好制度，必须坚持。我们马克思主义者过去闹革命，就是为社会主义、共产主义崇高理想而奋斗。现在我们搞经济改革，仍然要坚持社会主义道路，坚持共产主义的远大理想，年轻一代尤其要懂得这一点。但问题是什么是社会主义，如何建设社会主义。我们的经验教训有许多条，最重要的一条，就是要搞清楚这个问题。”① 这里，鲜明地强调了我国社会主义建设的经验教训中，“最重要的一条”，是要搞清楚“什么是社会主义，如何建设社会主义”。

邓小平提出这个问题，不仅在于我们过去建设社会主义有这方面的经验，而且还在于改革开放以来，我们面临的许多犹疑和困惑也因为没有完全搞清楚这个问题。从推行家庭联产承包为主的责任制以来，无论是设立经济特区、引进外资，还是决定建立社会主义市场经济体制，改革开放的每一步推进都遇到姓“社”姓“资”的质疑。产生这种困惑，就在于我们长期来没有完全搞清楚“什么是社会主义、怎样建设社会主义”。

二是苏联社会主义建设的经验教训。

如果说像中国这样一个脱胎于半殖民地半封建社会的东方大国，搞社会主义有其特殊复杂性，如果说中国在建设社会主义的过程中发生的“大跃进”、人民公社化运动和“文化大革命”是我们工作指导思想上的错误造成的，在对社会主义的认识上有其不清醒之处，那么，其他社会

① 邓小平：《政治上发展民主，经济上实行改革》（1985 年 4 月 15 日）。《邓小平文选》第 3 卷，第 115—116 页，人民出版社，1993。

主义国家又如何呢？1985 年 8 月，邓小平指出："社会主义究竟是个什么样子，苏联搞了很多年，也并没有完全搞清楚。可能列宁的思路比较好，搞了个新经济政策，但是后来苏联的模式僵化了。"① 这就是说，像苏联这样已有相当实力的世界上第一个社会主义国家，也存在一系列问题。正是鉴于这一点，邓小平特别强调要搞清楚"什么是社会主义、怎样建设社会主义"这个基本的理论问题。

三是非洲一些国家搞社会主义的经验教训。

第二次世界大战后，亚洲、非洲、拉丁美洲地区民族解放运动风起云涌。到 60 年代，一大批国家挣脱殖民主义的枷锁获得了独立。由于他们长期饱受帝国主义的压迫、剥削和歧视、欺凌，对资本主义有一种自然的厌恶，加上他们争取独立的革命斗争大多获得过社会主义国家的支持或帮助，因此其中不少国家独立后都向往社会主义，甚至直接把民族的命运和社会主义前途联系起来。其中，流行于撒哈拉以南黑非洲的非洲社会主义思潮，尤其令人注目。比如恩克鲁玛主张的"加纳式的社会主义"，尼雷尔提出的坦桑尼亚"乌贾马社会主义"，在非洲新兴独立国家很有影响。这种非洲社会主义思潮在各国形态各异、名目众多，而且同我们坚持的科学社会主义不能同日而语。但是，我们也必须看到，许多非洲国家在搞社会主义时，都以不同形式建立了公有制经济，如加纳大批建立合作社和国营农场，坦桑尼亚广泛实行主要经济部门国有化和建立农村乌贾马村运动（土地和主要生产工具归村社所有、村民集体劳动、公平分配劳动所得，形成财产公有、没有剥削、人人劳动、人人平等的乌贾马大家庭）。这些新兴独立国家原来想通过这样的社会主义措施来建立平等、公正的新社会，但结果不仅没有达到目标，而且给经济发展造成了严重的困难。比如加纳从 1963 年 3 月到 1965 年 9 月的两年半时间内，粮食价格上涨了 83.3%，引起了人民强烈的不满，再加上不顾国力进行大规模的重工业建设，终于造成经济危机和政治动乱，致使恩克

---

① 邓小平：《改革是中国发展生产力的必由之路》（1985 年 8 月 23 日）。《邓小平文选》第 3 卷，第 139 页，人民出版社，1993。

鲁玛的社会主义实践遭到失败。尼雷尔的乌贾马社会主义也是如此，迫使他们在1975年决定停建乌贾马村。尼雷尔在1984年坦率承认，他们犯了许多错误，国有化实行的太多、太广泛了，特别在农业方面。

邓小平很重视非洲新兴独立国家的社会主义运动，特别在中共十一届三中全会后，多次同非洲国家的政治家探讨社会主义实践的经验教训。早在1980年4月21日会见阿尔及利亚民族解放阵线代表团时，他就振聋发聩地指出："要研究一下，为什么好多非洲国家搞社会主义越搞越穷。不能因为有社会主义的名字就光荣，就好。"① 同年5月5日会见几内亚总统杜尔时，又说："社会主义是一个很好的名词，但是如果搞不好，不能正确理解，不能采取正确的政策，那就体现不出社会主义的本质。"② 1988年5月18日，在同莫桑比克总统希萨诺谈话时，他还说："有一个问题，你们根据自己的条件，可否考虑现在不要急于搞社会主义。确定走社会主义道路的方向是可以的，但首先要了解什么叫社会主义，贫穷绝不是社会主义。要讲社会主义，也只能是讲符合莫桑比克实际情况的社会主义。"③ 人们不难发现，一些非洲国家搞社会主义的经验教训，也是促使邓小平思考和提出要搞清楚"什么是社会主义、怎样建设社会主义"这一问题的缘由。

第三节　邓小平论社会主义基本制度

那么，邓小平是怎样回答"什么是社会主义、怎样建设社会主义"这个首要的基本的理论问题的呢？

自从科学社会主义创立以来，人们对社会主义最关心的还是这种社

---

①② 邓小平：《社会主义首先要发展生产力》（1980年4月—5月）。《邓小平文选》第2卷，第313页，人民出版社，1994。

③ 邓小平：《解放思想，独立思考》（1988年5月18日）。《邓小平文选》第3卷，第261页，人民出版社，1993。

会制度的特征问题，即这是一种什么样的社会制度。

恩格斯在《共产主义原理》(写于1847年10月至11月)中回答了人们关心的一系列问题，其中第十四个问题是："这种新的社会制度应当是怎样的?"他的回答是："这种新的社会制度首先必须剥夺相互竞争的个人对工业和一切生产部门的经营权，而代之以所有这些生产部门由整个社会来经营，就是说，为了共同的利益、按照共同的计划、在社会全体成员的参加下来经营。这样，这种新的社会制度将消灭竞争，而代之以联合。因为个人经营工业的必然结果是私有制，竞争不过是单个私有者经营工业的一种方式，所以私有制同工业的个体经营和竞争是分不开的。因此私有制也必须废除，而代之以共同使用全部生产工具和按照共同的协议来分配全部产品，即所谓财产公有。废除私有制甚至是工业发展必然引起的改造整个社会制度的最简明扼要的概括。所以共产主义者完全正确地强调废除私有制是自己的主要要求。"[①]《共产党宣言》(1848年2月)更为简明地强调："从这个意义上说，共产党人可以把自己的理论概括为一句话：消灭私有制。"[②]从上述论述可以看到，科学社会主义创立之初，对未来社会的设想，最基本的特征是用公有制取代私有制。当然，其中蕴含着用联合代替竞争，按照共同的计划来进行生产和经营这样一个要求，但最基本的要求还是建立公有制。必须说明的是，当时马克思、恩格斯还没有对共产主义社会和这一社会的第一阶段加以区分，因而也还没有对社会主义公有制和共产主义公有制加以区别。

到马克思写《哥达纲领批判》(1875年4月—5月)的时候，科学社会主义关于未来社会制度的设想往现实的方面迈进了一大步。他说："我们这里所说的是这样的共产主义社会，它不是在它自身基础上已经发展了的，恰好相反，是刚刚从资本主义社会中产生出来的，因此它在各方面，在经济、道德和精神方面都还带着它脱胎出来的那个旧社会的痕迹。所以，每一个生产者，在作了各项扣除以后，从社会领回的，正好是他

①② 《马克思恩格斯选集》第1卷，第237—238、286页，人民出版社，1995。

给予社会的。”① 又说：“这些弊病，在经过长久阵痛刚刚从资本主义社会产生出来的共产主义社会第一阶段，是不可避免的。权利决不能超出社会的经济结构以及由经济结构制约的社会的文化发展。”②列宁对马克思的这些论述、这些思想十分重视，在《国家与革命》（1917 年 8 月—9 月）中，认为其意义在于从经济上的成熟程度区分了社会主义和共产主义两个阶段。他说：“社会主义同共产主义在科学上的差别是很明显的。通常所说的社会主义，马克思把它称作共产主义社会的‘第一’阶段或低级阶段。既然生产资料已成为公有财产，那么‘共产主义’这个名词在这里也是可以用的，只要不忘记这还不是完全的共产主义。马克思的这些解释的伟大意义，就在于他在这里也彻底地运用了唯物主义辩证法，即发展学说，把共产主义看成是从资本主义中发展出来的。马克思没有经院式地臆造和‘虚构’种种定义，没有从事毫无意义的字面上的争论(什么是社会主义，什么是共产主义)，而是分析了可以表现共产主义在经济上成熟程度的两个阶段的东西。”③ 正如列宁所说的，马克思运用社会发展的辩证法，指出了社会主义是经过长久阵痛刚刚从资本主义中产生出来的不完全的共产主义，那么这种社会制度有哪些特征呢？同资本主义相比，它实行的是公有制，当然也是取消了商品生产的公有制。这一点同《共产主义原理》、《共产主义宣言》对共产主义社会的论述是一致的，所不同的是在分配中通行的仍然是调节商品交换的同一原则，即一种形式的一定量劳动同另一种形式的同量劳动相交换的等价交换原则。这个原则即后来人们常说的按劳分配原则。所以，到十月社会主义革命前，人们关于社会主义制度的认识主要有两点，这就是列宁说的：“人类从资本主义只能直接过渡到社会主义，即过渡到生产资料公有和按每个人的劳动量分配产品。”④

---

①② 《马克思恩格斯选集》第 3 卷，第 304、305 页，人民出版社，1995。

③ 《列宁选集》第 3 卷，第 199—200 页，人民出版社，1995。

④ 《列宁选集》第 3 卷，第 64 页，人民出版社，1995。这里引的是新译文。旧译文是：“人类从资本主义只能直接过渡到社会主义，即过渡到生产资料公有和按劳分配。”（《列宁选集》第 3 卷，第 62 页，人民出版社，1960）

必须加以补充说明的是：(1) 这里讲的社会主义制度的特征，还没有包括马克思、恩格斯、列宁论述过的社会主义上层建筑方面的特征，仅仅是经济制度或经济基础方面的特征。(2) 关于未来的社会主义制度的特征问题，从马克思开始，革命导师在没有实践之前，说得都是很谨慎的，不愿意过多地对公有制等进行细节描写。比如，1886 年，费边社领导人爱·皮斯请求恩格斯为他们准备出版的小册子《什么是社会主义?》写一篇文章，简要地叙述一下社会主义者提出的经济、社会和政治的基本要求，恩格斯在复信的草稿中写道："无论如何应当声明，我所在的党并没有任何一劳永逸的现成方案。我们对未来非资本主义社会区别于现代社会的特征的看法，是从历史事实和发展过程中得出的确切结论；不结合这些事实和过程去加以阐明，就没有任何理论价值和实际价值。"① 1890 年，恩格斯还多次论述过一个重要的思想："所谓'社会主义社会'不是一种一成不变的东西，而应当和任何其他社会制度一样，把它看成是经常变化和改革的社会。它同现存制度的具有决定意义的差别当然在于，在实行全部生产资料公有制（先是单个国家实行）的基础上组织生产。"②

实践使共产党人对社会主义制度的特征加深了认识。先是列宁，后又有斯大林，在建立和建设社会主义的过程中，对社会主义制度的特征(这里主要讲经济制度的特征)，提出了一系列重要的思想。归纳起来，主要包括这样几点：

第一，在公有制问题上，列宁认为国有制和合作制都是社会主义公有制的实现形式。1923 年在《论合作社》中，他说过："在生产资料公有制的条件下，在无产阶级对资产阶级取得了阶级胜利的条件下，文明的合作社工作者的制度就是社会主义的制度。"③ 而在这之前，他提出的新经济政策，认为我们不能实现从小生产到社会主义直接过渡的情况下，应该利用国家资本主义的种种形式，如租让制、合作制、代购代销制和

---

①② 《马克思恩格斯选集》第 4 卷，第 676、693 页，人民出版社，1995。
③ 《列宁选集》第 4 卷，第 771 页，人民出版社，1995。

租赁制，“作为小生产和社会主义之间的中间环节，作为提高生产力的手段、途径、方法和方式”①。邓小平认为，列宁的思路比较好，但是后来苏联的模式僵化了。后来，斯大林认为社会主义公有制有两种形式，这比十月革命前对公有制的认识是深化的，但他把两种形式固定化了，不像列宁那样继续探索其他形式或中间环节，就僵化了。比如他在1936年论述苏联是社会主义社会时，说：“这个社会的基础就是公有制：国家的即全民的所有制以及合作社—集体农庄的所有制。”② 1952年，他还说过：“现今在我国，存在着社会主义生产的两种基本形式：一种是国家的即全民的形式，一种是不能叫作全民形式的集体农庄形式。”③斯大林的观点，对后来各个社会主义国家的实践，产生了重大的直接的影响。

第二，在按计划生产和经营问题上，马克思、恩格斯在创立科学社会主义的时候，认为一旦社会占有了生产资料，商品生产就将被消除，自由平等的生产者将按照共同的合理的计划自觉地从事社会劳动。当然，精通辩证法的马克思没有把这一论断绝对化，认为在资本主义生产方式消灭以后，社会生产依然存在的情况下，价值决定仍会在许多方面起支配作用。列宁在把马克思的按计划生产思想运用于实践的时候，指出社会主义社会将实行计划经济制度。比如在《土地问题和争取自由的斗争》(1906年) 一文中，提出了社会主义要“建立起大规模的社会化的计划经济”④ 的思想；在《给查理·普·施泰因梅茨的信》(1922年) 中，重申“资本主义必不可免地要被新的社会制度所代替，这种新制度将对经济实行有计划的调节”⑤。同时，他在经过一系列复杂的实践和尝试之后，在1921年春以后意识到在一个小农国家向社会主义过渡必须发展商品交换，1921年秋提出“现在我们处于必须再后退一些的境地，不仅要退到国家资本主义上去，而且要退到由国家调节商业和货币流通”⑥。他认为，商

① 《列宁选集》第4卷，第510页，人民出版社，1995。

②③ 《斯大林文集（1934—1952年）》，第92、608页，人民出版社，1985。

④ 《列宁全集》第13卷，第124页，人民出版社，1987。

⑤ 《列宁全集》第43卷，第142页，人民出版社，1987。

⑥ 《列宁全集》第4卷，第605页，人民出版社，1995。

业是千百万小农与大工业之间唯一可能的经济联系。但是，当苏联过渡到社会主义以后，即把小农改造为集体农民以后，有些人认为可以不要发展商业生产和商品交换了，认为应该由商品交换向产品直接交换过渡。斯大林在《苏联社会主义经济问题》(1952 年）中，在总结实践经验的基础上，回答了这一问题，他明确指出在社会主义制度下仍然有必要存在商品生产。其理由是，商品生产和资本主义生产是两个不同的经济范畴，社会主义商品生产和资本主义商品生产之间存在着本质的差别；社会主义商品生产存在的根据是因为在社会主义社会里存在着全民所有制和集体所有制两种不同的所有制。斯大林这一观点对马克思主义、科学社会主义的贡献是很大的。但同时斯大林否认生产资料是商品，否认价值规律对生产具有调节作用，这是他的局限性。从总体而言，在这个问题上，尽管列宁、斯大林都认为社会主义经济制度是计划经济制度，但已经加入了商品生产和商品交换的新内容，在科学社会主义发展史上是前进了一大步。

第三，在分配方式问题上，列宁根据马克思在《哥达纲领批判》中提出的基本思想，把“不劳动者不得食”“对等量劳动给予等量产品”规定为分配的社会主义原则。斯大林概括了“各尽所能，按劳分配”八个字。他说：“马克思主义只是说：在阶级还没有彻底消灭的时候，在劳动还没有从生存手段变成人们的第一需要，变成为社会谋福利的自愿劳动的时候，人们将按自己的劳动来领取工作报酬。‘各尽所能，按劳分配’，——这就是马克思主义的社会主义公式，也就是共产主义的第一阶段即共产主义社会的第一阶段的公式。”①

马克思主义关于社会主义基本制度的这些论述，特别是列宁和斯大林的思想，对中国共产党，对毛泽东有很大的影响。在社会主义建设时期，毛泽东多次倡导干部读马列原著，主要就是读《共产党宣言》《哥达纲领批判》《国家与革命》《苏联社会主义经济问题》等著作。毛泽东认为社会主义必须坚持公有制，但这种公有制不是共产主义的公有制，而

① 《斯大林选集》下卷，第 308 页，人民出版社，1979。

是社会主义的公有制，其主要形式是全民所有制和集体所有制两种形式，同时允许自留地等生产资料归个人所有。毛泽东说过社会主义时期废除商品是违背经济规律的，商品生产不同于资本主义生产，它同社会主义相联系就是社会主义商品生产；商品生产不一定限于生活资料；只要产品还不很丰富，即使过渡到了单一的社会主义全民所有制，某些范围内的商品生产和商品交换仍然有可能存在；社会主义商品生产是有计划的商品生产，应该纳入有计划按比例生产的轨道。毛泽东强调社会主义分配制度是按劳分配制度。这些论述主要是毛泽东在总结“大跃进”和人民公社化运动教训的过程中形成和提出的，有的坚持了从马克思到斯大林不断发展的基本观点，有的在这些基本观点中增添了新的内容。

我们在这里用很多笔墨，回顾和概括从马克思、恩格斯到列宁、斯大林，再到毛泽东，关于社会主义基本制度特征的认识过程，是为了说明到毛泽东为止，中国共产党对“什么是社会主义、怎样建设社会主义”这个基本问题的认识程度。换句话说，对于什么是社会主义的认识，当时着重探讨和解决的是社会主义基本制度的特征问题；对于怎样建设社会主义的认识，当时着重探讨和解决的也是如何完善社会主义基本制度的问题。

进入毛泽东后的当代中国，邓小平也十分重视对于社会主义基本制度的认识，并且又有新的贡献。这种贡献主要表现在互相联系的两个方面：

一是强调要坚持和发展社会主义的基本制度。

1978 年 10 月，他就强调：“过去行之有效的东西，我们必须坚持，特别是根本制度，社会主义制度，社会主义公有制，那是不能动摇的。”①

那么，什么是社会主义的根本制度或基本制度呢？在《坚持四项基本原则》一文中，他提出在中国实现社会主义现代化，必须在思想政治上坚持四项基本原则，这就是必须坚持社会主义道路，必须坚持无产阶

---

① 邓小平：《实行开放政策，学习世界先进科学技术》（1978 年 10 月 10 日）。《邓小平文选》第 2 卷，第 133 页，人民出版社，1994。

级专政（后改为人民民主专政），必须坚持共产党的领导，必须坚持马列主义、毛泽东思想。在论述社会主义道路时，他讲的是要坚持社会主义基本经济制度。他说："社会主义的经济是以公有制为基础的，生产是为了最大限度地满足人民的物质、文化需要，而不是为了剥削。由于社会主义制度的这些特点，我国人民能有共同的政治经济社会理想，共同的道德标准。"① 在另一处批判"四人帮"的假社会主义时，还说我们坚持了社会主义公有制和按劳分配的原则。至于坚持人民民主专政和共产党的领导，坚持马列主义、毛泽东思想，众所周知，坚持的就是社会主义基本的政治制度和意识形态。因此，邓小平提出的四项基本原则，其实质就是要求我们坚持社会主义基本制度，即坚持以公有制为基础、实行按劳分配原则的社会主义基本经济制度，坚持共产党领导、实行人民民主专政的社会主义基本政治制度，坚持以马克思列宁主义、毛泽东思想为指导的社会主义意识形态。这是我们的立国之本，是我国一切进步和发展的基础。

在提出四项基本原则的时候，邓小平一方面强调这四项基本原则并不是新的东西，是中国共产党长期以来所一贯坚持的，另一方面又强调这些原则在目前的新形势下都有新的意义，都需要根据新的丰富的事实作出新的有充分说服力的论证。在改革开放和社会主义现代化建设实践中，邓小平根据我国社会生产力的实际发展水平，改变单一公有制的格局，提出了以公有制为主体、多种经济成分并存和共同发展的思想；相应地在分配制度上也改变单一按劳分配形式的格局，形成了以按劳分配形式为主、多种分配形式并存和共同发展的新格局。在政治制度上，强调要加强民主和法制建设，建设社会主义民主政治。在意识形态上，提出马克思主义的精髓是实事求是，我们坚持的马克思主义必须是同中国实际相结合的马克思主义，我们坚持的社会主义必须是有中国特色的社会主义。这样，不仅坚持了社会主义基本制度，而且使社会主义基本制

① 邓小平：《坚持四项基本原则》（1979 年 3 月 30 日）。《邓小平文选》第 2 卷，第 167 页，人民出版社，1994。

度更深地扎根于当代中国的实际之中，使之获得了新的发展。

二是明确了资本主义与社会主义的区别不在于是搞计划经济还是搞市场经济。

把邓小平对社会主义基本制度的论述和以往关于社会主义制度特征的论述相比较，可以发现一个明显的不同，这就是把计划经济从社会主义基本制度的特征中划了出来。

在前面的叙述中，我们已经讲过，从列宁开始，特别是斯大林和毛泽东，已经提出商品生产不等于资本主义生产，主张在社会主义社会计划经济制度下运用价值规律，发展商品生产。邓小平则更进一步指出："计划经济不等于社会主义，资本主义也有计划；市场经济不等于资本主义，社会主义也有市场。计划和市场都是经济手段。"① 他要求我们"必须从理论上搞懂，资本主义与社会主义的区分不在于是计划还是市场这样的问题"②。邓小平的这一论述，是以马克思以后世界经济发展的新情况，特别是以第二次世界大战后发达资本主义国家出现的新情况为根据提出来的，具有创新的意义，使我们对社会主义基本制度的特征有了崭新的认识。

邓小平关于社会主义基本制度这两个互相联系方面的大量论述，在搞清楚什么是社会主义的同时，也明确了怎样建设社会主义的一系列重大问题，这就是：建设社会主义必须旗帜鲜明地坚持四项基本原则，必须毫不放松地坚持改革开放，从而在坚持以公有制和按劳分配为主体，发展多种经济成分、多种分配形式的基础上，建立和建设社会主义市场经济体制，解放和发展生产力，消灭剥削，消除两极分化，最终达到共同富裕，为巩固和发展社会主义制度提供更为坚实的物质基础。

---

① 邓小平：《在武昌、深圳、珠海、上海等地的谈话要点》(1992 年 1 月 18 日—2 月 21 日)。《邓小平文选》第 3 卷，第 373、364 页，人民出版社，1993。

② 邓小平：《善于利用时机解决发展问题》(1990 年 12 月 24 日)。《邓小平文选》第 3 卷，第 364 页，人民出版社，1993。

第四节　邓小平论社会主义基本制度的实现形式

从逻辑上讲，搞清楚“什么是社会主义、怎样建设社会主义”，首先必须区分什么是社会主义的基本制度，什么不是社会主义的基本制度。但在实际生活中，邓小平在探索社会主义基本问题时，是从探索社会主义基本制度的实现形式开始的。

中共十一届三中全会后，改革从农村起步，农民在实践中创造的家庭联产承包责任制，解放了农村生产力，显示了人民公社制度所无法比拟的巨大活力。但是，许多人对此陷入了困惑之中。在他们心目中，人民公社制度是毛泽东肯定过的社会主义集体所有制，而“三自一包”是毛泽东批判过的资本主义复辟之路。这种观念的障碍，使他们脱离了群众，脱离了实践，无法正视客观的事实。与此同时，家庭联产承包责任制本身也有一个“正名”的问题，即它究竟是一种什么东西，搞家庭联产承包责任制是不是搞资本主义。1981 年底召开的全国农村工作会议，对此作了回答，明确地指出：“目前实行的各种责任制，包括小段包工定额计酬，专业承包联产计酬，联产到劳，包产到户、到组，包干到户、到组，等等，都是社会主义集体经济的生产责任制。”

那么，为什么说实行了如此大的改革，建立的家庭联产承包责任制仍属于社会主义集体经济范畴的东西呢？中国共产党的回答是：“社会主义生产关系的发展并不存在一套固定的模式，我们的任务是要根据我国生产力发展的要求，在每一个阶段上创造出与之相适应和便于继续前进的生产关系的具体形式。”这个论断明确写上了中共十一届六中全会通过的《关于建国以来党的若干历史问题的决议》。这个论断的理论贡献是，它科学地区分了“社会主义生产关系”和“生产关系的具体形式”这两个范畴，正确地指出了社会主义生产关系必须坚持，但这种坚持并不意味着它的具体形式是一成不变的固定模式。联系到当时正在争论的农村改革，这一论断说的就是，无论是人民公社制度，还是家庭联产承包责任制，都只是社会主义公有制的具体形式；家庭联产承包责任制取代人民公社制度是公有制具体形式的变换；这种形式的变换并不是公有制性质的改变，而是找到了一种同当前我国生产力发展要求相适应的，比人民公社制度优越性更多的好形式。

搞清楚“什么是社会主义、怎样建设社会主义”，不仅要搞清楚什么是社会主义基本制度的特征，而且要搞清楚什么是比较好的社会主义基本制度的具体形式，这是邓小平在探讨社会主义基本理论问题时，提出的一个极为深刻的思想。

早在 1962 年 7 月 7 日，在《怎样恢复农业生产》中，邓小平就提出了这一问题。当时，我国农业生产，因天灾人祸等复杂因素的影响，处在很困难的境况之中，自从党中央提出“调整、巩固、充实、提高”八字方针以后，这种严峻情况正在逐步转变。就是在扭转这种困难局面的过程中，有些地方出现了“包产到户”“责任到田”等各种调动农民群众积极性、恢复农业生产的做法。这些做法触及生产关系问题，邓小平意识到这是一个很大的问题，主张“百家争鸣”，作出回答。他自己也作了理论思考，探讨性地提出：

> 生产关系究竟以什么形式为最好，恐怕要采取这样一种态度，就是哪种形式在哪个地方能够比较容易比较快地恢复和发展农业生产，就采取哪种形式；群众愿意采取哪种形式，就应该采取哪种形式，不合法的使它合法起来。①

这里提出的问题，具有深刻的理论意义和实践意义。其一，深化了科学

① 《邓小平文选》第 1 卷，第 323 页，人民出版社，1994。

社会主义理论。按照辩证唯物主义的基本原理，形式和内容这对范畴，同可能性和现实性这对范畴有密切的联系。当一个事物的内容具有了合适的形式，就使这个事物的发展从一种可能性转化为一种现实的东西。科学社会主义认为社会主义制度具有以往任何一种社会制度都无法比拟的优越性，但在这种制度找到合适的形式之前，这种优越性充其量只是一种逻辑上揭示的可能性，只有到我们找到它的合适形式的时候，这种优越性才能成为一种现实的东西。我们常讲要发挥社会主义制度的优越性，要使社会主义制度的优越性充分显示出来，就是指的这个意思。所以，邓小平提出要研究社会主义生产关系的"形式"问题，实实在在地深化了科学社会主义现有的理论。其二，提出了选择社会主义制度具体形式的方法论原则。任何事物，它的内容都可以有多种形式，这里就存在一个如何选择形式的问题。如果没有好的形式，在内容和形式的辩证关系中，形式就会成为内容存在和发展的障碍，起消极的作用。只有好的形式，才能对内容起积极的反作用。这样，形式选择问题的意义就出来了，它关系到内容的"实现"。因此，好的形式可以说是它的内容的"实现形式"。邓小平提出"生产关系究竟以什么形式为最好"的问题，探讨的就是社会主义公有制为基础的生产关系的"实现形式"问题。那么，如何来选择社会主义生产关系和实现形式呢？邓小平提出了两条方法论原则：一是看哪种形式能够较快地解放和发展生产力；二是看哪种形式能够为群众自愿接受。这样一来，邓小平提出的问题就不仅具有了它的理论意义，而且具备了可操作的实践意义。

中共十一届三中全会以后开始的经济体制改革，就是从区分社会主义基本制度和它的实现形式，寻找能够促进生产力解放和发展、为人民群众自愿接受的社会主义公有制的实现形式开始的。农村建立家庭联产承包责任制，做的是这件事；城市探索国有经济改革的方案，做的也是这件事。搞清楚这些问题，对于我们改革开放，解决怎样建设社会主义问题，具有极大的指导意义。

第五节　邓小平论社会主义的本质

在搞清楚“什么是社会主义、怎样建设社会主义”这个首要的基本理论问题过程中，邓小平最大的贡献，是在坚持社会主义基本制度的基础上，科学地、精辟地、创造性地揭示了社会主义的本质。

邓小平是怎样思考和解决这个重大的理论问题的呢？我们不妨先研究一下邓小平的基本思路——

1987 年 4 月 26 日，在会见捷克斯洛伐克总理什特劳加尔时，邓小平说了这样一段话：“我们过去固守成规，关起门来搞建设，搞了好多年，导致的结果不好。经济建设也在逐步发展，也搞了一些东西，比如原子弹、氢弹搞成功了，洲际导弹也搞成功了，但总的来说，很长时间处于缓慢发展和停滞的状态，人民的生活还是贫困。‘文化大革命’当中，‘四人帮’更荒谬地提出，宁要贫穷的社会主义和共产主义，不要富裕的资本主义。不要富裕的资本主义还有道理，难道能够讲什么贫穷的社会主义和共产主义吗？结果中国停滞了。这才迫使我们重新考虑问题。考虑的第一条就是要坚持社会主义，而坚持社会主义，首先要摆脱贫穷落后状态，大大发展生产力，体现社会主义优于资本主义的特点。”①

相似的话，在 1985 年 8 月 21 日，邓小平会见坦桑尼亚联合共和国总统尼雷尔时就说过：我们“在建立社会主义经济基础以后，多年来没有制定出为发展生产力创造良好条件的政策。社会生产力发展缓慢，人民的物质和文化生活条件得不到理想的改善，国家也无法摆脱贫穷落后的状态”。中共十一届三中全会上决定进行改革。“我们总的原则是四个坚持：坚持社会主义道路，坚持人民民主专政，坚持共产党的领导，坚持

① 《邓小平文选》第 3 卷，第 223—224 页，人民出版社，1993。

马列主义、毛泽东思想。”[①] 在坚持四项原则的基础上选择好的政策，使社会生产力得到比较快的发展。

1985 年 10 月 23 日，邓小平在会见美国时代公司组织的美国高级企业家代表团时，对该公司总编辑格隆瓦尔德也说过类似的话：“三中全会以来，我们一直强调坚持四项基本原则，其中最重要的一条是坚持社会主义制度。而要坚持社会主义制度，最根本的是要发展社会生产力，这个问题长期以来我们并没有解决好。社会主义优越性最终要体现在生产力能够更好地发展上。多年的经验表明，要发展生产力，靠过去的经济体制不能解决问题。所以，我们吸收资本主义中一些有用的方法来发展生产力。”[②]

这些论述，是对不同的人针对不同的问题讲的不同的话，但是在这些不同的话中，人们不难发现：其中的出发点是相同的，基本的观点是相同的，论述的逻辑也是相同的。这就是说，邓小平在思考和回答“什么是社会主义、怎样建设社会主义”这个首要的基本的理论问题时，有着一以贯之的基本思路。这就是：

——社会主义制度是好的，但是在社会主义经济基础建立以后，很长时间经济发展缓慢，人民生活还是贫困。这是为什么？现实迫使我们考虑这个问题。

——考虑的第一条是要坚持社会主义，总的原则是坚持四项基本原则，也就是说不能因为有那么一些问题就动摇社会主义的信念，否定四项基本原则。

——问题是怎么坚持社会主义，怎么坚持四项基本原则，那就是必须选择好的政策，建立好的体制。

——什么叫好的政策和体制？就是能使生产力大大发展，体现社会主义优于资本主义的特点的政策和体制。

邓小平的这个基本思路，概括起来，就是说，以社会主义公有制生产关系为经济基础的社会主义基本制度是好的，但是建立起这样好的社

①② 《邓小平文选》第 3 卷，第 134、149 页，人民出版社，1993。

会制度并不等于它能自然而然地发展社会生产力，提高人民的物质和文化生活水平，还必须选择使社会生产力得到比较快发展的政策，通过改革建立能促进生产力较快发展的体制。

于是，问题就深化了：为什么确立了以社会主义公有制生产关系为经济基础的社会主义基本制度，还要有一个选择好的政策和建立好的体制的问题？为什么好的政策必须是使社会生产力能得到较快发展的政策，好的体制必须是能促进社会生产力较快发展的体制？因为社会主义的本质，是解放生产力，发展生产力，消灭剥削，消除两极分化，最终达到共同富裕。邓小平在 1992 年初南方谈话中关于社会主义本质的科学论断，使我们茅塞顿开，豁然开朗。

这样，邓小平对于“什么是社会主义”这个首要的基本的理论问题思考的基本思路，有了一个十分明确和精辟的归结：

——关键是要在坚持社会主义基本制度的基础上，进一步认清社会主义的本质，体现社会主义的本质。

在《邓小平文选》中，谈到社会主义本质的地方共有四处：

第一处是 1980 年 5 月 5 日。他说：“社会主义是一个很好的名词，但是如果搞不好，不能正确理解，不能采取正确的政策，那就体现不出社会主义的本质。”①

第二处是 1985 年 8 月 21 日。他说：“对内搞活经济，是活了社会主义，没有伤害社会主义的本质。”②

第三处是 1990 年 12 月 24 日。他说：“社会主义最大的优越性就是共同富裕，这是体现社会主义本质的一个东西。”③

第四处是 1992 年初。他说：“社会主义的本质，是解放生产力，发

---

① 邓小平：《社会主义首先要发展生产力》（1980 年 4 月—5 月）。《邓小平文选》第 2 卷，第 313 页，人民出版社，1994。

② 邓小平：《对中国改革的两种评价》（1985 年 8 月 21 日）。《邓小平文选》第 3 卷，第 135 页，人民出版社，1993。

③ 邓小平：《善于利用时机解决发展问题》（1990 年 12 月 24 日）。《邓小平文选》第 3 卷，第 364 页，人民出版社，1993。

展生产力，消灭剥削，消除两极分化，最终达到共同富裕。”①

这四处论及“社会主义的本质”的地方，前两处的贡献是提出了这一概念，但没有指出社会主义本质的内涵；第三处谈话首次论及“共同富裕”是体现社会主义本质的一个东西，触及社会主义本质的内涵；第四处谈话，是总结性的理论概括，首次全面、深刻、精辟地阐述了社会主义本质的内涵。

这样排列和分析一下邓小平关于社会主义本质的论述，是有益的，说明邓小平早在1980年就已经提出这一问题，说明邓小平经过长达十多年的思考才逐步解决这一重大理论问题的。但是，仅仅这样排列和分析是不够的，它还不能说明邓小平是怎样形成这一概念，怎样解决这一重大理论问题的。因此，有必要对此作深入的考察和研究。

认真研究邓小平的著述及其思考和探索这一问题的历史过程，可以发现，有三点特别重要：

首先，邓小平关于社会主义本质的论断，是以“四人帮”鼓吹的“宁要贫穷的社会主义”这一谬论为反面教材提出来的。粉碎“四人帮”后，在党领导的拨乱反正过程中，邓小平从思想路线、党风、教育工作、科技工作和经贸工作等许多方面，对“四人帮”的谬论进行了批判，使中国共产党各方面的工作逐渐回到马克思列宁主义、毛泽东思想的正确轨道上来。这些批判不可避免地要集中到“四人帮”的社会主义观。这种社会主义观最鲜明的特点，就是1979年3月底邓小平在《坚持四项基本原则》一文中所概括的“以极左面目出现的主张普遍贫穷的假社会主义”。他在那年7月29日指出：“我们的政治路线就是搞社会主义现代化建设。‘四人帮’提出宁要穷的社会主义，不要富的资本主义，社会主义如果老是穷的，它就站不住。”② 邓小平认为，这个问题关系到对社会主义本质的理解，十分重要。自1979年开始对此作

① 邓小平：《在武昌、深圳、珠海、上海等地的谈话要点》（1992年1月18日—2月21日）。《邓小平文选》第3卷，第373页，人民出版社，1993。

② 邓小平：《思想路线政治路线的实现要靠组织路线来保证》（1979年7月29日）。《邓小平文选》第2卷，第191页，人民出版社，1994。

过二十余次的评论和批驳。1980 年 4 月 12 日，他尖锐地指出："宁肯要穷的社会主义，不要富的资本主义。其本质就是说，社会主义就是穷的。马克思主义历来认为，社会主义要优于资本主义，它的生产发展速度应该高于资本主义。所以，林彪、'四人帮'完全背离了马列主义、毛泽东思想的根本原则。"① 正是经过这样的马克思主义分析，他提出了"贫穷不是社会主义，社会主义要消灭贫穷"② 的著名论断，揭示了社会主义的本质是解放生产力，发展生产力，消灭剥削，消除两极分化，最终达到共同富裕。

其次，邓小平关于社会主义本质的论断，是根据社会主义制度内在的优越性提出来的。在许多人看来，社会主义本质是一种十分抽象的东西，因为本质总是隐藏在现象背后，不是经验所能直接解决的问题。邓小平认为马克思主义并不玄奥，他从分析社会主义制度的优越性入手，指出其最为根本的优越性就是社会主义的本质。邓小平对社会主义问题的重新思考，最初就是从"什么是社会主义的优越性"开始的。1978 年 9 月 16 日，他就已经指出："我们是社会主义国家，社会主义制度优越性的根本表现，就是能够允许社会生产力以旧社会所没有的速度迅速发展，使人民不断增长的物质文化生活需要能够逐步得到满足。"并且尖锐地问道："如果在一个很长的历史时期内，社会主义国家生产力发展的速度比资本主义国家慢，还谈什么优越性？"③ 邓小平讲要"体现社会主义的本质"同讲要"显示社会主义的优越性"，往往指的是同一对象。1980 年 5 月5 日，他在首次使用"社会主义的本质"这一概念时，认为社会主义虽然是一个很好的名词，但是如果搞不好，不能正确理解，不能采取正确的政策，就体现不出社会主义的本质时，同时认为"讲社会主义，首先

---

① 邓小平：《社会主义首先要发展生产力》（1980 年 4 月—5 月）。《邓小平文选》第 2 卷，第 312 页，人民出版社，1994。

② 邓小平：《政治上发展民主，经济上实行改革》（1985 年 4 月 25 日）。《邓小平文选》第 3 卷，第 116 页，人民出版社，1993。

③ 邓小平：《在军委扩大会议上的讲话》（1985 年 6 月 4 日）。《邓小平文选》第 3 卷，第 128 页，人民出版社，1993。

就要使生产力发展，这是主要的。只有这样，才能表明社会主义的优越性”①。1990 年 12 月 24 日那段我们上面已经引过的话，他更是直接把“优越性”和“本质”联系在一起，说“社会主义最大的优越性就是共同富裕，这是体现社会主义本质的一个东西”。1992 年初视察南方的谈话中，他所揭示的社会主义的本质正是以公有制生产关系为基础的社会主义制度最为根本的优越性。邓小平从社会主义制度的优越性入手揭示社会主义的本质，是完全正确的方法。因为，任何一种社会制度都由一定的生产关系和建立于这种经济基础之上的上层建筑（包括意识形态）构成，这是毫无疑义的；但是，人们选择某种社会制度的根据不是这种制度的特征，而是它在当时的社会条件下所具有的优越性，这也是毫无疑义的。那么，这种“优越性”是什么呢？它实际上就是某种社会制度内在本质的外部显现。因此，“社会制度的优越性”和“社会制度的本质”虽然不是一回事，但两者之间具有直接的联系。“社会制度的本质”实际上是这种制度的内在优越性，这种优越性尚未显示时是一种潜在的优越性，是一种现实可能性；这种优越性通过合适的形式显现出来的时候，就是一种人们在经验中能够直接感受到的优越性，是一种现实性。从社会主义制度的优越性分析入手，揭示社会主义的本质，是邓小平娴熟地运用唯物辩证法的杰出成果。

最后，邓小平关于社会主义本质的论断，是根据社会主义在人类社会发展过程中所处的特定地位及其根本任务提出来的。邓小平在思考社会主义问题时，有一点极其引人注目，他反复强调社会主义是共产主义的第一阶段或初级阶段，因而是为共产主义准备物质条件的一个很长的历史发展阶段，由此而决定了社会主义的本质。比如 1986 年 9 月 2 日在接受美国记者迈克·华莱士采访时，他说：“社会主义是共产主义第一阶段，当然这是一个很长很长的历史阶段。社会主义时期的主要任务是发展生产力，使社会物质财富不断增长，人民生活一天天好起来，为进入

① 邓小平：《社会主义首先要发展生产力》（1980 年 4 月—5 月）。《邓小平文选》第 2 卷，第 314 页，人民出版社，1994。

共产主义创造物质条件。不能有穷的共产主义，同样也不能有穷的社会主义。致富不是罪过。但我们讲的致富不是你们讲的致富。社会主义财富属于人民，社会主义的致富是全民共同致富。社会主义原则，第一是发展生产，第二是共同致富。”① 人们不难发现，这个论断同邓小平关于社会主义本质的科学概括，具有明显的一致性。而且，从解放生产力、发展生产力到消灭剥削、消除两极分化，直到最终达到共同富裕，正是从社会主义向共产主义发展的过程。

由此可见，邓小平关于社会主义本质的概括，是他在社会主义实践过程中，根据科学社会主义的基本原理，结合我们的历史教训和现实经验，进行深入的理性思考，得到的科学结论。

这个科学概括具有三个鲜明的特点：

一是完整性。社会主义制度不是一个单要素构成的简单事物，而是一个复杂的大系统和发展的长过程。对于这种具有特殊的系统性和过程性的复杂事物的本质，如何进行概括，本身就是一项艰巨的科学研究和理论创造工作。邓小平以丰富的历史经验为基础，从揭示社会主义制度的优越性入手，分析社会主义在历史发展过程中担负的特定使命，揭示了社会主义的本质是解放生产力，发展生产力，消灭剥削，消除两极分化，最终达到共同富裕。有人说，这里有两个层次，解放和发展生产力是一个层次，消灭剥削、消除两极分化、最终达到共同富裕是又一个层次。有人说，这里有三个层次，即消灭剥削和消除两极分化是第二层次，最终达到共同富裕是第三层次。至于层次与层次之间是什么关系，更是众说纷纭。这种争鸣是必要的，显然有助于我们深化对这个问题的研究。但是，我们必须看到邓小平的概括里面，每句话都是用逗号（，）说下来的，中间既没有用句号（。）隔断，也没有用分号（；）连接，也就是说，它是完整的一句话。提出这个语言表达上的问题，是想提请我们注意：这一科学概括，既包括了社会主义社会的生产力问题，又包括了以社会主义生产关系为基础的社会关系问题，是一个有机的整体。它突出地强

① 《邓小平文选》第3卷，第171—172页，人民出版社，1993。

调“解放生产力，发展生产力”，纠正了过去忽视发展生产力的错误观念，反映了中国社会主义整个历史阶段尤其是初级阶段特别需要注重发展生产力的迫切要求，明确了社会主义基本制度建立后还要通过改革进一步解放生产力，体现了在当前世界新科技革命推动生产力迅速发展的条件下，社会主义为回答资本主义严峻挑战所必须采取的战略决策。它突出地强调“消灭剥削，消除两极分化，最终达到共同富裕”，阐明了社会主义社会的发展目标以及实现这个目标必须以解放和发展生产力为基础，指出了我们发展生产力与剥削阶级统治的社会发展生产力的目的根本不同。

二是科学性。我们强调邓小平对社会主义本质的概括，是一个有机的整体，也就是说，如果不是把它看作是一个统一的整体，就会影响它的科学性。因为光强调解放生产力、发展生产力是社会主义的本质，就无法同右的观点划清界限，无法澄清人们头脑中对邓小平建设有中国特色社会主义理论的误解（例如有人提出的怪问题：按照生产力标准，美国生产力发达，难道美国也是社会主义国家?）。邓小平关于社会主义本质的概括不仅强调生产力的解放和发展，而且同时强调生产力的解放和发展是为了消灭剥削，消除两极分化，最终达到共同富裕。同样，仅仅强调消灭剥削，消除两极分化，最终达到共同富裕是社会主义的本质，貌似正确，但它无法同过去那种离开生产力实际状况“割资本主义尾巴”、“穷过渡”的“左”倾观点划清界限。邓小平在强调“消灭剥削，消除两极分化，最终达到共同富裕”之前，先讲“解放生产力，发展生产力”不是偶然的，它揭示了一条历史唯物主义的真理：社会改造必须以生产力的发展为基础。因此，这种表述的完整性，是一种理论的科学性。

三是指导性。邓小平关于社会主义本质的科学概括，对于我们的改革开放和社会主义现代化建设具有直接的而又深刻的指导性。首先，它告诉我们建设社会主义必须坚持“一个中心、两个基本点”。同时，十分重要的一点是，它为我们坚持公有制又完善和发展公有制指出了明确的方向。我们的改革始终有一个如何对待公有制经济（如国有大中型企业）

的难题，搞私有化会葬送公有制经济，不改革也会葬送公有制经济。社会主义本质的理论使我们明确了，毫不动摇地坚持公有制，维护公有制的主体地位，是体现社会主义本质的前提；在改革中，公有制的实现形式和以公有制为主体的所有制结构，归根到底只能按照社会主义本质的要求，即按照解放和发展生产力的实际要求和逐步实现共同富裕的实际进程来确定。可以这样说，邓小平关于社会主义本质的概括，反映了人民的利益和时代的要求，廓清了不合乎时代进步和社会发展规律的模糊观念，深化了对科学社会主义的认识。它对于我们在坚持社会主义基本制度的基础上推进改革，指导改革沿着合乎社会主义本质要求的方向发展，对于建设有中国特色的社会主义，具有重大的政治意义、理论意义和实践意义。

有的人注意到邓小平关于社会主义本质的概括中没有讲到“公有制”，因此只要有利于解放生产力，发展生产力，实行生产资料私有化也无妨。他们还把这种观点称为“思想解放”。这种观点，我们决不能同意。第一，这种观点实际上是以坚持“社会主义的本质”为名偷运资本主义私有化道路，是对社会主义的背离和否定。如果公有制为私有制取代了，还有什么社会主义制度？如果社会主义制度已被“演变”了，还谈什么“社会主义的本质”？其真实用意显然不是要坚持邓小平的“社会主义本质”理论，而是妄图否定邓小平所坚持的社会主义道路。第二，这种观点是以曲解邓小平关于社会主义本质的科学论断为前提的。他们讲社会主义的本质，只讲解放和发展生产力，不讲消灭剥削、消除两极分化、最终达到共同富裕，这种做法显然是反科学的。第三，这种观点割裂了“社会主义制度”与“社会主义本质”的有机联系，把后者看作是同前者完全无关的东西。这种“思想解放”，不仅在政治上是有害的，在科学研究上也是错误的。

另一种观点认为，从马克思主义奠基人创立科学社会主义之日起，就已经明确指出了生产资料公有制是社会主义同资本主义的根本区别之点，实际上已经指出了公有制是社会主义的本质。邓小平关于社会主义本质的概括，无论哪一点都离不开公有制。因此，公有制是更为深刻的本质，或者说是本质的本质。这种观点貌似有理，但同样不能够成立。第一，这种观点显然贬低了邓小平关于社会主义本质问题的深刻揭示和精辟概括。第二，这种观点在逻辑上陷入了循环论证的谬误。“社会主义的本质”中的“社会主义”，就是以公有制为基础实行按劳分配的社会主义基本经济制度、共产党领导的实行人民民主专政的社会主义基本政治制度和以马克思列宁主义、毛泽东思想为指导的社会主义意识形态的统称，也就是“社会主义制度”。“社会主义的本质”就是“社会主义制度的本质”。在经济上，它指的就是以公有制为基础的实行按劳分配的社会主义基本经济制度的本质。如果说公有制是社会主义的本质或“本质的本质”，无疑就是说公有制是公有制这种经济制度的本质，那等于什么也没有说。第三，这样，在认识上势必本末倒置，即本质的东西同本质所规定的东西就会主观地倒错位置，把建立和维护公有制看作是最根本的问题，而不是把解放生产力，发展生产力，消灭剥削，消除两极分化，最终达到共同富裕看作是最根本的问题。第四，这样，在实践上就会给改革开放造成难以估量的困难。因为从建立农村家庭联产承包责任制、废除人民公社制度开始，中国的改革开放每前进一步，都遇到姓“社”姓“资”的质疑和困扰，认为改革开放在“削弱”、“否定”公有制。一旦从理论上确认公有制是社会主义的本质或“本质的本质”，改革开放就会遇到极为严重的困难。

综上所述，在思考和回答“什么是社会主义、怎样建设社会主义”这个首要的基本问题过程中，邓小平继承和发展了毛泽东探索的成果，解决了什么是社会主义基本制度、什么不是社会主义基本制度、什么是社会主义基本制度、什么是社会主义基本制度的实现形式，什么是社会主义基本制度，什么是社会主义的本质这样三个重大问题，为找到中国特色社会主义道路奠定了理论基础。

第二章　当代世界的时代主题和中国发展的历史机遇

自拿破仑以来，西方人一直在预言，一旦中国龙觉醒，全世界将为之震惊。在经过几乎一个世纪的起步失误之后，看来中国终于坚实地走上了一条经济飞速发展、军事上显示其锋芒的道路，而这的确将在整个亚洲和全世界引起反响。

——［美］罗斯·芒罗

第一节　从“三个世界”的理论到“两个转变”的判断

科学社会主义，无论从学说的创立背景还是从运动的发展进程来看，始终同世界的大潮和时代的特点相联系。邓小平探讨“什么是社会主义、怎样建设社会主义”，创立中国特色社会主义理论，也同毛泽东后的当代中国面临的世界局势及其深刻变化特点相联系。

第二次世界大战后，经过近 30 年的发展，在冷战的格局中，美苏两国在政治、经济特别是军事威慑力量和打击力量方面形成对峙的局面。与此同时，挣脱了殖民主义枷锁的亚非拉国家，逐渐成为国际事务中一支维持和平的力量；社会主义国家之间频频发生的论战，使社会主义阵营不复存在；作为美国盟友的西欧、日本等资本主义国家也力图摆脱美国的控制。面对这种复杂的局面，西方出现了“大三角”（美、苏、中）的议论，也有一些国家政治家提出了以意识形态画线的“三个世界”理论，即把帝国主义国家称为第一世界，把社会主义国家称为第二世界，把战后独立的亚非拉民族主义的新兴国家称为第三世界。毛泽东实事求是地分析了这一极为复杂的世界局势，运用马克思主义的政治分析和敌我分析方法，提出了马克思主义的“三个世界”理论。

值得注意的是，毛泽东让邓小平在 1974 年 4 月 10 日联合国大会第六届特别会议上，向全世界系统阐述他的“三个世界”理论。邓小平说：

> 在“天下大乱”的形势下，世界各种政治力量经过长期的较量和斗争，发生了急剧的分化和改组。一系列亚非拉国家纷纷取得独立，在国际事务中起着愈来愈大的作用。在战后一个时期曾经存在的社会主义阵营，因为出现了社会帝国主义，现已不复存在。由于资本主义发展不平衡的规律，西方帝国主义集团，也已四分五裂。

> 从国际关系的变化看，现在的世界实际上存在着互相联系又互相矛盾着的三个方面、三个世界。美国、苏联是第一世界。亚非拉发展中国家和其他地区的发展中国家，是第三世界。处于这两者之间的发达国家是第二世界。①

邓小平同时重申，中国是一个社会主义国家，也是一个发展中的国家。中国属于第三世界。

根据这一全新的理论，毛泽东领导党和国家，维护国家主权，加强同第三世界国家的联系，开辟同第二世界发达国家友好交往的渠道，改善中美关系，突破国际反华势力的包围，努力形成一个反帝反霸的统一战线。

深谙毛泽东这一国际战略思想意义的邓小平，在毛泽东后的当代中国坚持和发展了这一杰出思想。

首先，他反复肯定这是毛泽东在晚年对马克思主义和中国安全的重要理论贡献。

1977年12月28日，在中央军委全体会议上，邓小平说："我们有毛泽东同志的关于划分三个世界的战略和外交路线，可以搞好国际的反霸斗争。"②

1978年5月7日，邓小平在同外宾的谈话中重申："作为一个社会主义国家，中国永远属于第三世界，永远不能称霸。这个思想现在人们可以理解，因为中国现在还很穷，是不折不扣的第三世界国家。问题是将来我们发展了，搞不搞霸权主义。朋友们，你们都比我年轻，你们是可以看到的，到那个时候，如果中国还是社会主义国家，就不能实行霸权主义，仍然属于第三世界。如果那时中国翘起尾巴来了，在世界上称王称霸，指手画脚，那就会把自己开除出第三世界的'界籍'，肯定就不再是社会主义国家了。一九七四年我在联大特别会议上作了一篇讲话，讲

---

① 《人民日报》，1974年4月11日。

② 《邓小平文选》第2卷，第77页，人民出版社，1994。

的就是这个内容。这是毛泽东主席、周恩来总理制定的对外政策，我们要用来教育子孙后代。”①

1978 年 9 月 16 日，邓小平在听取吉林省委常委汇报工作，讲到坚持实事求是原则，利用有利的国际条件，扩大中外经济技术交流时，说：“毛泽东同志关于三个世界划分的战略思想，给我们开辟了道路。”②

1979 年 3 月 30 日，在《坚持四项基本原则》的著名讲话中，他两次说到毛泽东的“三个世界”理论对我们搞现代化建设的意义：“毛泽东同志在他晚年为我们制定的关于划分三个世界的战略，关于中国站在第三世界一边，加强同第三世界国家的团结，争取第二世界国家共同反霸，并且同美国、日本建立正常外交关系的决策，是多么英明，多么富有远见。这一国际战略原则，对于团结世界人民反对霸权主义，改变世界政治力量对比，对于打破苏联霸权主义企图在国际上孤立我们的狂妄计划，改善我们的国际环境，提高我国的国际威望，起了不可估量的作用。”③“我们能在今天的国际环境中着手进行四个现代化建设，不能不铭记毛泽东同志的功绩。”④

经过邓小平反复强调，全党在这个问题上形成了共识。在中共十一届六中全会通过的《关于建国以来党的若干历史问题的决议》在论述毛泽东晚年所作的贡献的时候，讲到：

> 他晚年仍然警觉地注意维护我国的安全，顶住了社会帝国主义的压力，执行正确的对外政策，坚决支援各国人民的正义斗争，并且提出了划分三个世界的正确战略和我国永远不称霸的重要思想。⑤

其次，邓小平根据 80 年代后世界形势的新变化，及时作出战略决策，实行“两个转变”，发展了毛泽东的“三个世界”理论。

关于“两个转变”问题，1985 年 6 月 4 日，邓小平在军委扩大会议

---

①②③④　《邓小平文选》第 2 卷，第 112、127、160、172 页，人民出版社，1994。

⑤　中共中央文献研究室编：《三中全会以来重要文献选编》下册，第 815 页，人民出版社，1982。

上进行了系统的论述：

> 粉碎“四人帮”以后，特别是党的十一届三中全会以后，我们对国际形势的判断有变化，对外政策也有变化，这是两个重要的转变。
>
> 第一个转变，是对战争与和平问题的认识。过去我们的观点一直是战争不可避免，而且迫在眉睫。我们好多的决策，包括一、二、三线的建设布局，“山、散、洞”的方针在内，都是从这个观点出发的。这几年我们仔细地观察了形势，认为就打世界大战来说，只有两个超级大国有资格，一个苏联，一个美国，而这两家都还不敢打。……由此得出结论，在较长时间内不发生大规模的世界战争是有可能的，维护世界和平是有希望的。根据对世界大势的这些分析，以及对我们周围环境的分析，我们改变了原来认为战争的危险很迫近的看法。
>
> 第二个转变，是我们的对外政策。过去有一段时间，针对苏联霸权主义的威胁，我们搞了“一条线”的战略，就是从日本到欧洲一直到美国这样的“一条线”。现在我们改变了这个战略，这是一个重大的转变。……我们奉行独立自主的正确的外交路线和对外政策，高举反对霸权主义、维护世界和平的旗帜，坚定地站在和平力量一边，谁搞霸权就反对谁，谁搞战争就反对谁。①

提出“两个转变”，是因为客观形势的发展发生了变化。第二次世界大战以后，东欧和亚洲一些国家选择了社会主义道路，出现了以苏联为首的社会主义阵营，但随着苏联逐步走上霸权主义道路和国际共产主义运动内部发生意识形态的激烈论战，如前所述，社会主义阵营到毛泽东提出“三个世界”理论之前已不复存在；与此同时，从第二次世界大战结束后开始的东西方冷战，逐渐演变为美苏两个超级大国争霸世界、北

---

① 《邓小平文选》第3卷，第126—128页，人民出版社，1993。

大西洋公约组织和华约组织扩军备战。到80年代，世界核俱乐部共拥有5万多颗核弹头，爆炸力相当于1.5万米加（百万吨），而且主要集中在美苏两家。但美苏两家的军备竞赛和全球战略部署，都受到了挫折，遇到内外制约，他们有能力发动世界战争，却没有胆量冒世界战争、核战争的风险。另一方面世界和平力量不断壮大和发展。第二次世界大战后，亚非拉美民族解放运动风起云涌，60年代宣告独立的新兴民族国家已有90多个，他们的首要任务是发展自己，他们是反对战争、维护和平的主要力量；战争一旦打起来，首先受害的将是欧洲，包括东欧和西欧，那里的人民也成了反对战争、维护和平的重要力量，欧洲各国连绵不断的反战运动显示了这一重要特点；美、苏两国人民同样如此，不希望卷入战争。80年代，这种世界形势，既不是革命临近的形势，也不是战争迫近的形势，同50年代、60年代有很大的不同。邓小平长期来关注着这一变化的形势，分析着它的发展态势，寻找着中国发展的机遇。1977年，他注意到国际形势的发展可以延缓战争的爆发，说：

> 苏联的全球战略部署还没有准备好。美国在东南亚失败后，全球战略目前是防守的，打世界大战也没有准备好。所以，可以争取延缓战争的爆发。①

但是，当时苏联处于攻势，特别是70年代末、80年代初，苏联入侵阿富汗、策动越南入侵柬埔寨，国际局势存在着许多热点，我们对战争的威胁丝毫不能大意。这就要求我们加强以苏联为重点的反霸斗争，来延缓战争的爆发。在《目前的形势和任务》（1980年1月）中，邓小平说：

> 今天是一九八〇年一月十六日，进入八十年代十六天了。八十年代无论对于国际国内，都是十分重要的年代。国际上很难预料会发生什么问题，但是，可以说是非常动荡、充满危机的年代。当然，

① 《邓小平文选》第2卷，第77页，人民出版社，1994。

> 我们有信心，如果反霸权主义斗争搞得好，可以延缓战争的爆发，争取更长一点时间的和平。这是可能的，我们也正是这样努力的。不仅世界人民，我们自己也确确实实需要一个和平的环境。所以，我们的对外政策，就本国来说，是要寻求一个和平的环境来实现四个现代化……这不仅是符合中国人民的利益，也是符合世界人民利益的一件大事。①

这里强调的是“延缓战争的爆发”，而不是“避免战争的爆发”，因为邓小平注意到美苏两霸争夺世界十分激烈，美国虽然处于守势，但仍时时伺机反攻，苏联咄咄逼人，战火在我国周边燃烧，所以说“国际很难预料会发生什么问题”。当时，我们内部曾估计，两霸战争布局将在 80 年代中期完成，那时可能爆发世界战争。因此要抓住时机，集中精力搞建设，并且尽可能推迟战争爆发，以利于我国有一个和平的国际环境进行现代化建设。

后来的国际形势发生了出人预料的变化。苏联的内外政策在勃列日涅夫后期发生重大变化，试图打通阿富汗到印度的“南下战略”遭受挫折。美国在越南战争后国内和平力量发展，长期的军备竞赛也使它经济上困难重重。邓小平在 1982 年就敏锐地注意到战争的因素在增长，制止战争的因素也在增长。1985 年 3 月 4 日，他说：

> 我们多年来一直强调战争的危险。后来我们的观点有点变化。我们感到，虽然战争的危险还存在，但是制约战争的力量有了可喜的发展。②

这样，我们对国际形势的判断，就从“延缓战争的爆发”推进到“避免战争的爆发”。1985 年 6 月 4 日，如前所引，邓小平说在较长时间内不发

---

① 《邓小平文选》第 2 卷，第 241 页，人民出版社，1994。

② 邓小平：《和平和发展是当代世界的两大问题》（1985 年 3 月 4 日）。《邓小平文选》第 3 卷，第 105 页，人民出版社，1993。

生大规模的世界战争是有可能的。1987 年 5 月，他进一步提出：

> 对于总的国际局势，我的看法是，争取比较长期的和平是可能的，战争是可以避免的。①

伴随着对国际形势判断的转变，我们的对外政策也发生了重要的转变，即“第一个转变”带动了“第二个转变”。1982 年起中苏恢复了副外长级谈判，两国逐渐加强经济文化交往。中共十二大报告中论述我国独立自主的对外政策时，令人注目地讲到“如果苏联当局确有诚意改善同中国的关系，并采取实际步骤解除对我国安全的威胁，中苏两国关系就有走向正常化的可能”。1984 年 5 月 29 日，邓小平在会见巴西总统菲格雷多时指出：“中国的对外政策是独立自主的，是真正的不结盟。中国不打美国牌，也不打苏联牌，中国也不允许别人打中国牌。中国对外政策的目标是争取世界和平。”② 这意味着，我们的对外政策改变了针对苏联霸权主义的“一条线”战略。

这“两个转变”同毛泽东提出的“三个世界”理论是什么关系呢？

两者的区别是明显的：毛泽东提出“三个世界”理论时，强调世界战争不可避免的危险性，强调反对两个超级大国侧重于反对苏联社会帝国主义。这是由当时的世界形势决定的。随着世界形势的发展，邓小平审时度势，及时作出新的判断，提出了“两个转变”。

但是，“两个转变”的判断不是“三个世界”理论的否定，而是它的继承和发展，两者保持着思想的连续性，表现在五个方面：

其一，“两个转变”的判断是以“三个世界”的理论为基础提出来的，所不同的是对第一世界两大霸权主义的策略。

其二，“两个转变”判断的立足点是世界人民、世界和平力量，这同

---

① 邓小平：《改革开放使中国真正活跃起来》（1987 年 5 月 12 日）。《邓小平文选》第 3 卷，第 233 页，人民出版社，1993。

② 邓小平：《维护世界和平，搞好国内建设》（1984 年 5 月 29 日）。《邓小平文选》第 3 卷，第 57 页，人民出版社，1993。

“三个世界”理论寄希望于人民的立场是一致的。

其三，“两个转变”的判断强调我国坚持独立自主的外交政策，这同“三个世界”理论的要求是一致的。

其四，“两个转变”的判断仍然坚持中国是发展中的社会主义国家，属于第三世界，永不称霸，这是“三个世界”理论的重要观点。

其五，“两个转变”的判断仍然认为霸权主义是战争的根源，这也是“三个世界”理论的要点。

有必要提出的是，在毛泽东论述“三个世界”理论时，特别是论及世界战争的根源时，主要用的基础性范畴是“帝国主义”，对于苏联的政策用的范畴是“社会帝国主义”。这是从列宁主义的传统继承而来的。列宁认为，世界进入帝国主义和无产阶级革命时代以后，“现代战争产生于帝国主义”①。但是，第二次世界大战以后，世界形势出现的新情况之一，就是帝国主义国家之间并未爆发战争，战争往往发生在帝国主义与第三世界国家之间、第三世界国家之间、社会主义国家之间。而在帝国主义与第三世界国家之间发生的战争，特别是第三世界国家发生的战争背后，往往有美苏两霸或东西方两大军事集团插手。毛泽东注意到这一特点，曾说过：“美国在世界上有利益要保护，苏联要扩张，这个没法子改变，在阶级存在的时候，战争是两个和平之间的现象。”② 那么，为什么美苏两国的矛盾和冲突会导致世界战争呢？这是因为他们想在世界上谋取霸权。在 1972 年中美联合公报和中日两国政府联合声明中，都提出了反对任何国家在亚洲——太平洋地区谋求霸权这一重大原则问题。实践证明，这是符合当代世界政治实践的重要认识。邓小平对此十分重视，指出：“中国在毛泽东主席和周恩来总理领导的时候，就强调反对超级大国的霸权主义，并认为霸权主义是战争的根源。”③ 从邓小平关于国际问题大量的论述中，我们可以发现，“霸权主义”是他在这一领域常用的基本范

① 《列宁全集》第 21 卷，第 324 页，人民出版社，1992。

② 《人民日报》，1977 年 8 月 23 日。

③ 邓小平：《和平和发展是当代世界的两大问题》（1985 年 3 月 4 日）。《邓小平文选》第 3 卷，第 104 页，人民出版社，1993。

畴。他多次说过，反对霸权主义，维护世界和平，是我们对外政策的纲领。其中关于“霸权主义是战争的根源”这一观点，特别新颖，显然是列宁关于“帝国主义是战争的根源”思想的发展。说它是发展，一是因为不论帝国主义，还是霸权主义，都是违反世界人民根本利益的，是和平的敌人；二是因为搞霸权主义的不仅有帝国主义国家，而且有实行错误政策的社会主义国家；三是因为搞霸权主义的不仅有发达国家，还有搞地区霸权主义的发展中国家。它确实反映了当代世界的现实。但是迄今为止，我们对邓小平这一思想还研究不够，比如列宁说帝国主义不是一种政策，而是资本主义的最高阶段，那么霸权主义是什么呢？这值得我们深思。

第二节　时代主题：和平与发展

判定时代的特点，把握时代的脉搏，是制定正确的路线，形成科学的理论，使一个政党立于不败之地的科学依据。列宁确定一国率先开始社会主义革命的战略，毛泽东制定新民主主义革命的总路线，就在于他们敏锐地认识到并有力地把握了19世纪末、20世纪初后世界进入了帝国主义和无产阶级革命时代这一特点，抓住了这一时代背景下国内出现的革命形势这一机遇。邓小平继承和发展了毛泽东思想，在毛泽东后的当代中国创立建设有中国特色社会主义理论，也在于他敏锐地认识到并有力地把握了当今世界的形势变化以及由此而引起的时代主题的转换。

如前所述，对于国际形势的判断，在毛泽东后的当代中国，邓小平和我们党的观点有一个从“延缓战争爆发”到“避免战争爆发”的变化，因此：

——80年代中期以前，确定工作重点转移和实行改革开放，其重要依据是战争可以延缓，要抓住时机搞建设。

——80年代中期以后，确定并坚持“一个中心、两个基本点”的基本路线，其重要依据是战争可以避免，要抓住机遇，坚定我们的方针政策。

是什么促使邓小平在20世纪80年代中期前后对时代特征的分析，发生那么大的变化的呢？是国际关系大格局和国际形势的变化，具体地说，是美苏两个超级大国的关系及其构成的战略格局的变化。邓小平多次说过，有资格打世界大战的，是美苏两国。自从美国在越南战争中受挫，世界大战的条件就失去了一半，所以在70年代末他的判断是“战争可以延缓”。80年代初期，苏联在阿富汗战争中也受挫，世界大战的条件就不存在了，所以他大胆地作出了“战争可以避免”的判断。另一方面，他同时注意到，20世纪60年代风起云涌的民族解放运动造就了一大批发展中国家，这些国家从“求独立”转变为“谋发展”，在80年代发展问题日益成为时代特点。因此，从80年代中期开始，邓小平形成了他对当今世界的全新看法——和平与发展是时代主题。

1984年5月29日，邓小平在同外宾谈话时，首次指出：“现在世界上问题很多，有两个比较突出。一是和平问题。现在有核武器，一旦发生战争，核武器就会给人类带来巨大的损失。要争取和平就必须反对霸权主义，反对强权政治。二是南北问题。这个问题在目前十分突出。发达国家越来越富，相对的是发展中国家越来越穷。南北问题不解决，就会对世界经济的发展带来障碍。”①

同年10月31日，他进一步指出：“国际上有两大问题非常突出，一个是和平问题，一个是南北问题。还有其他许多问题，但都不像这两个问题关系全局，带有全球性、战略性的意义。”②

1985年3月4日再进一步指出：“现在世界上真正大的问题，带全球性的战略问题，一个是和平问题，一个是经济问题或者说发展问题。和平问题是东西问题，发展问题是南北问题。概括起来，就是东西南北四个字。南北问题是核心问题。”③

从以上可以看出，邓小平最初认为当今世界的两大问题是和平问题

---

①②③ 《邓小平文选》第3卷，第56、96、105页，人民出版社，1993。

和南北问题，后来更为准确地指出南北问题的实质是发展问题，概括出了和平与发展是当代世界两大问题这一著名的论断。邓小平对这两个问题在世界各种问题中的地位，最初讲是比较突出的问题，后来进一步指出它们关系全局，带有全球性、战略性的意义，是带全球性的战略问题。对和平与发展这两个问题的关系，邓小平还深刻地提出南北问题即发展问题是核心问题，因为它不仅关系到南方发展中国家的经济增长和社会发展，而且关系到北方发达国家的发展和再发展问题。

但是，邓小平这些论述是在80年代中期对世界形势的判断，要证明它们揭示的是当今世界的时代主题，还必须进一步考察80年代末、90年代初国际形势发生急剧变化后，和平与发展是否仍然是带全球性的战略问题。

首先应该承认，80年代末、90年代初国际形势的变化不是一般的变化，东欧国家易帜，苏联解体，第二次世界大战后形成的雅尔塔体制瓦解，美苏对峙的两极格局终结，各种力量重新分化组合，世界开始朝多极化方向发展。在这种纷繁复杂的变化中，世界各种矛盾在深入发展，国际局势动荡不安，不少国家和地区的民族矛盾、领土争端和宗教纷争突出起来，甚至酿成流血冲突和局部战争。国际经济竞争日趋激烈，许多发展中国家经济环境更加恶化，南北差距进一步扩大。

同时必须清醒地认识到，80年代末、90年代初，国际形势剧变后，和平与发展仍然是当今世界的两大问题。发展需要和平，和平离不开发展。虽然由于霸权主义和强权政治的存在，和平与发展这两个问题一个也没有解决，但国际形势的变化和世界格局的转变也没有改变当今世界的两大问题。应该看到，两极格局的终结，主要是使美国成为世界上唯一的超级大国，美国妄图建立由它主宰的国际新秩序，但由于它自身的衰落和多极化趋向使群雄并起，它独霸世界“心有余而力不足”。这种情况说明过去有资格发动世界战争的两个超级大国，一个解体了，一个衰落了，更有利于世界和平与发展，使人类更有可能避免世界战争。而且，在世界向多极化方向发展过程中，西方发达国家之间的矛盾突出起来；第三世界国家更是获得了发展的机遇，在经济上崛起，在世界政治上的地位日益提高，世界和平的力量进一步发展壮大。世界要和平，国家要发展，社会要进步，经济要繁荣，生活要提高，已成为各国人民的普遍要求。

我们注意到，当东欧剧变、苏联解体后，当时对于这种重大历史事变后的国际形势，许多人认识不一，我们队伍中不少人甚至惊慌失措。在这个关键时刻，邓小平纵览全局，十分清醒地指出："对于国际局势，概括起来就是三句话：第一句话，冷静观察；第二句话，稳住阵脚；第三句话，沉着应付。不要急，也急不得。要冷静、冷静、再冷静，埋头实干，做好一件事，我们自己的事。"①

1990 年 3 月，他在同几位中央负责同志谈话时，分析了东欧剧变后的形势，指出：

> 国际形势的变化怎么看？旧的格局是不是已经完了，新的格局是不是已经定了？国际上议论纷纷，国内也有各种意见。看起来，我们过去对国际问题的许多提法，还是站得住的。现在旧的格局在改变中，但实际上并没有结束，新的格局还没有形成。和平与发展两大问题，和平问题没有得到解决，发展问题更加严重。②

苏联解体后，邓小平反复告诫全党不要以为马克思主义就消失了，没用了，失败了，同时在 1992 年初南方谈话中再次强调：

> 世界和平与发展这两大问题，至今一个也没有解决。社会主义中国应该用实践向世界表明，中国反对霸权主义、强权政治，永不称霸。中国是维护世界和平的坚定力量。③

在邓小平这些富有远见的光辉思想正确指导下，全党和全国各族人民对当今世界的时代主题的认识，更加坚定，更加清醒，更加深刻，不

---

①②③ 《邓小平文选》第 3 卷，第 321、353、383 页，人民出版社，1993。

仅在对外交往包括打破西方国家的制裁中，有了正确的航标，而且在国内建设包括深化改革、扩大开放中，也有了主心骨。随着时间的推移，实践的发展，中国国际地位的提高，特别是进入 90 年代后国家综合国力的迅速增强，使我们越来越体会到邓小平 80 年代中期和 80 年代末、90 年代初对国际形势和时代主题的两次判断的科学性、深刻性和正确性。

那么，这种判断同建设有中国特色社会主义理论是一种什么关系呢？

中共十三大把邓小平这一重要思想概括为“关于和平与发展是当代世界的主题的观点”，列入建设有中国特色社会主义理论的“轮廓”。党的十四大在论述建设有中国特色社会主义理论的“主要内容”时，再次强调邓小平“在社会主义建设的外部条件问题上，指出和平与发展是当代世界的两大主题，必须坚持独立自主的和平外交政策，为我国现代化建设争取有利的国际环境”。

如果仔细考察邓小平关于和平与发展是当代世界两大问题的论述，可以发现，这一论断不仅是建设有中国特色社会主义理论的重要内容，而且是这一理论形成和完善的科学依据——时代根据。

这首先是因为，关于和平与发展是当代世界时代主题的论断，为我们确定以经济建设为中心，坚持改革开放，坚持四项基本原则，建设有中国特色社会主义，提供了时代根据。邓小平曾经说，要横下心来，除了爆发大规模战争外，要始终如一地、贯彻始终地搞建设。就是爆发大规模战争，打仗以后也要继续干，或者重新干。从中可以看到，“大规模战争”对于我国的现代化建设是一个重大的制约因素。要搞建设，就要采取正确的方针和策略延缓大规模战争的爆发，最好是这样的战争能够避免。邓小平经过对世界战争与和平发展趋势慎重的分析，提出和平与发展是当代世界的两大问题，使我们不仅意识到和平条件下的发展问题关系到综合国力竞争问题，关系到中国社会主义的前途和命运问题，而且使我们完全能够集中精力搞建设。与此同时，这一判断也使我们完全有条件对外开放，引进外国先进技术和管理经验，吸引外资，借鉴人类文明成果，建设我们的社会主义。同样的道理，也需要我们保持高度的警觉，防止“和平演变”，十分清醒地坚持四项基本原则。所以，邓小平关于当今世界时代主题的判断不是一个小判断，而是一个关系全局及其发展方向的大判断，是我们必须坚持“一个中心、两个基本点”也能够坚持“一个中心、两个基本点”，建设有中国特色社会主义的科学依据。

其次是因为，关于和平与发展是当代世界时代主题的论断，也为建设有中国特色社会主义理论继承和发展科学社会主义，使之具有时代性，提供了时代根据。科学社会主义不是封闭的教条体系，而是随着时代进步不断充实新鲜内容的开放的科学体系。邓小平曾经有一个命题，说：

> 我们搞的是有中国特色的社会主义，是不断发展社会生产力的社会主义，是主张和平的社会主义。①

他把“和平”和“社会主义”统一起来，具有深刻的含义。主张世界和平的，不一定是社会主义者，但是真正的社会主义者必须坚决反对霸权主义，维护世界和平。历史经验告诉我们，社会主义国家如果不尊重别国主权，搞霸权主义，既损坏社会主义在世界上的形象，又损害本国的社会主义事业。他提出“主张和平的社会主义”，不仅是指我们要在政治领域反对霸权主义和强权政治，维护世界和平，不仅是指我们今天不称霸，将来也永远不称霸，而且是指要在经济和科技、文化领域同世界各国和平交往，互相学习，取长补短，发展自己。这样，就能顺应历史的潮流，符合时代的要求，给科学社会主义赋予时代的新内容，把科学社会主义的理论和实践推进到新阶段。

邓小平创立的建设有中国特色社会主义理论，就是在和平与发展成为时代主题的背景下，形成和发展起来的科学社会主义。

---

① 邓小平：《社会主义的中国谁也动摇不了》（1989年10月26日）。《邓小平文选》第3卷，第328页，人民出版社，1993。

第三节　时代新貌：世界科技日新月异

判定时代的特点，不但要看到世界的政治、经济大势，而且要看到生产力，要看科学技术发展的特点。在《共产党宣言》中，马克思、恩格斯在揭示自由资本主义时代的特点时，生动地描述说："资产阶级在它的不到一百年的阶级统治中所创造的生产力，比过去一切世代创造的全部生产力还要多，还要大。自然力的征服，机器的采用，化学在工业和农业中的应用，轮船的行驶，铁路的通行，电报的使用，整个整个大陆的开垦，河川的通航，仿佛用法术从地下呼唤出来的大量人口，——过去哪一个世纪料想到在社会劳动里蕴藏有这样的生产力呢？"① 正是这样一种科学技术和由它转化而来的巨大生产力，为资产阶级冲破中世纪宗教神学的禁锢，用资本主义制度取代封建主义制度，提供了巨大的物质推动力；也正是这样一种社会化的生产力，造就了无产阶级以及这一阶级的先进性，为埋葬资本主义制度准备了掘墓人；同样，在资本主义文明的形成中发展起来的这种社会化的生产力为社会主义制度的诞生准备了物质基础。研究时代问题，必须重视这种研究方法。

我们注意到，邓小平在考察时代变化的新特点时，十分关注世界科技的发展，并把它作为思考和回答"什么是社会主义、怎样建设社会主义"的根据。1978 年 3 月 18 日，在全国科学大会开幕式上，他以鲜明的语言指出："现代科学技术正在经历着一场伟大的革命。"② 同年 5 月 7 日，在会见马达加斯加外宾时，他又一次形象地描述说："世界上先进技术发展很快，发展速度不是用年来计算，而用月、用日来计算的，叫做'日新月异'。"③同年 10 月 10 日，在同联邦德国外宾谈话时，他又从科技

① 《马克思恩格斯选集》第 1 卷，第 277 页，人民出版社，1995。

②③ 《邓小平文选》第 2 卷，第 87、112 页，人民出版社，1994。

和经济发展的角度提出了“世界面貌”问题：

> 六十年代前期我们同国际上科学技术水平有差距，但不很大，而这十几年来，世界有了突飞猛进的发展，差距就拉得很大了。同发达国家相比较，经济上的差距不止是十年了，可能是二十年、三十年，有的方面甚至可能是五十年。到本世纪末还有二十二年，二十二年以后，世界是什么面貌？包括你们在内的发达国家，在七十年代的基础上再向前发展二十二年，将是什么面貌？①

把邓小平这一系列论述概括起来，就是一句话：世界科技日新月异是当今时代的新面貌。

确实，第二次世界大战以来，世界科技获得了突飞猛进的发展。特别是近30年来，人类所取得的科技成果，比过去两千年的总和还要多得多。有人拿出了这样一组数据：

截至1980年，人类社会获得的科学知识，90%是第二世界大战后30余年获得的；

现代物理学中的知识，90%是1950年以后取得的；

现在全世界每天发表科技论文6000～8000篇，每隔一年半就增加1倍；

到2000年，人类社会获得的科学知识，将比1980年增加1倍。

据有人粗略统计，人类的科技知识，19世纪每50年增加1倍，20世纪中叶每10年增加1倍，当前则是每3年至5年增加1倍。战后兴起的电子计算机科学技术的发展很有代表性，从1945年研制出第一台计算机至今仅仅30多年，就经历了电子管——半导体——集成电路——大规模和超大规模集成电路几代的更替，现在又出现了多媒体技术，不知明天的世界还会出现什么新东西。邓小平把这种科学技术的发展，称为“一场伟大的革命”，说是“日新月异”的发展，反映的是这个时代的真

① 《邓小平文选》第2卷，第132页，人民出版社，1994。

实情况。

作为无产阶级政治家的邓小平，如此重视世界科技的发展，有什么意义呢？特别是，这对于邓小平创立建设有中国特色社会主义理论，有什么关系呢？

直接的意义显然是告诉我们，在当今世界科学技术日新月异发展的背景下，科学技术在生产力中所占的份额越来越大，科学技术转化为生产力的速度越来越快，人们在经济增长和发展中越来越重视科学技术的这种革命作用。对此，邓小平用一句话，即“科学技术是第一生产力”，作了最精辟的概括。这就是说，重视科学技术，加快生产力发展，是社会主义的根本任务。这个问题我们将在后文进一步阐述，因为它是邓小平建设有中国特色社会主义理论的重要组成部分，特别是邓小平关于怎样建设社会主义即关于社会主义发展道路理论的重要组成部分。

我们感到，仅仅这样认识邓小平关于世界科技发展看法的意义是不够的。应该注意到，邓小平的这些看法是关于当今时代特点的看法，即认为当代世界的时代主题是和平与发展，而贯穿于和平与发展之中的是世界科技日新月异的发展。这种发展，制约了霸权主义和强权政治，壮大了世界和平力量；这种发展，也给世界经济和社会发展注入了强大的活力，使之如虎添翼。因此，邓小平认为，世界科技的发展这种时代的特点必将推动马克思主义发展。他说：

> 世界形势日新月异，特别是现代科学技术发展很快。现在的一年抵得上过去古老社会几十年、上百年甚至更长的时间。不以新的思想、观点去继承、发展马克思主义，不是真正的马克思主义者。①

这就是说，邓小平认为，真正的马克思主义者认识世界科技发展的形势及其时代性变化特点，是因为它们不仅会对社会生产力的发展产生革命

---

① 邓小平：《结束过去，开辟未来》（1989 年 5 月 16 日）。《邓小平文选》第 3 卷，第 291—292 页，人民出版社，1993。

的推动作用，而且会对马克思主义这门科学的发展产生巨大的推动作用。如果马克思主义不去反映这种社会生产力内层深刻的变化，就会使自己处于僵化或半僵化的境地，从根本上落后于时代的发展，就会无法回答国际资产阶级对马克思主义的诋毁、诽谤和攻击，就会失去对工人运动的理论指导意义。

邓小平关于世界科技发展的论断，对于他创立建设有中国特色社会主义理论这一发展了的科学社会主义，至少有两大意义：

其一，它使建设有中国特色社会主义理论建立在现代科学技术的基础之上。科学社会主义的诞生和发展，始终同世界科技的发展相联系。牛顿力学创立后的以蒸汽机出现为标志的近代工业革命，造就了社会主义的阶级基础；细胞学说、能量守恒和转化定律、达尔文的生物进化论等，为唯物辩证法的创立进而为科学社会主义的诞生提供了科学基础；电力的出现引起的技术革命，使列宁能在十月革命取得胜利后，推动经济落后的俄国在电气化的基础上建立和发展社会主义制度，追赶发达的资本主义；原子能的利用和人造地球卫星的发射，使得在落后的经济文化基础上建立起来的社会主义国家，迅速地改变了自己的面貌。今天，世界科技的发展，如人工智能的开发、信息革命的出现、生物工程研究的前景，等等，不仅造就了或将造就着巨大的社会生产力，而且使得科技发展的综合化、科学技术和人文社会科学相结合等特点以及由此推动的生产进一步社会化的趋势，必将把物质文明和精神文明进一步联系起来，把人和自然进一步协调起来，从而把人类文明推进到一个新阶段。这种情况也促使科学社会主义进行自身的重新审视。邓小平正是从世界科技发展的最新特点和最新趋势出发，提出以经济建设为中心，坚持四项基本原则，坚持改革开放，建设一个富强、民主、文明的社会主义现代化国家的任务。仔细探究邓小平建设有中国特色社会主义理论追求的“富强、民主、文明”这些宏伟目标及其内涵，我们不难发现，它们反映的正是现代世界科技发展的要求，即时代的要求。

其二，它为建设有中国特色社会主义理论明确了最强大的实现力量。科学社会主义是无产阶级解放条件的学说，无产阶级是科学社会主义实现的物质力量。科学社会主义的实现，始终同工人阶级的成熟和力量的壮大相联系。中国选择走社会主义道路，也因为近代中国随着外国资本的进入和中国民族资本的出现，造就了中国工人阶级，特别是这一先进阶级在五四运动期间以独立的政治力量走上历史舞台后，在马克思列宁主义和中国工人运动结合中诞生了自己的政党——中国共产党。但是，由于世界经济和社会在马克思主义诞生后发生了急剧的变化，这个马克思主义的常识，在20世纪50年代中期遭到了时代的挑战。以美国“白领”工人数量超过“蓝领”工人为标志，发达资本主义国家的阶级结构发生了深刻的变化。国际上出现一股舆论，认为同科学技术和科学管理相联系的“白领”的作用和地位的上升，意味着大机器工业生产的阶级代表工人阶级的作用和地位的下降，意味着推动社会前进的阶级力量已由工人阶级让位于“白领”，意味着马克思创立的科学社会主义失去了强大的实现力量，因而开始走向衰落。面对着这种新情况，面对着这股反马克思主义的思潮，有的人墨守成规，坚持工人阶级就是产业工人，把产业工人和知识分子对立起来；有的人消极失望，对社会主义的信念发生动摇，甚至走到反马克思主义的立场上去。邓小平则与这两种人相反，他通过对世界科技发展的仔细观察和深入分析，客观地指出科技在社会生产和社会进步中的作用确实越来越大，同科技相联系的知识分子的队伍和作用也越来越大，但这对科学社会主义的发展不是坏事，而是福音。他的理由是：知识分子是工人阶级的一部分。他说：

> 在社会主义历史时期中，只要还存在着阶级矛盾和阶级斗争，知识分子就需要注意解决是否坚持工人阶级立场的问题。但总的说来，他们的绝大多数已经是工人阶级和劳动人民自己的知识分子，因此也可以说，已经是工人阶级自己的一部分。他们与体力劳动者的区别，只是社会分工的不同。从事体力劳动的，从事脑力劳动的，都是社会主义社会的劳动者。随着现代科学技术的发展，随着四个现代化的进展，大量繁重的体力劳动将逐步被机器所代替，直接从事生产的劳动者，体力劳动会不断减少，脑力劳动会不断增加，并

且，越来越要求有更多的人从事科学研究工作，造就更宏大的科学技术队伍。①

邓小平这一思想的可贵之处，是根据社会化大生产包括体力劳动和脑力劳动两个互相联系的部分这一特点，并根据社会主义国家这两部分劳动者的实际情况，把知识分子纳入工人阶级范畴之内，把人们的思想从工人阶级就是产业工人的狭隘观念中解放出来，揭示了科技的发展必定使社会化大生产及其阶级代表工人阶级发展壮大的客观规律，从而使社会主义的阶级基础和实现力量不因科技的发展而缩小，并使科学社会主义增添了鲜明的时代色彩。由此我们也可以认识到，邓小平创立的建设有中国特色社会主义理论是根据当今世界科技发展的特点，以包括知识分子在内的工人阶级为自己的阶级基础和实现力量的，具有时代特点的科学社会主义。

第四节　抓住机遇，发展自己

邓小平对于时代问题的研究，有其强烈的主体目的性。这就是要“抓住时机，发展自己，关键是发展经济”②。

时代特点和发展自己的中介，是“抓住时机”或“抓住机遇”。机遇论，是邓小平理论中的重要内容。

机遇即机会。唯心主义和唯物主义都讲机会，但两者的含意并不相同。抓住机遇或抓住机会，在邓小平著述中，最初用的是“抢时间”。1977年12月，从战争可能延缓爆发这一角度，他提出了“要抢时间”③

① 邓小平：《在全国科学大会开幕式上的讲话》（1978年3月18日）。《邓小平文选》第2卷，第89页，人民出版社，1994。

② 邓小平：《在武昌、深圳、珠海、上海等地的谈话要点》（1992年1月18日—2月21日）。《邓小平文选》第3卷，第375页，人民出版社，1993。

③ 《邓小平文选》第2卷，第77页，人民出版社，1994。

这一思想。1978年9月，他又从引进国外先进的科学技术和管理方法角度，提出“现在抢时间很重要”①。从中可以看到，“机遇”是同“时间”相联系的范畴，是有利于主体又可能瞬息即逝、不抢就要流失的时间。正是在这个意义上，邓小平常常把“机遇”与“时机”通用，强调要抓住时机而不要丢失时机。

机遇同时间相联系，而时间在物质世界的运动中又表现为“历史”，因此机遇对于人的活动来讲就是人的生存和发展的历史条件。比如邓小平说过：“我们现在要实现四个现代化，有好多条件，毛泽东同志在世的时候没有，现在有了。”②又比如他还说过：“我们可利用的矛盾存在着，对我们有利的条件存在着，机遇存在着，问题是要善于把握。”③这里讲得很清楚，抓机遇就是要利用一定的历史造就的对我们有利的条件。这些条件也是会变化的，但只要它出现了、存在着，就应该毫不犹豫地利用好。正是在这个意义上，邓小平常常把“机遇”和“条件”通用，强调要善于审时度势，利用好有利条件。

关于我国社会主义现代化建设“机遇”问题的提出，是因为我们是一个发展中国家，又是一个社会主义国家，搞现代化受到内外许多条件的制约。特别是在当前和今后相当长一段时期里，西方发达资本主义国家在经济、科技等方面占有优势，并且不断地对我们进行意识形态渗透，我们要坚持走社会主义道路，又要尽可能快地发展自己，就必须经常地、自觉地、仔细地分析国内外形势，抓住一切有利于我们发展的极好时机，充分利用一切有利于我们发展的各种条件。

关于我国现代化建设的机遇问题，邓小平有大量的论述，归纳起来，主要包括两个方面：

一方面，抓住机遇，就是要充分利用国际形势变化所提供的一切对我国发展有利的条件。首先，在和平与发展成为当今世界两大主题的时代条件下，世界大战难以打起来，国家之间的竞争逐渐表现为以科技和

---

①② 《邓小平文选》第2卷，第129、127页，人民出版社，1994。

③ 《邓小平文选》第3卷，第354页，人民出版社，1993。

经济为基础的综合国力竞争，这对我们既是挑战又是机遇。特别是在80年代后期美国对外政策的重大调整和90年代初苏联解体以后，尽管霸权主义、强权政治仍然存在，但两个超级大国特别是苏联多年来对我国的军事威胁已基本消除，这就使我国的现代化建设可以少受其干扰和压力，可以争取到一个较长时间的和平环境搞建设。其次，我们可以更多地利用西方国家内部的矛盾，发展自己。苏联解体、两极格局结束后，西方国家以往联合的政治基础动摇了，加上战后德国和日本经济实力迅速增长，西方国家之间经济上、金融上、贸易上的矛盾逐渐加剧，美国霸权主义的指挥棒开始失灵，这种矛盾的存在对我们提供了极好的机遇，为执行独立自主的和平外交政策的中国提供了广阔的活动舞台，有利于我们利用矛盾，发展自己。再次，我国与邻国关系有很大改善，周边环境也有利于我们的开放和发展。60年代到70年代，我们曾先后同印度、苏联和越南发生过边境武装冲突。随着国际形势的变化，我国采取正确的外交政策，同周边国家的关系发生了有利于地区和平和国家安全的重大变化。过去的战场现在成了友好交往的市场，这对我国改革开放和现代化建设极为有利。加上我国所处的东亚是当前经济速度增长最快、21世纪最有希望的地区，东亚各国都把主要精力放在经济发展上，同我国的关系日趋友好和紧密。最后，中华民族还有一个优势，即在世界各地有几千万爱国同胞，由于国际形势朝和平与发展的方向发展，由于中国推行改革开放的政策，这也有利于他们为中华民族的振兴贡献自己的力量，这对我们来说也是一个有利的条件。

另一方面，抓住机遇，就是要善于抓住和利用世界科技发展的一切有利因素。现代科学技术正在经历着一场伟大的革命，我们由于过去工作中的失误，在这场关系人类文明前景的革命中落伍了。并且，这场新科技革命尚未画上句号，许多新兴的科学理论尚未进入应用和产业化阶段，更加灿烂的前景在等待我们。已有的新科技革命成果是我们可以直接利用的技术资源；已有的科学研究成果尚未进入应用和产业化阶段，更为我们提供了迎头赶上的机遇。加上我们自己创造性的科学研究和技术发明，我们在科技现代化乃至在整个现代化建设中加快发展，实在是大有可为。关键是我们能不能抓住这些机遇，抢到时间。邓小平对此十分重视，在制定《高技术研究发展计划纲要》（简称“八六三”计划）时，他的指导思想就是“中国必须在世界高科技领域占有一席之地”①。在视察北京正负电子对撞机工程时，他明确地指出：“不仅这个工程，还有其他高科技领域，都不要失掉时机，都要开始接触，这个线不能断了，要不然我们很难赶上世界的发展。”②

这两个方面“抓住机遇”，不是互相割裂的。抓住世界科技发展的有利因素，有赖于抓住国际形势发展中的和平因素。没有和平的国际环境和周边环境，就难以进行国际合作和交流，包括技术交流、科学交流和人才交流。正如邓小平同志所说的：“中国要实现自己的发展目标，必不可少的条件是安定的国内环境与和平的国际环境。我们不在乎别人说我们什么，真正在乎的是有一个好的环境来发展自己。”③ 因此，重要的是抓住可以为我所用的机遇，要抢到时间。

我们从邓小平关于机遇问题的论述，可以看到，建设有中国特色社会主义的机遇论，不是唯心主义的机遇论，而是从客观的变化着的条件出发的辩证唯物主义的机遇论；不是机械论的机遇论，而是能动地利用变化着的世界中各种复杂矛盾的唯物辩证法的机遇论。正是这种机遇论，使我们在对时代主题和特点的正确把握中，找到了中国特色社会主义道路，找到了中华民族振兴和发展的正确道路。

---

①② 《邓小平文选》第3卷，第279、280页，人民出版社，1993。

③ 邓小平：《中国永远不允许别国干涉内政》（1990年7月11日）。《邓小平文选》第3卷，第360页，人民出版社，1993。

第三章　当代中国的基本国情和发展路线

简言之，毛泽东立足于“国情”提出社会主义农业，而邓小平是以“国情”为理由提倡发展商品经济，寻求社会主义农业的转变。

——［日］小林宏二

第一节　认清国情是立论的根据

科学理论的形成，不仅要有其时代根据，而且更要有其国情根据。重视国情问题的研究，是以毛泽东为代表的中国共产党人的优良传统。注重“实事求是”，并把“实事”看作客观存在的一切事物，是认识的出发点。毛泽东在研究中国革命发展战略和革命发展道路的时候，强调“认清中国的国情，乃是认清一切革命问题的基本的根据”①。

根据对国情的研究，他提出了中国革命以农村包围城市、最后夺取全国胜利的正确道路。

根据对国情的研究，毛泽东制定了无产阶级领导的，人民大众的，反对帝国主义、封建主义和官僚资本主义的新民主主义革命的总路线和总政策。

根据对国情的研究，毛泽东确定了依靠贫农，团结中农，有步骤地、有分别地消灭封建剥削制度，发展农业生产的新民主主义革命时期土地改革的总路线和总政策。

根据对国情的研究，毛泽东阐述了工人阶级（经过共产党）领导的以工农联盟为基础的人民民主专政的建国纲领。

根据对国情的研究，毛泽东明确了要在一个相当长的时期内，逐步实现国家的社会主义工业化，并逐步实现国家对农业、对手工业和对资本主义工商业的社会主义改造这一党在过渡时期的总路线。

毛泽东的成功，一件件，一项项，无一不同他对国情的正确分析和判断联系在一起。

同样，毛泽东晚年的失误，也可追溯到他对国情判断问题上的偏差。

---

① 毛泽东：《中国革命和中国共产党》（1939 年 12 月）。《毛泽东选集》第 2 卷，第 633 页，人民出版社，1991。

1958 年搞“大跃进”和人民公社化运动时，他曾认为“共产主义在我国的实现，已经不是什么遥远将来的事情了”。60 年代后国内阶级斗争愈演愈烈，直至爆发长达十年之久的“文化大革命”内乱，是因为他以为在无产阶级革命和无产阶级专政的整个历史时期，在由资本主义过渡到共产主义的整个历史时期（这个时期需要几十年，甚至更多的时间）存在着无产阶级和资产阶级之间的阶级斗争，存在着社会主义和资本主义这两条道路的斗争。

正反两方面的经验都告诉我们，国情判断的正确与否，关系到党的理论和路线、方针、政策的正确与否，关系到党的事业的成败与否。总之一句话，认清国情是立论和决策的根据。

毛泽东后的当代中国向何处去？首先要研究当代中国在何处。毛泽东后的当代中国的路线、方针、政策如何确定？首先要确定当代中国的历史方位。在十一届三中全会前党的工作处于徘徊前进的两年中，一方面，“文化大革命”的情结、“无产阶级专政下继续革命的理论”的阴影，阻碍着全党工作重点向经济建设转移；另一方面，不顾国情、国力，盲目大干快上，重新搞“大跃进”的思想又开始抬头。十一届三中全会决定把工作重点转移到现代化建设以后，以邓小平为核心的党中央就提出了要认识国情，从实际出发搞中国式现代化的任务。

1979 年 3 月 21 日，在中共中央政治局会议上，陈云提出：“讲实事求是，先要把‘实事’搞清楚。这个问题不搞清楚，什么事情也搞不好。”他认为，我国 80%的人口是农民，经济落后，人口多，同现代化之间存在着矛盾。“这是现实的情况，是建设蓝图的出发点。”①

一周以后，3 月 30 日，邓小平在党的理论工作务虚会上，强调：

> 过去搞民主革命，要适合中国情况，走毛泽东同志开辟的农村包围城市的道路。现在搞建设，也要适合中国情况，走出一条中国

---

① 中共中央文献研究室编：《三中全会以来重要文献选编》上册，第 74、75 页，人民出版社，1982。

式的现代化道路。

要使中国实现四个现代化，至少有两个重要特点是必须看到的：

一个是底子薄。帝国主义、封建主义、官僚资本主义长时期的破坏，使中国成了贫穷落后的国家。建国后我们的经济建设是有伟大成绩的，建立了比较完整的工业体系，培养了一批技术人才。我国工农业从解放以来直到去年的每年平均增长速度，在世界上是比较高的。但是由于底子太薄，现在中国仍然是世界上很贫穷的国家之一。中国的科学技术力量很不足，科学技术水平从总体上看要比世界先进国家落后二三十年。过去三十年中，我们的经济经过两起两落，特别是林彪、“四人帮”在一九六六年到一九七六年这十年对国民经济的大破坏，后果极其严重。现在我们要调整，也就是为了进一步消除这个严重的后果。

第二条是人口多，耕地少。现在全国人口有九亿多，其中百分之八十是农民。人多有好的一面，也有不利的一面。在生产还不够发展的条件下，吃饭、教育和就业就都成为严重的问题。我们要大力加强计划生育工作，但是即使若干年后人口不再增加，人口多的问题在一段时间内也仍然存在。我们地大物博，这是我们的优越条件。但有很多资源还没有勘探清楚，没有开采和使用，所以还不是现实的生产资料。土地面积广大，但是耕地很少。耕地少，人口多特别是农民多，这种情况不是很容易改变的。这就成为中国现代化建设必须考虑的特点。

中国式的现代化，必须从中国的特点出发。比方说，现代化的生产只需要较少的人就够了，而我们人口这样多，怎样两方面兼顾？不统筹兼顾，我们就会长期面对着一个就业不充分的社会问题。这里问题很多，需要全党做实际工作和理论工作的同志共同研究，我们也一定能找出适当的办法来妥善解决。①

---

① 邓小平：《坚持四项基本原则》（1979年3月30日）。《邓小平文选》第2卷，第163—164页，人民出版社，1994。

邓小平、陈云在这里提出的问题十分重要，具有根本的指导意义。

其一，他们强调解放思想、实事求是的思想路线，不仅是指导革命的思想路线，也是指导建设的思想路线。搞革命要研究国情，搞建设也要研究国情。一个成熟的党，始终要坚持一切从实际出发，要实事求是地分析自己面临的主客观条件及其优势和问题，在这种客观的全面的分析基础上确定自己的奋斗目标。

其二，他们强调从实际出发研究国情必须认识当代中国的历史前提。我国的新民主主义革命是在一个半殖民地半封建的东方大国取得胜利的，我国的社会主义改造是在人民民主专政的条件下经过不长的时间、在工业化的目标尚未完全实现的情况下完成的，这就是当代中国的历史前提。这个历史前提用通俗的话来说，就是我国虽然已经进入了社会主义社会，但是这个社会主义社会的"底子薄"。这也就是邓小平后来在 1987 年 4 月 26 日所一针见血地指出的："现在虽说我们也在搞社会主义，但事实上不够格。"[①] 从历史的发展角度认识当代中国的国情，才能认识得更清楚。

其三，他们强调认识国情不仅要认识社会的性质，而且要认识社会生产力的状况；不仅要进行定性分析，而且要进行定量分析。在这种全面的、客观的分析基础上形成我们的建设蓝图。在新民主主义革命时期，毛泽东研究国情，针对当时党内外争论的情况，着重研究和解决了近代中国社会性质问题，即指出中国自 1840 年鸦片战争以来，逐步地由一个封建社会转变为半殖民地半封建社会。建国后在向社会主义过渡过程中，他曾经用"一穷二白"来描写新中国经济文化落后的特点，这是从生产力等方面来观察国情，很有意义。但是他没有把这一点作为制定建设纲领的现实出发点，而且用诗一般的语言表达了我们能改变这种经济文化落后状况的雄心壮志。邓小平、陈云在社会主义现代化建设新时期研究当代中国的国情时，十分突出地强调了：我们虽然进入了社会主义社会，

① 邓小平：《社会主义必须摆脱贫穷》（1987 年 4 月 26 日）。《邓小平文选》第 3 卷，第 225 页，人民出版社，1993。

建立了比较完整的工业体系，但是社会生产力仍然比较落后，科技力量不足；人口多，其中80%是农民；国土辽阔，但耕地很少，等等。这一切，不仅同现代化的目标之间存在着很大的矛盾，而且同现代化建设过程中要有较高水平的科学技术、要有较高的劳动生产率（较少的人产生较高的效率）等要求存在着很大的矛盾。因此搞社会主义现代化，不仅要有改变这种落后状况的雄心壮志，而且首先要尊重这种客观现实，制定符合这种现实的纲领和路线、方针、政策。

其四，他们从当代中国的特点出发，提出了“中国式的现代化”这一全新的构想。它既有较高的追求，又有务实的特点；既继承了毛泽东、周恩来提出的现代化理想，又把这一理想置于更现实的基础之上。由于这个问题将在下一章中作专门论述，这里从略。

在邓小平、陈云等老一辈无产阶级革命家的推动下，党内外把解放思想、实事求是的思想路线运用于对国情的分析，形成并提出了“我国处于社会主义初级阶段”的科学论断。

第二节　基本国情：社会主义初级阶段

邓小平、陈云等老一辈无产阶级革命家对国情问题的研究，给党的理论工作提出了一项重大的研究课题：当代中国处于历史发展的什么阶段？

真理标准问题讨论展开过程中，理论工作者就在思考：毛泽东晚年犯那么严重的错误，作为一个思想家，他的理论误区究竟在哪里？许多专家、学者都注意到了毛泽东在1962年中共八届十中全会上关于阶级、形势、矛盾问题的讲话，注意到那个讲话把从资本主义到共产主义的整个历史时期看作是存在着两个阶级、两条道路激烈斗争的过渡时期，注意到这个观点在“文化大革命”中被作为“党在整个社会主义历史阶段的基本路线”指导着“以阶级斗争为纲”的实践。他们认为，党在社会主义实践中出现阶级斗争扩大化的严重错误，同毛泽东对于社会主义社会性质的判断即对于当代中国国情的判断，有直接的关系。70 年代末 80 年代初，这个问题的研究尤其引人注目。尽管在学术上讲，参与讨论的学者有不同的看法和观点，但有一点大家是共同的，即都认为当代中国是一个不发达的社会主义，处于社会主义的初级阶段。比如著名经济学家薛暮桥曾说："社会主义是共产主义的低级阶段，它是不成熟的共产主义。所以，从共产主义角度来看，社会主义是不完善的。现在我们还处于社会主义初级阶段，即使从社会主义角度来看，也还是不成熟的，正如毛泽东同志所说，它还很不完善。"①

当时，专家、学者提出这个问题，既有理论上的依据，又有实践上的根据。从理论上讲，毛泽东在 1957 年就说过我们仅仅"建立"了社会主义，还没有"建成"社会主义，现实的社会主义在生产关系和上层建筑方面还有许多"不完善"的问题和环节。1959 年 12 月至 1960 年 2 月在读苏联《政治经济学教科书》时，他还说过：

> 社会主义这个阶段，又可能分为两个阶段，第一个阶段是不发达的社会主义，第二个阶段是比较发达的社会主义。后一阶段可能比前一阶段需要更长的时间。经过后一阶段，到了物质产品、精神财富都极为丰富和人们的共产主义觉悟极大提高的时候，就可以进入共产主义社会了。②

从实践上讲，我国进入社会主义后，社会生产力还相当落后；曾经想废除商品生产和商品交换，结果严重地破坏了生产力的发展；作为阶级的剥削阶级虽然消灭了，但阶级矛盾在一定范围内依然存在，等等。这一切同马克思设想的"共产主义社会第一阶段"即列宁讲的"社会主义社会"有很大的不同。正如 1978 年 5 月 5 日《人民日报》特约评论员文章《贯彻执行按劳分配的社会主义原则》中所指出的："我们现在的社

---

① 薛暮桥：《中国社会主义经济问题研究》，第 6—7 页。

② 《毛泽东文集》第 8 卷，第 116 页，人民出版社，1999。

会还不是马克思所设想的共产主义社会的第一阶段，因为在我们的社会中不但还有商品生产和货币制度，而且还有阶级和阶级斗争。”因此，对生产资料私有制的社会主义改造基本完成以后，即工人阶级和资产阶级的矛盾这一过渡时期的主要矛盾基本解决以后，我国进入了社会主义社会；但是，这种社会主义社会是不发达、不完善的社会主义社会。它是我们这样一个经济文化落后的国家建设社会主义必然要经历的特定阶段。这个阶段，我们就称为“社会主义初级阶段”。

党中央集中党内外在国情问题上研究的成果，在总结历史经验和理论思考的过程中，逐步形成和提出了社会主义初级阶段理论。

1979 年中共十一届四中全会通过的叶剑英在庆祝建国 30 周年大会上的讲话首次指出：“同已经有了三四百年历史的资本主义制度相比，社会主义制度还处在幼年时期。我国封建社会的历史特别长，我国的社会主义社会不可避免地带有这种旧社会的许多痕迹。毫无疑问，我们的社会主义制度已经开始显示出它的生命力和发展前途。但是，它还不成熟，不完善……”①

1981 年，邓小平主持制定的《关于建国以来党的若干历史问题的决议》，在肯定我国社会已经是社会主义社会的同时，明确提出“我们的社会主义制度还是处于初级的阶段”②。

1986 年，《中共中央关于社会主义精神文明建设指导方针的决议》进一步指出：“我国还处在社会主义的初级阶段，不但必须实行按劳分配，发展社会的商品经济和竞争，而且在相当长历史时期内，还要在公有制为主体的前提下发展多种经济成分，在共同富裕的目标下鼓励一部分人先富裕起来。”③

---

① 中共中央文献研究室编：《三中全会以来重要文献选编》上册，第 220—221 页，人民出版社，1982。

② 中共中央文献研究室编：《三中全会以来重要文献选编》下册，第 838 页，人民出版社，1982。

③ 《中共中央关于社会主义精神文明建设指导方针的决议》，第 11 页，人民出版社，1986。

十三大前夕，邓小平指出："我们党的十三大要阐述中国社会主义是处在一个什么阶段，就是处在初级阶段，是初级阶段的社会主义。社会主义本身是共产主义的初级阶段，而我们中国又处在社会主义的初级阶段，就是不发达的阶段。一切都要从这个实际出发，根据这个实际来制订规划。"① 在十三大报告起草前，中央设想全篇拟以社会主义初级阶段作为立论的根据，说明由此而来的经济建设的发展战略，由此而来的发展社会主义商品经济的任务和我国经济体制改革的方向，由此而来的建设社会主义民主政治的任务和我国政治体制改革的原则，由此而来的加强和改善党的领导的任务，由此而来的在理论和思想指导上避免"左"的和右的两种倾向的必要性。十三大的重要理论贡献，就是阐述了这一继承和发展了科学社会主义学说的社会主义初级阶段理论。

1992 年初，邓小平在南方谈话中再一次强调指出："我们搞社会主义才几十年，还处在初级阶段。巩固和发展社会主义制度，还需要一个很长的历史阶段，需要我们几代人、十几代人，甚至几十代人坚持不懈地努力奋斗，决不能掉以轻心。"②

邓小平关于社会主义初级阶段的论断，使我们对中国国情的认识更加现实、准确、客观，使我们对社会主义建设的方针、战略和它的长期性、复杂性、艰巨性，有了更加清醒的思想准备。

社会主义初级阶段的论断包含着两层含义：第一，我国已经进入社会主义社会；第二，我国的社会主义社会还处在不发达的阶段。这就同在国情判断问题上右的观点和"左"的观点划清了界限，同脱离这种客观实际的机械论和空想论划清了界限。

"社会主义初级阶段"这个概念，不是泛指任何国家进入社会主义都会经历的起始阶段，而是特指我国在生产力落后、商品经济不发达条件下建设社会主义必须要经历的特定阶段。我国从 50 年代生产资料私有制的社会主义改造基本完成，到社会主义现代化的基本实现，至少需要上

---

① 邓小平：《一切从社会主义初级阶段的实际出发》(1987 年 8 月 29 日)。《邓小平文选》第 3 卷，第 252 页，人民出版社，1993。

② 《邓小平文选》第 3 卷，第 379—380 页，人民出版社，1993。

百年时间，都属于社会主义初级阶段。这个阶段，既不同于社会主义经济基础尚未奠定的过渡时期，又不同于已经实现社会主义现代化的阶段。这一历史阶段的特点是：第一，社会化的大生产已具一定的规模，国家经济实力已有巨大增长，但一部分现代化工业同大量落后于现代水平几十年乃至上百年的工业同时存在，一部分经济比较发达的地区同广大不发达地区与贫困地区同时存在，少量具有世界先进水平的科学技术同普遍的科技水平不高同时存在；第二，以生产资料公有制为基础的社会主义经济制度已经确立，并已成为各种经济成分的主体，与此同时，个体的、私营的、中外合资的等多种形式的经济成分也存在和发展着；第三，由自然经济、半自然经济向商品经济高度发达阶段的转变已经开始，社会主义市场经济体制正在建立；第四，人民民主专政的社会主义政治制度和马克思主义在意识形态领域中的指导地位已经确立，与此同时，民主与法制的发展还很不充分，封建主义、资本主义的腐朽思想和小生产习惯势力在社会上还有广泛影响，并且经常侵袭党的干部和国家公务员队伍；第五，阶级斗争已不是社会的主要矛盾，但还在一定范围内长期存在，在某种条件下还有激化的可能。这就是当代中国的基本国情。

我国进入这一独特的社会历史阶段，是因为我国原来是一个半殖民地半封建的大国，从上一世纪中叶以来的一百多年间经过各派政治力量的反复较量，经过旧民主主义革命的多次失败和新民主主义革命的最终胜利，证明资本主义道路在中国走不通，唯一的出路是在共产党领导下推翻帝国主义、封建主义、官僚资本主义的反动统治，走社会主义道路。但是，也正因为我们的社会主义是脱胎于半殖民地半封建社会，生产力水平远远落后于发达的资本主义国家，这就决定了我们必须经历一个很长的初级阶段，去实现别的许多国家在资本主义条件下实现的工业化和经济的市场化、社会化、现代化。也就是说，社会主义初级阶段是特殊的历史造就的特殊的现实。

有人认为，既然在社会主义初级阶段还存在多种经济成分，那么这一历史阶段就应该归入“新民主主义社会”之中。甚至有人不主张提社会主义初级阶段，认为我国现在仍处在新民主主义社会。这种观点，既没有看到现在的多种经济成分中，以公有制为基础的社会主义经济已处于主体的地位，又没有看到现在的社会主要矛盾已发生根本性的变化。倘若认为现在仍是新民主主义社会，那么，就要承认两个阶级、两条道路的矛盾仍然是现阶段的主要矛盾。这是一种脱离变化了的实际的片面认识。

第三节　主要矛盾和基本路线

对国情的认识，不能停留在现象层次上，还要深入到对事物本质的认识。只有认清社会发展阶段的主要矛盾，才能真正认清这一阶段的性质和特点。长期以来，我们对国情认识上的偏差，即出在这一问题上。应该讲，毛泽东对于我国生产力的落后状况是明了的，“一穷二白”就是他对中国国情的生动描述。但是在相当长的一个时期里，即1957年反右斗争扩大化以后，尤其是1962年中共八届十中全会以后，他认为在生产力落后的不发达的社会主义阶段里，阶级和阶级斗争不仅依然有存在的根据，而且是整个社会的主要矛盾。因此，对当代中国国情的认识，不仅要认识到我国处在社会主义初级阶段，还要正确认识这一独特的历史阶段的主要矛盾。

什么是社会主义初级阶段的主要矛盾呢？在人民群众推翻帝国主义、封建主义和官僚资本主义的反动统治，变革社会制度，当家做主人的要求获得基本满足以后，在社会主义社会里，人民群众的要求日益集中到改善自身的物质文化生活条件，过上富裕幸福的新生活；而由于历史的原因，我国在进入社会主义社会后，生产力仍然相当落后，生产关系和上层建筑也未完善，它们同人民群众日益增长的物质文化需要之间存在着明显而又突出的矛盾。而且由于这一矛盾的存在，影响到经济生活、政治生活和文化生活中各种矛盾的存在和发展，包括影响到一定范围内还会存在着的特殊形态的阶级斗争。所以，《关于建国以来党的若干历史问题的决议》指出：“在社会主义改造基本完成以后，我国所要解决的主要矛盾，是人民日益增长的物质文化需要同落后的社会生产之间的矛盾。”并且在中共十三大报告中，进一步把这一矛盾规定为我国现阶段的主要矛盾。这是我们汲取了历史的经验教训，并且以辩证唯物主义和历史唯物主义为武器，剖析了当代中国各种社会矛盾之后得到的符合客观现实的科学论断。

对于这个社会主要矛盾的判断，应该注意这样几点：

第一，有人认为，生产与需要的矛盾是人类社会长期存在的矛盾，因而人民日益增长的物质文化需要同落后的社会生产之间的矛盾不只是社会主义初级阶段的主要矛盾，也是人类社会今后长期的主要矛盾。这种质疑实际上是一种误解。生产与需要的矛盾，确实贯穿于人类社会的始终。但邓小平讲的不是笼统的生产与需要之间的矛盾，而是指在社会主义现代化基本实现之前的“落后的社会生产”不能满足社会主义国家当家作主后的人民群众的日益增长的物质文化需要。这是有具体针对性、具体内涵的具体历史阶段的具体矛盾，决不能离开其具体内容做抽象的解释。

第二，对于社会主义初级阶段的社会主要矛盾，是经过长期的实践才认识到的。最初，在 1956 年 9 月召开的中共八大上，我们的认识是：“我国无产阶级同资产阶级的矛盾已经基本上解决，几千年来的阶级剥削制度的历史已经基本上结束，社会主义的社会制度在我国已经基本上建立起来了”，“我们国内的主要矛盾，已经是人民对于建立先进的工业国的要求同落后的农业国的现实之间的矛盾，已经是人民对于经济文化迅速发展的需要同当前经济文化不能满足人民需要的状况之间的矛盾”。[①]这个认识基本上是正确的。但在当时我们对这个主要矛盾的认识还不够深刻，而且表述上也有欠严密之处。当时说这一矛盾的实质，“也就是先进的社会主义制度同落后的生产力之间的矛盾”，似乎社会制度可以超越生产力，似乎我们建立的社会主义生产关系和上层建筑已没有任何弊端或局限性了。因而中共八大以后不久，理论界和党内高层领导人中间就

① 中共中央文献研究室编：《建国以来重要文献选编》第 9 册，第 341 页，中央文献出版社，1994。

对我国社会主义制度建立后的社会主要矛盾问题，发生了争论。这样，一直到中共十一届三中全会后，经过拨乱反正，我们才重新认识到我国社会主义改造基本完成后的主要矛盾是：人民群众日益增长的物质文化需要同落后的社会生产之间的矛盾。

第三，1956 年我国建立社会主义制度以后，我们在一个相当长的时期里，把阶级斗争看作是社会主要矛盾，这不是矛盾运动客观规律的全面反映，而是我们认识和实践上的失误。1957 年在党领导的整风运动中，出现了极少数资产阶级右派分子乘机鼓吹所谓“大鸣大放”，向党和新生的社会主义制度放肆地进攻。在领导反右派斗争时，毛泽东在中共八届三中全会上提出：“无产阶级和资产阶级的矛盾，社会主义道路和资本主义道路的矛盾，毫无疑问，这是当前我国社会的主要矛盾。”[①] 这是毛泽东对于八大以后党内外关于社会主义改造基本完成后国内主要矛盾争论的正式表态。尽管这一表态是他个人的意见，但在党内外有一定基础。八届三中全会后召开的浙江省和上海市党代会报告正式使用了毛泽东的提法，《人民日报》在全文转载两地党代会报告时加了编者按语，指出其根据是党中央和毛泽东的论述。这样，到 1958 年 5 月八大二次会议上，党中央正式改变八大一次会议关于社会主要矛盾的判断，指出：“整风运动和反右派斗争的经验再一次表明，在整个过渡时期，也就是说，在社会主义社会建成以前，无产阶级同资产阶级的斗争，社会主义道路同资本主义道路的斗争，始终是我国内部的主要矛盾。这个矛盾，在某些范围内表现为激烈的、你死我活的敌我矛盾。”此后，这一观点不断发展，到 1962 年八届十中全会通过的公报中，进一步系统化。但是，这一判断并不符合客观实际。我国在完成对生产资料私有制的社会主义改造之后，确实存在着阶级矛盾和阶级斗争，看不到这一点是错误的。然而，这种矛盾和斗争已经不是主要矛盾，而且只有伴随着社会生产力的发展和人们思想觉悟的提高，这种矛盾和斗争才能逐步解决。

第四，重要的是，直到今天为止，我国社会的主要矛盾仍然是人民

---

① 毛泽东：《做革命的促进派》（1957 年 10 月 9 日）。

群众日益增长的物质文化需要同落后的社会生产之间的矛盾。拨乱反正，纠正了“文化大革命”中及以前我们对社会主要矛盾的错误判断，恢复和发展了中共八大关于社会主要矛盾的那些正确的论断。那么，这一科学的论断是否适合今天的情况呢？或者，换一种说法，今天的社会主要矛盾是不是我国进入社会主义社会之初的主要矛盾呢？我们注意到，在《关于建国以来党的若干历史问题的决议》中，当时论述主要矛盾时用的是“在社会主义改造基本完成以后”这一时间状语。中共十三大在论述主要矛盾时，说“我们在现阶段所面临的主要矛盾，是人民日益增长的物质文化需要同落后的社会生产之间的矛盾”。这就是说，从 1956 年我国基本完成对生产资料私有制的社会主义改造，进入社会主义社会，直到“现阶段”，社会的主要矛盾始终是人民日益增长的物质文化需要同落后的社会生产之间的矛盾。考察当今中国，社会矛盾极其复杂。我们所要解决的矛盾，既有政治思想领域的各种复杂问题，又有经济生活中的各种突出矛盾。在人与人的关系问题上，既有敌我矛盾，又有大量的人民内部矛盾；既有阶级矛盾，又有大量的非阶级斗争性质的社会矛盾。由于剥削阶级作为阶级被消灭以后，阶级斗争虽然在一定范围内还将长期存在，在某种条件下还有可能激化，但这种矛盾和斗争已经不是主要矛盾。在各个领域的复杂矛盾中，政治思想领域的矛盾是由经济领域的矛盾决定的，而经济领域中的各种矛盾，起决定性的支配性的矛盾，是落后的社会生产不能够满足人民群众日益增长的物质文化需要这一突出矛盾。正是鉴于这一客观事实，我们说这一矛盾是社会主义初级阶段的主要矛盾。或者说，只要这个主要矛盾没有解决，中国仍处于社会主义初级阶段。

应该注意到，认识到当代中国的这些国情特点是不容易的，必须高度重视和珍惜这些来自实践，并付出了巨大代价的正确认识，不能再发生新的迷误。

明确了我国处在社会主义初级阶段以及这一阶段的社会主要矛盾，使党制定正确的路线有了可靠的客观根据。党中央指出，根据社会主义初级阶段的主要矛盾，我们面临着三个方面的历史使命：

第一，由于现阶段我国的主要矛盾是人民群众日益增长的物质文化需要同落后的社会生产之间的矛盾，因此发展生产力，坚持现代化建设，是党的中心任务。只有以经济建设为中心（除了发生大规模外敌入侵，决不偏离这个中心），大力发展生产力，才能创造日益增多的物质文化成果，逐步改善人民的生活，解决这一主要矛盾。

第二，由于不能满足人民群众日益增长的物质文化需要的是“落后的社会生产”，而不仅仅是落后的社会生产力，因此要解决这一矛盾，还须改革社会生产过程中落后的劳动方式、经营方式、管理方式等生产关系方面的问题。因为在马克思主义哲学中，“社会生产”是生产力与生产关系的统一体，尽管在社会主义社会里，生产关系在本质上是先进的，但这并不意味着人们建立的具体体制必定同这种本质相符合，并不意味着社会主义生产关系的某些方面或某些环节上没有弊端和不完善的方面。事实上，正是这方面的落后才导致生产力不能按正常的轨道健康地、迅速地发展，才同人民的物质文化需要之间出现较大的差距和矛盾。为了改变“社会生产”中生产关系方面的某些落后之处，就要改革。同时，需要对外开放，学习国外现代化的技术和管理经验、管理制度。换言之，也就是说，现阶段我国社会的主要矛盾客观上要求我们坚持改革开放。

第三，由于这一主要矛盾指出，改变落后的社会生产是为了满足“人民群众日益增长的物质文化需要”，这就要求我们在现代化经济建设和改革开放过程中，必须坚持社会主义，以及与此相联系的党的领导、人民民主专政、马列主义毛泽东思想的指导等原则。无论搞建设，还是搞改革开放，都有一个目的问题：是为了广大人民，还是为了少数人？是为了满足人民群众日益增长的物质文化需要，还是为了少数人的资本积聚？是前者，就是走社会主义道路；是后者，则是走资本主义道路。我国现阶段社会主要矛盾明确地指出，矛盾的一方是“人民群众日益增长的物质文化需要”，因此解决这一矛盾的各种手段都要以人民的利益和需求为根本立足点，而不能搞资本主义化。

总之，关于我国现阶段社会主要矛盾的这一规定，既然是国情本质的揭示，就不会是一种空洞的说教、抽象的口号，就必然会向我们提出具体的要求。综上所述，这一要求就是“一个中心，两个基本点”：以经济建设为中心，坚持四项基本原则，坚持改革开放。

中共十三大指出，在社会主义初级阶段，中国共产党建设有中国特色社会主义的基本路线是：领导和团结全国各族人民，以经济建设为中心，坚持四项基本原则，坚持改革开放，自力更生，艰苦创业，为把我国建设成为富强、民主、文明的社会主义现代化国家而奋斗。“一个中心，两个基本点”是它的主要内容和简明概括。尽管党的基本路线的主要内容概括为“一个中心，两个基本点”有一个历史的过程，但从逻辑上看，它同现阶段我国社会主要矛盾有着直接联系，它正是这一社会主要矛盾的客观要求。

从“一个中心，两个基本点”为主要内容的党的基本路线提出的客观根据中，我们已经可以看到，无论是“一个中心”，还是“两个基本点”，“本是同根生”，具有共同的基础。正是这一最根本的原因，决定了坚持四项基本原则和坚持改革开放，具有本质上的同一性，是互相统一的两个侧面。

为了阐明这一点，我们可以比较具体地、深入地考察这两者在本质上的联系。

第一，“两个基本点”是建设中国社会主义现代化的两个既相互区别又相互联系的基本方面。

为了解决现阶段我国社会的主要矛盾，需要从发展现代化的生产力、改革开放和坚持四项基本原则这三个方面入手，对此已作说明。但这三个方面不是平列的，发展现代化的社会生产力是主要的，居于中心的地位。那么，改革开放与四项基本原则同这个“中心”是什么关系呢？

我们必须明确，我们的现代化建设有一个主词：“社会主义”，是中国社会主义的现代化建设。因此我们讲的现代化不是一种纯技术、纯经济的规定，而是一个具有政治与技术（经济）双重规定的范畴。

从社会主义现代化的政治规定性方面出发，我们必须坚持四项基本原则，首先，这四项基本原则不是一种纯粹抽象的原则，它反映的是我们国家社会的客观实情。自 1949 年新中国建立后，我国就已经是一个共产党领导的，坚持马列主义毛泽东思想，实行人民民主专政，走社会主义道路的国家；1956年对生产资料私有制的社会主义改造完成之后，我国进入社会主义社会，也是一个客观的事实。其次，生产力总是一定的生产关系下的生产力，总要受到一定的上层建筑的保护和影响。我们今天要发展现代化的生产力，是在社会主义的生产关系和上层建筑保护下，为了进一步增强社会主义的实力而进行的工作。历史一再证明，在中国，离开了中国共产党的领导、马列主义毛泽东思想的指导，离开了社会主义制度和人民民主专政的有力保护，经济建设就不能正常地进行，发展现代化就会成为一句空话。孙中山曾经提出过中国走向工业化、现代化的《实业计划》(1919年)，但没有能变成现实。新中国建立后短短三年，就恢复了国民经济；经过一个五年计划，就奠定初步工业化的基础，故不能说成绩不大。而当党偏离马列主义毛泽东思想、主观“冒进”或者“踢开党委闹革命”之时，经济发展就屡屡受阻。因此，坚持四项基本原则是立国之本，是中国走向现代化的根本保证。

从社会主义现代化的技术、经济规定性出发，我们必须坚持改革开放。首先，现代化不是凭主观的热情能够一蹴而就的东西，它依托于先进的科学技术，并把这种科学技术转化为现实的生产力。这就需要广泛地学习世界各国的科学技术，通过引进技术开展国际交流和合作研究等渠道，使之为我所用。邓小平曾经说过，四个现代化，科技现代化是关键。没有科技现代化，就没有工业、农业和国防的现代化。在一个闭关自守的国家里，是不可能掌握科学技术的信息，学习到世界先进的科学技术，实现现代化的。对外开放是科技现代化的迫切要求。其次，现代化要求我们学习和借鉴世界各国的管理经验（包括管理体制）。仅仅有先进的设备和技术，廉价的劳动力和资源，倘若没有先进的科学管理，仍然不可能有较高的劳动生产率，不可能有现代化的生产力。为此，也需要对外开放。再次，现代化也要求我们引进国外的资金。没有必要的资金投入，也难以实现不断的技术进步。最后，引进先进的科学技术和管理经验，必定会发生同我国原有的僵化的经济体制和其他体制之间的矛盾。没有体制改革，先进的科学技术只不过是一种奢侈的摆设，先进的管理经验只能画饼充饥。没有体制改革，也无法为引进国外的资金创造良好的环境。为此，通过全面改革，建立一个高效率、有活力的经济体制和与之相关的其他体制已成为当务之急。所以，在改革和开放的相互作用过程中，推进现代化建设，已经成为中国的强国之路。

无论是"立国之本"，还是"强国之路"，究其实质，就是要建设一个社会主义的现代化中国，是为了实现和完成社会主义现代化这一中心目标和任务。所以，两个基本点承担着共同的历史使命，具有本质上的同一性。

第二，四项基本原则与改革开放相互依存、相互保证，具有互补的性质。

事物之间是否具有同一性，首先要看它们之间是否互相依存，互相保证，缺一不可。考察四项基本原则与改革开放之间政治上、行为规范上、实践上的各种关系，不难发现它们之间内在地具有缺一不可的相互依存性。

坚持四项基本原则是坚持改革开放的政治思想保证。

首先，四项基本原则作为立国之本，能够保证改革开放具有正确的政治方向。我国的改革是一场复杂的斗争，是在存在着二千多年封建主义和小生产者思想影响、近百年殖民地奴化思想和帝国主义思想影响、二十多年"左"倾思想和对外开放后国外资产阶级腐朽思想影响这样一个复杂的背景下进行的改革；建立实行社会主义市场经济的，高度民主而又与集中有机结合的具有中国特色的社会主义，是一个向着崭新的目标探索前进的伟大实践过程；再加上这场改革既要学习和吸取资本主义的先进经验、技术和管理制度，又不能"全盘西化"；既要微观搞活，又不能宏观失控；既要保障和满足个人利益，又不能导致个人利己主义、自我中心主义泛滥，可见其难度之大。为了在这场复杂的斗争中不迷失方向，就需要由四项基本原则这个立国之本来加以保证。

其次，四项基本原则能够保证从事改革开放的人们遵守统一的政治行为规范。四项基本原则要求每个党员既要反对资产阶级自由化，又要克服僵化；既要反右，又要反"左"。它要求每个公民必须拥护中国共产党的领导，拥护社会主义。这可以使党员和公民在改革开放中有一个良好的政治行为规范，以有效地维护社会的安定团结。

最后，四项基本原则作为政治思想原则，又是改革开放这一社会实践的指南。马克思主义告诉我们，没有理论的实践是盲目的实践，因此坚持四项基本原则能够使改革开放实践增加自觉性，避免盲目性。

与此同时，坚持改革开放也是坚持四项基本原则的现实保证。

首先，改革开放作为强国之路，它能够保证社会主义制度的优越性充分地体现出来，使四项基本原则更牢固地深入人心。邓小平在提出坚持四项基本原则和改革之初，就指出不能像林彪、“四人帮”那样搞“普遍贫穷的假社会主义”，而要通过改革发展生产力，把社会主义的优越性充分地发挥出来。在反对资产阶级自由化的斗争中，在论述这一斗争的持久性和长期性时，党中央和邓小平进一步指出：不改革，必然会助长资产阶级自由化；不改革，限制了社会主义优越性的发挥，使社会主义缺乏吸引力；不改革，不能有效地坚持四项基本原则。

其次，改革开放作为人们的一种政治行为，能够通过自己的行为特征使四项基本原则这一政治行为规范得到实现和体现。因为改革从实质上来讲，是社会主义制度的自我完善和发展，人的行为不应离开这一质的规定性而自行其是，这就从根本上保证了改革中人的政治行为和政治行为规范的一致性。

最后，改革开放作为党领导的各族人民的伟大实践，更是坚持和发展马列主义、毛泽东思想的基础，从而能更好地坚持四项基本原则。事实上，正如脱离实践的理论是空洞的理论一样，四项基本原则脱离了改革开放也不过是空洞的政治思想。两者具有相互依存、相互保证的特点。

第三，四项基本原则与改革开放相互渗透、相互贯通，具有互相包含的特点。

辩证法告诉我们，事物之间的互相渗透、贯通，即相互包含，也是它们之间具有同一性的重要表现。四项基本原则与改革开放尽管各有自身的质的规定性，相互区别；同时在相互依存的过程中在一定条件下相互转化，把自身包含在对方之中。只要我们科学地考察这两个基本点，不难发现它们之间具有这种辩证的相互包含性。

关于四项基本原则与开放之间的辩证统一性，在马克思主义经典著作中早有论述。在马克思看来，资本主义在开拓世界市场的同时，已使一切国家的生产与消费成为世界性的了。社会主义取代资本主义，并不削弱而是要进一步发展生产和消费的社会化程度，因而使之更具有世界性的特质。所以，以马克思主义为指导的科学社会主义，就具有对外开放的本质要求。

为了说明这一问题，我们不妨再对四项基本原则与改革之间的辩证统一性，作比较展开的论述。

首先，共产党领导的，实行人民民主专政的，以马列主义、毛泽东思想为指导的科学社会主义，内在地包含了改革的要求。

关于什么是社会主义这一问题，马克思、恩格斯曾从许多侧面加以研究。在过程论的意义上说，社会主义是一个从现实出发去实现无产阶级理想的不断变革和进步的社会。1890 年德国社会民主党的报纸《柏林人民论坛》发生了一场关于社会主义分配方式问题的理论讨论，有的提出按劳分配是按照劳动量来分配，有的则不同意这种观点。恩格斯评论说："人们对于这个问题，是一反某些关于公平原则的唯心主义空话而处理得非常'唯物主义'的。但奇怪的是谁也没有想到，分配方式本质上毕竟要取决于有多少产品可供分配，而这当然随着生产和社会组织的进步而改变，从而分配方式也应当改变。但是，在所有参加辩论的人看来，'社会主义社会'并不是不断改变、不断进步的东西，而是稳定的、一成不变的东西，所以它应当也有一成不变的分配方式"①，而恩格斯要阐明的有两点：社会主义社会是一个"不断改变、不断进步的东西"，而非"一成不变的东西"；建设社会主义只能从各国革命胜利后生产和社会组织的实际状况出发，找到符合人民共同利益的具体方式，并尽力找出它进一步发展将循以进行的总方向。恩格斯晚年多次论及这一问题，对我

① 《恩格斯致康·施米特》(1890 年 8 月 5 日)。《马克思恩格斯选集》第 4 卷，第 691 页，人民出版社，1995。

们今天坚持与发展社会主义很有指导意义。

为什么说社会主义是一个不断变革与发展的社会呢？

其一，社会主义的生产关系不是在旧社会的母胎中形成的，它是按照特殊的方式，在无产阶级取得政权以后逐步建立起来的，因此，在社会主义建立以后存在着一个不断调整、完善以适应和促进生产力发展的问题。在社会主义之前的社会形态，其经济基础都是在前一社会形态的母胎中形成的。而社会主义的生产关系，由于它是以公有制为基础的生产关系，是劳动人民占主导地位的生产关系，所以不可能在私有制社会的母胎中形成和成熟。以往社会形态产生的经过，其次序是：在前一社会形态中生成同生产力发展状况相联系的生产关系；随着这种生产关系及其所代表的阶级的发展壮大，发生革命；通过革命建立新的上层建筑。而社会主义社会产生的次序则是：在前一社会形态中形成的社会化工业生产力，它所代表的阶级组成政党进行革命；革命胜利后建立代表工人阶级和人民群众根本利益的上层建筑；在上层建筑的保护下进行社会主义改造，建立它所必需的经济基础。正是这种生产关系产生的特殊性，决定了它同生产力和上层建筑矛盾的特殊性，决定了社会主义必定是一个不断变革和进步的社会。

其二，社会主义是通过无产阶级领导的革命建立起来的，革命的成功既取决于社会矛盾的发展程度，也取决于革命力量的成熟程度，是主客观条件共同作用的结果。然而，主观因素和客观因素不但具有同一性，而且具有矛盾性，这就决定了社会主义的建立既是社会发展规律尤其是社会内部矛盾运动的必然结果，又有它许多特殊的主客观力量对比的因素。比如中国作为一个经济落后的大国，能够比一些发达的资本主义国家先进入社会主义社会，一方面是因为在半殖民地半封建的中国，既不能依靠封建地主阶级来救中国，资产阶级也没有能力来救中国，只有无产阶级及其领导下的人民群众才能救中国，所以合乎规律的出路也只有按照无产阶级和人民群众的要求，在民主革命胜利后走社会主义道路；另一方面，也是因为中国无产阶级和人民群众的力量已经强大到能够夺取政权，掌握政权，尽管中国建立社会主义社会的物质生产力基础还不充分，然而当革命时机成熟的时候，也不能错失时机，所以只有先取得政权，后建立社会主义经济基础，再发展生产力。这种情况也决定了社会主义社会一诞生就不是完善的，它内部的基本矛盾必定呈现复杂的状况，因此，社会主义是一个需要通过不断变革来逐步完善的社会。

其三，由于上述主客观之间的矛盾存在，在人们自觉地进行社会主义实践的时候，难免主观与客观相脱节，出现工作指导思想上的失误。建国初期和第一个五年计划期间，我国面临着实现全国财政经济统一，对资本主义工商业进行社会主义改造，创造性地运用马克思主义，顺利地完成了社会主义改造和第一个五年计划的任务。当社会主义改造任务基本完成后，原来那些为限制和改造资本主义工商业所采取的高度集中统一的措施同经济建设新的形势之间开始出现矛盾。党中央和毛泽东在中共八大前后已经觉察到这方面的一些问题，提出要改革我们的经济体制，包括要改进计划制定和管理工作等等。但是，由于一没有经验，二又受到长期来形成的传统观念的束缚，先是强调破除迷信和敢想敢说敢做，搞群众运动，结果因违背客观的经济规律而破坏了正常的经济工作秩序和经济生活；后来通过调查研究，努力按经济规律调整经济，但又担心农村实行“三自一包”和城市搞活企业，发展商品经济会导致“资本主义复辟”，于是决定搞“四清”，搞“文化大革命”，而结果是使我们的社会主义实践受到严重挫折。综观这一段弯弯曲曲的道路，说明当时还没有真正找到解决发展社会主义的办法，没有解决50年代中期已经觉察到的矛盾，反而由于一系列错误的做法，扩大了矛盾的对立和冲突，从而使社会主义制度的优越性不能很好地发挥出来。从现实状况看，到“文化大革命”结束，我国在经济体制上已经形成了一种同社会生产力发展要求不相适应的僵化的模式。这种模式的弊端表现在两个方面：对内，它政企职责不分，条块分割，国家对企业统得过多过死，忽视商品生产、价值规律和市场的作用，分配中平均主义严重；对外，它自我封闭或半封闭，不能及时反映和吸收当代世界最新的科技成就并推动企业的技术改造，不能针对世界市场的变化及时作出反应并大步地走向世界，因而影响了社会主义优越性的充分发挥，阻碍了我国现代化的发展，从而需要我们去进行改革。

其次，中国的改革不是向着资本主义方向发展的社会变革运动，它也内在地包含了四项基本原则的要求。

改革的主体是党和人民，改革的客体也是党领导人民亲手创建的社会主义生产关系和上层建筑中不适应生产力发展的一系列相互联系的环节和方面，因此改革具有“自我变革”的性质。我们过去进行的革命，不论是新民主主义革命，还是社会主义改造，变革的对象或者是剥削阶级及其建立的社会政治、经济制度，或者是同小生产相联系的小私有制度。它们具有明显的阶级斗争性质，是党领导人民同剥削阶级之间展开的斗争或社会主义道路与资本主义自发倾向之间展开的斗争。现在进行的改革，虽然也是一种变革性的实践，与过去所进行的革命具有共性，但又具有自己的特殊性或个性，这主要是变革的对象或客体发生了根本性的变化。它是党和人民自己创建的社会主义经济体制和政治体制等具体制度，而不是对立阶级建立的经济、政治制度。尽管这些具体制度中存在着来源于封建主义或小生产的深远影响，但是，且不说人们在观念中已经把它同“社会主义”“混”为一谈，事实上它们也都已经依附在社会主义身上，成为现存的社会主义具体制度的一部分。因此，改革具有社会主义制度自我完善、自我发展的性质，是一种自我变革性质的特殊的社会活动形态。

由此可见，中国共产党在社会主义初级阶段的基本路线，是在科学地分析了当代中国的基本国情，准确地认识到当代中国处于社会主义初级阶段以及这一独特社会发展阶段主要矛盾的基础上，提出的具有丰富内涵的正确路线。联系到1840年来历代志士仁人为中华民族的振兴，为中国的现代化，所经历的艰辛探索，可以说，这是由毛泽东开始，到邓小平才找到的唯一正确的中国的发展路线。

在1992年初南方谈话中，邓小平语重心长地告诫全党：

> 十一届三中全会确立的这条中国的发展路线，是否能够坚持得住，要靠大家努力，特别是要教育后代。①

---

① 《邓小平文选》第3卷，第381页，人民出版社，1993。

第四章　治国论

邓小平是二十世纪推动中国前进的伟人之一。他为改善人民生活、改变中国面貌和提高中国在世界上的地位作出了卓越贡献。

——［英］理查德·伊文思

第一节 毛泽东留下的历史课题：治国富国强国

建国，立国，是毛泽东完成的宏伟业绩。在抗日战争行将胜利之际，毛泽东指出："从整个形势看来，抗日战争的阶段过去了，新的情况和任务是国内斗争。蒋介石说要'建国'，今后就是建什么国的斗争。"① 经过重庆谈判和三年解放战争，一个实行人民民主专政的中华人民共和国，在震撼世界的二十八响礼炮声中诞生了。紧接着，在中国共产党的领导下，经过三年国民经济恢复时期，又开始了对生产资料私有制的社会主义改造，建立了社会主义的经济政治制度，一个社会主义的中国巍然屹立在东亚广袤的大地上。这是中国近现代史上一个辉煌的历史时期。

当建国、立国问题基本解决以后，中国共产党人要解决的问题就是在中国这样的经济文化比较落后的国家如何建设社会主义，如何巩固和发展社会主义的问题，即治国富国强国的问题。

在中共七届二中全会上，毛泽东就提出："在革命胜利以后，迅速地恢复和发展生产，对付国外的帝国主义，使中国稳步地由农业国转变为工业国，把中国建设成一个伟大的社会主义国家。"②

1949 年 6 月 15 日，在新政治协商会议筹备会上，毛泽东预言："中国人民将会看见，中国的命运一经操在人民自己的手里，中国就将如太阳升起在东方那样，以自己的辉煌的光焰普照大地，迅速地荡涤反动政府留下来的污泥浊水，治好战争的创伤，建设起一个崭新的强盛的名副其实的人民共和国。"③

应该讲，新中国建立后，毛泽东和党中央就已经开始考虑如何治国

---

① 毛泽东：《抗日战争胜利后的时局和我们的方针》（1945 年 8 月 13 日）。《毛泽东选集》第 4 卷，第 1130 页，人民出版社，1991。

②③ 《毛泽东选集》第 4 卷，第 1437、1467 页，人民出版社，1991。

富国强国。选择走社会主义道路，领导社会主义改造，就是为了达到这一目标。正如毛泽东所说的：社会主义改造“为大大地发展工业和农业的生产创造了社会条件”①。但究竟怎样治国富国强国，我们缺乏现成的经验，走了一条曲折的道路。

最初，我们照搬苏联的模式，建立高度集中的计划经济体制，以发展重工业为重点，进行社会主义建设。第一个五年计划时期，我们这样做有一定的历史原因，也取得了明显的成绩，但同时暴露出这种做法同中国的国情特别是国力不完全适应的缺点和问题，难以持久地发展。以毛泽东为代表的中国共产党人很快就觉察到，这条治国富国强国之路，不是一条多快好省地建设社会主义的道路。

接着，我们总结苏联和中国建设社会主义的经验教训，以毛泽东发表《论十大关系》为标志，开始寻找符合中国实际的治国富国强国的正确道路。如前所述，毛泽东为之付出了巨大的心血，也留下了许多可资总结和扬弃的思想财富，但是由于种种复杂的主客观原因，他领导的这场艰辛的探索历经曲折，屡遭挫折，没有能够从社会主义建设的“必然王国”中走出来，找到一条正确的道路。

毛泽东的重大失误，一是搞“大跃进”和人民公社化运动；二是搞“文化大革命”。这两次失误，或是想通过群众运动来加快社会主义建设和向共产主义过渡，或是再加上阶级斗争来促进社会主义革命和建设。毛泽东制定的社会主义建设的总路线，集中地体现了他 50 年代末 60 年代初的治国构想；他提出的“以阶级斗争为纲”的党在整个社会主义历史阶段的基本路线，则集中地体现了他 60 年代中期以后的治国构想。这两个构想提出的背景和内容，应该讲是不同的，这说明了毛泽东为解决治国富国强国问题作了长期的探索。但是，这两个构想都没有能真正解决中国的治国富国强国问题，特别是第二个构想引起“文化大革命”这样的内乱的时候，毛泽东曾期待以“天下大乱”能走到“天下大治”，也没有实现。

---

① 毛泽东：《社会主义革命的目的是解放生产力》（1956 年 1 月 25 日）。《毛泽东文集》第 7 卷，第 1 页，人民出版社，1999。

1956年在中共八大预备会议上，毛泽东曾经以他那特有的幽默告诫全党：

> 你有那么多人，你有那么一块大地方，资源那么丰富，又听说搞了社会主义，据说是有优越性，结果你搞了五六十年还不能超过美国，你像个什么样子呢？那就要从地球上开除你的球籍！①

弹指一挥间，到“文化大革命”结束，20年过去了。离毛泽东所讲的“五六十年”仅有三四十年时间了。而我们同美国等发达资本主义国家的差距，在过去的20年内不仅没有缩小，而且扩大了。特别在科技方面，60年代初我们曾经和有些国家相差无几，到70年代末差距一下子拉大了。这是一个经济问题、技术问题，也是一个政治问题。它确确实实关系到毛泽东所说的“球籍”问题。治国富国强国问题，就是社会主义中国的“球籍”问题。苏联、东欧一大批社会主义国家的共产党失去政权，基本的原因就在于经济没搞好，失去了人心，失去了人民的支持。由此可见，毛泽东20年前说的话并非危言耸听。

苏联的治国之道不可取，中国的探索又失败，留下了一个重大的研究课题：无产阶级取得政权，建立社会主义制度以后，即建国、立国之后，究竟应该怎样治国，进而富国强国？这是一个历史性的课题，因为它是一个国际共产主义运动没有解决的难题，是以毛泽东为核心的中国共产党第一代中央领导集体经过长期探索而没有取得成功经验的研究课题。这又是一个时代性的课题，因为社会主义建设时期是无产阶级革命斗争的新时代，是建成社会主义的关键时期，继往开来的历史把这一任务留给了继往开来的领袖邓小平。邓小平作为第一代领导集体的成员参加过解决这一问题的探索。毛泽东在晚年考虑“天下大治”时，首先选中的治国之才就是邓小平。粉碎“四人帮”，结束“文化大革命”，又给邓小平提供了最佳的历史机遇，使他能够以前人的教训为鉴戒，拨乱反

① 《毛泽东文集》第7卷，第89页，人民出版社，1999。

正，总结经验，大胆探索，不断开拓，完成这一具有历史性和时代性的重大课题，建设中国特色社会主义。

第二节　治国核心：扭住经济建设不放

究竟怎么样治国？

邓小平第三次复出后，即遇到一场激烈的争论。由于长期“左”的指导思想的影响，“两个凡是”的观点提出要继续坚持所谓“无产阶级专政下继续革命的理论”，贯彻“阶级斗争年年讲、月月讲、天天讲”的基本路线。换言之，继续通过群众性的大规模的阶级斗争来治理中国。邓小平不同意这种观点，1978 年在全国科学大会开幕式上就针锋相对地指出：“在无产阶级专政的条件下，不搞现代化，科学技术水平不提高，社会生产力不发达，国家的实力得不到加强，人民的物质文化生活得不到改善，那末，我们的社会主义政治制度和经济制度就不能充分巩固，我们国家的安全就没有可靠的保障。”① 他提出了一个新的治国思路，即以经济建设为核心的治国构想。

1978 年 12 月 18 日至 22 日中共十一届三中全会，分析了粉碎林彪、江青反革命集团后国内的形势和面临的问题，接受了邓小平的这一治国构想。全会公报宣布：

> 全会决定，鉴于中央在二中全会以来的工作进展顺利，全国范围的大规模的揭批林彪、“四人帮”的群众运动已经基本上胜利完成，全党工作的着重点应该从一九七九年转移到社会主义现代化建设上来。

---

① 《邓小平文选》第 2 卷，第 86 页，人民出版社，1994。

全会公报还指出：

> 毛泽东同志早在建国初期，特别在社会主义改造基本完成以后，就再三指示全党，要把工作中心转到经济方面和技术革命方面来。毛泽东同志和周恩来同志领导我们党在进行社会主义现代化建设事业方面，做了大量工作，取得了重大的成就，但是后来被林彪、“四人帮”打断了，破坏了。此外，由于我们对于社会主义建设缺乏经验，工作指导上发生了一些缺点和错误，也妨碍了党的工作中心转变的完成。现在，全国范围内揭批林彪、“四人帮”的群众运动已经基本上胜利完成，虽然少数地区和部门的运动比较落后，还需要一段时间来抓紧进行，不能一刀切，但是就整体来说，实行全党工作中心转变的条件已经具备。①

因此，党中央决定及时地、果断地结束全国范围的大规模的揭批林彪、“四人帮”的群众运动，把全党工作的着重点和全国人民的注意力转移到社会主义现代化建设上来。

对于多年来在批判“阶级斗争熄灭论”、“唯生产力论”的舆论和政治环境中生活的中国人民来讲，这种工作重点或中心的转移是一种多么巨大的历史性转移啊！同样，对于多年来在批判“阶级斗争熄灭论”、“唯生产力论”的舆论和政治环境中生活的中国人民来讲，如何防止“左”的惯性的影响，避免这一历史性转移的逆转，也是一个多么严峻的问题啊！

十一届三中全会的决定，反映了人民群众的根本利益和迫切要求，获得了人民群众发自内心的广泛支持和热烈拥护，但这种组织的决定首先体现的是一种政治的权威、政治的判断。这种决定能否始终不渝地被坚持，还需要用理性的力量进行逻辑的证明，需要逻辑的权威、逻辑的

---

① 中共中央文献研究室编：《三中全会以来重要文献选编》上册，第3—4页，人民出版社，1982。

判断。十一届三中全会以后，邓小平从各个方面对于党的工作重点转移问题，进行了理论的阐述，逻辑的证明。

首先，邓小平强调贫穷不是社会主义，社会主义的根本任务是发展社会生产力。

“文化大革命”中，马克思主义的阶级斗争和无产阶级专政学说，被夸大到了无以复加的地步，似乎斗争和专政就是目的，就是一切。强调抓生产的被批判为“唯生产力论”，至于“富”字更成了“修正主义”的代名词，甚至出现了“宁要社会主义的草，不要资本主义的苗”这样的奇谈怪论。然而，这些观点经过反复宣传、反复强调，在中国“深入人心”、“落实到基层”，不加以澄清不会自然消除。因此，邓小平把自己的理论和逻辑的锋芒首先直指“四人帮”鼓吹的“穷社会主义”观，反复强调“社会主义要消灭贫穷”，“贫穷不是社会主义”。

邓小平说，革命是要搞阶级斗争，但革命不只是搞阶级斗争。生产力方面的革命也是革命，而且是很重要的革命，从历史的发展来讲是最根本的革命。这就从历史唯物主义的理论高度，对“什么是革命”的问题作了科学的澄清。

邓小平还说，我们革命的目的就是解放生产力，发展生产力，离开了生产力的发展、国家的富强、人民生活的改善，革命就是空的。我们反对旧社会、旧制度，就是因为它是压迫人民的，是束缚社会生产力发展的。这一论断，坚持和发展了马克思主义关于“什么是社会主义革命”的基本观点。

邓小平反复指出，什么叫社会主义，什么叫马克思主义，我们过去对这个问题的认识不是完全清醒的。马克思主义最注重发展生产力。我们讲社会主义是共产主义的初级阶段，共产主义的高级阶段要实行各尽所能、按需分配，这就要求社会生产力高度发展，社会物质财富极大丰富。所以社会主义阶段的最根本任务就是发展生产力，社会主义的优越性归根到底要体现在它的生产力比资本主义发展得更快一些、更高一些，并且在发展生产力的基础上不断改善人民的物质文化生活。他还说过，社会主义的任务就是要发展社会生产力，增强社会主义国家的力量，使人民的生活逐步得到改善，然后为将来进入共产主义准备基础，创造物质条件。这些论述，从社会主义和共产主义即共产主义的初级阶段和高级阶段的关系上，明确了“什么是社会主义”这一基本问题，阐述了社会主义的根本任务就是发展社会生产力。

这样，邓小平就从“什么是革命”“什么是社会主义革命”“什么是社会主义”这些马克思主义的基本观点和基本原理入手，驳斥了“穷社会主义”观，指出这是假社会主义、假马克思主义。真正的马克思主义、科学的社会主义必须在社会主义阶段毫不动摇地把党的工作重点或中心放在经济建设上，努力完成社会主义的根本任务。

其次，邓小平强调，我们决不忽视国际阶级斗争。只有大力发展社会生产力，才能最后战胜资本主义。

林彪、“四人帮”口口声声说要战胜资本主义，反对资本主义复辟，然而按照他们那套极左的做法，不仅不能巩固社会主义，而且把我们在社会主义建设中取得的初步成果都破坏殆尽，严重地削弱了社会主义战胜资本主义的实力。因此邓小平针锋相对地指出，落后国家建设社会主义，在开始的一段很长时间内生产力水平不如发达的资本主义国家，不可能完全消灭贫穷，所以，社会主义必须大力发展生产力，逐步消灭贫穷，不断提高人民的生活水平，否则，社会主义怎么能战胜资本主义？他还说，“四人帮”提出宁要穷的社会主义，不要富的资本主义，社会主义如果老是穷的，它就站不住。我们在国际阶级斗争中要坚持马克思主义，坚持社会主义，就要表现出马克思主义的思想优越于其他的思想，社会主义制度优越于资本主义制度。这就告诉了我们，在今天复杂的国际环境中，确实存在一个社会主义和资本主义谁战胜谁的问题，我们坚持以经济建设为中心建设社会主义并非无视或抹杀这种复杂的国际阶级斗争，而是抓住了这一斗争的关键问题或要害问题。

值得注意的是，邓小平经常讲到社会主义的“优越性”。比如他说过：“当然我们不要资本主义，但是我们也不要贫穷的社会主义，我们要发达的、生产力发展的、使国家富强的社会主义。我们相信社会主义比资本主义的制度优越。它的优越性应该表现在比资本主义有更好的条件发展社会生产力。”① 他还说过：“我们一定要、也一定能拿今后的大量事实来证明，社会主义制度优于资本主义制度。这要表现在许多方面，但首先要表现在经济发展的速度和效果方面。没有这一条，再吹牛也没有用。”② 这就是说，社会主义与资本主义谁战胜谁的斗争，在社会主义制度由一种学说变为现实以后，已经不再是一种纯粹的意识形态斗争、一种抽象的观念之争，它已经成为一种国家之间实力的较量、社会制度优越性的竞争。如果社会主义国家在综合国力的竞争中，长期处于劣势，始终显示不出相对于资本主义的优越性，就会发生严重的后果。因此，社会主义的优越性，不仅是理论上推导出来的，不仅是社会主义国家人民从历史的纵向对比中可以感受到的，而且应该是在不同社会制度国家横向比较中可以逐步显示出来的。这里讲“逐步显示”是因为我们从不空想落后的国家可以在短期内赶上发达的资本主义国家，但必须一步一步往前赶，最终赶上甚至超过资本主义。我们说林彪、“四人帮”祸国殃民，搞假社会主义，就在于他们的破坏导致我们同资本主义之间的差距不是缩小了，而是扩大了。是邓小平，在危难中挽救了社会主义，使得我们不仅以经济建设为中心巩固和发展了社会主义，而且在80年代末90年代初国际形势剧变时顶住压力，进而冲破西方敌对势力的“制裁”，显示了社会主义的优越性。

最后，邓小平强调我国现阶段处在社会主义初级阶段，发展才是硬道理，更要扭住经济建设这个中心不放。

邓小平在总结历史经验的基础上，深刻地指出：“多少年来我们吃了一个大亏，社会主义改造基本完成了，还是‘以阶级斗争为纲’，忽视发展生产力。‘文化大革命’更走到了极端。十一届三中全会以来，全党把工作重点转移到社会主义现代化建设上来，在坚持四项基本原则的基础

---

① 邓小平：《社会主义也可以搞市场经济》（1979年11月26日）。《邓小平文选》第2卷，第231页，人民出版社，1994。

② 邓小平：《目前的形势和任务》（1980年1月16日）。《邓小平文选》第2卷，第251页，人民出版社，1994。

上，集中力量发展社会生产力。这是最根本的拨乱反正。”①

为什么说这是“最根本的拨乱反正”？自然，这里澄清的是1956年中共八大以来，全党在理论上和实践上最混乱的一个问题。更重要的是，是坚持以经济建设为中心，还是坚持“以阶级斗争为纲”，关系到我们对社会主义改造基本完成后当代中国基本国情特别是社会主要矛盾的判断，关系到党的总路线特别是根本任务的确定，关系到国家发展战略的制定。

邓小平认为，社会主义的根本任务是发展生产力，社会主义初级阶段是不发达的社会主义，首先必须摆脱贫穷，更要把发展生产力放在首位。因为在社会主义初级阶段，我们的生产力发展水平很低，远远不能满足人民和国家的需要，这就是我们目前时期的主要矛盾，解决这个主要矛盾就是我们的中心任务。因此，经济工作是当前最大的政治，经济问题是压倒一切的政治问题。他特别强调我们这样发展中的大国，经济要发展得快一点，并且鲜明地提出了一个著名的论点：“发展才是硬道理。”②

我们注意到，在论述社会主义初级阶段要坚持以经济建设为中心发展社会生产力的时候，邓小平多次使用“压倒一切”的提法。比如他说过：“同心同德地实现四个现代化，是今后一个相当长的时期内全国人民压倒一切的中心任务，是决定祖国命运的千秋大业。”③“压倒一切”，既是一个空间的概念，又是一个时间的概念；既是一个客观的现实问题，又是一个主观的意志问题。说它是一个空间的概念，就是在中国社会主义建设的方方面面，“什么是中国最大的政治？四个现代化就是中国最大的政治”④；说它是一个时间的概念，就是在整个社会主义初级阶段，这

---

① 邓小平：《在中国共产党全国代表会议上的讲话》（1985年9月23日）。《邓小平文选》第3卷，第141页，人民出版社，1993。

② 邓小平：《在武昌、深圳、珠海、上海等地的谈话要点》（1992年1月18日—2月21日）。《邓小平文选》第3卷，第377页，人民出版社，1993。

③ 邓小平：《在中国文学艺术工作者第四次代表大会上的祝词》（1979年10月30日）。《邓小平文选》第2卷，第208—209页，人民出版社，1994。

④ 邓小平：《社会主义也可以搞市场经济》（1979年11月26日）。《邓小平文选》第2卷，第234页，人民出版社，1994。

是一个贯彻始终的长期的任务；说它是一个客观的现实问题，就是说它是由社会主义初级阶段的主要矛盾决定的；说它是一个主观的意志问题，就是说我们要根据客观的历史规定性即社会主义初级阶段主要矛盾的要求，始终扭住经济建设这个中心不放。邓小平在《目前的形势和任务》（1980 年 1 月 16 日）这篇重要的讲话中指出：

> 现在要横下心来，除了爆发大规模战争外，就要始终如一地、贯彻始终地搞这件事，一切围绕着这件事，不受任何干扰。就是爆发大规模战争，打仗以后也要继续干，或者重新干。我们全党全民要把这个雄心壮志牢固地树立起来，扭着不放，“顽固”一点，毫不动摇。①

他还指出：

> 现代化建设的任务是多方面的，各个方面需要综合平衡，不能单打一。但是说到最后，还是要把经济建设当作中心。离开了经济建设这个中心，就有丧失物质基础的危险。其他一切任务都要服从这个中心，围绕这个中心，决不能干扰它，冲击它。过去二十多年，我们在这方面的教训太沉痛了。②

由此可见，在治国问题上，邓小平提出了许多重要的思想，但其核心是要扭住经济建设这个中心。他认为治国要重教，要加强精神文明建设，也认为治国要重法，要健全社会主义法制，但是，无论什么都离不开经济建设，都要服从和服务于经济建设。这是邓小平“治国论”中最重要的一个原则性问题。

研究这个问题，必须注意三点：

其一，邓小平以经济建设为核心的治国构想，是一个高瞻远瞩的战

---

①② 《邓小平文选》第 2 卷，第 249、250 页，人民出版社，1994。

略构想。当今世界的时代主题是和平与发展，国际范围综合国力的竞争主要集中在经济和科技上。邓小平提出建设社会主义要以经济建设为中心，把握了时代发展的脉搏和社会主义在当今世界面临的机遇。不仅如此，他在论述经济建设是社会主义建设的中心任务时，还站在时代的制高点上，审时度势，告诫我们生产力包括科学技术；今天，科学技术不仅是生产力，而且还是第一生产力；解放和发展生产力要依靠科技进步和劳动者素质的提高；要把利用世界科技成果作为我们发展的起点，努力赶上时代。

其二，邓小平以经济建设为核心的治国构想，具有“富民”的特点。苏联和东欧某些国家也曾在经济建设上取得过重大的进步，但仔细剖析其经济结构，即可发现他们重军用工业轻民用工业的问题，人民生活水平长期得不到提高，民心不稳。我国过去较长一段时期“以阶级斗争为纲”来治理国家，人民生活水准更低。中共十一届三中全会以后，邓小平反复强调的一个论点“贫穷不是社会主义，社会主义要消灭贫穷”，即是针对这一严重问题而提出的。因此，邓小平不仅讲要扭着经济建设这个中心不放，而且讲发展生产力要“提高人民的生活水平，要通过一部分人先富起来逐步达到全体人民共同富裕”。细读邓小平著作强调“人民生活”“富裕”，很有特点，不可忽视。其意义不只是在于提出一条走向“共同富裕”的新路，而且在于他把“富民”作为建设社会主义的重要目标和重要任务。因此，有中国特色的社会主义不仅是国家富强的社会主义，而且是人民富裕的社会主义。

其三，邓小平以经济建设为核心的治国构想，绝非经济主义。有人诘难“以经济建设为中心”是所谓“经济主义”。我们对此难以苟同。经济主义作为国际工人运动中的一种机会主义思潮，割裂经济和政治的辩证关系，认为无产阶级的主要任务是进行经济斗争，政治斗争是自由资产阶级的事情，并进而崇拜工人运动的自发性，否认建立统一集中的马克思主义政党的必要性，贬低革命理论的作用。邓小平的治国构想与此截然不同，他反复强调在当前国内外形势下，经济建设对于社会主义的生死存亡具有决定性的意义，“是我们当前最大的政治”，即我们不能把经济建设同政治决然割裂开来；他又指出，经济建设必须坚持四项基本原则，从中获得政治上的根本保障。显然，这是马克思主义在今天的具体展开和生动体现，根本不是什么机会主义的经济主义。

第三节　治国之道：改革开放

以经济建设为核心的治国构想怎么实现，是一个复杂的问题。在一些人看来，经济建设就是在社会主义条件下发展生产力，只要发展生产力，国家就富强了。一般地讲，这样的认识是正确的。但如果联系我国多年经济建设的实践，可以发现一个问题：过去我们的经济建设没有搞好，不仅同"以阶级斗争为纲"的路线和方针有关，而且同我国的经济体制以及与此相联系的科技体制、教育体制和政治体制等一系列体制上存在的弊端有关。也就是说，以经济建设为核心的治国构想要实现，仅仅强调要发展生产力，还不能解决问题，还要通过改革来解放生产力(当然，这里说的改革，包括对外开放，因为开放也是改革)。

具有丰富治国经验的邓小平，经过深思熟虑，提出了改革开放的总方针。马来西亚报界名人纪逢东先生曾写道："中国大'作曲家'邓小平于 1979 年谱写成'改革开放回响曲'后，即刻引起全国人民共鸣，并随之起舞，首演那日便吸引了全球的知音人!"实践证明，唯有改革开放才是当代中国正确的治国之道。

一　改革才能解放和发展生产力，治国富国强国

在 1992 年南方谈话中，邓小平深刻地指出：

革命是解放生产力，改革也是解放生产力。推翻帝国主义、封建主义、官僚资本主义的反动统治，使中国人民的生产力获得解放，

这是革命，所以革命是解放生产力。社会主义基本制度确立以后，还要从根本上改变束缚生产力发展的经济体制，建立起充满生机和活力的社会主义经济体制，促进生产力的发展，这是改革，所以改革也是解放生产力。过去，只讲在社会主义条件下发展生产力，没有讲还要通过改革解放生产力，不完全。应该把解放生产力和发展生产力两个讲全了。①

在十一届三中全会决定全党工作重点从“以阶级斗争为纲”转移到以经济建设为中心时，邓小平就在《解放思想，实事求是，团结一致向前看》(1978年12月）的讲话中，强调了改革问题，分析了改革和经济建设之间的关系。他说：

官僚主义是小生产的产物，同社会化的大生产是根本不相容的。要搞四个现代化，把社会主义经济全面地转到大生产的技术基础上来，非克服官僚主义这个祸害不可。现在，我们的经济管理工作，机构臃肿，层次重叠，手续繁杂，效率极低。政治的空谈往往淹没一切。这并不是哪一些同志的责任，责任在于我们过去没有及时提出改革。但是如果现在再不实行改革，我们的现代化事业和社会主义事业就会被葬送。②

此话可谓语重心长，切中时弊。实践证明，改革（包括开放）确实是一条基本的治国之道。邓小平多次强调：“要发展生产力，经济体制改革是必由之路”③，“坚持改革开放是决定中国命运的一招”④，“改革是社会主义制度的自我完善，在一定的范围内也发生了某种程度的革命性变革。这是一件大事，表明我们已经开始找到了一条建设有中国特色的社会主义的路子”⑤。这里讲的“必由之路”“决定中国命运的一招”“路子”等

① 《邓小平文选》第3卷，第370页，人民出版社，1993。
② 《邓小平文选》第2卷，第150页，人民出版社，1994。
③④⑤ 《邓小平文选》第3卷，第138、368、142页，人民出版社，1993。

等，就是“治国之道”。

首先，这是因为没有离开生产关系的生产力。生产力的落后同生产关系中的弊端有着直接的联系。要改变生产力落后的状况，必须改革生产关系一系列相互联系的环节以及与此相联系的上层建筑中存在的束缚生产力发展的因素。只有这样，才能解放生产力。

邓小平提出“改革也是解放生产力”这一命题的前提，是社会主义社会还存在着“解放生产力”的任务，也就是要承认社会主义条件下还存在着“束缚生产力”的现实。这是一个非常大胆的判断。

因为，按照科学社会主义经典性的传统观点，在以私有制为基础的，即剥削阶级占统治地位的社会里，随着生产力的发展，它会同日趋没落、腐朽的生产关系相对抗。当这种生产关系日益成为生产力发展的桎梏的时候，就要通过社会变革来解放被束缚的生产力，资本主义是私有制发展过程中最后一种完整的社会形态，当资本主义生产关系成为生产力发展的桎梏的时候，社会主义革命将担负起解放生产力的历史重任，即毛泽东说的“社会主义革命的目的是为了解放生产力”①。换言之，有“束缚生产力”的问题，才有“解放生产力”的任务。到了社会主义社会，因为以公有制为基础的生产关系和上层建筑基本上是适应生产力发展的性质和状况的，所以它能促进生产力的发展。毛泽东曾经明确地指出：“所谓社会主义生产关系比较旧时代生产关系更能够适合生产力发展的性质，就是指能够容许生产力以旧社会所没有的速度迅速发展。”② 也就是说，社会主义的优越性即在于能创造出比资本主义更高的劳动生产率。

但是，这样的论断要能够成立，必须具备两个条件：第一，这样的“社会主义生产关系”必须是科学意义上的，即真正的社会主义性质的生产关系，而非名为社会主义实为平均主义或其他非科学意义上的生产关系；第二，这样的“社会主义生产关系”必须伴随着生产力的发展而不

---

① 毛泽东：《社会主义革命的目的是解放生产力》（1956 年 1 月 25 日）。《毛泽东文集》第 7 卷，第 1 页，人民出版社，1999。

② 毛泽东：《关于正确处理人民内部矛盾的问题》（1957 年 2 月 27 日）。《毛泽东文集》第 7 卷，第 214 页，人民出版社，1999。

断调节和完善自身的动态发展的生产关系，而非僵化的、封闭的生产关系。如果不具备这两个条件，不仅不能促进或持久地促进生产力的发展，而且会逐渐成为生产力发展的桎梏。

我国经过对生产资料私有制的社会主义改造，建立了社会主义的基本制度。这种制度比蒋介石国民党政府实行的经济、政治制度先进，因此显示了它的明显的优越性，解放和发展了生产力。但是长期的实践证明，我们建立的社会主义经济制度，即现实的社会主义生产关系，在它一系列相互联系的环节和方面，还存在着束缚生产力的种种弊端。其一，在我们建立的经济体制中，存在着政企职责不分，条块分割，国家对企业统得过多过死，企业内实行的“铁饭碗”“铁工资”“铁交椅”等平均主义的分配制度，等等，这一切并不符合社会主义生产关系的性质和要求。其二，在现实的社会主义经济制度中，僵硬的计划经济，自我封闭，忽视商品生产、价值规律的调节功能，又使本来应该生机盎然的社会主义经济在很大程度上失去了活力。出现这些弊端，是由于我们对于如何进行社会主义建设经验不足，是由于我们长期以来在对社会主义的理解上形成了若干不适合实际情况的固定观念乃至于各种“空想”，是由于中国共产党在指导思想上受“左”的错误的严重影响，排斥商品经济和现代资本主义的一切有用经验而造成的。

邓小平在 1978 年已经提出这些问题。他在《高举毛泽东思想旗帜，坚持实事求是的原则》(1978 年 9 月）一文中指出，社会主义制度优越性的根本表现，就是能够允许社会生产力以旧社会所没有的速度迅速发展。“如果在一个很长的历史时期内，社会主义国家生产力发展的速度比资本主义国家慢，还谈什么优越性?”① 那么，为什么社会主义的优越性尚未充分地发挥出来？12 月 13 日，他在《解放思想，实事求是，团结一致向前看》(1978 年 12 月）这一著名的讲话中，分析了我们的管理方法、管理制度和经济改革中存在的问题，包括“机构臃肿，层次重叠，手续繁杂，效率极低”和“政治空谈往往淹没一切”等严重

① 《邓小平文选》第 2 卷，第 128 页，人民出版社，1994。

的官僚主义。中共十一届三中全会以后，邓小平从各种不同的角度，进一步分析了现实的社会主义中存在的问题。他指出，第一，现实的社会主义中存在着旧社会历史遗留下来的严重影响。在《坚持四项基本原则》（1979 年 3 月）中，他分析说："社会主义的中国在经济、技术、文化等方面现在还不如发达的资本主义国家，这是事实。但是这不是社会主义制度造成的，从根本上说，是解放以前的历史造成的，是帝国主义和封建主义造成的。"① 第二，现实的社会主义在其通行的一些具体制度中存在着不少的弊端。在著名的《党和国家领导制度的改革》（1980 年 8 月）一文中，他尖锐地提出："党和国家现行的一些具体制度中，还存在不少的弊端，妨碍甚至严重妨碍社会主义优越性的发挥。如不认真改革，就很难适应现代化建设的迫切需要，我们就要严重地脱离广大群众。"②邓小平在这里提出的"弊端"问题，既有旧社会历史造成的思想影响问题，更有因我们对科学社会主义的误解以及在实践中出现的各种空想而建立的制度中存在的问题。邓小平说："我们过去发生的各种错误，固然与某些领导人的思想、作风有关，但是组织制度、工作制度方面的问题更重要。这些方面的制度好可以使坏人无法任意横行，制度不好可以使好人无法充分做好事，甚至会走向反面。"③这以后，他多次论及社会主义具体的经济、政治制度改革的任务，并且强调这是一场革命。

由此可见，邓小平和党中央提出治国之道的基本思路是：社会主义优越性没有充分发挥是因为现实的社会主义生产关系以及与此相联系的上层建筑上存在着束缚生产力发展的弊端；既然有"束缚"，就会有"解放"，即通过改革来"解放生产力"的问题。

其次，这是因为我们党领导的社会主义的伟大革命，在生产资料私有制的社会主义改造基本完成以后，必须向体制改革深入。

社会主义是人类历史上空前伟大的革命。进行生产资料所有制方面的社会主义改造，是这个伟大革命的一个阶段；为建设社会主义现代化

---

①②③ 《邓小平文选》第 2 卷，第 166—167、327、333 页，人民出版社，1994。

国家而进行的斗争，也是这个伟大革命的一个阶段。前一个阶段的革命主要是通过激烈的阶级斗争来实现的，后一个阶段的革命则是通过社会主义制度本身，有领导、有步骤、有秩序地进行的，这个和平发展时期的革命比过去的革命更深刻、更艰巨，是一场需要我们经过长期艰苦奋斗的新的革命。

这场新的革命的根本任务是要解放和发展生产力，赶上时代，实现现代化。为之就要多方面地变革（用邓小平的原话，是“多方面地改变”）生产关系。现在需要深入地研究的是，在对生产资料私有制的社会主义改造基本完成以后，多方面地“变革”或“改变”生产关系意味着什么呢？

第一，显然不是要急于向共产主义生产关系转变。这种“跑步进入共产主义”“穷过渡”的蠢事，我们再也不能重蹈覆辙。

第二，显然也不是要全面实行私有制，向后倒退。尽管从当代中国处于社会主义初级阶段的实际出发，我们要发展一部分个体的、私有的经济，引进一些外资，但是如果出现私有化，那就不是社会主义了，这不是邓小平讲的“改变生产关系”的含义。

第三，显然我们要从社会主义生产关系内部考虑问题。对生产资料私有制的社会主义改造，解决的是生产资料“归谁所有”的问题，这是一场阶级斗争。经过这场斗争（在我国这场斗争也是以赎买等形式和平地实现的），我们建立了以公有制为基础的生产关系。现在我们面临的问题是归人民公有的生产资料“怎么管理”的问题。这里，既包括国家用什么经济体制来管理的问题，也包括公有制生产单位自身怎么管理的问题。经济体制、企业管理制度也是生产关系的重要方面。因此，建立社会主义生产关系至少应包括两大历史性的任务：一要进行生产资料所有制方面的社会主义革命；二要进行经济体制等方面的社会主义革命。前一个革命是在不同阶级之间进行的，是阶级斗争；后一个革命是在人民内部进行的，不属于阶级斗争。完成前一个革命以后，社会主义革命的深入方向就是进行体制方面的革命。这是邓小平所讲的“多方面地改变生产关系”的含义。

关于生产资料所有制方面的社会主义改造的任务基本完成以后，还要解决体制方面的问题、管理的问题，毛泽东在50年代中期和后期均有论述，早已觉察这个问题的重要性。然而，可惜的是，毛泽东在许多论述中仍然把体制方面、管理方面的问题看作是阶级斗争问题，认为这是管理人员和工人、农民群众之间的阶级斗争。而这样的阶级斗争显然不同于过去的阶级斗争，因此他把注意力集中到掌握生产资料经营管理权的干部身上，提出存在一个“党内资产阶级”，他们是新的革命的主要对象。这样，毛泽东强调社会主义改造任务基本完成后的“继续革命”，由体制改革问题转移到了“革党内资产阶级命”的“革命”，导致“文化大革命”这样的内乱。

老一辈无产阶级革命家张闻天曾经研究过这一问题，指出生产关系有两重性：一是直接表现生产力的，依照生产技术（即生产资料，特别是生产工具）情况和需要而形成的劳动的分工和协作的关系；二是生产资料的所有关系。①

粉碎“四人帮”，结束“文化大革命”后，邓小平认真、深入地思考和研究了这一问题。他先后区分了社会主义基本制度和具体制度、社会主义生产关系和生产关系的具体形式、社会主义基本制度和体制这样一些范畴，强调“社会主义基本制度确立以后，还要从根本上改变束缚生产力发展的经济体制，建立起充满生机和活力的社会主义经济体制，促进生产力的发展”，提出进行体制改革才是把社会主义的伟大革命深入下去的正确方向、治国的正确道路。

最后，这是因为改革是社会主义社会发展的直接动力。

要找到正确的治国之道，归根到底就是要认识推动社会主义社会发展的直接动力是什么。符合社会发展客观规律的治国理论，即能推动社会活跃而又健康地发展的治国理论。

马克思、恩格斯十分重视社会动力问题的研究，把它看作是历史唯物主义要解决的一个关键问题。他们揭示了人类社会发展的基本动力是

---

① 《张闻天社会主义论稿》，第211页，中共党史出版社，1995。

生产力和生产关系的矛盾，以及由此而引起的经济基础和上层建筑的矛盾。指出了在阶级社会中推动社会发展的直接杠杆是阶级斗争。那么，社会主义社会发展的直接动力是什么呢？他们没有条件进行这方面的深入研究。

在斯大林领导下的苏联，理论界的观点是："精神上政治上的一致，苏联各族人民的友谊和苏维埃爱国主义是苏维埃社会发展的动力。"其理由是，在社会主义社会，生产关系同生产力已经完全适合，阶级矛盾和阶级斗争已经不存在，这在人类历史上第一次产生了社会在精神上政治上的一致，这种一致性是社会发展的新的历史规律、新的动力。斯大林曾经亲自论证过这一问题，指出，现时苏维埃社会与任何一个资本主义社会不同的地方，就是在苏维埃社会里已没有什么彼此对抗敌视的阶级了，剥削阶级已被消灭了，而构成苏维埃社会的工人、农民和知识分子是在友爱合作基础上生活和工作着……在这种共同性的基础上，也就有苏维埃社会在精神和政治上的一致、苏维埃各族人民友谊、苏维埃爱国主义这样一些动力扩展起来。他们这样说，并非否认社会主义社会中的矛盾，因为他们认为这些矛盾是非对抗性的矛盾，可以通过批评与自我批评来解决。所以苏联理论界关于动力问题的另一个表述是："批评与自我批评是社会主义社会发展的动力。"①苏联的这些观点，带有浓厚的主观空想性质，但在50年代初对我国有很大的影响。

我国进入社会主义社会以后，毛泽东研究了这一复杂的问题。首先，他不同意斯大林关于在社会主义社会中，生产关系与生产力完全适合的观点，强调在社会主义社会中基本的矛盾仍然是生产关系和生产力、上层建筑和经济基础之间的矛盾。这是他对马克思主义历史唯物论和科学社会主义的重大贡献。但是，由这一基本矛盾而决定的社会主义发展的直接动力是什么呢？他在《关于正确处理人民内部矛盾的问题》(1957年

① ［苏］康士坦丁诺夫主编：《历史唯物主义》，第518—532页，人民出版社，1955。

2月）中认为："许多人不敢公开承认我国人民内部还存在着矛盾，正是这些矛盾推动着我们的社会向前发展。"① 这实际上认为人民内部矛盾是社会主义社会发展的直接动力。但是在提出阶级斗争仍然是社会主义社会主要矛盾的错误观点后，尤其是在1962年提出"阶级斗争，一抓就灵"的说法后，他又逐渐认为社会主义社会生产关系和生产力、上层建筑和经济基础之间的矛盾集中表现为两个阶级、两条道路的矛盾和斗争，阶级斗争是社会主义社会发展的直接动力。一直发展到"文化大革命"，提出"抓革命，促生产"的口号，认为在社会主义条件下继续进行政治大革命是必要的，是加速社会生产力发展的巨大的直接动力。但是实践雄辩地证明并宣告了这种社会主义发展"动力论"的错误。

历史把这一理论难题留给了邓小平，同时也给邓小平探讨和解决这一难题提供了机会。

邓小平认为，社会主义社会发展的直接动力，既不是阶级斗争，也不是人民群众精神上政治上的一致，尽管它们在一定范围内也对社会主义的发展起着自己的作用。只有体制改革才是社会主义社会发展的直接动力。因为，在社会主义社会，束缚生产力发展的，不是社会主义基本制度，而是具体制度即体制。中共十二届三中全会通过的《中共中央关于经济体制改革的决定》指出：社会主义的优越性之所以没有得到应有的发挥，"除了历史的、政治的、思想的原因之外，就经济方面来说，一个重要的原因，就是在经济体制上形成了一种同社会生产力发展要求不相适应的僵化的模式"，"严重压抑了企业和广大职工群众的积极性、主动性、创造性，使本来应该生机盎然的社会主义经济在很大程度上失去了活力"。应该讲，自从建国后有计划地组织经济建设以来，我们为了发展生产力，做了大量的工作，同旧社会相比，也取得了显著的成绩。但按照社会主义的本质要求来讲，我们的劳动生产率、经济效益并不理想；同发达的资本主义相比，差距甚大。经济学专家分析了我国经济增长因素，并把它同其他国家比较之后，指出：我国经济增长是资本投入型增

① 《毛泽东文集》第7卷，第213页，人民出版社，1999。

长，且投入产出水平很低，经济效益很差。见下表：

经济增长因素国际比较

单位：%

国别地区 / 年份 / 指标	中　国	美　国	联邦德国	日　本	韩　国
	1954—1984	1948—1969	1950—1962	1953—1976	1963—1976
国民收入增长率	11.90	4.00	6.27	8.81	9.28
总要素耗费增长率	9.86	2.09	2.78	3.95	5.68
劳　　动	3.21	1.30	1.37	1.85	3.47
资　　本	6.65	0.79	1.41	2.10	2.21
单位要素投入产出率	2.04	1.91	3.49	4.86	3.60

此表说明，我国国营工业部门的国民收入的11.90%的增长率中，由总要素耗费（根据劳动耗费指数、固定资产耗费指数、流动资金耗费指数等计算出来的综合要素耗费指数）增加所带来的为9.86%，在总增长率中所占比重为82.86%，而美国所占比重为52.25%，联邦德国为44.34%，日本为44.84%，韩国为61.21%，我国要比其他国家高出许多。而单位要素投入产出率（根据企业资源配置效益、规模经济效益、资本效益和劳动效益计算出来的投入产出综合指数）则呈相反的状况，要低于联邦德国、日本和韩国等。这表明我国经济增长主要依赖投入的增加。进一步分析投入增加的结构，又可以发现，在我国国营工业部门总要素耗费增加的作用率中，由资本投入增加所带来的增长作用率为6.65%，而由劳动投入所带来的增长作用率仅仅是3.21%，这就进一步表明我国经济增长不仅主要依靠投入的增长，而且又主要依靠资本投入的增长。也就是说，我国社会主义建设进程中取得的成就，主要是靠国家大量的资金投入获得的，并不是依靠劳动生产率的提高获得的。不仅如此，深入的调查表明，国家在国营工业部门大量投入的国有资产，有相当一部分一投入就沉淀下来，处于闲置状态。因此投入的产出水平相当低。造成诸如此类问题的根子，在于我们的经济体制不合理，保护落后，缺乏活力。因此，发展生产力不能离开解放生产力来空谈所谓“发

展”。可以设想一旦我们把体制搞活了，不增加新的投入，就可以在解放原有生产力的过程中，使新的生产力获得大发展。仅以上述对比表为例，倘若我们达到韩国的水平，总要素耗费增长率只占国民收入增长率的61.21%，即由82.86%下降21.65%，我们就可以使国民收入增长率达到16.11%，比11.90%增加4.21%。由此可见，在现实的社会主义社会里，解放生产力与发展生产力虽有不同的含义，但又是相互联系、相互支持的。因此，我们不仅要强调社会主义条件下能够发展生产力，还要进一步强调社会主义条件下必须通过改革，即从根本上变革束缚生产力发展的经济体制，来解放生产力，推动社会主义社会发展，这在现实的中国早已超出纯经济的范围，成为一个现实而又迫切的政治问题。

改革能够解放生产力，还因为在生产关系的大系统中，经济体制作为生产关系各个环节的具体形式，同生产力有着直接的联系。生产关系促进或束缚生产力，总是通过经济体制来实现的。十一届三中全会以后，中国共产党从中国国情出发，领导了农村经济体制改革，用家庭联产承包责任制和政社分开的新体制取代了人民公社制度。结果，奇迹在中国古老的农村发生了。到1984年，粮食产量达到4.0730亿吨，比1978年的3.0477亿吨增加了1.0253亿吨，年平均增长1708万吨；棉花产量达到625万吨，比1978年的216万吨增加了409万吨，年平均增长68万吨；油料产量达到1191万吨，比1978年的521万吨增加了670万吨，年平均增长111万吨。其间，种植业产值由988.6亿元增长到1966.7亿元，翻了一番；农业总产值由1458.8亿元增长到3390.7亿元，增长近1.4倍；农民人均纯收入也由133.6元增长到355.33元，增长1.5倍以上。农业生产的这种高速增长使我国基本上解决了温饱问题，也为中国的经济体制改革由农村转入城市提供了良好的示范效应。需要进一步研究的是，农业生产的这种奇迹是靠新的投入获得的，还是靠原有的投入获得的呢？统计数据表明，从农村改革之日起，农业投入的资金在全国基本建设总投资的比重呈逐年下降的走向，农业投资的绝对额也逐年减少。1979年为57.92亿元，1985年降为35.91亿元。农业投入的减少造成了农业发展后劲不足的问题，这是我国经济发展中的一个教训，它被及时发现并纠正了。但是，它也有力地证明了农村改革过程中农业生产的高速增长，不是靠新的投入获得的，而是靠原有的投入获得的，或者说主要是靠原有的投入获得的。那么，原有的投入为什么在旧体制下没有如此巨大的产出，而在今天会形成这样大的产出呢？除了从投入到产出有一定的周期这一原因外，如此高速的增长主要取决于家庭联产承包责任制这种崭新的经济体制。这就是说，我国过去在农业生产上的大量的投入，在旧体制下被严重地束缚了。是农村经济体制改革，把被束缚的生产力解放了出来。

邓小平早就指出，对体制的革命要比对人的革命更为深刻。经济体制改革不仅能够解放被旧体制束缚了的劳动者的积极性、主动性和创造性，而且能够解放对被束缚了的劳动者和劳动资料进行技术更新的能力，使得科学技术转化为强大的现实生产力，还能够解放未被充分开发和利用的劳动对象。比如，在农村改革中，不仅提高了农业劳动生产率，而且在 10 年中把近 7 亿的农业劳动力从种植业释放出来，转移到其他部门和行业，使生产要素得到了合理的调整和组合，解放了劳动力。从 1983 年到 1987 年的 5 年里，仅乡镇企业创造的总产值就有 13202.6 亿元，其中 1989 年一年实现总产值 7530 亿元，相当于 1978 年全国社会总产值。1989 年乡镇企业上交国家税金达 360 亿元，创汇 100 亿元，为国家财政收入的增加作出了巨大的贡献。这种生产能力即是靠改革解放出来的。又比如，城市经济体制改革也是如此。党中央和国务院决定，1978 年 10 月起，在西南某省 6 个企业先行进行试点。试点企业在完成国家计划的前提下，可以增产市场需要的产品，或承接来料加工；可以在全面完成国家计划的情况下，实际利润留成和提取企业基金；可以提拔中层干部，不须经上级批准；可以销售商业部门不收购的产品和试销新产品，等等。仅仅这些放权让利措施，就使企业有了经营自主权，职工有了生产的主动性和积极性。到 1979 年 8 月，该省的企业改革试点单位迅速发展到 84 个。据该省人民政府有关部门对这 84 个试点企业的考察，1979 年头 8 个月的产值和实现利润，分别比 1978 年同期增长了 14.1%和 21.8%。这同全省非试点企业相比，平均增长幅度高出 39.3%和 1 倍以上。产品质量的提高和品种的增加都比一般企业好。由此可见，无论是农村改革，还是城市改革，都雄辩地证明了"改革也是解放生产力"是一个颠扑不破的客观真理，证明了我们能够通过对社会主义体制的根本性变革，来完善和发展社会主义基本制度，进而促进生产力的迅速发展，所以改革是社会主义社会发展的直接动力。

邓小平的"体制改革动力论"不仅同斯大林的"精神和政治一致动力论"、毛泽东晚年的"阶级斗争动力论"有根本的区别，而且在体制改革问题上，强调经济体制改革率先、政治体制改革相配套。实践证明，中国特色的社会主义发展的动力论，即是马克思主义的唯物史观在社会主义现代化建设中的应用，具有科学的基础，又是根据中国国情，在实践中总结出来的新鲜经验。它是建设有中国特色社会主义理论中最重要的组成部分，指出了当代中国治国富国强国的正确道路。

二　对外开放才能在高起点上实现现代化，治国富国强国

如前所述，对外开放也是改革。在研究邓小平治国理论时，不仅要看到体制改革是治国之道，对外开放也是治国之道。

这里，我们不妨从邓小平的"发展起点论"讲起——

在再版的《邓小平文选》第2卷中，新增的《实现四化，永不称霸》《用先进技术和管理方法改造企业》《实行开放政策，学习世界先进科学技术》等文章中，提出和阐述了一个重要的观点：我们要把世界一切先进技术、先进成果作为我们发展的起点。

对于邓小平的发展理论，国内学术界作过许多研究，但几乎都没有直接论述到"发展的起点"问题，因此很有必要提出来和大家一起学习和研究邓小平的这一重要思想。

邓小平提出"要把世界一切先进技术、先进成果作为我们发展的起点"，首要的也是最根本的原因，是因为我们的工作重点和发展路线是要实现现代化。中共十一届三中全会抛弃"以阶级斗争为纲"，把全党的工作重点转移到经济建设上来，这里讲的"经济建设"，不再是停留在维护

传统生产力发展水平的经济建设，而是逐步发展现代生产力的经济建设。邓小平多次明确指出：我们当前以及今后相当长一个历史时期的主要任务，就是搞现代化建设。既然我们的工作重点和发展路线是搞四个现代化，而我们的现实基础又是那么落后的传统生产力，那么，解决这一矛盾的出路，除了尽一切可能调动人民群众艰苦奋斗的积极性外，除了客观地确定分步骤实现现代化的战略目标外，一个重要的措施，就是要千方百计地利用世界上一切先进技术、先进成果，作为我们发展的起点。只有起点高了，才能实现现代化。1978 年 5 月 7 日，邓小平第一次提出“发展的起点”问题，就是从实现四个现代化的可能性这一角度来阐述的。

邓小平提出这一“发展的起点”，还是因为他清醒地认识到科学技术是没有阶级性的，以及世界科学技术飞速发展的态势对我们的挑战。1975 年在同“四人帮”斗争的时候，邓小平就已经根据马克思的思想提出科学技术是生产力的论断。粉碎“四人帮”后，他不仅重申了这一科学论断，阐述了科技现代化是四个现代化的关键，而且强调了“科学技术本身是没有阶级性的，资本家拿来为资本主义服务，社会主义国家拿来为社会主义服务”，并以此为根据提出了现在世界上的一切先进技术、先进成果都可以为我所用，成为我们发展的起点的观点。他深刻地总结了历史经验，指出 60 年代前期我们同国际上科技水平差距还不很大，而这十几年来，世界有了突飞猛进的发展，差距就拉得很大了，要加快我们的现代化建设，必须学习和吸收世界科技成果。一是科学技术没有阶级性，我们可以利用；一是世界科技发展日新月异，我们不学习就赶不上时代。正是这两点综合起来，我们必须把利用世界一切先进技术、先进成果作为自己发展的起点。

如果说前面两个原因讲的是中国利用世界各国一切先进技术、先进成果作为我们发展起点的必要性和可能性，那么，其现实的条件性就是邓小平在提出这一问题的时候，充分地注意到了国际形势正朝着有利于和平的方向发展，我们可以争取到一个和平的国际环境。正是这一不断发展的有利于世界和平的国际形势，使得我们有条件在不同社会制度的国家之间进行合作交流，以便利用世界上一切先进的科学技术成果，作为我们现代化建设的起点。

邓小平的这一“发展起点论”，继承和发展了毛泽东关于我们不能跟在西方资产阶级后面爬行的观点，揭示了后发展现代化国家追赶发达国家的客观要求，反映了当代世界的发展特点，是我们制定社会主义现代化发展战略的科学指南。

这一“发展起点论”，把社会主义根本任务的理论、科学技术是第一生产力的理论和对外开放的理论融为一体，实际上就是要通过对外开放来引进世界各国先进的科学技术和管理方法，把发展放到一个较高的起点上。邓小平说：现在世界上的先进技术、先进成果我们为什么就不能利用呢？他主张实行开放政策，学习世界先进科学技术。因此，开放和引进是中国在较高的起点上发展的重要一环。邓小平强调的“利用”二字，其实质就是开放和引进。

长期以来，我们在发展问题上举步维艰，十分困难。其中原因之一，就是闭关自守。这里有帝国主义封锁我们的因素，有林彪和“四人帮”破坏的因素，也有我们工作上失误的因素。邓小平说：“经验证明，关起门来搞建设是不能成功的，中国的发展离不开世界。”① 尤其是当今的世界已经成为开放的世界，无论是商品，还是技术、资金、信息、人才，都可以在全球交流。因此十一届三中全会后，邓小平在为党制定对内搞活方针的同时，提出了对外开放的政策，通过引进外资和技术、智力以及管理经验，来加快我们自己的发展。深圳等经济特区的经验、上海等沿海城市的巨变以及沿江、沿边和内陆省会城市的变化，都同党的开放政策直接相关。

邓小平在 1985 年 4 月 15 日同外宾的谈话中，指出：“十一届三中全会以后，我们探索了中国怎么搞社会主义。归根结底，就是要发展生产力，逐步发展中国的经济。第一步，到本世纪末翻两番，达到小康水平。

① 邓小平：《我们的宏伟目标和根本政策》(1984 年 10 月 6 日)。《邓小平文选》第 3 卷，第 78 页，人民出版社，1993。

第二步，再花三十年到五十年时间，接近发达国家的水平。目标确定了，从何处着手呢？就要尊重社会经济发展规律，搞两个开放，一个对外开放，一个对内开放。对外开放具有重要意义，任何一个国家要发展，孤立起来，闭关自守是不可能的，不加强国际交往，不引进发达国家的先进经验、先进科学技术和资金，是不可能的。”① 这就是说，实行对外开放是加快中国社会主义现代化的一个必不可少的条件。

这是中国国情对我们的要求。中国是在一个半殖民地半封建的社会里，经过新民主主义革命建立中华人民共和国的。尽管我国经过社会主义改造较快地进入了社会主义社会，但经济文化落后的面貌并没有根本的改观。因此毛泽东在作《论十大关系》（1956 年 4 月）的报告时，从两点论的角度分析了我们的长处与短处，提出：“我们的方针是，一切民族、一切国家的长处都要学，政治、经济、科学、技术、文学、艺术的一切真正好的东西都要学。”② 他还特地指出要向资本主义国家学习先进的科学技术和企业管理的方法。这是争取中国经济发展的正确对策。但是，毛泽东提出的这一正确的方针，长期以来并未实现，这是由复杂的原因造成的。第一，国际政治经济环境不允许。当时，社会主义和资本主义正作为两个对立的阵营，以冷战的形式对抗着。资本主义世界自朝鲜战争以后，对中国实行封锁的政策。中国只能较多地同苏联东欧进行经济、贸易交往，不能向全世界开放。第二，随着 50 年代中后期党的指导思想趋“左”，到 60 年代初走向“以阶级斗争为纲”，相应地在对外交往中逐渐闭关自守。这种情况在“文化大革命”中达到登峰造极的地步，“向外国学习”的正确方针被批判“崇洋媚外”的错误思潮所取代。第三，在实践中没有找到好的形式。毛泽东尽管提出了“向外国学习”的方针和口号。但是用什么形式来实现这一方针，却无经验，也无定见。中共十一届三中全会前后，在邓小平的倡导下，全党重新恢复和确立了解放思想、实事求是的思想路线，这就为继承和发展毛泽东“向外国学

① 邓小平：《政治上发展民主，经济上实行改革》（1985 年 4 月 15 日）。《邓小平文选》第 3 卷，第 117 页，人民出版社，1993。

② 《毛泽东文集》第 7 卷，第 41 页，人民出版社，1999。

习”的思想，奠定了最好的思想基础。在总结历史经验的过程中，我们认识到闭关自守只会导致落后，关门搞建设不利于社会主义的发展；在考察中国国情时，我们更清楚地懂得了落后国家建设社会主义，无论在发展生产力方面，还是在完善管理制度方面，都必须学习、借鉴和利用世界各国包括资本主义发达国家所创造的一切先进文明的成果。1978 年 5 月、7 月，邓小平在同外宾的两次谈话中，反复强调中国要实现四个现代化的目标，有很多重要的条件，其中很重要的一条就是要把世界最先进的技术吸引过来作为我们发展的起点，关起门来搞建设是发展不起来的。由此可见，通过学习世界各国的长处建设我国的社会主义，是由我国处在社会主义初级阶段的基本国情所决定的。

这也是当今世界的时代特征对我们的要求。对世界形势的分析告诉我们，在和平与发展成为时代主题的历史条件下，现在的世界已是开放的世界，中国的发展离不开世界，世界也离不开中国，从而为我国实行对外开放的政策提供了有利的国际环境。邓小平指出，在现代世界，各个国家的经济互补性日益加大。发展中国家通过加强对外经济交往和经济合作，利用发达国家的资金、技术和市场来发展本国经济；发达国家也通过拓展对外联系的渠道，开辟更多的市场，来缓解自身发展遇到的困难。邓小平深刻地指出：“从世界的角度来看，中国的发展对世界和平和世界经济的发展有利。西方政治家要清楚，如果不帮助发展中国家，西方面临的市场问题、经济问题，也难以解决。经济上的开放，不只是发展中国家的问题，恐怕也是发达国家的问题。”① 因此，根据当今世界时代的主题已是和平与发展的特点，建设社会主义不仅十分必要而且完全可能对外开放。

当然，作为“发展的起点”，这种开放必须是有利于经济发展的开放，离开发展谈开放，不是我们所主张的开放；不符合发展要求，以“开放”为名行走私、贩毒之实者，更是我们反对的。因此，学习和掌握

---

① 邓小平：《我们的宏伟目标和根本政策》（1984 年 10 月 6 日）。《邓小平文选》第 3 卷，第 79 页，人民出版社，1993。

邓小平的“发展起点论”，可以帮助我们更好地理解开放、掌握开放、实现开放。

我们把开放和引进即利用世界先进技术、先进成果作为我们发展的起点，并不是说我们的发展只能依赖于国外的力量。邓小平历来主张，要坚持独立自主的原则，要发展自己的科学技术。即使我们通过开放引进先进的技术和装备，也要有自己的改造和创造。而且，只有这种自己创造的“第一生产力”，才是社会生产持久发展的推动力量。但在我们相对落后的情况下，利用世界上已有的先进成果来发展我们自己，可以把我们发展的起点迅速提高，加快社会主义现代化建设。这是极其高明的一招。

三 改革开放的成果制度化、法律化是保证国家长治久安的基本途径

体制改革，加上对外开放，即我们常说的改革开放，是邓小平的治国之道。必须指出，邓小平在提出这一治国之道时，总是十分突出地把体制创新的思路通过制度化、法律化的方式规范起来，以利于长治久安。

改革开放，从其基本的要求而言，就是要根据科学的原则建起合理的制度，把人的社会活动纳入到规范化、制度化的轨道上来。制度化，是邓小平管理思想的基本原则，是他的基本的治国之道。毛泽东的治国之道，崇尚人的思想革命化、群众运动和阶级斗争，忽视制度建设。邓小平在总结毛泽东的失误及其经验教训时，深刻地指出：“制度是决定因素”。因此他提出了“制度化”的治国之道。所谓制度，就是规范、形式，它是使事物的内容及其本质得以实现的东西。没有恰当的形式，内容再好的事物充其量只有其可能性，唯有形式与内容辩证地统一的事物才能展现其现实的风采和力量。制度要“化”，一是指要形成一个制度的体系，即不仅基本制度要好，而且具体制度以及更为具体的各种管理制度都要系统地建立起来；二是指这个制度的体系必须是真正反映社会主义的要求和人民群众的根本利益的，即民主的；三是指这个制度的体系

必须有其权威性，决不能因领导人的看法与注意力的改变而改变。邓小平在治国过程中，在实践之初鼓励大胆试验、大胆探索，一旦取得经验就以文件的形式、决定的形式把它确立起来并加以推广，然后就致力于使之定型，形成恰当的制度，以确保长期不变。他认为，再过几十年时间，我们这一套逐步定型了，建设有中国特色的社会主义就会获得成功。其思路很清楚，即通过抓制度化来治国，从制度上保证党和国家政治生活的民主化、经济管理的民主化、整个社会生活的民主化，促进现代化建设事业的顺利发展。

邓小平在提出制度化问题时，同时提出了“法律化”的问题。多少年来，我们走了一条“人治”的道路。中国传统的儒家、法家等诸子百家的治国之道，尽管观点迥异，但都奉行“人治”。新中国建立时，尤其是中华人民共和国第一部宪法诞生时，我们按人民民主的要求，已经宣布要以法治国。但是由于传统观念的影响和党的工作的失误，不仅法律不完备，而且有法不依、执法不严，甚至发展到“文化大革命”那种“无法无天”的混乱局面。有鉴于此，邓小平提出了“法律化”的治国之道。自中共十一届三中全会以来，我们已经在“法律化”问题上做了很多工作。虽然在这方面，至今仍有许多问题，但已取得很大进步。尤其是我们已经提出建立社会主义市场经济体制的任务，通过社会主义市场经济的发展，社会主义法制必将更加完备，“以法治国”也必将更趋成熟。

研究邓小平的治国之道，我们可以清楚地看到，无论是制度化，还是法律化，其灵魂就是邓小平倡导的改革开放。通过从根本上变革束缚生产力发展的生产关系和上层建筑一系列相互联系的环节，使社会主义充满活力，是邓小平治国富国强国的基本途径。制度化、法律化只是其展开和体现。而且，没有改革开放，传统的管理思路也不会转上制度化、法律化的轨道。改革开放，并形成制度化、法律化的新体制，是邓小平设计的在中国实现现代化的治国之道。研究邓小平的“治国论”，必须高度重视这一具有创意的治国之道；实践邓小平的“治国论”，更要自觉坚持这一正确的治国之道。

第四节　治国政治保证：四项基本原则

在以经济建设为中心，坚持改革开放的过程中，如何坚持社会主义的方向和党的领导，建设好中国特色的社会主义？邓小平提出，在党和人民开拓性的实践过程中，必须有一套政治行为的规范，这套规范就是他所概括的四项基本原则，即：坚持社会主义道路，坚持人民民主专政，坚持中国共产党的领导，坚持马克思列宁主义毛泽东思想。这套规范对于共产党员来说，是一种带有强制性的政治纪律；对于党领导的社会主义事业来说，是一种政治保证。坚持邓小平的"治国论"，必须坚持四项基本原则这一富国强国的政治保证。

1992 年 4 月，哈萨克斯坦社会党代表团访华时，代表团团长深有感慨地说："四项基本原则＋改革开放是对马克思主义的创造性发展；中国共产党拯救了社会主义在全世界的威望。"

为了深入认识邓小平关于治国政治保证的重要思想，我们必须注意如下三个方面。

一　四项基本原则是立国之本、民族团结统一的基础和现代化建设的保障

四项基本原则是在党领导人民长期奋斗的实践中逐步概括、逐步形成的。

在《关于正确处理人民内部矛盾的问题》（1957 年 2 月）中，毛泽东在论述贯彻"百花齐放、百家争鸣"方针要有一个判断政治生活中言论和行动是非的标准时，提出了六条标准：（1）有利于团结全国各族人民，而不是分裂人民；（2）有利于社会主义改造和社会主义建设，而不是不利于社会主义改造和社会主义建设；（3）有利于巩固人民民主专政，而

不是破坏或者削弱这个专政；(4) 有利于巩固民主集中制，而不是破坏或者削弱这个制度；(5) 有利于巩固共产党的领导，而不是摆脱或者削弱这种领导；(6) 有利于社会主义的国际团结和全世界爱好和平人民的国际团结，而不是有损于这些团结。并且强调，“这六条标准中，最重要的是社会主义道路和党的领导两条”①。邓小平坚持了毛泽东这一重要思想，并根据社会主义建设长期的实践和新时期面临的新情况，作了新的概括，提出了著名的“四项基本原则”。这一概括，具有重大的现实的指导意义。

首先，四项基本原则是我们的立国之本。自从 1840 年鸦片战争以来，无数志士仁人为了改变中国被奴役、被凌辱的地位，前仆后继，慷慨悲歌，从林则徐、洪秀全、康有为到孙中山，都没有获得成功。唯独中国共产党诞生以后，领导人民创建了独立自主的新中国，开辟了走向繁荣富强的康庄大道。总结中国百年革命史，揭示了一条深刻的道理：理论上马克思列宁主义、毛泽东思想最科学，政治上中国共产党有胆略，国体上人民民主专政合国情，方向上社会主义道路最正确。中华人民共和国的立国之本，就是这四块基石。在建设中国特色社会主义的过程中，离开这四项基本原则，就要走失方向、丢失支柱、丧失核心、误入迷途，因而它是建设中国特色社会主义的政治保证。

其次，四项基本原则在社会主义时期已是全党和全国人民团结统一的政治基础。中国是一个人口众多、幅员广大、情况复杂、经济落后的大国，要保持这样一个国家长期的团结统一，是一项极其艰巨而又复杂的任务。而历史的教训是，历朝历代的盛世都是以国家的团结统一为前提的，一旦国家分裂、群雄割据，就会征战不断、经济衰退、人民遭殃。因此国家的团结统一，是民富国强必不可少的前提。中国共产党的历史证明，坚持四项基本原则是争取和保持国家团结统一的政治基石，从而也是发展经济、振兴中华的政治保证。

再次，四项基本原则在今天是现代化建设和改革开放顺利发展的保

---

① 《毛泽东文集》第 7 卷，第 234 页，人民出版社，1999。

障。现代化建设和改革开放是当代中国人民的伟大实践。但是中国的现代化建设和改革开放具有复杂的背景。一方面，它是在我们经过“文化大革命”的浩劫以后全面推开的。尽管“文化大革命”错误是由党自己来纠正的，但“文化大革命”的内乱已经给党，给社会主义，给人民民主专政，给马列主义毛泽东思想在人民心目中的地位，造成了伤害。在这种背景下，人们的思想中难免会出现“左”的和右的错误观点，从而干扰现代化建设和改革开放的健康展开。另一方面，它是当代资本主义经济在战后获得迅速发展，包括我们周边的日本和亚洲“四小龙”经济已经起飞的背景下推开的。在现代化进程中，尤其是在对外开放过程中，人们了解了资本主义世界的情况后，就会误以为社会主义不如资本主义，产生盲目西化、资本主义化的错误思潮。而且，改革开放过程中资本主义的腐朽思想也难免会进来，并同我国根深蒂固的封建主义、小生产思想相结合，干扰社会主义建设大业。正是基于这样的考虑，邓小平在1978年底全党实现工作重点向经济建设转移后，便于1979年3月提出了要坚持四项基本原则的问题。他说：“如果动摇了这四项基本原则中的任何一项，那就动摇了整个社会主义事业，整个现代化建设事业。”①

二　警惕右，但主要是防止“左”

值得注意的是，邓小平在提出坚持四项基本原则这一重大问题的时候，有两方面的针对性。

在论述四项基本原则时，他说：“中央认为今天还是有很大的必要来强调宣传这四项基本原则。因为现在一方面，党内有一部分同志还深受林彪、‘四人帮’极左思潮的毒害，有极少数人甚至散布流言蜚语，攻击中央在粉碎‘四人帮’以来特别是三中全会以来所实行的一系列方针政策违反马列主义、毛泽东思想；另一方面，社会上有极少数人正在散布

① 邓小平：《坚持四项基本原则》（1979年3月30日）。《邓小平文选》第2卷，第173页，人民出版社，1994。

怀疑或反对这四项基本原则的思潮，而党内也有个别同志不但不承认这种思潮的危险，甚至直接间接地加以某种程度的支持。虽然这几种人在党内外都是极少数，但是不能因为他们是极少数而忽视他们的作用。事实证明，他们不但可以而且已经对我们的事业造成很大的危害。因此，我们必须一方面继续坚定地肃清‘四人帮’的流毒，帮助一部分还在中毒的同志觉悟过来，并且对极少数人所散布的诽谤党中央的反动言论给予痛击；另一方面用巨大的努力同怀疑上面所说的四项基本原则的思潮作坚决的斗争。这两种思潮都是违背马列主义、毛泽东思想的，都是妨碍我们的社会主义现代化建设事业的前进的。”①

这段论述之所以值得引起我们重视，是因为邓小平在这里告诉了我们两个重要问题：

第一，坚持四项基本原则不是仅仅针对来自右面的干扰即资产阶级自由化的，而是同时针对来自“左”面的和右面的两种错误思潮的干扰的。

第二，在社会主义现代化建设和改革开放进程中，“左”的干扰表现在两个方面：一是“深受林彪、‘四人帮’极左思潮的毒害”，二是“攻击中央在粉碎‘四人帮’以来特别是三中全会以来所实行的一系列方针政策违反马列主义、毛泽东思想”；右的干扰也表现在两个方面：一是“社会上有极少数人正在散布怀疑或反对这四项基本原则的思潮”，二是党内有人对这种社会思潮的危险性认识不足，“甚至直接间接地加以某种程度的支持”。

倘若用改革开放以来我们在思想文化战线所经历的曲折斗争的实践，来检验邓小平在 1979 年 3 月讲的话，不能不钦佩这种论述的准确性、深刻性和科学性。1978 年的真理标准问题大讨论，1979 年同社会上出现的怀疑和否定四项基本原则思潮的斗争，1979 年至 1980 年围绕家庭联产承包责任制对农村经济体制改革方向问题的各种评价，1980 年至 1981 年关于毛泽东和毛泽东思想评价问题的争论，1981 年对思想战线涣散软弱状

---

① 邓小平：《坚持四项基本原则》（1979 年 3 月 30 日）。《邓小平文选》第 2 卷，第 165—166 页，人民出版社，1994。

态的批评，1983 年提出思想战线不能搞精神污染问题，1984 年关于发展社会主义商品经济问题的争论，1986 年底的学潮和 1989 年春夏之交的政治风波，以及 1990 年后出现的对党的工作中心和社会主义市场经济等问题的质疑，等等，所有这些大大小小的问题都证明了邓小平在 1979 年 3 月所阐明的基本观点和基本判断的正确。

在此基础上，邓小平在 1992 年初南方谈话中，对于坚持四项基本原则，反对“左”、右两种错误倾向这一重大的政治问题，做了进一步的概括。他的概括，集中起来，主要阐述了以下三点：

第一，重申了他一贯强调的坚持四项基本原则要贯穿于社会主义现代化建设和改革开放全过程的观点。他说：“在整个改革开放的过程中，必须始终注意坚持四项基本原则。十二届六中全会我提出反对资产阶级自由化还要搞二十年，现在看起来还不止二十年。资产阶级自由化泛滥，后果极其严重。特区搞建设，花了十几年时间才有这个样子，垮起来可是一夜之间啊。垮起来容易，建设就很难。在苗头出现时不注意，就会出事。”①

第二，论述了全面改革时期右和“左”的干扰的主要内容和主要表现。他说：“右的东西有，动乱就是右的！‘左’的东西也有。把改革开放说成是引进和发展资本主义，认为和平演变的主要危险来自经济领域，这些就是‘左’。我们必须保持清醒的头脑，这样就不会犯大错误，出现问题也容易纠正和改正。”②

第三，明确地指出了社会主义现代化建设和改革开放时期反倾向斗争的主要方向。他强调说：“现在，有右的东西影响我们，也有‘左’的东西影响我们，但根深蒂固的还是‘左’的东西。有些理论家、政治家，拿大帽子吓唬人的，不是右，而是‘左’。‘左’带有革命的色彩，好像越‘左’越革命。‘左’的东西在我们党的历史上可怕呀！一个好好的东西，一下子被他搞掉了。右可以葬送社会主义，‘左’也可以葬送社会主义。中国要警惕右，但主要是防止‘左’。”③

---

①②③　《邓小平文选》第 3 卷，第 379、375、375 页，人民出版社，1993。

邓小平强调的这三点极其重要，对于我们建设有中国特色的社会主义有长远的指导意义。尤其是他关于“要警惕右，但主要是防止‘左’”的科学论断。对于我们长期坚持四项基本原则，推进改革开放，搞好经济建设，指明了政治的方向。

有的同志认为，在反倾向问题上，要全面学习掌握邓小平的论述，而不能简单地确定那一种倾向是主要的。这种观点，实际上是不同意“要警惕右，但主要是防止‘左’”的原则。但这种观点提出的意见，必须认真对待。我们确实要全面学习和掌握邓小平关于处理“左”和右的错误思想的论述。为此，我们有必要把邓小平这方面的主要论述回顾一下：

1979 年 3 月 30 日，邓小平说：“关于林彪、‘四人帮’所散布的极左思潮（毫无疑问，这种思潮也是反对四项基本原则的，只是从‘左’面来反对），我们过去已经进行了大量的批判，今后还需要继续开展这种批判，不能放松。现在，我想着重对从右面来怀疑或反对四项基本原则的思潮进行一些批判。”① 这次讲话，第一次提出了要批判“左”的思潮的同时，要批判怀疑或反对四项基本原则的右的思潮。

1980 年 12 月 25 日，邓小平提出经济形势和政治形势能否稳定，不仅要靠经济工作，还要靠宣传工作时，尖锐地指出：“我们的宣传工作还存在严重缺点，主要是没有积极主动、理直气壮而又有说服力地宣传四项基本原则，对一些反对四项基本原则的严重错误思想没有进行有力的斗争。”② 这里说的宣传工作，包括党的整个思想政治工作。他指出党在思想政治工作中存在着同资产阶级自由化思想斗争不力这一“严重缺点”。

1981 年 3 月 27 日，邓小平说：“对‘左’的错误思想不能忽略，它的根子很深。重点是纠正指导思想上‘左’的倾向，但只是这样还不能

① 邓小平：《坚持四项基本原则》（1979 年 3 月 30 日）。《邓小平文选》第 2 卷，第 166 页，人民出版社，1994。

② 邓小平：《贯彻调整方针，保证安定团结》（1980 年 12 月 25 日）。《邓小平文选》第 2 卷，第 364 页，人民出版社，1994。

完全解决问题，同时也要纠正右的倾向。”“对‘左’对右，都要做具体分析。”[①] 这里指出要进行两条战线作战，在重点纠正指导思想上“左”的倾向的同时，不能忽略右的倾向。

1983年10月12日，在中共十二届二中全会上，邓小平说：“应当明确指出，当前思想战线首先要着重解决的问题，是纠正右的、软弱涣散的倾向。”同时强调在开展积极的思想斗争的时候，仍然要注意防止“左”的错误，特别强调“过去那种简单片面、粗暴过火的所谓批判，以及残酷斗争、无情打击的处理方法，决不能重复”。“批评或自我批评都要站在马克思主义立场上，不能站在‘左’的立场上。”[②]

1985年8月28日和1985年9月23日，邓小平两次讲到：“如果不坚持这四项基本原则，纠正极左就会变成‘纠正’马列主义，‘纠正’社会主义。”[③]这就是说，纠正极左不能站在右的立场上。

1986年12月中下旬学潮发生后，邓小平严肃地指出：“从中央到地方，在思想理论战线上是软弱的，丧失了阵地，对于资产阶级自由化是个放任的态度，好人得不到支持，坏人猖狂得很。”[④] 1987年1月13日，他又进一步指出这次学习闹事，“问题在于我们思想战线上出现了一些混乱，对青年学生引导不力。这是一个重大失误”。而在学生闹事时煽动反对党的领导和社会主义制度的，“这些人恰恰就在共产党里”[⑤]。1987年2月18日，他明确指出：“大学生闹事，主要责任不在学生，而是少数别有用心的人煽动，其中主要是少数党内高级知识分子。”[⑥]

1987年4月26日，邓小平在同外宾谈话时初步总结说：“搞社会主义，搞四个现代化，有‘左’的干扰。我们党的十一届三中全会以来，着重反对‘左’，因为我们过去的错误就在于‘左’。但是也有右的干扰。所谓右的干扰，就是要全盘西化，不是坚持社会主义，而是把中国引导到资本主义。”[⑦] 4月30日，他回顾了我国社会主义建设的历史经验，并

---

① 邓小平：《关于反对错误思想倾向问题》（1981年3月27日）。《邓小平文选》第2卷，第379页，人民出版社，1994。

②③④⑤⑥⑦ 《邓小平文选》第3卷，第47、137、195、198、204、225页，人民出版社，1993。

对改革开放以来的经验做了总结，说："这八年多的经历证明，我们所做的事情是成功的，总的情况是好的，但不是说没有干扰。几十年的'左'的思想纠正过来不容易，我们主要是反'左'，'左'已经形成了一种习惯势力。现在中国反对改革的人不多，但在制定和实行具体政策的时候，总容易出现有一点留恋过去的情况，习惯的东西就起作用，就冒出来了。同时也有右的干扰，概括起来就是全盘西化，打着拥护开放、改革的旗帜，想把中国引导到搞资本主义。这种右的倾向不是真正拥护改革、开放政策，是要改变我们社会的性质。""我们既有'左'的干扰，也有右的干扰，但最大的危险还是'左'。"①

中共十三大召开前夕，1987 年 7 月 4 日，邓小平在总结历史和现实经验的基础上，深刻地指出："搞社会主义现代化建设是基本路线。要搞现代化建设使中国兴旺发达起来，第一，必须实行改革、开放政策；第二，必须坚持四项基本原则，主要是坚持党的领导，坚持社会主义道路，反对资产阶级自由化，反对走资本主义道路。这两个基本点是相互依存的。搞现代化建设，搞改革、开放，存在'左'和右的干扰问题。'左'的干扰更多是来自习惯势力。旧的一套搞惯了，要改不容易。右的干扰就是搞资产阶级自由化，全盘西化，包括照搬西方民主。'左'的和右的干扰，最主要的是'左'的干扰。建国后，从一九五七年到一九七八年，我们吃亏都在'左'。我们国家大，党的历史很长，建国也已经有三十八年，因此好多习惯势力不能低估，而右的干扰也帮了习惯势力的忙，所以我们也不能忽视右的干扰。"②

1989 年春夏之交政治风波发生前后，邓小平一方面反复强调中共十一届三中全会以来，我们最大失误是在教育方面，对青年的政治思想教育抓得不够，教育发展不够；在"两手抓"方面，"一手比较硬，一手比较软"。并且特别指出："过去两个总书记都没有站住，并不是选的时候不合格。选的时候没有选错，但后来他们在根本问题上，就是在坚持四项基本原则的问题上犯了错误，栽了跟头。"③另一方面，他反复强调

①②③ 《邓小平文选》第 3 卷，第 228—229、248—249、324 页，人民出版社，1993。

"一个中心、两个基本点"和"三步走"的发展战略都没有错。他说；"以后我们怎么办？我说，我们原来制定的基本路线、方针、政策，照样干下去，坚定不移地干下去。"①

这样，到1992年初视察南方谈话时，他提出了"要警惕右，但主要是防止'左'"。

综上所述，我们可以看到邓小平在这个问题上的四个基本思想：

第一，在社会主义现代化建设和改革开放过程中，存在着"左"和右两种错误思想的干扰。"左"的倾向已经形成了一种习惯势力，它留恋过去，把改革开放说成是引进和发展资本主义，认为和平演变的主要危险来自经济领域。右的倾向打着拥护改革开放的旗帜，搞全盘西化，想把中国引导到资本主义道路上去，改变我们社会的性质。"左"和右都反对四项基本原则，两者的区别在于一是从"左"面来反对，一是从右面来反对。有"左"和右政治倾向的人主要的都在共产党内，右的主要是少数党内高级知识分子，"左"的主要是党内有些理论家、政治家。因此，我们必须有"左"就反"左"，有右就反右，进行两条战线作战。这是在反对错误倾向时必须把握的基本要求。邓小平说"中国要警惕右，但主要是防止'左'"，就是讲现代化建设和改革开放中存在着的"左"和右两种错误倾向，都是我们要反对的。

第二，在战略上，从总体上讲，"左"和右这两种错误倾向，在社会主义现代化建设和改革开放这场新的革命中，解决"左"的问题是主要的。这就是"要警惕右，但主要是防止'左'"的原则的主旨。为什么这样讲？邓小平从历史和现实、形式和内容的统一以及客观效果等方面，深刻地回答了这一问题。中共十四大报告对邓小平这方面的思想作了总结和概括。归纳起来，一是在中国共产党的历史上，"左"的思想根深蒂固。二是"左"带有革命色彩，拿大帽子吓唬人，好像越"左"越革命。三是在建设社会主义的进程中，从1957年起的20年间出现的错误，主要都是"左"。1985年8月28日，他在同外宾的谈话中说过："我们都是

① 《邓小平文选》第3卷，第307页，人民出版社，1993。

搞革命的，搞革命的人最容易犯急性病。我们的用心是好的，想早一点进入共产主义。这往往使我们不能冷静地分析主客观方面的情况，从而违反客观世界发展的规律。”① 四是改革开放要探索和开辟新的道路，突破束缚生产力发展的体制和观念，阻力主要来自“左”。这一点最重要。因为改革开放这场革命和过去的民主革命、社会主义改造那样的革命不同之点在于，革命对象不是敌对的阶级或剥削制度，而是束缚生产力发展的经济体制和其他体制，“左”的习惯势力站的位置（立场）在旧体制一边，因而它就会成为这场新的革命的“阻力”，成为必须主要加以防止的倾向。邓小平对这一点，头脑始终十分清醒，即使在提醒全党要注意右的倾向、反对资产阶级自由化时，也常常告诫全党重点是纠正指导思想上“左”的倾向。

第三，在战术上，从具体问题讲，不能因为“左”是我们要解决的战略重点，就忽略右的倾向。“左”的倾向一出现就要反对，右的倾向一冒头也要批判。在一定的时期、一定范围内，有时还要把右的倾向作为着重要解决的问题来处理。实际上，自从中共十一届三中全会以来，邓小平一面领导全党和全国各族人民破除“左”的僵化思想的禁锢，推动改革开放和现代化建设一步一步深入展开，一面不断地要求全党注意右的资产阶级自由化倾向。正如他在中共十二届六中全会上所说的：“反对资产阶级自由化，我讲得最多，而且我最坚持。”② 对于两任党的总书记在反对资产阶级自由化问题上所犯的错误，都是他事先提醒、果断处理的。1983 年 10 月还专门强调当前思想战线首先要着重解决右的、软弱涣散的倾向。1986 年底以后一再强调对青年学生要加强坚持四项基本原则，反对资产阶级自由化的教育，果断地领导党和人民平息了 1989 年春夏之交的政治风波。这就是说，当我们在战略上明确了要警惕右，主要防止“左”以后，战术上还要根据不断变化的形势和出现的问题确定阶段性的或一定范围内要着力解决的问题。我们决不能把邓小平针对一定时期一定范围内发生的问题所作出的具体论断和战术决策，同他的整个战略思

①② 《邓小平文选》第 3 卷，第 139—140、181 页，人民出版社，1993。

想对立起来。

第四，在方法上，无论是批判“左”的还是右的错误思想，都必须采取马克思主义的正确方法，决不能采取简单片面、粗暴过火那种所谓“大批判”，决不能采取残酷斗争、无情打击那种所谓“革命行动”。一句话，不能采取“左”的方法。警惕右，但主要是防止“左”的原则中，也包括这一重要的斗争方法问题。

这些基本思想是一个整体，总括起来就是一句话：“中国要警惕右，但主要是防止‘左’。”它是我们坚持党的基本路线一百年不动摇的一个重要保障，必须十分清醒地坚持。

三　坚持四项基本原则必须发展四项基本原则

四项基本原则不是僵化的、凝固的东西，它在历史上是随着实践的发展而发展的，在今天也必然从改革开放和现代化建设中获得新的时代内容。

邓小平指出：“实现四个现代化所必须坚持的四项基本原则，虽然我已经说过都不是什么新问题，但是这些原则在目前的新形势下却都有新的意义，都需要根据新的丰富的事实作出新的有充分说服力的论证。”① 与此同时，邓小平指出，这种丰富和发展不是随心所欲的添加或修改，而是遵循毛泽东倡导的实事求是的原则，以中国实际为出发点，来丰富和发展四项基本原则。他说过：“我们多次重申，要坚持马克思主义，坚持走社会主义道路。但是，马克思主义必须是同中国实际相结合的马克思主义，社会主义必须是切合中国实际的有中国特色的社会主义。”② 这就表明，四项基本原则的生命力和活力就在于它是马列主义基本原理与中国具体实际的结合。以发展、创造的观点看待四项基本原则，才能既

---

①　邓小平：《坚持四项基本原则》（1979 年 3 月 30 日）。《邓小平文选》第 2 卷，第 179—180 页，人民出版社，1994。

②　邓小平：《建设有中国特色的社会主义》（1984 年 6 月 30 日）。《邓小平文选》第 3 卷，第 63 页，人民出版社，1993。

在理论上又在实践上、既在形式上又在内容上真正坚持这些原则。以僵化、停滞的观点看待四项基本原则，只能是口头上坚持，实践上怀疑；形式上坚持，内容上背离。我们坚持四项基本原则，就要不断总结实践经验，用新的理论、观点来丰富和发展四项基本原则。这样，才能使四项基本原则保持强大的生命力。

四项基本原则不仅是必须发展的，而且正在发展着。这是因为，改革开放是一个伟大而又崭新的实践，改革不断创造着新事物、新经验，开放不断扩展着我们的视野、我们的认识，从而使四项基本原则有了一系列比以往更为准确、更为深刻、更为全面的内容。

首先，我们纠正了过去在四项基本原则某些内容上的错误观点。比如，长期来我们认为计划经济是社会主义的本质特征，坚持四项基本原则就要坚持计划经济，任何不符合计划经济的观点和做法都违反了四项基本原则。在这种观点下，凡是主张市场取向改革的，主张市场经济理论的，就会被打入资产阶级自由化之列。战后世界经济发展的经验和我们改革的实践，证明计划经济不等于社会主义，资本主义也有计划；市场经济不等于资本主义，社会主义也有市场。因此，我们现在不再把计划经济和市场经济作为区分姓“社”姓“资”的标志，即它们不再是区分四项基本原则和资产阶级自由化的标志。

其次，我们深化了四项基本原则中许多重要的观点。比如，我们在坚持社会主义道路的问题上，由于认识到我国现阶段处在社会主义初级阶段，因此，坚持社会主义不等于要求全部经济都是清一色的公有制经济，应该允许各种形式的非社会主义经济作为社会主义经济的补充而存在和发展。我们提出的“要坚持以公有制为主体的经济”这一观点，深化了坚持社会主义道路这一基本原则。又比如，在坚持人民民主专政问题上，我们不仅坚持认为这种国体是对人民民主和对敌人专政相结合的国体，而且更深入地认识到民主必须制度化和法律化，同极端民主化和无政府主义划清了界限。

再次，我们为四项基本原则充实了许多新的观点、新的理论。比如，关于社会主义本质的新见解，关于改革也是解放生产力的新观点，关于通过一部分人先富起来逐步达到共同富裕的新战略，等等，都是马列主义经典著作中所没有的而又是马列主义的新论点。尤其是我们在实践中逐步形成和发展的中国特色社会主义理论，更是当代中国的马克思主义。这些观点和理论为四项基本原则注入了新鲜的血液，使之更具有时代的色彩。①

随着实践的发展，四项基本原则必将继续发展。这是因为，四项基本原则是以解放思想、实事求是的思想路线为精髓的马克思主义的思想政治原则，它内在地具有一种创新的动力和发展的机制，它从来就不是一种绝对不变的僵化的教条。当年，马克思对那些机械地、教条地、庸俗地对待马克思学说和科学社会主义的“马克思主义者”们说：“我只知道我自己不是马克思主义者。”② 今天，我们也不能僵化地对待四项基本原则。我们讲坚持，就是在任何时候都不能动摇作为立国之本的四项基本原则；同样，我们讲发展，也就是在新的历史条件下更好地坚持四项基本原则。只有在“坚持”的过程中“发展”，在“发展”的过程中“坚持”，才是真正地坚持四项基本原则，才能使之成为治国富国强国可靠的政治保证。

第五节　治国方法：“两手抓”

中国不仅面积大、人口多，而且由于其奇特的社会演进程序，社会矛盾极其复杂。当年毛泽东写《矛盾论》，强调要认识和处理好矛盾的普

---

① 2001年4月2日，江泽民在全国治安工作会议上，以新的实践为基础揭示了四项基本原则的实质。他说，坚持社会主义道路的实质，就是要坚定不移走中国特色社会主义道路；坚持人民民主专政的实质，就是要不断发展社会主义民主；坚持党的领导的实质，就是要坚持党在中国特色社会主义事业中的领导核心地位，发挥党总揽全局、协调各方的作用；坚持马列主义毛泽东思想的实质，就是要坚持马克思主义指导地位，并在实践中丰富和发展马克思主义。

② 《马克思恩格斯选集》第4卷，第695页，人民出版社，1995。

遍性和特殊性问题，即在于中国社会客观上存在着复杂的矛盾。今天，我们要治国，进而富国强国，也要正视社会矛盾，并且正确地处理好多种复杂的矛盾。邓小平提倡“要照辩证法办事”，曾获得毛泽东的高度评价和赞扬。在他成为第二代中央领导集体的核心时，运用辩证法，实事求是地处理各种治国难题，显示出了卓越的才干。研究他的治国思想，就一定要触及他的治国方法。

必须指出，他的治国方法是以实事求是的哲学为基础的，归根到底也可以说是一种实事求是的方法。但仅仅这样说，是不够的，还要加以具体的分析。

“两手抓”，是他的治国方法的生动概括。如前所述，四项基本原则是立国之本。治国是立国的继续和发展，但是如果不能治国，国将不立，在这个意义上，治国又是立国的关键。因此，邓小平把坚持改革开放和坚持四项基本原则，作为以经济建设为中心的党在社会主义初级阶段的基本路线中“两个基本点”提了出来。在治国过程中，这两个基本点是相互依存、相互补充的关系，而且都必须服从并服务于经济建设这个中心。

最初提出“两手抓”的问题，是在 1979 年 6 月 28 日同外宾的谈话。邓小平说：“民主要坚持下去，法制要坚持下去。这好像两只手，任何一只手削弱都不行。”① 提出这一问题，是因为从“文化大革命”走出来的中国人民，迫切要求加强社会主义民主。但是，缺少现代民主传统的人们又往往把所谓“大民主”当作民主，不懂得民主同法制相联系，必须有法律程序。当时，上海发生的少数人冲击领导机关的事，突出地表明了这一点。这同多年来我们不重视法制建设有很大的关系。为之，邓小平提出：“民主和法制，这两个方面都应该加强，过去我们都不足。要加强民主就要加强法制。没有广泛的民主是不行的，没有健全的法制也是不行的。”②

这一关于“两手抓”的思想，在实践中不断发展、不断充实，逐步

①② 邓小平：《民主和法制两手都不能削弱》（1979 年 6 月 28 日）。《邓小平文选》第 2 卷，第 189 页，人民出版社，1994。

形成了一套治国方法。

首先，围绕经济建设这个中心，必须坚持四项基本原则和改革开放这两个基本点，这样，就能使我们的现代化建设既有正确的政治方向，又能充满活力。

其次，在现代化建设和改革开放中，必须坚持不懈地抓好法制建设，以法治国。这就是邓小平说的：“搞四个现代化一定要有两手，只有一手是不行的。所谓两手，即一手抓建设，一手抓法制。党有党纪，国有国法。”① 前述要抓民主和法制两只手，也是此意。其基本精神就是要充分运用宪法和法律的手段来治国。这是对全体公民的要求，也是对社会公仆的要求，对党和国家机关的要求。只有坚持法律面前人人平等，有法必依，执法必严，这个社会才是现代化的有序的社会，才能更好地体现和发挥社会主义的优越性，才能保证我们实现社会主义现代化的奋斗目标。

再次，在现代化建设和改革开放中，根据坚持四项基本原则和改革开放相统一的要求，根据以法治国的精神，在治党治政治军时，必须“一手抓改革开放，一手抓惩治腐败”②；在治理社会秩序时，必须“一手抓改革开放，一手抓打击各种犯罪活动”③；在加强党对思想文化战线的领导时，必须“一手搞改革开放，一手反对资产阶级自由化”等等。这样，就能区别情况，从实际出发，在“两手抓”的进程中比较有效地解决问题。

最后，在现代化建设和改革开放中，必须坚持物质文明和精神文明两手抓、两手都要硬。邓小平历来认为现代化建设包括物质文明和精神文明两个方面的目标和任务。只有以经济建设为中心，实现两个文明协调发展，两个文明都搞好了，才是有中国特色的社会主义。

这一系列“两手”，是一个由多重要素相互作用而构成的系统。而“两手抓”则是求得系统的动态平衡，以防因突出一手而失衡。因此，邓小平的治国方法把矛盾辩证法与系统方法结合起来，力求从整体上把握

①②③ 《邓小平文选》第 3 卷，第 154、314、378 页，人民出版社，1993。

治国之道。这当然很难，因为“两手”之间既有相辅相成作用，又难免存在相互制约或限制的功能。在处理“两手抓”的复杂问题时，邓小平采取了极其务实的态度和方法。也就是说，他不是从教条出发，而是从实际出发，现实地对待各个时期出现的新情况新问题，现实地确定某个时期“两手抓”中间的重点。比如在违法犯罪问题突出的时候，他就把从重从严从快地打击犯罪作为“两手”中的重点提出来。但另一方面，正由于“两手抓”问题是客观实际的要求，他决不允许以重点取代一切，决不允许以一时一地的重点而偏离“一个中心、两个基本点”的基本路线。务实，是邓小平的领导艺术和领导风格，也是他治国方法的一个基本的特点，它贯彻于“两手抓”的始终。

总而言之，邓小平的“治国论”具有极为丰富的内容，包括在当今瞬息多变的国际环境下，邓小平提出的“冷静观察”“沉着应付”“韬光养晦”等对策，都是其治国思想的光辉之点，这里我们不可能全面展开、详尽阐述。但是，我们在研究邓小平建设中国特色社会主义理论的时候，必须高度重视并深入研究他的治国论。

第五章　发展论

中国对我来说是最有意义、最重要的奇观之一。我认为，世界会越来越注视中国。中国经济方面的经验的确是非凡而罕见的。在这样一个大国里，10年时间经济翻了一番，这确实应该叫做奇迹。没有一项坚实可靠的战略和一项很好的政策是创造不出这种奇观的。

——［保］亚·利洛夫

第一节 发展的中国道路：中国式的现代化

当代中国蓬勃发展的经济、欣欣向荣的市场、丰富多彩的生活，举世瞩目，也引起了人们的关注：中国迅速发展的秘密是什么？

1992 年 4 月，哈萨克斯坦社会党代表团访华期间，该党主席叶尔蒂斯巴耶夫发表谈话说：

> 纳扎尔巴耶夫总统 1991 年 6 月访问中国回去之后，曾谈到要学习中国的改革经验。现在则不提了……这次代表团回去后，要宣传中国的发展模式，开辟第三条道路——中国道路。①

作为中国发展的“旁观者”，认为中国的迅速发展在于中国形成了自己的“发展模式”，开辟了发展的“中国道路”，是很有见地的，值得我们重视。

发展的模式和道路，即一个国家实现现代化的模式和道路。如果综合制度基础和文化背景等要素，目前世界上的发展和现代化模式大体上已有四类：一类是欧美发达资本主义国家，这是先期的或原发式的现代化；一类是原苏联、东欧国家，是社会主义计划经济基础上的现代化，在五六十年代曾经创造过辉煌；一类是战后在拉美等地出现的现代化，这是发展中国家走向现代化的新探索，这种后发式的现代化后来碰到了许多困难和问题；还有一类是六七十年代在东亚和东南亚一些国家和地区出现的新兴工业化国家，它们是在东方文化背景下实现的现代化。

---

① 刘洪潮等主编：《外国要人名人看中国（1989—1992）》，第 111 页，中共中央党校出版社，1993。

中国人梦寐以求的也是现代化，但像中国这样一个历史悠久、幅员辽阔、人口众多的东方大国，如何实现现代化，是摆在我们面前的一道难解之题。

一是用什么样的“主义”，什么样的制度，来保障现代化的实现。为解这道题，中国人经历了一百多个漫长的春秋。1949 年 6 月 30 日，人民共和国诞生前夕，毛泽东在为纪念中国共产党 28 周年而写的《论人民民主专政》中描绘了中国人民求索的过程和获得的结论：

> 自从一八四〇年鸦片战争失败那时起，先进的中国人，经过千辛万苦，向西方国家寻找真理。洪秀全、康有为、严复和孙中山，代表了在中国共产党出世以前向西方寻找真理的一派人物。那时，求进步的中国人，只要是西方的新道理，什么书也看。向日本、英国、美国、法国、德国派遣留学生之多，达到了惊人的程度。国内废科举，兴学校，好像雨后春笋，努力学习西方。我自己在青年时期，学的也是这些东西。这些是西方资产阶级民主主义的文化，即所谓新学，包括那时的社会学说和自然科学，和中国封建主义的文化即所谓旧学是对立的。学了这些新学的人们，在很长的时期内产生了一种信心，认为这些很可以救中国，除了旧学派，新学派自己表示怀疑的很少。要救国，只有维新，要维新，只有学外国。那时的外国只有西方资本主义国家是进步的，它们成功地建设了资产阶级的现代国家。……
>
> 帝国主义的侵略打破了中国人学西方的迷梦。很奇怪，为什么先生老是侵略学生呢？中国人向西方学得很不少，但是行不通，理想总是不能实现。多次奋斗，包括辛亥革命那样全国规模的运动，都失败了。国家的情况一天一天坏，环境迫使人们活不下去。怀疑产生了，增长了，发展了。第一次世界大战震动了全世界。俄国人举行了十月革命，创立了世界上第一个社会主义国家。过去蕴藏在地下为外国人所看不见的伟大的俄国无产阶级和劳动人民的革命精力，在列宁、斯大林领导之下，像火山一样突然爆发出来了，中国

> 人和全人类对俄国人都另眼相看了。这时，也只是在这时，中国人从思想到生活，才出现了一个崭新的时期。中国人找到了马克思列宁主义这个放之四海而皆准的普遍真理，中国的面目就起了变化了。
>
> 中国人找到马克思主义，是经过俄国人介绍的。在十月革命以前，中国人不但不知道列宁、斯大林，也不知道马克思、恩格斯。十月革命一声炮响，给我们送来了马克思列宁主义。十月革命帮助了全世界的也帮助了中国的先进分子，用无产阶级的宇宙观作为观察国家命运的工具，重新考虑自己的问题。走俄国人的路——这就是结论。①

确实如此，为了中国的发展和强大，为了中国的工业化和现代化，以魏源、龚自珍、林则徐为代表的地主阶级革新派，提出了“师夷之长技以制夷”的发展路线；以洪秀全为代表的农民阶级，提出了带有明显农业社会主义色彩的发展路线；以康有为、梁启超为代表的资产阶级改良派，提出了“维新变法”的发展路线；以孙中山为代表的资产阶级革命派，更是系统地制定了三民主义的发展路线和实业计划。此外，还有“教育救国”“科技救国”“实业救国”等主张和“以农立国”“以工立国”等争论。但是，这一切的一切，都没有取得实际的成效。有的路线或主张一提出，就遭到封建专制主义的打击；有的路线或主张实行不久，就在封建主义和帝国主义的携手摧残下失败；有的路线或主张，根本无法实行。其原因均在于这些路线或主张，是在西方列强侵略中国又同中国封建主义统治者联盟的背景下产生的，面临着封建主义和帝国主义的双重压力。因此，唯有“走俄国人的路”，才是解决中国工业和现代化问题的唯一出路。

这里说的“走俄国人的路”，是一种形象的说法。其含意不是要照搬苏联的做法，而是指要走社会主义道路。这就是《论人民民主专政》中

---

① 《毛泽东选集》第4卷，第1469—1471页，人民出版社，1991。

讲的“经过人民共和国到达社会主义和共产主义，到达阶级的消灭和世界的大同”①，就是毛泽东在《关于正确处理人民内部矛盾的问题》中精辟地指出的：“只有社会主义能够救中国。”②

社会主义作为一种“主义”，同先进的社会化生产力相联系相适应，不仅高于封建主义，也高于资本主义，是解决近代中国基本矛盾最有效的思想武器；作为一种社会制度，能够以生产资料公有制的形式把劳动者和劳动对象、劳动资料有效地结合起来，把人民群众最大限度地组织起来，从而为实现工业化和现代化创造最好的社会条件。

二是通过什么样的途径，用什么样的方法，迅速改变中国生产力落后的状况，把全国各族人民的积极性、主动性和创造性充分激发出来。为解这道题，中国人民在建立社会主义制度以后，又经历了艰辛的探索。

在进行社会主义改造之初，毛泽东就决定把“工业化”和改变生产资料私有制共同作为党在过渡时期总路线的内容。但由于所有制方面社会主义改造的任务提前完成，进入社会主义社会后，工业化和现代化的任务更为紧迫。在《关于正确处理人民内部矛盾的问题》（1957 年 2 月）中，毛泽东提出了三个重要的观点：

第一，“我们的根本任务已经由解放生产力变为在新的生产关系下面保护和发展生产力”③。这个观点没有注意到社会主义条件下仍然存在“解放生产力”的必要性即改革的任务，是其不足。但是明确社会主义社会里，党和国家的“根本任务”是要“保护和发展生产力”无疑是正确的。

第二，“专政的目的是为了保卫全体人民进行和平劳动，将我国建设成为一个具有现代工业、现代农业和现代科学文化的社会主义国家”④。

---

① 《毛泽东选集》第 4 卷，第 1471 页，人民出版社，1991。

②③ 《毛泽东文集》第 7 卷，第 214、218 页，人民出版社，1999。

④ 《毛泽东文集》第 7 卷，第 207 页，人民出版社，1999。1960 年初毛泽东在阅读苏联《政治经济学（教科书）》（第三版）社会主义部分时，说：“建设社会主义，原来要求是工业现代化，农业现代化，科学文化现代化，现在要加上国防现代化。”（《毛泽东文集》第 7 卷，第 116 页，人民出版社，1999）这“四个现代化”的思想，后来正式写进了三届全国人大一次会议《政府工作报告》之中。

这个观点不仅明确了人民民主专政的目的，而且提出了我们发展生产力是要实现工业、农业、科学文化的现代化，十分有价值。

第三，“中国工业化的道路”①。这是这篇名著第12章的题目，也是全书的归总，即正确区分和处理两类不同性质的社会矛盾，调动一切积极因素，是为了走出一条“中国工业化的道路”。而且，这一章讲的内容实际上就是1956年4月25日毛泽东发表的《论十大关系》的内容。那篇文章就是毛泽东探索中国自己的工业化道路的代表作。毛泽东当时的思路是：努力走出一条符合中国实际的社会主义建设新路，即中国的工业化道路。

现在，我们可以看得很清楚了，要解出中国工业化和现代化这道难题，一要“走俄国人的路”即走社会主义的道路；二要“走自己的路”即走中国的工业化和现代化道路。这两解，缺一解就不是正确的答案。

然而，十分可惜的是，毛泽东的探索没有能够很好地坚持下去，“左”的指导思想使我们没有能找到这条中国的工业化和现代化道路。

中共十一届三中全会把全党的工作重点由阶级斗争转移到经济建设上来以后，1979年3月30日，邓小平郑重地提出：“现在搞建设，也要适合中国情况，走出一条中国式的现代化道路。”② 他为什么要提出这一引人注目的命题？显然，经过拨乱反正，特别是经过真理标准问题的讨论，我们恢复了毛泽东倡导的实事求是的思想路线，开始慎重地思考和继承毛泽东《论十大关系》和《关于正确处理人民内部矛盾的问题》中提出的“中国工业化的道路”这类重要思想。邓小平的“中国式的现代化道路”正是毛泽东的“中国工业化的道路”的继承和发展。不过，这样的回答只是思想史角度的回答，还不能说清楚邓小平“为什么”要强调“中国式”的问题。1979年10月4日，在中共省、市、自治区委员会第一书记座谈会上，他本人的说明是最权威的：

---

① 《毛泽东文集》第7卷，第240页，人民出版社，1999。

② 邓小平：《坚持四项基本原则》（1979年3月30日）。《邓小平文选》第2卷，第163页，人民出版社，1994。

> 所谓政治，就是四个现代化。我们开了大口，本世纪末实现四个现代化。后来改了个口，叫中国式的现代化，就是把标准放低一点。特别是国民生产总值，按人口平均来说不会很高。据澳大利亚的一个统计材料说，一九七七年，美国的国民生产总值按人口平均为八千七百多美元，占世界第五位。第一位是科威特，一万一千多美元。第二位是瑞士，一万美元。第三位是瑞典，九千四百多美元。第四位是挪威，八千八百多美元。我们到本世纪末国民生产总值能不能达到人均上千美元？前一时期我讲了一个意见，等到人均达到一千美元的时候，我们的日子可能就比较好过了，就能花多一点力量来援助第三世界的穷国。现在我们力量不行。现在我们的国民生产总值人均大概不到三百美元，要提高两三倍不容易。①

邓小平提出“中国式的现代化”，是为了“把标准放低一些”。这是因为，从三届全国人大一次会议宣布现代化的任务后，一是把实现的时间定在本世纪末，二是笼统地说四个现代化，缺乏量的标准。粉碎“四人帮”后，人民群众对本世纪末实现四个现代化的期望值很高，热情也很高。为了保护群众的积极性，我们必须对现代化目标提出一个符合实际的要求。根据我国底子薄和人口多、耕地少等特点，邓小平指出我国国民生产总值能到本世纪末翻两番，已经很不容易了，但人均还只是800～1000美元，比一些已经实现现代化的国家要低得多。因此，他把这样的现代化称为“小康”，这就是“中国式的现代化”之由来。

显然，从毛泽东到邓小平，致力于探索的是一条既不同西方发达资本主义国家的，又不同于前苏联、东欧国家的，也不同于拉美和东亚、东南亚等国家和地区的，具有中国自己特点的包括制度和体制特点的，新型的发展或现代化道路。

---

① 邓小平：《关于经济工作的几点意见》（1979年10月4日）。《邓小平文选》第2卷，第194—195页，人民出版社，1994。

第二节 经济振兴和文化复兴两位一体的发展过程

需要指出的是，这条具有中国自己特点的新型的发展道路或现代化道路，也是具有中国自己文化特点的发展道路或现代化道路。

提出这个问题，首先是因为在世界各国现代化发展的历史上，从来都存在一个经济和文化的关系问题。马克斯·韦伯曾断言，现代化是西方基督教（新教）伦理的产物，东方儒教文化背景下决不可能实现现代化。这无疑是说，现代化仅仅是西方国家的专利，或者说只有全盘西化才能实现现代化。然而，日本特别是亚洲“四小龙”的经济奇迹，使韦伯的武断结论不攻自破。世界各国学者都不得不承认，现代化不一定非要以西方式的个人主义为基础，在东方式的家族集体主义、责任性和勤俭节约基础上也能实现现代化；日本和亚洲“四小龙”的成功，在于他们找到了东方文化背景下实现现代化的经营方式和管理体制。中国搞现代化，无疑要学习世界各国的先进经验，比如市场经济的经验，但是这种学习必须考虑到中国的文化传统和文化特点。我们不是以儒教立国的国家，但不能否认是具有东方文化深刻背景的国家，我们又不能照搬日本和亚洲“四小龙”的做法，因为从五四新文化运动后，尤其是在新中国建立后，我们在马克思主义指导下通过对中国传统文化的批判继承，已经形成了新型的中国文化，即中国的社会主义文化。因此，“中国式的现代化”只能是这种文化背景下的现代化。

提出这个问题，同时是因为邓小平的“中国式的现代化”，从它提出之日起，就包含了思想文化建设的要求。人们不难发现，邓小平在1979年3月底提出这一命题的时候，讲了两个方面的问题：一是强调在中国搞现代化必须注意底子薄和人口多、耕地少两个重要特点；二是强调“我们要在中国实现四个现代化，必须在思想政治上坚持四项基本原则”[①]。尤其是在他设计中国式的社会主义现代化的蓝图时，非常鲜明地提出了物质文明和精神文明两手一起抓的战略构想。这就是说，邓小平提出的现代化的“中国式”问题，不仅仅是指要从中国落后的经济条件出发规划社会主义的现代化，而且是指要以中国的社会主义文化为背景规划社会主义的现代化。

但是，仅仅把“中国式的现代化”看作是现代化要适合中国的文化特点是不够的，还要看到现代化过程中，中国的文化传统必须经历一个充实、转型和更新的复兴过程。

这里讲的“复兴”，是毛泽东在建国前夕提出的任务。他在《唯心历史观的破产》(1949 年 9 月）中指出：

> 自从中国人学会了马克思列宁主义以后，中国人在精神上就由被动转入主动。从这时起，近代世界历史上那种看不起中国人，看不起中国文化的时代应当完结了。伟大的胜利的中国人民解放战争和人民大革命，已经复兴了并正在复兴着伟大的中国人民的文化。[②]

中共十二届六中全会通过的《中共中央关于社会主义精神文明建设指导方针的决议》继承和发展了毛泽东这一重要思想，进一步指出：

> 新中国的成立，在社会主义基础上开始了伟大的中国文明的复兴。自从我们国家以党的十一届三中全会为标志进入了新的历史发展时期，更赋予这个复兴以新的强大生机和活力。这个复兴，不但将创造出高度发达的物质文明，而且将创造出以马克思主义为指导的，批判继承历史传统而又充分体现时代精神的，立足本国而又面

---

① 邓小平：《坚持四项基本原则》(1979 年 3 月 30 日)。《邓小平文选》第 2 卷，第 164 页，人民出版社，1994。

② 《毛泽东选集》第 4 卷，第 1516 页，人民出版社，1991。

向世界的，这样一种高度发达的社会主义精神文明。①

这里讲的文化或文明的复兴，首先是指要站在时代的高度，批判地继承中国的传统文化，批判地吸收世界文明的成果，形成中国社会主义的新文化。复兴不是复旧，而是使传统文化赋予新的时代特征，充实新的时代内容。其次是指要根据现代化的要求，改造传统文化，使之转型，成为能同现代化衔接的新文化。同时还是指要顺应时代的潮流，摒弃一切不适合社会主义现代化要求的旧观念、旧传统，形成适合时代特点和中国国情的新观念、新传统。经过这样的充实、转型和更新，就能逐步实现中国文明的伟大复兴。中国式的现代化需要中国文明的复兴，中国式的现代化将在中国文明的复兴中实现。

根据邓小平和党中央大量的论述，从经济和文化结合的角度来研究“中国式的现代化”，这种现代化大体有这样几个特点：

第一，物质文明和精神文明是“中国式的现代化”的统一的奋斗目标。1979 年 10 月，党中央在论述我们的现代化任务时，已经指出：我们要在建设高度物质文明的同时，提高全民族的教育科学文化水平和健康水平，树立崇高的革命理想和革命道德风尚，发展高尚的丰富多彩的文化生活，建设高度的社会主义精神文明。这些都是我们社会主义现代化的重要目标，也是实现四个现代化的必要条件。② 了解这一点很重要，邓小平关于两个文明一起抓的战略方针，不仅是在方法意义上提出的，而且是在目标意义上提出的。正如他强调的，两个文明都搞好了，才是有中国特色的社会主义；两个文明都实现了，中国式的现代化才真正实现了。

第二，坚持社会主义道路和共产主义信念，是“中国式的现代化”的根本前提。当年我们讲的现代化，主要任务即我们常讲的工业现代化、

---

① 中共中央文献研究室编：《十二大以来重要文献选编》下册，第 1178 页，人民出版社，1988。

② 中共中央文献研究室编：《三中全会以来重要文献选编》上册，第 233—234 页，人民出版社，1982。

农业现代化、科技现代化和国防现代化这四个现代化。这是以技术进步为基础不断提高劳动生产率的过程。但现代化又不只是一种技术进步过程，它还同社会基本经济政治制度以及反映这种制度的思想观念相联系。对于我们搞的现代化，邓小平总是提醒大家：我们搞四个现代化，是搞社会主义的四个现代化，不是搞别的现代化。他还说："我们干四个现代化，人们都说好，但有些人脑子里的四化同我们脑子里的四化不同。我们脑子里的四化是社会主义的四化。他们只讲四化，不讲社会主义。这就忘记了事物的本质，也就离开了中国的发展道路。"① 这样的现代化，有一个终极价值目标，即是为实现共产主义远大理想准备物质条件。这就和资本主义的现代化，拉美和东亚、东南亚的现代化，区别了开来。

第三，大胆吸收和借鉴人类社会创造的一切文明成果，是"中国式的现代化"的重要特征。中华民族历来具有吸纳兼容各种文化或文明的传统。在现代化进程中，这一传统有助于我们可以超越民族和制度、意识形态的界限，以开放的姿态和博大的胸怀，学习、借鉴、吸收、利用世界各国包括发达的资本主义国家先进的科学技术、经营管理方法以及一切有益的知识和文化，为我所用。通过历史经验的总结，把资本主义国家实行的市场经济办法拿过来，经过研究选择，同社会主义基本制度相结合，建立社会主义市场经济体制，就是吸收和借鉴世界文明成果为社会主义所用的一个范例。这样的现代化，显然和原苏联、东欧国家的现代化，又有不同。

第四，积极弘扬中华民族的优秀文化和传统美德，是"中国式的现代化"的又一重要特征。现代化是对历史的超越和进步，但又不能离开历史的传统；一旦离开了，意味着这个民族在自身的发展中出现了断裂层。而一个民族历史传统的断裂和一个物体的断裂不一样，它不可能截然分成两段，因为在历史中延续过来的传统是同现实的人相联系的，人

---

① 邓小平：《用中国的历史教育青年》（1987 年 2 月 18 日）。《邓小平文选》第 3 卷，第 204 页，人民出版社，1993。

的思想和社会的秩序在断裂时出现的将是一派混乱。而在混乱中是绝不可能走向现代化的。毛泽东发动的“文化大革命”虽然不是一种现代化的运动，但这场“革命”的目标是要用一个“新世界”取代“旧世界”，当它刚从群众性的“破四旧、立四新”中露出端倪，就在全社会出现了裂痕，导致了混乱。因此，历史的演进，包括社会革命，在推动社会向前走的时候，要进行观念更新，但必须仔细研究未来社会在历史中的生长点。毛泽东领导的中国革命之所以能获得伟大的胜利，其基本经验就是把从西方引进的马克思主义同中国的实际相结合，形成中国化的即扎根于中国的马克思主义，包括形成“民族的、科学的、大众的”新文化。邓小平在领导社会主义现代化事业的时候，反复强调要从中国实际出发，反复强调要有理想、有道德、有文化、有纪律，反复强调要爱我们的国家，要让我们国家发达起来，其中就包括了要在弘扬中华民族优良传统和革命传统的过程中，实现“中国式的现代化”这样一层深刻的含意。中国人以集体利益为重，艰苦奋斗、勤俭节约等传统，和西方资本主义国家的个人主义、享乐主义、高消费完全不同。在这种文化传统的背景下搞现代化，也必然和西方资本主义国家、拉美国家及东亚、东南亚国家和地区的现代化会有区别。

从文化的意义上来研究邓小平提出的“中国式的现代化”，可以使我们看到：邓小平提出的物质文明和精神文明两手抓、两手都要硬的思想，是他的发展理论或现代化理论的重要特色。“中国式的现代化”是经济振兴和文化复兴两位一体的伟大进程，是两个文明协调发展的崭新路子。

第三节　“科学技术是第一生产力”与中国发展

“中国式的现代化”要从中国的基本国情出发，要考虑中国的文化传统，这是正确的，但现代化毕竟还是现代化。为此，邓小平耗费很大精力，从科学技术、经济体制和政治体制等多方面进行了深入的思考，使之在生产力和社会结构、人等多方面构成了一个完整意义上的“现代化”。其中，如何赶上世界先进的科学技术水平，抓住科学技术的现代化这一关键，实现经济起飞和现代化，是邓小平首先考虑的重大问题。追溯他的思路，可以看到这样三个阶段：

——1975年，邓小平已经提出“科学技术叫生产力”。他认为：“农业搞不好就要拖工业的后腿。如果我们的科学研究工作不走在前面，就要拖整个国家建设的后腿。”① 当时，还处在“文化大革命”的环境中，邓小平刚复出主持工作不久，他顶住“四人帮”的压力，从社会主义的大局、民族的大局出发，提出科研工作要走在前面。他从理论上阐述了马克思关于“生产力中也包括科学”② 的论断，提出我们要实现四个现代化，必须认识到科学技术是生产力。这一重要观点，是他在指导起草《中国科学院工作汇报提纲》时提出的，但在不久后发生的“批邓、反击右倾翻案风”运动中，即被扣上“唯生产力论”“科学技术决定论”的帽子，大加挞伐。这是邓小平的悲剧，也是中华民族的悲剧。因为就在这种无理挞伐发生的时候，世界许多国家包括原来技术基础比我们落后的国家利用新技术革命的浪潮，大踏步地往前赶了。政治空谈必然误国，这是多么沉痛的历史教训啊！

——1978年，邓小平进一步强调“科学技术作为生产力，越来越显示出巨大的作用”。粉碎“四人帮”后，他尚未复出，就在同中央两位同志谈话时指出：

> 我们要实现现代化，关键是科学技术要能上去。发展科学技术，不抓教育不行。靠空讲不能实现现代化，必须有知识，有人才。没有知识，没有人才，怎么上得去？科学技术这么落后怎么行？要承认落后，承认落后就有希望了。现在看来，同发达国家相比，我们

---

① 邓小平：《科研工作要走在前面》（1975年9月26日）。《邓小平文选》第2卷，第32页，人民出版社，1994。

② 《马克思恩格斯全集》第46卷下册，第211页，人民出版社，1980。

> 的科学技术和教育整整落后了二十年。……日本人从明治维新就开始注意科技，注意教育，花了很大力量。明治维新是新兴资产阶级干的现代化，我们是无产阶级，应该也可能干得比他们好。①

复出后，邓小平自告奋勇管科教方面的工作。他在科学和教育工作座谈会（1977 年 8 月）上明确提出："我们国家要赶上世界先进水平，从何着手呢？我想，要从科学和教育着手。"② 为此，在 1978 年 3 月 18 日召开了全国科学大会。在这一我国科学史上空前的盛会上，他从"四个现代化，关键是科学技术的现代化"这一立论出发，论述了科学技术和生产力的关系、科学技术现代化和又红又专的科学技术队伍的关系等一系列重大问题。他放眼世界，深刻地指出：

> 现代科学技术的发展，使科学与生产的关系越来越密切了。科学技术作为生产力，越来越显示出巨大的作用。③

对这一观点的系统论证，不仅发展了马克思主义关于生产力的基本原理，澄清了被"四人帮"搞混的理论是非和思想是非，而且为我国最终确定科教兴国战略，依靠科技进步和劳动者素质的提高实现现代化，提供了重要的理论基础。邓小平的《在全国科学大会开幕式上的讲话》（1978 年 3 月），是研究他的发展论时必须高度重视、认真研读的重要代表作。

——1988 年，邓小平作出了"科学技术是第一生产力"的新概括。全国科学大会后，邓小平在对国际形势和时代特征研究的过程中，对科学技术在生产力中的地位和作用的认识，越来越深化。1988 年 9 月 5 日，在会见捷克斯洛伐克总统胡萨克时，他提出了一个崭新的观点："科学技术是第一生产力。"④ 时隔一周，他在一次谈话中对这个观点作了进一步

---

① 邓小平：《尊重知识，尊重人才》（1977 年 5 月 24 日）。《邓小平文选》第 2 卷，第 40 页，人民出版社，1994。

②③ 《邓小平文选》第 2 卷，第 48、87 页，人民出版社，1994。

④ 《邓小平文选》第 3 卷，第 274 页，人民出版社，1993。

阐述：

> 最近，我见胡萨克时谈到，马克思讲过科学技术是生产力，这是非常正确的，现在看来这样说可能不够，恐怕是第一生产力。将来农业问题的出路，最终要由生物工程来解决，要靠尖端技术。对科学技术的重要性要充分认识。①

“科学技术是第一生产力”，其含意是什么呢？

国内学者在研究中，有的认为在现代生产力诸要素中，科学技术已上升为“第一”要素，用公式来表示，即：

生产力＝科学技术＋（劳动者＋劳动对象＋劳动资料）

有的认为，这样的认识还不够，表达也不准确，应该看到在现代化生产力诸要素中，都包含有科学技术要素，而且其地位和作用越来越突出，用公式来表示，即：

生产力＝科学技术×（劳动者＋劳动对象＋劳动资料）

由此可见，邓小平确实提出了一个新思想、新观点，令理论工作者倍感兴趣。根据邓小平自己的论述，“科学技术是第一生产力”这一观点，大体包括了这样几个要义：

其一，现代科学技术转化为直接的物质生产力的速度越来越快、周期越来越短，从而使科学技术在生产力发展中的作用越来越突出。邓小平说过：“今天，由于现代科学技术的日新月异，生产设备的更新，生产工艺的变革，都非常迅速。许多产品，往往不要几年的时间就有新一代的产品来代替。”②

其二，现代科学技术已经成为生产力发展和劳动生产率提高的巨大推动力。现代科学技术在转为直接的物质生产力过程中，不仅速度快，而且能量大，推动力显著。邓小平指出：“当代的自然科学正以

① 《邓小平文选》第3卷，第275页，人民出版社，1993。

② 邓小平：《在全国科学大会开幕式上的讲话》（1978年3月18日）。《邓小平文选》第2卷，第88页，人民出版社，1994。

空前的规模和速度，应用于生产，使社会物质生产的各个领域面貌一新。特别是由于电子计算机、控制论和自动化技术的发展，正在迅速提高生产自动化的程度。同样数量的劳动力，在同样的劳动时间里，可以生产出比过去多几十倍几百倍的产品。社会生产力有这样巨大的发展，劳动生产率有这样大幅度的提高，靠的是什么？最主要的是靠科学的力量、技术的力量。”① 他对于科学技术对生产力的发展充满信心，包括像农业这样复杂的产业如何发展，他认为最终可能是科学解决问题。

其三，现代科学技术决定新兴工业发展的方向。在生产力的历史发展中，技术更新是一种重要的推动力。在今天，这种推动力不仅表现在生产力规模和数量的增加上，而且表现在新兴工业门类的开辟上。邓小平在 1992 年初南方谈话中精辟地说过：“高科技领域的一个突破，带动一批产业的发展。”② 这就是当今世界科技发展的一个新特点。许多新的生产工具、新的工艺，首先在科学实验室里被创造出来。一系列新兴的工业，如高分子合成工业、原子能工业、电子计算机工业、半导体工业、宇航工业、激光工业等，都是建立在新兴科学基础上的。

邓小平是一个政治家、战略家，他提出“科学技术是第一生产力”，固然有理论上的创新，但他的目的是为了寻找一条正确的中国发展道路，实现“中国式的现代化”。

首先，邓小平提出这一命题，是为了实现中国的社会主义现代化。十一届三中全会决定全党的工作重点由阶级斗争转到经济建设。但是，搞经济建设又有两种方式：一种是在原有生产力基础上争取量的增加，一种是在原有生产力基础上力争质的飞跃。而我们的目标是要实现四个现代化，把落后的农业国改变为农业、工业、国防和科技都现代化的社会主义强国。这就非要在生产力方面有质的飞跃不可。新质取代旧质，

---

① 邓小平：《在全国科学大会开幕式上的讲话》（1978 年 3 月 18 日）。《邓小平文选》第 2 卷，第 87 页，人民出版社，1994。

② 《邓小平文选》第 3 卷，第 377 页，人民出版社，1993。

靠的就是科学技术。正是鉴于此，他反复强调周恩来多次说过的一个论点：四个现代化，关键是科学技术的现代化。这是世界各国现代化的经验所证明的，是天经地义的真理。

其次，邓小平提出这一命题，体现了“追赶型”的即后发式现代化的历史性要求。发展中国家要实现现代化，不可避免要采取“追赶”战略。中国作为一个发展中的社会主义国家，面对着西方资本主义发达国家在科技、经济等方面占优势的压力，更要在现代化进程中采取“追赶”战略。毛泽东在我国社会主义革命开始之初，就提出了要追上和赶过世界上最强大的资本主义国家的目标，但由于经济工作指导思想上的失误，急于求成，欲速不达。纠正毛泽东的失误，不是为了否定我们的追赶目标，而是为了更好地达到我们的追赶目标。邓小平在拨乱反正的过程中，肯定了“追赶”的意义，他说：“世界在发展，我们不在技术上前进，不要说超过，赶都赶不上去，那才真正是爬行主义。”① 如何追赶？正确的路子就是要发展科技和教育。1992 年初南方谈话中，邓小平明确地指出：“经济发展得快一点，必须依靠科技和教育。我说科学技术是第一生产力。近一二十年来，世界科学技术发展得多快啊！……我们自己这几年，离开科学技术能增长得这么快吗？要提倡科学，靠科学才有希望。近十几年来我国科技进步不小，希望在九十年代，进步得更快。”②

根据“科学技术是第一生产力”的科学论断，根据中国现代化的要求和特点，邓小平提出了两条带有战略意义的措施：

一是引进。这就是通过对外开放的政策，引进国际上的先进技术、先进装备，作为我们发展的起点。后发式现代化国家，一般都采用这种引进战略，用较小的代价获得较大的进步。邓小平认为，在坚持独立自主的前提下，引进外国先进技术，为我所用，可以“抢时间”。同时他指出：“凡是引进的技术设备都应该是现代化的”；“引进先进技术设备后，

---

① 《邓小平文选》第 2 卷，第 129 页，人民出版社，1994。

② 《邓小平文选》第 3 卷，第 377—378 页，人民出版社，1993。

一定要按照国际先进的管理方法、先进的经营方法、先进的定额来管理，也就是按照经济规律管理经济”。[①] 这就使得我们的引进工作可以取得预期的效果。除此之外，他还提出：“要利用外国智力，请一些外国人来参加我们的重点建设以及各方面的建设。”[②] 改革开放的实践证明，这种引进战略有力地促进了我国经济的发展和现代化。

二是自创。这就是通过科技体制改革，组织自己的科学队伍，提高自己的研究水平，创造自己的科技成果。1977 年 5 月 24 日，邓小平就说：“科技和教育，各行各业都要抓。大的企业都要有科学技术研究机构，有科学技术研究人员。”[③] 他还强调我们要在高科技领域占有一席之地，并且实现高科技产业化。这一切，都是为了一个目的：我们要有自己研制的科技成果。提出这一问题十分重要。不少后发式现代化国家，依靠引进外国先进技术、先进设备实现了经济起飞，但是这种起飞的背后是同发达国家的距离进一步扩大了。究其原因，就在于他们引进的技术和设备相对于本国原来的水平是先进的，但相对于同一时期发达国家的技术和设备仍是落后的，发达国家一般不会把最先进的技术和设备给发展中国家利用。因此，一个发展中国家要赶上发达国家，光靠“引进”一招难圆现代化之梦，必须有自己的科研队伍、科研机构，有自己的创造。邓小平对此十分清醒，第三次复出不久就召开全国科学大会，解决了发展科技的指导思想等重大原则问题；1985 年 3 月和 5 月相继主持制定了《关于科学技术体制改革的决定》《关于教育体制改革的决定》，解决了发展科技和教育的体制问题；1986 年 3 月又根据科学家的建议，支持和推动国家制定了《高技术研究发展计划纲要》。著名的正负电子对撞机工程，就是在他亲自支持下建造起来的。在谈到这个工程时，他说：“不仅这个工程，还有其他高科技领域，都不要失掉时机，都要开始接触，这个线不能断了，要不然我们很难赶上世界的发展。”[④] 只要

① 《邓小平文选》第 2 卷，第 129—130 页，人民出版社，1994。

② 《邓小平文选》第 3 卷，第 32 页，人民出版社，1993。

③ 《邓小平文选》第 2 卷，第 41 页，人民出版社，1994。

④ 《邓小平文选》第 3 卷，第 280 页，人民出版社，1993。

我们按照邓小平的设计去奋斗，“引进”加“自创”，我们一定能实现现代化。

第四节 发展的战略构想

邓小平提出的“中国式的现代化”，在实践中逐步形成了一整套战略构想。其要点至少包括以下内容。

第一，发展的战略布局：“一个中心，两个基本点”。

对当代中国发展战略的思考，首先要解决的一个带有根本性的问题是：在中国这样一个经济文化比较落后的国家，建设社会主义究竟应该以什么为工作的中心？针对历史的教训，邓小平果断地领导全党实现了工作重点的转移，明确地提出了以经济建设为中心。与此同时，他提出了改革开放的总方针和四项基本原则，为经济建设提供了动力和保证；强调物质文明和精神文明要共同发展，我们的根本目标是要建设一个富强、民主、文明的社会主义现代化国家。中共十三大概括了“一个中心，两个基本点”为主要内容的基本路线。1989 年 11 月 23 日，邓小平明确指出这就是我们的“战略布局”，这个战略布局我们一定要坚持下去，永远不改变。掌握邓小平的社会主义现代化建设的发展战略，最重要的，就是要把握并坚持这一战略布局。

第二，发展的战略目标和步骤：分三步走，基本实现现代化。

面对中国经济文化落后的现实和世界的现代化潮流，中国共产党在进入社会主义前后多次强调要为实现现代化而奋斗。粉碎“四人帮”后，特别是中共十一届三中全会作出工作重点转移的战略决策以后，实现现代化才真正成为全党全国人民奋斗的现实目标，这是邓小平的杰出贡献。与此同时，邓小平思考了如何从中国的特点出发实现现代化的问题，提出分三步走，到下世纪中叶基本实现现代化，达到中等发达国家水平的宏伟目标和实施步骤。他说：“我们原定的目标是，第一步在八十年代翻一番。以一九八〇年为基数，当时国民生产总值人均只有二百五十美元，翻一番，达到五百美元。第二步是到本世纪末，再翻一番，人均达到一千美元。实现这个目标意味着我们进入小康社会，把贫困的中国变成小康的中国。那时国民生产总值超过一万亿美元，虽然人均数还很低，但是国家的力量有很大增加。我们制定的目标至关重要的还是第三步，在下世纪用三十年到五十年再翻两番，大体上达到人均四千美元。做到这一步，中国就达到中等发达的水平。这是我们的雄心壮志。”① 他把这一目标称为我们发展的“战略目标”。1989 年 6 月 9 日，在论述解决政治风波后党的路线方针政策不能动摇这一重大问题时，他首先提出的就是：

> 党的十一届三中全会制定的路线、方针、政策，包括我们发展战略的“三部曲”，正确不正确？……不能因为这次事件的发生，就说我们的战略目标错了。②

第三，发展的战略重点：农业，交通，能源，教育，科技。

80 年代初，在设计发展战略时，邓小平从中国的国情特点出发，研究了发展的战略重点。他强调：“战略重点，一是农业，二是能源和交通，三是教育和科学。”③ 后来，他又把通讯和交通一起作为发展的重点。抓住这些环节，才能在中国实现中国式现代化的战略目标。

第四，发展的起点：利用世界一切先进技术、先进成果。

我们的目标是要实现现代化，但我们的现实是落后的生产力，这是一个很大的矛盾。邓小平指出了一条解决矛盾的出路，这就是实行开放政策，利用世界一切先进技术、先进成果作为我们发展的起点。1978 年 10 月 10 日，他在同联邦德国外宾谈话时说过：

> 我们的四个现代化，要在本世纪末达到你们现在的水平已不容

---

① 邓小平：《吸取历史经验，防止错误倾向》（1987 年 4 月 30 日）。《邓小平文选》第 3 卷，第 226 页，人民出版社，1993。

②③ 《邓小平文选》第 3 卷，第 305、9 页，人民出版社，1993。

> 易，要达到你们二十二年后的水平就更难了。所以，要实现四个现代化，就要善于学习，大量取得国际上的帮助。要引进国际上的先进技术、先进装备，作为我们发展的起点。①

第五，发展的战略要求：速度和效益相统一。

对于发展问题，中国共产党的重要教训之一，就是急于求成，片面追求发展速度。邓小平在制定中国的发展战略时，一方面突出地强调中国一定要抓住机遇，快速发展，争取有一个较快的增长速度，另一方面强调这种快速发展是有条件的、有区别的、没有水分的，最终要体现到人民的生活水平上，必须是有效益的。他在 1992 年初视察南方时谈到：

> 我国的经济发展，总要力争隔几年上一个台阶。当然，不是鼓励不切实际的高速度，还是要扎扎实实，讲求效益，稳步协调地发展。比如广东，要上几个台阶，力争用二十年的时间赶上亚洲“四小龙”。比如江苏等发展比较好的地区，就应该比全国平均速度快。又比如上海，目前完全有条件搞得更快一点。②

概括起来，就是发展要持续、快速、健康，求得速度和效益的有机统一。

第六，发展战略实现的捷径：一部分人、一部分地区先富起来，逐步达到共同富裕。

在十一届三中全会作出工作重点转移的战略决策时，邓小平就从中国各地发展不平衡的实际出发，提出要允许一部分地区、一部分企业、一部分工人农民，由于辛勤努力成绩大而收入先多一些，生活先好起来。他认为这是一个能够影响和带动整个国民经济的“大政策”。1986 年 8 月

---

① 《邓小平文选》第 2 卷，第 132—133 页，人民出版社，1993。

② 《邓小平文选》第 3 卷，第 375 页，人民出版社，1993。

在天津视察时，他说：

> 我的一贯主张是，让一部分人、一部分地区先富起来，大原则是共同富裕。一部分地区发展快一点，带动大部分地区，这是加速发展、达到共同富裕的捷径。①

第七，发展战略实现的关键：人才。

粉碎“四人帮”不久，邓小平就大声疾呼：“尊重知识，尊重人才。”他对于党要重视发现、选拔和培养杰出人才问题，对于党要关心、鼓励和帮助人才成长问题，作了很多论述。1984 年 10 月 22 日，在中央顾问委员会第三次全体会议谈到十二届三中全会制定的经济体制改革文件时，他说：“这个文件一共十条，最重要的是第九条，当然其他各条也都是非常重要的。第九条，概括地说就是‘尊重知识，尊重人才’八个字，事情成败的关键就是能不能发现人才，能不能用人才。”②一直到 1992 年初南方谈话，在他关于发展战略的论述中，人才问题始终具有特殊重要的地位。在全国教育工作会议（1985 年）上，他曾经说过：

> 我们国家，国力的强弱，经济发展后劲的大小，越来越取决于劳动者的素质，取决于知识分子的数量和质量。③

第八，发展战略实现的必由之路：改革开放。

为了实现我们的发展目标，针对传统的体制存在的弊端，从十一届三中全会起，邓小平就作出了改革开放的决策。十四大以来，我国最显著的特点就是改革开放。它解放了被旧体制束缚的生产力，对我国的发展是一个强大的推进力。他强调：“如果放弃改革开放，就等于放弃我们的根本发展战略。”④

---

①②③④ 《邓小平文选》第 3 卷，第 166、91—92、120、347 页，人民出版社，1993。

第九，发展战略实现的条件：国内稳定和国际和平。

我国在进入社会主义以后，在搞建设方面有许多教训，其中之一就是搞建设要有安定团结的政治局面。这种认识，既来自“文化大革命”的深刻教训，也来自新时期同资产阶级自由化思潮斗争的重要经验。与此同时，还要寻求一个和平的国际环境，以利用各国先进的科技、经营管理经验以及一切对我们有益的知识和文化，来实现我国的现代化。邓小平明确地说：“中国要实现自己的发展目标，必不可少的条件是安定的国内环境与和平的国际环境。”①

第十，发展战略实现的政治保证和领导核心：坚持四项基本原则，核心是坚持党的领导。

由于中国的发展以现代化为目标，而现代化又是从西方一些发达国家开始的，于是在中国的发展过程中难免会出现盲目拒绝西方发达国家经验的“左”的思潮和全盘西化的右的思潮。为了正确地把握我们的发展方向，邓小平在强调改革开放的同时，及时提出并反复强调要坚持四项基本原则。这是搞好中国发展的政治保证。在论述这一问题时，他特别强调：坚持四项基本原则的核心，是坚持党的领导。在中国这样一个大国，没有共产党的领导，必然四分五裂，一事无成。与此同时，他提出为了坚持党的领导，必须努力改善党的领导，必须聚精会神抓党的建设。而这一切，都是为了保证发展战略的顺利实现。

事实上，邓小平的发展战略思想的内容远不止这十个方面，它具有丰富的内容，我们之所以做这样一个简要的概括，并不是为了想求全，而是想指出一点：邓小平的发展或现代化理论，不是单纯追求经济增长的片面的发展理论，也区别于世界上常在争论的经济主义、结构主义、人文主义等各种模式的现代化理论。它是一种从中国实际出发的，科学和人文、经济和政治、技术和人等多要素相统一的发展战略或现代化理论。

---

① 邓小平：《中国永远不允许别国干涉内政》（1990年7月11日）。《邓小平文选》第3卷，第360页，人民出版社，1993。

第六章　市场经济论

中国领导人，特别是老一代领导人十分精明、能干，完全能把中国领导好。中国领导人把社会主义的基本原则同资本主义发展生产力和经营管理的经验结合在一起，使中国走上了欣欣向荣之路。

——[罗马尼亚]尼·莫兹戈雷亚努

第一节 几代马克思主义者探索的难题

有必要先交代一句的是，这一章的内容本应属于“中国式的现代化”即上一章的一节。在我看来，邓小平的发展论最重要的特点，一是走自己的路，二是以社会主义市场经济为手段，三是有文化内涵，四是重视科技的作用，五是有一整套战略构想。由于市场经济问题无论在马克思主义的思想史上，在当代中国的经济发展史上，还是在邓小平建设有中国特色社会主义理论中，都有着特殊重要的意义，因此把它单列一章加以研究和叙述，恐怕是有必要的。

邓小平的社会主义市场经济理论，无疑是对马克思主义的重大突破，是中国共产党人的伟大创举。同时，我们必须再多说一句，这一突破和创举不是凭空而来的，几代马克思主义者作了长期的艰辛的探索。我们今天的突破和创举是以前辈艰辛探索的思路和成就为基础取得的。

众所周知，马克思、恩格斯在创立科学社会主义学说的时候，通过对资本主义社会基本矛盾及其表现形态的深刻研究，认为解决这一矛盾的最好出路是社会占有生产资料，是用社会主义取代资本主义。根据这么一个基本的而且是科学的结论，恩格斯曾经预言：“一旦社会占有了生产资料，商品生产就将被消除，而产品对生产者的统治也将随之消除。社会生产内部的无政府状态将为有计划的自觉的组织所代替。”[①] 马克思主义的创立者很慎重，在作这样的预言时，先是提了一个先决条件，即全社会都占有生产资料，然后又强调商品生产“将被消除”，即要消除又不是马上被消除。这是由于他们对未来社会的特征，历来有一个科学的

① 恩格斯：《社会主义从空想到科学的发展》。《马克思恩格斯选集》第3卷，第757页，人民出版社，1995。

态度，不主张进行细微的具体的描述，个别预言也只是指出一个大致的轮廓，而且不愿意将这些预言绝对化。比如马克思在《资本论》这部经典著作中说过："在资本主义生产方式消灭以后，但社会生产依然存在的情况下，价值决定仍会在下述意义上起支配作用：劳动时间的调节和社会劳动在不同的生产类别之间的分配，最后，与此有关的簿记，将比以前任何时候都更重要。"① 我国著名经济学家孙冶方注意到了马克思这方面的论述，认为马克思并没有完全否定社会主义社会存在商品交换。然而，在马克思以后的马克思主义理论家中，占主导地位的意见认为：马克思主义的观点是，在社会主义社会，计划经济将取代商品生产和商品交换，这是社会主义的重要特征。

列宁起先也是这样认为的，但他在实践中注意到"在从资本主义社会向社会主义社会过渡中，不要货币或者在短期内代之以新货币，是根本不可能的事情"②。可是，国内战争和反对外国武装干涉迫使列宁实行将近三年的"战时共产主义"政策，以余粮征集制的形式取得农民的粮食，用实物来支付工人和职员的劳动报酬，废除一些服务收费，实行邮政、自来水、生活用电和住房不收费等等。战争结束后，情况发生很大变化。列宁不失时机地提出用"新经济政策"取代"战时共产主义"政策，包括用粮食税取代余粮征集制，相应地逐步开始实行自由贸易，活跃国内商业，等等，努力恢复大工业，以图通过市场斗争，逐步向社会主义过渡。这一时期，列宁在《论粮食税》(1921 年 4 月) 等著作中，比较系统地论述了无产阶级可以利用商品生产和货币交换等手段完成社会主义改造的任务，建立起社会主义制度。

那么，社会主义制度建立起来以后，是不是还要保存和发展这种商品货币交换制度呢？从列宁晚年在病中对"新经济政策"的肯定和思考来看，他从中看到了未来社会主义制度的新形式。比如，在《论合作社》(1923 年 1 月) 中，他在论述公有制条件下，"文明的合作社工作者的制

① 《马克思恩格斯全集》第 46 卷，第 965 页，人民出版社，2003。
② 《列宁全集》第 34 卷，第 126 页，人民出版社，1985。

度就是社会主义的制度”时，指出：“现在全部问题在于，要善于把我们已经充分表现出来而且取得完全成功的革命气势、革命热情，同……做一个有见识的和能写会算的商人的本领（有了这种本领就足以成为一个优秀的合作社工作者）结合起来。”①

可惜的是，列宁逝世过早，他的思路没有继续展开和发挥，苏联后来的实践走了一段很大的弯路。经济学家苏星对这段历史有较深入的研究，他在《论社会主义市场经济》（1994 年）一书中写道：1925 年 12 月，联共（布）第十四次代表大会提出实现国家工业化的任务。由于在工业化过程中，片面强调优先发展重工业，造成国民经济比例严重失调，农业集体化又带来农业减产，使城乡之间的商品流通和企业经济核算都遇到了障碍。于是，在农村实行农产品义务交售和用实物支付机器拖拉机站的工作报酬；对企业的物资技术供应，不再通过市场，而是采取国家集中分配的办法，或者企业之间搞物物交换；城市居民的消费品供应实行配给制。这种经济联系的实物化趋势，使人们对社会主义制度下商品货币的认识重新发生了动摇。在 20 年代末和 30 年代初，流行的说法是：苏联经济已进入了商品货币关系不断消亡的阶段，价值规律不再在苏联经济中发生作用了。而且这种看法在经济文献中占据了优势。一位苏联学者曾对此做过分析。他说：“经济关系实物化过程乃是一种暂时的现象；而经济学家们往往把它看作是合乎规律的过程。这一错误的观念即便是短暂的，却招致了经济学家对客观价值规律作用的否定，对苏维埃经济中货币、贸易、市场、利润、经济核算及其他价值范畴的低估，还力图立即向产品直接交换过渡。”② 不过，当时的经济形势和“战时共产主义”时期不同了，国营贸易、合作社贸易和集体农庄贸易已经有了比较大的发展，企业不能不利用价格进行核算，完全否认价格存在已不可能。于是出现了一种解释，说价格是计划领导的工具，而不是价值的表现形式。

① 《列宁选集》第 4 卷，第 770—771 页，人民出版社，1995。

② ［苏］A. H. 马拉菲耶夫：《社会主义制度下的商品生产理论今昔》，第 79 页，中国财政经济出版社，1979。

40年代初，联共（布）中央批评了否定社会主义经济中存在价值规律的观点。列昂节夫等十名学者在《在马克思主义旗帜下》杂志上发表了《关于讲授政治经济学的几个问题》(1943年）一文，肯定了价值规律在社会主义经济中的地位和作用。不过，这篇文章并没有完全摆脱传统观念的束缚。最明显的表现是，文中提出来一个改造了的价值规律的说法。这个说法，在苏联，一直流行到1952年。

1952年，斯大林的《苏联社会主义经济问题》一书出版。这部著作，是苏联三十多年社会主义建设的经验的总结，也是长期以来社会主义经济理论争论的总结。斯大林的贡献是：肯定社会主义制度下仍然存在商品生产，它不是通常的商品生产，而是特殊的商品生产，不会引导到资本主义；肯定价值规律对商品流通具有调节作用，并且还影响生产，在企业里，经济核算和赢利问题、成本问题、价格问题等等，仍然具有现实意义；否定了改造过的价值规律的观点。但是，由于斯大林受长期形成的理论观点，尤其受苏联现实经济生活的束缚，书中也包含了一些不正确的观点。这包括：不承认生产资料是商品，不承认价值规律对生产具有调节作用，等等。一直到1957年5月，苏联科学院经济研究所举行价值规律及其在苏联国民经济中利用问题的科学讨论会以后，斯大林的这些观点，才被大多数经济学家所否定。①

事实上，不只是苏联，从50年代中期开始，东欧一些社会主义国家鉴于计划经济的弊端，先后不同程度地利用市场和价值规律发展经济，特别是南斯拉夫的影响更大一些。

中国共产党在这方面进行的探索，也许更曲折，也更有代表性。

有意思的是，中国共产党在领导社会主义改造、开始社会主义建设时，并没有提出要取消商品、货币，我们在恢复国民经济、领导社会主义改造时，还利用价值规律同不法资本家展开斗争，赢得了重大的胜利。但由于受到苏联社会主义模式的影响，我们在社会主义改造中建立起了高度集中统一的计划经济体制。

---

① 苏星：《论社会主义市场经济》，第15—16页，中共中央党校出版社，1994。

这样，在建立起社会主义制度后，中国共产党就面临的一个理论难题：怎样决定商品生产和货币交换的命运？

从总体来说，我们认为社会主义经济是计划经济，甚至三次批判商品生产和货币交换。第一次是 1958 年人民公社化运动高潮中，陈伯达提出了废除商品货币的主张，在实践中产生了破坏性的作用；第二次是 60 年代在意识形态领域开展反对修正主义斗争时，在经济学界主要批判了孙冶方的所谓“修正主义”，实际上是否定社会主义制度下的商品生产和价值规律；第三次是 1974 年毛泽东提出货币交换“跟旧社会没有多少差别”、对商品制度要“在无产阶级专政下加以限制”后，“四人帮”把商品货币制度、资产阶级权利作为新资产阶级产生的经济基础，进行了严厉的批判。

但也必须指出，在总结“大跃进”、人民公社化运动的教训过程中，毛泽东曾经花了很大精力研读斯大林的《苏联社会主义经济问题》、苏联《政治经济学教科书》（第 3 版）等著作，认真探讨了社会主义制度下的商品生产和商品交换的“命运”问题，提出了许多精彩的思想，有的观点超越了斯大林，把马克思主义在这一问题上的认识推进了一大步。拙著《毛泽东与当代中国》曾以《商品经济的困惑》为题，专门研究过毛泽东这方面的思想，认为他提出的五个重要观点为中国 80 年代的经济体制改革做了深层的思想准备。这五个重要观点是：

第一，中国需要经过一个相当长的商品生产的历史发展阶段；

第二，发展商品生产是巩固工农联盟的需要；

第三，我们要发展的商品生产是社会主义商品生产；

第四，社会主义商品生产是有计划的商品生产；

第五，要限制商品生产带来的消极作用。

上述探索虽然尚未形成“社会主义也可以搞市场经济”这样深刻的思想，但我们从马克思、恩格斯到列宁，再到斯大林和苏联学者包括东欧国家的探索，直到毛泽东的理论和实践，可以发现一个重要的线索：一代又一代马克思主义者在社会主义要不要发展商品生产的问题上，一方面总是遇到实践的挑战，另一方面每次探索的成果都往承认商品生产作用的方向迈进一大步。邓小平是过来人，参加了毛泽东领导的探索，因此他更有条件把这一探索沿着前辈马克思主义者探索的方向，进一步往前推进。

第二节　邓小平的贡献：“社会主义也可以搞市场经济”

粉碎“四人帮”后，特别是经过真理标准讨论，开始纠正毛泽东晚年的错误，人们很自然地提出要澄清社会主义制度下商品、货币等问题上的理论是非。十一届三中全会把全党工作重点转移到经济建设上来，实践更迫切需要搞清楚这一重大理论问题。

1979 年 4 月 16 日至 29 日，在无锡召开的有 389 人参加的社会主义经济中价值规律问题讨论会上，围绕这一重大问题展开了热烈的争论。有些经济学家明确提出，社会主义经济是在公有制基础上的有计划的商品经济；市场经济是社会主义商品生产的必然产物；计划经济和市场经济应该互相结合，你中有我，我中有你，计划经济要充分利用市场经济；社会主义市场经济是建立在公有制基础上的新型市场经济，等等。但是，当时经济理论界占主导地位的观点仍是：社会主义是计划经济。

邓小平意识到这是关系中国经济发展前景的一个重大问题。他站在战略的高度，开始了对这一问题的深入思考。

1979 年 11 月 26 日，邓小平在同美国不列颠百科全书出版公司编委会副主席吉布尼等人的谈话时第一次明确提出“社会主义也可以搞市场经济”。他说：当然我们不要资本主义，但是我们要发达的、生产力发展的、使国家富强的社会主义。学习资本主义的某些好东西，包括经营管理方法，也不等于实行资本主义。这是社会主义利用这种方法来发展社会生产力。按照这样的思路，他指出：

> 说市场经济只存在于资本主义社会，只有资本主义的市场经济，这肯定是不正确的。社会主义为什么不可以搞市场经济，这个不能说是资本主义。我们是计划经济为主，也结合市场经济，但这是社会主义的市场经济。虽然方法上基本上和资本主义社会的相似，但也有不同，是全民所有制之间的关系，当然也有同集体所有制之间的关系，也有同外国资本主义的关系，但是归根到底是社会主义的，是社会主义社会的。市场经济不能说只是资本主义的。市场经济，在封建社会时期就有了萌芽。社会主义也可以搞市场经济。①

当然，邓小平的这次谈话，仍然肯定“计划经济为主”，这是由当时改革实践的发展程度和理论认识的发展程度所决定的。

这以后，邓小平又多次提出这个问题，而且一次比一次更深入。

1980 年 1 月在《目前的形势和任务》的讲话中，邓小平在讲到寻求一条合乎中国实际的发展经济的道路时，提到了“计划调节和市场调节相结合”②。十二大以后，《邓小平文选》（1975—1982 年）出版，收进了这篇讲话，这句话修改为“在计划经济指导下发挥市场调节的辅助作用”。1994 年《邓小平文选》第 2 卷第 2 版出版时，这句话已经恢复了原来的提法。

1982 年 7 月在一次同国家计委负责同志谈话时，邓小平说：“社会主义同资本主义比较，它的优越性就在于能做到全国一盘棋，集中力量，保证重点。缺点在于市场运用得不好，经济搞得不活。计划与市场的关系问题如何解决？解决得好，对经济发展就很有利，解决不好，就会糟。”③

1985 年 10 月在同美国高级企业家代表团谈话时，邓小平说：“社会主义和市场经济之间不存在根本矛盾。问题是用什么方法才能更有力地发展社会生产力。我们过去一直搞计划经济，但多年的实践证明，在某

---

①② 《邓小平文选》第 2 卷，第 236、247 页，人民出版社，1994。

③ 《邓小平文选》第 3 卷，第 16—17 页，人民出版社，1993。

种意义上说，只搞计划经济会束缚生产力的发展。把计划经济和市场经济结合起来，就更能解放生产力，加速经济发展。”①

在准备中共十三大的过程中，1987 年 2 月邓小平同中央几位负责同志谈话，说：“为什么一谈市场就说是资本主义，只有计划才是社会主义呢？计划和市场都是方法嘛。只要对发展生产力有好处，就可以利用。它为社会主义服务，就是社会主义的；为资本主义服务，就是资本主义的。好像一谈计划就是社会主义，这也是不对的，日本就有一个企划厅嘛，美国也有计划嘛。我们以前是学苏联的，搞计划经济。后来又讲计划经济为主，现在不要再讲这个了。”②

1989 年政治风波发生后，6 月 9 日，邓小平在强调我们的路线没有错，我们的一些基本提法，从发展战略到方针政策，包括改革开放，都没有错的时候，重申了“要继续坚持计划经济与市场调节相结合”。并且说：“实际工作中，在调整时期，我们可以加强或者多一点计划性，而在另一个时候多一点市场调节，搞得更灵活些。”“绝不能重复回到过去那样，把经济搞得死死的。”③

1990 年 12 月，邓小平说：“我们必须从理论上搞懂，资本主义与社会主义的区分不在于是计划还是市场这样的问题。社会主义也有市场经济，资本主义也有计划控制。资本主义就没有控制，就那么自由？最惠国待遇也是控制嘛！不要以为搞点市场经济就是资本主义道路，没有那么回事。计划和市场都得要。不搞市场，连世界上的信息都不知道，是自甘落后。”④

1991 年初视察上海时，邓小平说：“不要以为，一说计划经济就是社会主义，一说市场经济就是资本主义，不是那么回事，两者都是手段，市场也可以为社会主义服务。”⑤

这样，一直到 1992 年初的南方谈话，邓小平明确指出：“计划多一点还是市场多一点，不是社会主义与资本主义的本质区别。计划经济不

---

①②③④⑤ 《邓小平文选》第 3 卷，第 148—149、203、306—307、364、367 页，人民出版社，1993。

等于社会主义，资本主义也有计划；市场经济不等于资本主义，社会主义也有市场。计划和市场都是经济手段。”证券、股市这些东西“允许看，但要坚决地试”，社会主义要“吸收和借鉴当今世界各国包括资本主义发达国家的一切反映现代社会化生产规律的先进经营方式、管理方法”①。

这些论断，对长期困扰人们、争论不已、阻碍我们前进的市场经济是不是必然姓“资”以及与此相联的社会主义可不可以搞市场经济的问题，作了一个清楚明白、透彻精辟的总回答，从而为中共十四大确立社会主义市场经济的目标，奠定了理论基础。

从对邓小平历次有关论述的历史回顾中，可以清楚地看出，在社会主义市场经济论形成和发展中，邓小平的探索可以用“孜孜不倦”四个字来描述，邓小平的思路可以用“一以贯之”四个字来概括，邓小平的思想也可以用“精辟深刻”四个字来评价。他始终走在最前头，引导我们看清方向，排除困扰，坚定不移地逐步前进。

在邓小平的指导下，加上理论工作者不断深入的研究，党中央和国务院在推进经济体制改革中，逐步明确了改革的方向和目标是建立社会主义市场经济体制。这里讲的“逐步”，实际是三大步：

第一步，为弥补计划经济之不足，提出了“计划经济为主，市场调节为辅”的原则和方向。1980 年 9 月，国务院经济体制改革办公室在《关于经济体制改革的初步意见》中提出：“我国现阶段的社会主义经济是生产资料公有制占优势，多种经济成分并存的商品经济，必须建立与之相适应的经济体制”；“我国经济体制改革的原则和方向应当是：在坚持生产资料公有制占优势的条件下，按照发展商品经济和促进社会化大生产的要求，自觉地运用经济规律”，“把单一的计划调节，改为在计划指导下充分发挥市场调节的作用”。② 中共十一届六中全会和中共十二大确认了这一原则，并写进 1982 年宪法。对于这个原则的作用应作历史的

---

① 《邓小平文选》第 3 卷，第 373 页，人民出版社，1993。

② 《“社会主义市场经济理论”问题讨论综述》。载《价格理论与实践》，1992 年第 10 期。

分析。相对于排斥市场调节的完全的计划经济观念而言，确认“市场调节为辅”，在认识上是一个进步。

第二步，突破把计划经济同商品经济对立起来的传统观念，重新解释计划经济，提出改革的目标是建立“社会主义商品经济”即“公有制基础上的有计划的商品经济”。中共十二届三中全会通过了《关于经济体制改革的决定》。《决定》指出：“要突破把计划经济同商品经济对立起来的传统观念，明确认识社会主义计划经济必须自觉依靠和运用价值规律，是在公有制基础上的有计划的商品经济。”这是对马克思主义商品货币理论的新发展。邓小平称赞这个决定说了我们老祖宗没有说过的话，“是马克思主义基本原理和中国社会主义实践相结合的政治经济学”①。确认社会主义商品经济的新观念，使中国共产党的认识前进了一大步，实际上向社会主义市场经济的转变进一步展开。

第三步，就是确立社会主义市场经济的新观念，建立社会主义市场经济新体制。这是中共十四大的重要贡献，已经写进经过修正的宪法条文之中。根据中国改革开放实践发展的需要，根据邓小平从1979年起的多次谈话特别是1992年初南方谈话的精神，江泽民于1992年6月9日在中央党校省部级干部进修班发表讲话，在选择建立新经济体制目标的几种提法时明确表示，建议十四大采纳“社会主义市场经济体制”这个提法。他说：我想在党的十四大报告中，总得最后确定一种大多数同志都赞同的有关经济体制的比较科学的提法，以利于进一步统一全党同志的认识和行动，以利于加快我国社会主义的新经济体制的建立。我个人的看法，比较倾向于使用“社会主义市场经济体制”这个提法。② 江泽民的这一观点，得到了邓小平的肯定。中共十四大通过的大会报告明确提出：“实践的发展和认识的深化，要求我们明确提出，我国经济体制改革的目标是建立社会主义市场经济体制，以利于进一步解放和发展生产力。”中国共产党的认识又前进了决定性的一大步，向社会主义市场经济的转变

① 《邓小平文选》第3卷，第83页，人民出版社，1993。
② 《江泽民文选》第1卷，第202页，人民出版社，2006。

进入了目标明确的、不可逆转的崭新阶段。

综上所述，在几代马克思主义者长期探索的基础上，邓小平，党中央，党的理论工作者，经过十多年锲而不舍的探索，终于形成了社会主义市场经济理论。历史告诉我们：邓小平是社会主义市场经济理论的主要创立者，以江泽民为核心的中央领导集体建立起了社会主义市场经济体制。

第三节　市场经济和社会主义基本制度的结合

从社会主义在世界上成为活生生的现实之日起，“计划经济”就被认为是社会主义基本经济制度的一个显著特征。不论是马克思主义哲学教科书，还是社会主义政治经济学教科书，不论是苏联、东欧国家的教科书，还是中国的教科书，都不回避这一点。甚至西方学者的著作中也认为计划经济是社会主义的特征。可以说，这是长期以来人们头脑中的一个关于社会主义的观念。

与此同时，人们认为，市场经济是同社会主义基本制度根本对立的，它属于资本主义经济制度的范畴。50 年代南斯拉夫曾经提出把市场引入社会主义，结果被人视为“异端”。几乎所有的社会主义国家在改革中都遇到了市场问题的困扰，原因是人们认为市场经济姓“资”。我国改革开放之初，也有学者提出社会主义可以搞市场经济。邓小平最初提出这个重大的理论问题不是 1992 年，而是 1979 年。但人们的观念障碍，使这种新思路、新观念在 12 年之后，才为全党所接受。而且，在中国改革开放推进到 90 年代初的时候，我们有不少人还认为：所谓市场经济，就是以私有制为基础，一切经济活动经过市场，由价值规律自发进行调节的经济。出现这些现象，其实并不奇怪，因为长期来我们的认识、我们的理论就是这么过来的。

出现这种观念偏执，不能仅仅从观念上找原因。客观上讲，市场经济确实是在资本主义私有制的基础上获得成熟并为世人所瞩目的；市场有其自身的不足和弱点，这些不足和弱点同私有制一结合更加突出，而且遭到过马克思主义经典作家的充分揭露和批判。因此，人们在观念上（包括经验上和理论上）把它看作是资本主义经济制度范畴的东西，不是偶然的。

其实，计划也好，市场也好，都是建立在社会化大生产基础上的一种资源配置的方式。计划经济这种体制不是随随便便提出来的。它是随着社会化大生产的发展，特别是随着资本主义社会中生产资料的私人占有与社会化生产之间矛盾的发展，为了减少资本主义私有制下对生产周期性的破坏和对生产资料大规模的浪费，即为了解决企业内部生产的计划性和全社会生产的盲目性之间的矛盾，社会主义思想家提出由国家来承担对全社会经济发展的规划，有计划地发展社会生产。市场经济也是随着社会化生产的产生而产生、发展而发展的。社会化生产是一种在专业分工基础上进行协作的生产过程。列宁曾明确指出："哪里有社会分工和商品生产，哪里就有'市场'"①，"市场不过是商品经济中社会分工的表现"②。市场经济以市场为中介手段，使得专业分工的生产之间互通有无、相互交换，从而在全社会得到一种动态的平衡，形成社会化生产的整体效应。这两种建立在社会化生产基础之上的资源配置方式，都认为自己能够把生产有序地组织起来，以适应人们的消费需求。事实上，计划经济体制在苏联、在中国建立后，确实能够把全社会的生产要素比较合理地组织起来，实现社会化大生产，但它对人们消费需求的反应不灵敏，缺乏活力。市场经济体制则能补其拙，比较灵敏地反映出人们消费需求的变化，自我调节生产的方面和规模，包括根据新科技革命的成果及时实现产业重配和产品更新换代。这就是市场经济能够长期存在并生生不息地获得发展的原因。

马克思主义者能够以实践为标准检验各种理论，正确地进行观念选择。长期以来，我们真诚地认为计划经济是社会主义的，它优越于市场经济。但是，不管市场经济有多大的不足和弱点，它创造的生产力及其

---

①② 《列宁全集》第1卷，第79、81页，人民出版社，1984。

给人类文明带来的巨大进步，明明白白地摆在我们面前。我们的计划经济在社会主义建设中也发挥了不可否认的积极作用，使得一个极端落后的农业国奠定了初步工业化的基础，并形成了相对独立的比较完整的工业体系，但在总体的经济竞争中，它创造的经济成果及其效益不如市场经济，甚至还暴露出一些原来意想不到的弊端。在一些认识肤浅的人们的心目中，他们把经济竞争中出现的这种差距归咎于"社会主义不如资本主义"，因为他们把市场经济看作是资本主义经济。而另一些闭目塞听、思想僵化的人，又不愿意承认这种差距是市场经济和计划经济的差别造成的，他们情愿从中国的历史及其造成的现实基础上找原因，从事物的外部找原因，而不敢正视体制内部的问题，原因也在于他们把市场经济看作是资本主义经济。当亚洲"四小龙"崛起时，这样两种观点都遇到了严峻的挑战。这四条"小龙"原来基础都很落后，比如我国的香港原来要比内地的上海落后许多，但现在香港超过了上海。事实迫使我们重新考虑问题。它促使我们认真研究所有经济发达的国家和正在起飞的国家和地区的经验，促使我们认真考虑为什么资本主义制度并不好，但他们的经济却可以发展，甚至可以及时抓住和利用新科技革命的成果发展自己。邓小平正是以实践为标准检验我们的理论和认识，站在彻底唯物主义的立场上，肯定了市场经济的积极作用。

邓小平认为，市场经济不等于资本主义，可以为社会主义所用。1979 年 11 月，邓小平第一次提出市场经济问题的时候，他就谈了两个重要的观点：一是市场经济不能说只有资本主义的。他鲜明地提出："说市场经济只存在于资本主义社会，只有资本主义的市场经济，这肯定是不正确的。"二是市场经济是一种方法，可以为社会主义用来发展社会生产力。他说："把这当作方法，不会影响整个社会主义，不会重新回到资本主义。"① 在 1985 年、1987 年、1991 年、1992 年，他一次又一次地强调不能把计划经济等同于社会主义、把市场经济等同于资本主义，计划和

① 邓小平：《社会主义也可以搞市场经济》（1979 年 11 月 26 日）。《邓小平文选》第 2 卷，第 236 页，人民出版社，1994。

市场都是经济手段，只要发展生产力有好处，就可以利用。它为社会主义服务，就是社会主义的。这一论断的重要意义，就是把人们的思想从“市场经济是资本主义”的思想禁锢中解放出来，把市场经济定位定在“方法”或“手段”上。这样，就解决了市场经济能不能和社会主义基本制度相结合这个难题的关键性理论问题。

把市场经济作为一种方法或手段来看待是正确的，它为解决市场经济和社会主义基本制度的结合问题，破除了思想障碍，打开了一条新思路。但是，要在实践中实现这一结合，并非易事。

首先，必须看到两者之间具有共同的基础，是可以结合的。这个共同基础是什么？如前所述，就是两者都建立在社会化生产这一物质基础之上。也正是在这个意义上，邓小平说社会主义和市场经济之间不存在根本矛盾。社会主义作为一种以公有制为基础的生产关系，是在解决资本主义社会中生产资料的私人占有和社会化生产这一基本矛盾过程中，根据社会化生产的要求建立起来的。市场经济也是根据既有分工又有协作的社会化生产的要求，通过市场来进行资源的合理配置，把各有分工的社会生产组成一个有效的整体。1992 年初视察南方时，邓小平说：“社会主义要赢得与资本主义相比较的优势，就必须大胆吸收和借鉴人类社会创造的一切文明成果，吸收和借鉴当今世界各国包括资本主义发达国家的一切反映现代社会化生产规律的先进经营方式、管理方法。”① 他强调的就是一切反映“现代社会化生产规律”的好东西都可以学习和利用，就是在这个总题目下，提出“市场经济不等于资本主义，社会主义也有市场”这一重要论点的。社会主义是建立在社会化生产基础之上的，因此，市场经济是作为反映现代社会化生产规律的先进经营方式、管理方式为社会主义所用的。

同时，也必须看到我们已经建立的社会主义基本经济制度的实现形式和市场经济之间存在着某种不相容性。一是我们建立的社会主义基本经济制度主要由全民所有制和集体所有制这两种经济组成。全民所有制

---

① 《邓小平文选》第 3 卷，第 373 页，人民出版社，1993。

经济主要采用国有国营的形式，集体所有制经济主要采用人民公社三级所有、队为基础的形式。不论是全民所有制经济还是集体所有制经济，都存在产权不明晰、权责不明确、政企不分等问题。而市场经济则要求在分工的前提下，生产经营者是独立的法人，即产权要明晰，权责要明确，政企要分开，管理要科学。这是社会主义基本制度能否和市场经济结合的一个很大的基础性的问题。二是我们建立的社会主义基本经济制度下的生产单位，其全部生产经营活动都是在国家计划，甚至指令性计划之下运作的，从生产的产品及其所必需的资金、原材料、能源、设备直至劳动者的工资等等，全都是由政府计划部门安排的。而市场经济则要求生产单位根据市场的需求，灵活经营，自主生产，在市场竞争中争取最大的效益。这种情况决定了：如果要在社会主义基本制度的基础上建立起市场经济，就必须对社会主义基本经济制度的实现形式进行改革。不改革，就不可能利用市场作为资源合理配置的基础，就不可能利用市场来实现社会化大生产。

社会主义能不能做到这一点？理论上感到十分为难的地方，实践却能做出回答。改革开放以来，农村家庭联产承包责任制的推行，以农民生产的自主权为突破口，逐渐把农民同市场联系在一起，由此推动了农业生产的发展；接着乡镇企业异军突起，更是显示出市场在解决资金、原材料等方面的突出优势。在国有经济中，随着企业自主权的逐步扩大和经营机制的逐步转换，多种经济成分参与的流通体制的逐步形成，促进了物资、劳力、资金、技术、信息在城乡市场的流动，初步显示了市场的作用和活力。经济特区建立后，有力地推动了我国经济与国际市场的接轨，并按照市场经济的要求促进了特区经济的蓬勃发展。事实证明，市场作用发挥得比较充分的地方，经济活力就比较强，发展态势也比较好；事实也证明，对社会主义经济体制进行根本性的变革，社会主义基本经济制度完全可以同市场经济相结合。

因此，关键问题不在于社会主义基本经济制度能不能和市场经济相结合，而在于社会主义要通过体制改革，完善和发展社会主义基本经济制度。1985 年 9 月 23 日，邓小平在中国共产党全国代表会议上指出：

“改革是社会主义制度的自我完善，在一定的范围内也发生了某种程度的革命性变革。这是一件大事，表明我们已经开始找到了一条建设有中国特色的社会主义的路子。”①

社会主义基本经济制度怎样实现自我完善和发展？根据邓小平的思想，至少要抓好三个基本的环节：

一是在生产关系方面，通过改革，找到一种既能保持社会主义公有制和按劳分配的性质，又能适应市场经济要求的生产关系实现形式或好体制。农村家庭联产承包制就是这样一种合作经济的实现形式。对于国有经济的改革，1979 年 7 月 29 日，邓小平指出“企业改革，主要是解决搞活国营大中型企业的问题。”“用多种形式把所有权和经营权分开，以调动企业积极性，这是改革的一个很重要的方面。这个问题在我们一些同志的思想上还没有解决，主要是受老框框的束缚。”②根据邓小平的思路，党中央提出了建立现代企业制度的方案，就是要在保证国有资产权属于国家，企业真正成为拥有法人财产权的经济实体，使其既保持社会主义公有制的性质，又适应市场经济对企业作为自主经营、独立承担经济责任的主体的要求，更好地发挥国有企业的主导作用。与此同时，邓小平还把原则性和灵活性结合起来，提出了“以公有制为主体”这一全新的概念，发展一部分非公有制经济，形成了一种新型的生产关系结构。

二是在国家对经济的宏观管理上，通过改革，找到一种既能保持社会主义国家对经济的宏观调控权，又能适应市场经济要求的经济管理方式。这就是要改变过去由国家统得过多过死的弊端，既使经济活动遵循价值规律的要求，适应供求关系的变化，通过价格杠杆和竞争机制的功能把资源配置到效益较好的环节中去，给企业以压力和动力，实现优胜劣汰，又使国家能够在宏观上对经济进行调控，保持经济总量的基本平衡，促进经济结构的优化，引导国民经济持续快速健康发展，推动社会全面进步。邓小平在指导以市场为导向的经济体制改革的同时，多次强

①② 《邓小平文选》第 3 卷，第 142、192 页，人民出版社，1993。

调“中央要有权威”。他在1988年9月12日说：“宏观管理要体现在中央说话能够算数。这几年我们走的路子是对的，现在是总结经验的时候。如果不放，经济发展能搞出今天这样一个规模来吗？我们讲中央权威，宏观控制，深化综合改革，都是在这样的新的条件下提出来的。过去我们是穷管，现在不同了，是走向小康社会的宏观管理。不能再搬用过去困难时期那些办法了。现在中央说话，中央行使权力，是在大的问题上，在方向问题上。”① 根据邓小平的意见，党中央逐渐确定了社会主义市场经济体制中的宏观调控体系建构设想，那就是依据客观规律的要求，运用好经济政策、经济法规、计划指导和必要的行政管理，健全科学的宏观管理体制和方法，引导市场健康发展。

三是在调整利益关系上，通过改革，既要形成竞争机制，调动广大人民群众的积极性，搞活社会主义经济，又要维护和保障人民群众的主人翁地位。以公有制为基础的社会主义生产关系，一个显著的特点，就是能够体现和保障人民群众的主人翁地位。但是，长期来由于我们用农民小生产者的平均主义来理解社会主义，把人人捧“铁饭碗”、吃“大锅饭”等同于人民群众当家做主。这种情况在建立社会主义市场经济的过程中，同市场经济必须建立劳动力市场和竞争机制，并且拉开收入差距的要求，发生了矛盾。出路在哪里？邓小平早在1978年9月18日就提出：“引进先进技术设备后，一定要按照国际先进的管理方法、先进的经营方法、先进的定额来管理，也就是按照经济规律管理经济。”② 尽管当时尚未提出建立社会主义市场经济的设想，但是在他考虑到要引进国外先进的技术设备时就想到要按照国际先进的管理经验来管理我国社会主义经济，这是一个富有创意的思想。随着改革的深入，我们逐渐抛弃吃“大锅饭”、捧“铁饭碗”的办法，从农村建立家庭联产承包责任制开始，到企业转换经营机制，直到逐步形成劳动力市场、职工竞争上岗，奖优罚劣，明显地调动了广大群众的生产积极性。但随之而带来的新问题是：

---

① 《邓小平文选》第3卷，第278页，人民出版社，1993。

② 《邓小平文选》第2卷，第129—130页，人民出版社，1994。

这样做，群众是不是仍然是国家的主人翁？回答是肯定的，在社会主义市场经济体制下劳动力市场的出现，竞争机制的形成，并没有改变人民群众作为国家主人翁的地位。国有企业、集体企业及公有产权占主导地位的企业职工，乡镇企业的职工，各类合作经济的农民，既是国家的主人，也是企业和工作单位的主人。即使是非公有制经济的企业职工，他们虽然已经不是企业的主人，但作为国家主人的政治地位依然不变。相反，劳动力市场的出现，竞争机制的形成，表明劳动者对于自己的劳动力掌握了自主权，这种自主权受到了国家法律的保护。因此要解决好社会主义市场经济体制下人民群众的国家主人翁地位问题，必须从两方面着手进行：一方面是国家要尽可能地抓紧保护劳动者权益的立法，严肃地执法，并且从政治、经济、舆论、行政等各方面维护人民群众的国家主人翁地位，另一方面人民群众也要增强法制观念，用法律来维护自己的合法权益，并且以实际行动体现自己的国家主人翁的责任性。

探索适应市场经济要求的社会主义公有制生产关系的实现形式，建立社会主义宏观调控体系，形成既有助于经济竞争、调动群众积极性，又能维护群众主人翁地位的做法，对于体制来讲是一场深刻的革命，对于社会主义基本制度来讲是一种完善和发展。只有经过这种社会主义的自我完善和自我发展，才能实现社会主义基本制度和市场经济体制的有机结合。

第四节 通往富裕和繁荣之路

1985年10月23日，邓小平在论述“社会主义和市场经济之间不存在根本矛盾”时，说了一段十分要紧的话：

> 我国当前压倒一切的任务就是一心一意地搞四化建设。我们发挥社会主义固有的特点，也采用资本主义的一些方法（是当作方法

来用的），目的就是要加速发展生产力。在这个过程中出现了一些消极的东西，但更重要的是，搞这些改革，走这样的路，已经给我们带来了可喜的结果。中国不走这条路，就没有别的路可走。只有这条路才是通往富裕和繁荣之路。①

这里，他讲了改革的目的和方法，讲了市场经济方法运用的正效应和负效应，结论是：这是中国发展唯一可走的路。它称这是一条“通往富裕和繁荣之路”，这就把市场经济与发展联结了起来。

邓小平讲发展，强调“发展才是硬道理”，目的是为了国家和人民的富强。在这个意义上，发展论即是富国论、富强论，这是发展的目的论。因此，本章作为“发展论”的延伸，以“富强论”来作为“发展论”的归结还是必要的。邓小平在论述这一发展的目的论时，有这样几个值得人们重视的特点：

第一，强调致富不是罪过。在几千年的剥削制度下，富裕总是同剥削阶级相联系。诸如“富人”“富豪”“富农”“暴富”“劫富济贫”“为富不仁”等等。“富”字表面上令人炫目，实质上遭人鄙视。这是人们对剥削制度下一种社会现象的基本态度。当无产阶级取得政权以后，尤其是进入社会主义社会以后，能不能把富裕问题作为一个正题提出来呢？在国际共产主义运动中，曾经批判过布哈林鼓励大家发财的口号；在我国，讲“国家富强”是提倡的，讲“人民富裕”则很难出口。在“文化大革命”中，“富则修”甚至被人们认为是马克思主义的公理，于是出现了“四人帮”的“宁要贫穷的社会主义”一说。邓小平尖锐地指出，这是“以极左面目出现的主张普遍贫穷的假社会主义”②。因为，历史唯物主义和科学社会主义认为，社会进步最终将体现在生产力的发展上，而生产力的发展意味着社会财富的增加。在剥削制度下，劳动人民创造的财富被剥削阶级剥夺了，使得富裕同剥削阶级相联系；在社会主义制度下，

① 《邓小平文选》第3卷，第149—150页，人民出版社，1993。

② 《邓小平文选》第2卷，第165页，人民出版社，1994。

剥削阶级作为阶级已不存在，人民创造的财富不再被剥削阶级剥夺，富裕理应同人民相联系。邓小平在批判“四人帮”的极左言论时，鲜明地提出了“贫穷不是社会主义”的科学论断，相应提出了“致富不是罪过”① 这一重要观点，为社会主义制度下的“富裕”正了名。因此，有个外宾访华时，从中国的变化中深深地体会到一个重要的道理——“社会主义不是分配贫困，而是分配财富。”

第二，强调社会主义的目的是共同富裕。邓小平讲“致富不是罪过”，是答美国记者迈克·华莱士提问时说的。紧接着的下文是：“但我们讲的致富不是你们讲的致富。社会主义财富属于人民，社会主义的致富是全民共同致富。”② 其实，这样的话，邓小平说得很多，认为共同富裕是“社会主义特征”“社会主义的根本原则”“社会主义的目的”，并且纳入了社会主义本质的范畴之内。因此，邓小平不是一般地提倡“致富”，而是从社会主义的内在要求出发讲“致富”，这种致富就是“共同富裕”。

第三，强调共同富裕是国家富强和人民富裕、集体致富和个人致富的统一。应该讲，社会主义提倡共同富裕，这在我国进入社会主义之初已经深入人心。问题是什么叫共同富裕，人们常常有不同的理解。比较普遍的认识是，强调国家富强、集体致富。这样，就往往忽视人民富裕、个人致富。过去我们讲“富则修”，也是从个人角度讲的。这里，涉及一个关于国家、集体、个人三者利益问题，极其复杂。毛泽东在 50 年代对苏联没有处理好这三者关系的教训十分重视，提出了“兼顾”的原则。邓小平坚持了这一原则，他一方面强调要调动每个人的积极性，包括允许一部分人先富起来，同时强调国家要强调宏观管理，逐步达到共同富裕；一方面强调国家要富强，同时强调国家富强要和人民富裕相统一。他说过：“必须把国家、集体和个人利益结合起来，才能调动积极性，才能发展社会主义的生产。”③ 他还说过：“社会主义与资本主义不同的特点就是共同富裕，不搞两极分化。创造的财富，第一归国家，第二归人民，

---

①② 《邓小平文选》第 3 卷，第 172 页，人民出版社，1993。

③ 《邓小平文选》第 2 卷，第 351 页，人民出版社，1994。

不会产生新的资产阶级。国家拿的这一部分，也是为了人民，搞点国防，更大部分是用来发展经济，发展教育和科学，改善人民生活，提高人民文化水平。”①

这里，我们的研究已经进入到邓小平的富强论即发展的目的论的研究。现在必须回过头来，探讨一下社会主义市场经济和富裕、富强的关系。对此，前面已有结论，即邓小平讲的：社会主义搞市场经济是通往富裕和繁荣之路。

但是，在一些人看来，这一结论是有问题的。有的人从社会现象的归纳中，认为社会主义搞市场经济可以加快生产力发展，可以脱贫致富，但难以达到共同富裕，因为我们搞社会主义市场经济没有几年，已经出现了社会成员收入悬殊等严重问题；有的人则从理论的推理中，认为市场经济要求的平等是机会均等，而不是结果平等，社会主义搞市场经济势必引起社会成员收入悬殊乃至两极分化。

邓小平是怎么看这个问题的呢？

首先，邓小平认为，要让一部分地区、一部分人先富裕起来，搞平均主义不行。提出这一政策，最初是从我国生产力发展落后且不平衡的特点提出来的。后来随着社会主义商品经济和市场经济的发展，证明它同社会主义市场经济的要求是一致的。过去搞计划经济，工资标准基本统一，各行各业差别不大，实际上搞的是平均主义。邓小平说，平均主义实际上是“共同落后，共同贫穷”②。陈云更尖锐地说：“平均主义‘大锅饭’实质上也是不干活的人占有干活的人的劳动成果。”③ 搞市场经济，工资收入逐渐同效益挂钩，根据各个行业和单位中个人的实绩来确定标准，一方面调动了群众的积极性，促进了生产力的解放和发展，增加了社会主义国家的物质财富，另一方面又拉开了产业之间、行业之间、单位之间、个人之间的差距，打破了平均主义。总体上说，这样的路子是正确的。

---

①② 《邓小平文选》第3卷，第123、155页，人民出版社，1993。

③ 中共中央文献研究室编：《十二大以来重要文献选编》中册，第589页，人民出版社，1986。

其次，邓小平认为，一部分地区、一部分人先富裕起来，最终可以达到共同富裕。其理由或根据包括两个方面：一是从经济运动的客观规律上说，“一部分人生活先好起来，就必然产生极大的示范力量，影响左邻右舍，带动其他地区、其他单位的人们向他们学习。这样，就会使整个国民经济不断地波浪式地向前发展，使全国各族人民都能比较快地富裕起来”①。这里讲的“影响”、“带动”以及由此引起的“波浪式地向前发展”，在社会主义市场经济条件下，在商品、人才、信息的流通中，在市场竞争、供求规律以及由此而形成的平均利润率的作用下，表现得更为明显。流通和竞争具有强烈的影响、带动功能，而供求规律、平均利润率又促使竞争中的收益在效率的前提下趋于公平。这在我国沿海地带各省市之间、各产业内部，已经显示了出来。二是从政府对经济运作的宏观调控上说，要“使先富裕起来的地区帮助落后的地区更好地发展”。社会主义市场经济不是自由市场经济，国家要对经济进行强有力的调控，使先富地区对后富地区发挥“帮助”作用。邓小平讲到的调控内容，包括让先富起来的地区多交利税和技术转让、通过征收所得税限制先富起来的个人，加上提倡先富起来的人自愿拿出钱来办教育、修路等等。他说：

> 沿海地区要加快对外开放，使这个拥有两亿人口的广大地带较快地发展起来，从而带动内地更好地发展，这是一个事关大局的问题。内地要顾全这个大局。反过来，发展到一定的时候，又要求沿海拿出更多力量来帮助内地发展，这也是个大局。那时沿海也要服从这个大局。②

这里讲到的“带动”和“帮助”，就是邓小平认为我们可以通过一部分地区、一部分人先富起来逐步达到共同富裕的理由和根据，也就是他对全

① 《邓小平文选》第2卷，第152页，人民出版社，1994。

② 《邓小平文选》第3卷，第277—278页，人民出版社，1993。

党反复强调的两个“大局”。

最后，邓小平指出，我们不会容许产生新的资产阶级，可以避免两极分化。从改革开放一开始，他就提出了这一问题，十几年里反复强调这一点，一直到1992年初南方谈话郑重地把“消灭剥削，消除两极分化”当作社会主义的本质，这是邓小平的一个基本思想。即使在他提出社会主义可以搞市场经济的条件下，他也坚信这一条，坚持这一条。他认为，我们运用市场经济等各种手段发展生产力，最终是有利于社会主义，有利于人民的；我们允许个体经济发展，还允许中外合资经营和外资独营的企业发展，但是始终以社会主义公有制为主体，这就不会导致两极分化；我们实行按劳分配为主，对于非公有制经济，国家可以通过税收政策等加以调节。他在1985年8月28日，曾经明确说过：

> 会不会产生新的资产阶级？个别资产阶级分子可能会出现，但不会形成一个资产阶级。总之，我们的改革，坚持公有制为主体，又注意不导致两极分化，过去四年我们就是按照这个方向走的，这就是坚持社会主义。①

同年10月23日，他又说：

> 我们吸收外资，允许个体经济发展，不会影响以公有制经济为主体这一基本点。相反地，吸收外资也好，允许个体经济的存在和发展也好，归根到底，是要更有力地发展生产力，加强公有制经济。只要我们经济中公有制占主体地位，就可以避免两极分化。当然，一部分地区、一部分人可以先富起来，带动和帮助其他地区、其他的人，逐步达到共同富裕。②

---

① 邓小平：《改革是中国发展生产力的必由之路》（1985年8月28日）。《邓小平文选》第3卷，第139页，人民出版社，1993。

② 邓小平：《社会主义和市场经济不存在根本矛盾》（1985年10月23日）。《邓小平文选》第3卷，第149页，人民出版社，1993。

研究邓小平这些重要论断，必须注意：第一，收入上的差别不是划分阶级差别、判别两极分化的基本标志。社会主义实行按劳分配，本身就包含着分配的结果会因“劳动”而有差别；在社会主义市场经济条件下，劳动同市场竞争、商品交换联系在一起，劳动创造的价值要转化为竞争中获得的实际效益才能进行按劳分配，这样，分配的基础更客观，分配的结果也会因产业、行业、单位之间的差异而有较大差别，但这种差异不能看作两极分化。第二，在社会主义市场经济建立过程中，特别是新旧体制并存的转型期，无论是市场机制，还是国家宏观管理，势必有一个从不完善到完善的过程，其中漏洞、缝隙会不少，少数人乘机获取非法收入，包括暴利、贿赂等等，这难以完全避免，但完全可以随着体制的完善、法制的健全、精神文明建设的加强，加以解决。这种非法现象不是社会主义的生产关系所要求和允许的，不能视作两极分化，而应视作犯罪行为加以打击。第三，比较复杂的是那部分同个体、私有等占有关系相联系，而又收入相当高的社会成员，应该如何看？根据邓小平的论述，要看到这些经济成分在社会主义初级阶段是社会主义经济的补充，有利于发展社会主义社会的生产力、增强社会主义国家的综合国力、提高人民的生活水平，有其存在的必要性、合理性和进步性；要看到这些经济成分及其社会成员，在社会主义国家，经济上受到占主体地位的公有制的制约，政治上受到人民民主专政的政权和国家法律的制约，思想文化上受到社会主义精神文明的制约，同资本主义社会中的个体、私有经济有很大的不同；要看到参与这些经济活动的人是社会主义国家的公民。因此邓小平认为“个别资产阶级分子可能会出现，但不会形成一个资产阶级”。

总而言之，只要我们在社会主义基本制度和市场经济的结合上，做好社会主义市场经济这篇大文章，就一定能够解放生产力，发展生产力，消灭剥削，消除两极分化，最终达到共同富裕，逐步体现社会主义的本质。

第七章　民主政治论

尽管中国已开始搞了市场经济，但它仍是一个社会主义国家。因为与经济相比，政治结构才是关键的因素。传统的社会主义体制在政治结构上的表现是共产党一党执政，在意识形态上的表现就是坚持马克思主义。

——［匈］科尔奈·亚诺什

第一节 没有民主就没有社会主义

民主，历来是中国共产党追求的目标。

中国共产党领导的革命，第一步是新民主主义革命，第二步进一步把民主扩大，进行社会主义革命。

中国共产党建立的国家，是人民民主专政的国家，它实行共和制，国号为“中华人民共和国”。

中国共产党的辞典中，最基本的词汇是“人民”，它的根本宗旨是“为人民服务”。

自从孙中山先生倡导以“民主”为目标的“革命”以后，20 年代的中国出现了为民主革命而奋斗的两大政党——中国共产党和中国国民党。两党曾经结成统一战线，领导国民革命，高举反帝反封建的旗帜，在“打倒列强、除军阀”的激昂歌声中，赢得了北伐战争的节节胜利。但自 1927 年发生“四一二”事变后，蒋介石国民党走上了独裁专制的道路。尽管国民党还不时高唱“民主”的高调，但中国人民在亲身的经历中，认识到在中国真正实行民主的，不是国民党，而是共产党。因此，人民选择了为民主而浴血奋战的中国共产党。

当历史一页一页地翻过去，进入毛泽东后的当代中国，向中国共产党提出挑战的问题之一，竟仍然是民主。而且，由于中国共产党已是执政党，人民要求民主的渴望，敦促中国共产党对自己执政后在实行民主问题上的成就和教训进行总结，敦促中国共产党从执政的角度对自己的民主观进行反思。不进行这样的总结和反思，为民主进行了长期奋斗的中国共产党，也会走向民主的反面。邓小平清醒地看到了党所面临的挑战，意识到了党在民主问题上存在的风险。在他为毛泽东后的当代中国设计的中国特色社会主义道路中，总目标是要实现社会主义现代化。在这个目标中，经济方面是要通过社会主义市场经济求发展，求富强；政治方面则是要建立和发展社会主义民主政治。他说得十分明确：

没有民主就没有社会主义，就没有社会主义的现代化。①

首先，这是因为，中国共产党在执政后，特别是在领导社会主义建设的过程中，在实行民主方面犯了两个错误。

一个错误，是在民主的实践方面没有把社会主义民主的理论贯彻始终，在党和国家的一些具体制度中存在着种种违背民主原则的弊端。“文化大革命”中，在林彪、“四人帮”的破坏下，甚至发生了对人民实行封建法西斯专政这样严重的问题，败坏了党的形象，败坏了社会主义的形象。对此，邓小平说得很透彻。在《坚持四项基本原则》（1979 年 3 月 30 日）这篇著名的讲话中，他说：

我们已经作了大量的宣传，说明无产阶级专政对于人民来说就是社会主义民主，是工人、农民、知识分子和其他劳动者所共同享受的民主，是历史上最广泛的民主。在民主的实践方面，我们过去作得不够，并且犯过错误。②

这里讲的“民主的实践方面”，决不能仅仅理解为我们在这件事或那件事上实行民主不够。邓小平在《党和国家领导制度的改革》（1980 年 8 月 18 日）这篇纲领性文章中，深刻而又鲜明地指出，我们的民主之不足，主要体现在党和国家现行的一些具体制度中，还存在不少的弊端，包括官僚主义、权力过分集中、家长制、干部领导职务终身制，等等。这就是问题的严重性。他说：

如果不坚决改革现行制度中的弊端，过去出现过的一些严重问题今后就有可能重新出现。只有对这些弊端进行有计划、有步骤而

①② 《邓小平文选》第 2 卷，第 168 页，人民出版社，1994。

又坚决彻底的改革，人民才会信任我们的领导，才会信任党和社会主义，我们的事业才有无限的希望。①

另一个错误，是我们在思想观念上对社会主义民主的认识也有误解和偏差，甚至把民主混同于无政府主义。在我们这样一个缺乏民主传统的国度里，人们渴望民主，又不懂得民主为何物，这种难以避免的矛盾现象给我们党带来了很大的困难。这种困难，突出地表现在我们提倡的“大民主”的口号和“大鸣、大放、大字报、大辩论”的形式中。我们曾经认为搞民主，就是动员人民群众运用“四大”形式揭露干部和各级组织的阴暗面，而不是依靠国家的宪法和法律来管理国家，解决矛盾。这种“大民主”的结果恰恰是对社会主义民主的破坏，是无政府主义的泛滥，使人民群众失去了宪法和法律所赋予公民的权利。而且，我们还把这种民主纳入“以阶级斗争为纲”这一不符合社会主义建设要求的指导思想，强调我们的“大民主”是阶级对阶级的斗争，实际上是一部分人民群众对另一部分人民群众的斗争，直至对人民群众“全面专政”，于是就为林彪、“四人帮”所利用，演出了一场作为国家主人翁的人民群众之间“全面内战”的悲剧，导致了残酷的封建法西斯专政。邓小平总结了这方面经验教训，在《目前的形势和任务》（1980 年 1 月 16 日）指出：

我们坚持发展民主和法制，这是我们党的坚定不移的方针。但是实现民主和法制，同实现四个现代化一样，不能用大跃进的做法，不能用“大鸣大放”的做法。就是说，一定要有步骤，有领导。否则，只能助长动乱，只能妨碍四个现代化，也只能妨碍民主和法制。“四大”，即大鸣、大放、大字报、大辩论，这是载在宪法上的。现在把历史的经验总结一下，不能不承认，这个“四大”的做法，作为一个整体来看，从来没有产生积极的作用。应该让群众有充分的

① 《邓小平文选》第 2 卷，第 333 页，人民出版社，1994。

> 权利和机会，表达他们对领导的负责的批评和积极的建议，但是“大鸣大放”这些做法显然不适宜于达到这个目的。因此，宪法有关“四大”的条文，根据长期实践，根据大多数干部和群众的意见，党中央准备提请人大常委会和全国人大审议，把它取消。①

中共十一届五中全会正式提出，建议全国人大修改宪法第45条，取消其中关于“四大”即大鸣、大放、大字报、大辩论的规定。邓小平在全会上说：

> 取消宪法中关于“四大”的规定，并不是说不要发扬社会主义民主，而是由于多年的实践证明，“四大”不是一种好办法，它既不利于安定，也不利于民主。发扬社会主义民主，健全社会主义法制，两方面是统一的。②

实践和认识方面这两大错误，使得我国的社会主义民主存在着许多不足。这些不足，损害了社会主义的形象，不利于调动全国各族人民的积极性，实现社会主义现代化。这是邓小平在毛泽东后的当代中国，尖锐地提出民主政治目标的主要原因。

同时，还因为在改革开放和社会主义现代化建设的新时期，在社会上，甚至在党内出现了一股鼓吹西方资产阶级议会民主的思潮。

我们拨乱反正，批判林彪、“四人帮”的封建法西斯专政，纠正毛泽东的“个人崇拜”，平反冤假错案，本意是要恢复和发展社会主义民主。但是，十一届三中全会召开不久，就有人打着所谓“民主”的幌子，混淆视听，把林彪、“四人帮”的倒行逆施归咎于无产阶级专政，甚至结成各种秘密的或半公开的组织，反对四项基本原则。而他们鼓吹的“民主”，究其实质，都是资产阶级的民主。这股思潮，即邓小平所说的“资产阶级自由化”，目的是反对中国共产党的领导，反对中国走社会主义道

---

①② 《邓小平文选》第2卷，第256—257、276页，人民出版社，1994。

路。但是，这股思潮刚一露头，就被邓小平敏锐地发现了。在《坚持四项基本原则》(1979 年 3 月）的讲话中，他要求全党：

> 我们一定要向人民和青年着重讲清楚民主问题。社会主义道路、无产阶级专政、共产党的领导、马列主义毛泽东思想，都同民主问题有关。什么是中国人民今天所需要的民主呢？中国人民今天所需要的民主，只能是社会主义民主或称人民民主，而不是资产阶级的个人主义的民主。①
>
> 我们在宣传民主的时候，一定要把社会主义民主同资产阶级民主、个人主义民主严格地区别开来，一定要把对人民的民主和对敌人的专政结合起来，把民主和集中、民主和法制、民主和纪律、民主和党的领导结合起来。②

这样，一方面，我们在建设社会主义民主方面犯过错误，另一方面，资产阶级自由化思潮又用资产阶级民主反对社会主义民主，因而在民主问题上出现了十分复杂的局面。出路何在？按照邓小平的思想，第一，我们堂堂正正地承认自己的不足，通过政治体制改革，来完善社会主义民主，健全社会主义法制；第二，我们坚定不移地坚持社会主义民主，反对资产阶级自由化，同资产阶级民主划清原则界限。这就是他说过的：

> 要继续发展社会主义民主，健全社会主义法制。这是三中全会以来中央坚定不移的基本方针，今后也决不允许有任何动摇。我们的民主制度还有不完善的地方，要制定一系列的法律、法令和条例，使民主制度化、法律化。社会主义民主和社会主义法制是不可分的。不要社会主义法制的民主，不要党的领导的民主，不要纪律和秩序的民主，决不是社会主义民主。相反，这只能使我们的国家再一次

---

①② 《邓小平文选》第 2 卷，第 175、176 页，人民出版社，1994。

陷入无政府状态，使国家更难民主化，使国民经济更难发展，使人民生活更难改善。①

第二节 正确处理特殊形式的阶级斗争

社会主义的实践反复告诉人们，社会主义民主这种最大多数人的最广泛的民主之所以没有产生其预期的效果，同社会主义国家在政治操作上屡屡发生的阶级斗争扩大化，有直接的关系。要坚持和发展社会主义民主，必须认真研究并采取切实有效的措施解决好社会主义条件下的阶级斗争问题。这也是毛泽东后的当代中国迫切需要解决的重大课题。

对于社会主义社会的阶级斗争问题，在毛泽东之前，没有人认真对待过。是毛泽东从实践中发现了这一问题，并且尖锐地揭示了这一马克思主义本本上没有的新问题。但也正是毛泽东，在这一问题上犯下了令人痛心的错误。

毛泽东曾经正确地认为，社会主义改造基本完成以后，“我们的根本任务已经由解放生产力变为在新的生产关系下面保护和发展生产力”②。还说“许多人不敢公开承认我国人民内部还存在着矛盾，正是这些矛盾推动着我们的社会向前发展”③。这是他在《关于正确处理人民内部矛盾的问题》（1957 年 2 月）中提出的两个极重要的论断。两个论断表达的意思，尽管不完全一致，但内在联系还是十分明显的。按后一论断，社会主义社会的直接动力是人民内部矛盾，因此根本任务应该是正确处理人民内部矛盾，而前一论断则认为根本任务是保护和发展生产力，这是两

---

① 《邓小平文选》第 2 卷，第 359—360 页，人民出版社，1994。

②③ 《毛泽东文集》第 7 卷，第 218、213 页，人民出版社，1999。

者的不一致之处；但是，在新的生产关系下面保护和发展生产力也表现为人民内部的矛盾，两者又是有联系的。如果按照这个思路发展下去，本来可以在社会主义辩证运动规律的探索中，获得新的成果的。然而，1957 年反右派斗争扩大化后，毛泽东的思路变了。他在杭州会议谈两类矛盾问题的讲话提纲（1958 年 1 月）中写道：

两类矛盾：敌我；人民内部

人民内部：阶级矛盾；先进落后矛盾

主要：阶级矛盾（过渡时间〈期〉）

大量：先进，落后

原因：资产阶级思想影响劳动人民；主观主义的原因；领导的原因——领导好，形势先进占多数，落后迅速克服①

这个提纲可以看出，毛泽东是怎样从区分两类不同性质社会矛盾这一正确理论出发，走到阶级斗争扩大化错误上去的。这一提纲关于“两类矛盾”的分析是正确的。关于“人民内部”存在着“阶级矛盾”和“先进落后矛盾”基本上也可以，人民内部先进与落后的矛盾，一般来讲属于思想认识上的矛盾，这一矛盾将长期存在；人民内部除了思想认识上的矛盾，大量存在的是利益上的矛盾，其中有的表现为政治上的矛盾，以及少量的阶级矛盾。毛泽东的理论失误是把少量存在的阶级矛盾看作主要矛盾。这是一种缺乏事实根据的主观主义的阶级估量。这个估量，必然导致阶级斗争扩大化。这种扩大化的结果，就是把人民内部不属于阶级斗争性质的矛盾当作阶级矛盾，甚至把党内在工作中出现的不同认识当作阶级斗争，进而把阶级矛盾等同于敌我矛盾并通过“群众专政”的方法来加以解决。典型的案例，就是社会主义教育运动和“文化大革命”。这样，人民内部的民主即对人民的民主，在阶级斗争扩大化过程中

① 中共中央文献研究室编：《建国以来毛泽东文稿》第 7 册，第 10 页，中央文献出版社，1992。

就为“专政”所取代，社会主义民主难免要遭到破坏。

这种破坏，表现在三个方面：一是宪法和法律受到践踏，法律保护不了国家主席、人民代表免遭“群众专政”的诬陷和揪斗；二是一大批党和国家干部、知识分子、劳动模范和人民群众成为“群众专政”的对象；三是群众的言论自由等公民基本权利被剥夺，民主空气为无休无止的“大批判”所取代。

因此，指出社会主义社会仍然存在阶级斗争，是毛泽东对马克思主义的贡献；认为阶级斗争是社会主义社会的主要矛盾，甚至认为党内资产阶级是社会主义革命和无产阶级专政的主要对象，这又是毛泽东在理论和实践上的后果严重的重大失误。毛泽东后的当代中国，最初碰到的需要拨乱反正而又引起重大争论的理论问题之一，就是毛泽东关于社会主义社会的阶级斗争理论，即“无产阶级专政下继续革命的理论”。

由于长期受到“左”的理论的影响，进行这样的拨乱反正并不容易。具有丰富政治经验的老一辈革命家，从事实入手，从平反冤假错案开始，拉开了在阶级斗争问题上拨乱反正的帷幕。特别是1978年11月12日陈云在中央工作会议东北组的发言中，尖锐地提出中央要对六个“影响大或者涉及面很广的问题”作出决定。这六大问题是：

> 一、薄一波同志等六十一人所谓叛徒集团一案。他们出反省院是党组织和中央决定的，不是叛徒。
>
> 二、一九三七年七月七日，中央组织部关于所谓自首分子的决定，这个文件是我在延安任中央组织部长（一九三七年十一月）以前作出的，与处理薄一波同志等问题的精神是一致的。我当时还不知道有这个文件，只是根据当时审查干部中遇到的问题，在一九四〇年也写过一个关于从反省院出来履行过出狱手续，但继续干革命的那些同志，经过审查可给以恢复党籍的决定。这个决定与“七·七”决定精神是一致的。这个决定也是中央批准的。我认为，中央应该承认“七·七”决定和一九四〇年中组部的决定是党的决定。对于那些在文化革命中被错误定为叛徒的同志应给以审查，如果并

未发现有新的真凭实据的叛党行为，应该恢复他们的党籍。此外，据我所知，在抗日战争时期和解放战争时期，在敌我边际地带有一个所谓“两面政权”问题。当时党组织决定一些党员在敌伪政权中任职，掩护我党我军的工作。这些党员，在文化大革命中也大体被定为叛徒。这是一个涉及到数量更大的党员的政治生命问题，也应该由党组织审查，对并无背叛行为的同志应该恢复党籍。

总之，“七·七”决定、一九四〇年中组部决定所涉及的同志和“两面政权”中的做了革命工作的同志，对他们作出实事求是的经得起历史检验的结论，这对党内党外都有极大的影响，不解决这些同志的问题，是很不得人心的。这些同志大体都已是六七十岁的人了。现在应该解决这个问题。

三、陶铸同志、王鹤寿同志等是在南京陆军监狱坚持不进反省院，直到七七抗战后由我们党向国民党要出来的一批党员，他们七七抗战后还坚持在狱中进行绝食斗争。这些同志，现在或者被定为叛徒，或者虽恢复了组织生活，但仍留着一个尾巴，例如说有严重的政治错误。这些同志有许多是省级、部长级的干部。陶铸一案的材料都在中央专案组一办。中央专案组是文化革命时期成立的，他们做了许多调查工作，但处理中也有缺点错误。我认为，专案组所管的属于党内部分的问题应当移交给中央组织部，由中央组织部复查，做出实事求是的结论，这些结论都应该放到当时的历史情况中去考察。像现在这样既有中央组织部又有专案组，这种不正常的状态应该结束。

四、彭德怀是担负过党和军队重要工作的共产党员，对党贡献很大，现在已经死了。过去说他犯过错误，但我没有听说过把他开除出党。既然没有开除出党，他的骨灰应该放到八宝山革命公墓。

五、关于天安门事件。现在北京市又有人提出来了，而且又出了话剧《于无声处》，广播电台也广播了天安门的革命诗词。这是北京几百万人悼念周总理，反对“四人帮”，不同意批邓小平同志的一次伟大的群众运动，而且在全国许多大城市也有同样的运动。中央应该肯定这次运动。

六、文化大革命初期，康生同志是中央文革的两个顾问之一。康生同志那时随便点名，对在中央各部和全国各地形成了党政机关的瘫痪状态是负有重大责任的。康生同志的错误是很严重的，中央应该在适当的会议上对康生同志的错误给以应有的批评。①

陈云在这里提出的六点，其中的冤假错案经复查，后来一一平反，康生也得到了应有的下场。但是，我们不禁会提出这样一个问题：为什么会发生如此严重的错误？

这样严重的涉及一大批党政军元老的冤假错案，绝不是偶然出现的，有它发生的深刻原因。人们自然地会想到毛泽东关于社会主义社会阶级斗争的理论。但由于毛泽东的这一理论，在"文化大革命"中被宣称为他对马列主义的新贡献，这种影响一时难以完全消除，要马上纠正它也不容易。现在回过头来看，十一届三中全会决定全党工作重点转移时，人们对这一历史性转移实际上认识并不一致，至少有这样三种看法：

一种看法，认为社会主义社会的主要矛盾仍然是无产阶级与资产阶级的矛盾，党的工作重点的转移仅仅是从揭批"四人帮"转到现代化建设，这是阶级斗争的需要。

另一种看法，认为这种工作重点的转移同"以阶级斗争为纲"并不矛盾，这样做可以做到生产斗争、阶级斗争和科学实验三大革命一起抓。

还有一种看法，认为工作重点转移，实质上是从"以阶级斗争为纲"到"以经济建设为中心"的转移。

这些不同看法，当时没有公开发表，因此没有妨碍工作重点的转移。但这些问题长期不解决、认识长期不统一，又会影响持久地、坚定地进行现代化建设。由真理标准讨论引起的思想解放运动，促使人们对此进行了反思。

反思。这是一个痛苦但又必须进行的反思。反思的问题是：

---

① 中共中央文献研究室编：《三中全会以来重要文献选编》上册，第16—18页，人民出版社，1982。

——在社会主义社会，是不是始终存在阶级、阶级矛盾和阶级斗争？如果说是始终存在，那怎么消灭阶级、怎么进入共产主义？提出这个“始终存在”的问题，是因为在“文化大革命”期间广为宣传的“无产阶级专政下继续革命的理论”和“党在整个社会主义历史阶段的基本路线”中，特别突出地强调这一点。而且据文献考证，这个用毛泽东名义发表的提法，实际上是康生在修改中共九大党章总纲时加上去的，人们更能理所当然地提出质疑。由此深入下去，必然会提出：在社会主义社会，阶级斗争在什么范围、什么条件下存在？它是不是社会主义社会发展的动力，或者能不能始终作为动力？它对社会前进究竟起什么作用？生产斗争、科学实验是不是也推动社会前进？生产斗争与阶级斗争的关系如何？

——“以阶级斗争为纲”，应当怎样理解？这个提法在什么意义上、什么范围内讲才有意义？在社会主义改造基本完成以后，工人阶级和资产阶级的矛盾是否仍然是主要矛盾？提出这个问题，不仅是因为这个口号是毛泽东提出的，而且是因为这个问题不讲清楚会引起思想上和实际工作中的混乱。人们会认为，只要还有残余形态的阶级斗争，这种斗争还是主要矛盾，还是“纲”；反过来，社会一旦消灭了阶级，不存在阶级斗争了，社会发展就似乎没有“纲”，没有动力了。而且，党的工作重心转移到经济建设上来是离开了“纲”。现代化建设的实践迫切要求解决这一基础性的理论问题。

——与阶级斗争相联系的一个问题，是党内斗争问题。党内斗争，是否都是阶级斗争的反映，都是路线斗争？党的历史是否只是路线斗争的历史？提出这一问题，是因为这些深入人心的提法，无法反映党内生活和党的历史的全部事实，而且把党内在工作上、认识上发生的一些不同看法、做法都同阶级斗争联系起来，势必造成党内生活的紧张状态和不正常状态，破坏党的民主并进而破坏社会主义民主。

——最后归结到一点，“无产阶级专政下继续革命的理论”，究竟是什么含义？对不对？继续使用好不好？

这些问题，不少人都在思考，不少人都在研究，不少人都在讨论。

当时为中共中央副秘书长的胡乔木，在 1979 年 1 月 3 日中央宣传部一次会议上，比较集中地谈了这些迫切需要研究的问题。他的讲话要点，曾在 1979 年初党的理论工作务虚会上印发过，并引起了一些争议。

1979 年 3 月 30 日，邓小平在党的理论工作务虚会上作《坚持四项基本原则》的讲话。在这个讲话的最后一部分，他初步回答了这些问题：

> 在近几个月理论工作者的讨论中，提出的问题很多。许多问题还需要继续研究。现在我只就几个比较迫切的问题说一点看法。
>
> （一）社会主义社会的基本矛盾和目前时期的主要矛盾。关于基本矛盾，我想现在还是按照毛泽东同志在《关于正确处理人民内部矛盾的问题》一文中的提法比较好。毛泽东同志说："在社会主义社会中，基本的矛盾仍然是生产关系和生产力之间的矛盾，上层建筑和经济基础之间的矛盾。"他在这里说了很长的一段话，现在不重复。当然，指出这些基本矛盾，并不就完全解决了问题，还需要就此作深入的具体的研究。但是从二十多年的实践看来，这个提法比其他的一些提法妥当。至于什么是目前时期的主要矛盾，也就是目前时期全党和全国人民所必须解决的主要问题或中心任务，由于三中全会决定把工作重点转移到社会主义现代化建设方面来，实际上已经解决了。我们的生产力发展水平很低，远远不能满足人民和国家的需要，这就是我们目前时期的主要矛盾，解决这个主要矛盾就是我们的中心任务。
>
> （二）社会主义社会的阶级斗争。这个问题，我在前面讲无产阶级专政的时候已经说到一些。社会主义社会中的阶级斗争是一个客观存在，不应该缩小，也不应该夸大。实践证明，无论缩小或者夸大，两者都要犯严重的错误。至于整个社会主义社会历史时期是否始终存在某种阶级斗争，这里包括许多理论上和实践上复杂和困难的问题，不是只靠引证前人的书本所能够解决的，大家可以继续研究。总之，社会主义社会目前和今后的阶级斗争，显然不同于过去历史上阶级社会的阶级斗争，这也是客观的事实，我们不能否认，否认了也要犯严重的错误。

（三）无产阶级专政下继续革命。这个提法，如果按照提出的当时的解释，即所谓“向走资派夺权”，也就是撇开党委闹革命，打倒一切，那么实践已经证明是错误的。至于作出新的解释，可以在党内继续研究。①

这里，实际上涉及两类问题：一类是理论和认识问题，即怎么看社会主义社会的阶级矛盾；一类是实践和方法问题，即怎么正确处理社会主义社会的阶级矛盾。邓小平对此进行了研究分析，作出了科学的回答。

一　关于社会主义社会的阶级、阶级矛盾和阶级斗争

邓小平对于毛泽东最早提出而又发生过失误的这一重大课题，作出了自己的判断。

第一，进入社会主义社会后，我国的阶级状况发生了根本的变化，作为阶级的剥削阶级已经不再存在。当时，理论界在对阶级和阶级斗争理论的讨论中，批判并否定了康生等人提出的从政治思想上划分阶级的错误观点，指出在马克思主义那里，阶级首先是一个经济范畴，同生产发展的一定历史阶段相联系。列宁说过：“所谓阶级，就是这样一些集团，由于它们在一定社会经济结构中所处的地位不同，其中一个集团能够占有另一个集团的劳动。”② 根据这样的观点，我国在对生产资料私有制的社会主义改造基本完成以后，同私有制相联系的完整意义上的剥削阶级已不存在。特别是经过二十多年社会主义建设，原来的剥削阶级成员绝大部分已成为自食其力的劳动者；原来拿定息的民族资产阶级也不再拿定息。因此，整个社会的主要成员已由工人、农民、知识分子组成，知识分子也已经成为工人阶级的一部分。这样，在社会主义社会仍然存在的是两大劳动阶级：工人阶级和农民阶级。他们之间仍有阶级差别，这种

① 《邓小平文选》第2卷，第181—183页，人民出版社，1994。

② 《列宁选集》第4卷，第11页，人民出版社，1995。

差别是劳动人民内部的阶级差别。对此，邓小平有精辟而又深刻的论述：

> 我国的资本家阶级原来占有的生产资料早已转到国家手中……他们中有劳动能力的绝大多数人已经改造成为社会主义社会中的自食其力的劳动者。……现在，他们作为劳动者，正在为社会主义现代化建设事业贡献力量。①

> 总的说来，他们（知识分子）的绝大多数已经是工人阶级和劳动人民自己的知识分子，因此也可以说，已经是工人阶级自己的一部分。他们与体力劳动者的区别，只是社会分工的不同。②

> 在这三十年中，我国的社会阶级状况发生了根本的变化。我国工人阶级的地位已经大大加强，我国农民已经是有二十多年历史的集体农民。工农联盟将在社会主义现代化建设的新的基础上更加巩固和发展。③

第二，改革开放也不会容许产生新的资产阶级。这个问题，我们在上一章已经有所论述，这里再强调一下，是因为邓小平关于剥削阶级作为阶级已不存在的论断是在70年代来说的，自从我国改革开放以来，特别是以公有制为主体发展多种经济成分以来，我国阶级状况如何估量，人们又产生了新的不同看法。这确实是我们要仔细研究的新情况新问题。

首先，我们要看到，邓小平在改革开放之初和整个发展过程中，始终强调“不会容许产生新的资产阶级”。早在1978年10月10日，他就说过：“过去行之有效的东西，我们必须坚持，特别是根本制度，社会主义制度，社会主义公有制，那是不能动摇的。我们不能允许产生一个新的资产阶级。”④1985年3月，他在全国科技工作会议上强调：“如果我们的

---

①②③④ 《邓小平文选》第2卷，第186、89、185—186、133页，人民出版社，1994。

政策导致两极分化，我们就失败了；如果产生了什么新的资产阶级，那我们就真是走了邪路了。”① 他论述这个问题，作出这个论断，不只是表一个态，而是有其科学根据的。这个根据就是我们在改革开放中始终坚持以公有制为主体和以按劳分配为主要分配方式，我们的目的是共同富裕，而不是两极分化。不管我们怎样改革，怎么开放，始终有一个明确的奋斗方向——体现和实现“解放生产力，发展生产力，消灭剥削，消除两极分化，最终达到共同富裕”这一社会主义的本质。

其次，我们要看到，邓小平认为，社会主义本质的体现和实现是一个过程，在这个过程中会出现复杂的情况，但是我们的目标是实现共同富裕，不让新的资产阶级产生。对邓小平关于社会主义本质的论述，许多学者已经注意到，它是由“解放”“发展”“消灭”“消除”和“最终达到”一系列动词系列组成的，这表明社会主义本质是通过一个动态的发展过程来体现和实现的。既然是一个过程，其中必然有一系列复杂的情况。其中最突出的是在这个过程的“终点”，才实现“共同富裕”，那么，在这个“终点”到来之前，就会呈现一部分人、一部分地区先富起来，一部分人、一部分地区比较贫穷和后富起来，这样一种复杂的情况。如何看待这种复杂情况？邓小平认为，我们能够避免两极分化。既然一部分人、一部分地区先富起来是以“最终达到共同富裕”为目标的，这中间出现的社会成员和地区之间的差距不应视作阶级分化或两极分化。这只是“先富”与“后富”的差别，而不是这一阶级与那一阶级之间的差别，最后还是要走到“共同富裕”上来。1988 年 9 月 12 日，在听取关于价格和工资改革初步方案汇报时，他提出了两个“顾全大局”的思想：

沿海地区要加快对外开放，使这个拥有两亿人口的广大地带较快地先发展起来，从而带动内地更好地发展，这是一个事关大局的问题。内地要顾全这个大局。反过来，发展到一定的时候，又要求沿海拿出更多力量来帮助内地发展，这也是个大局。那时沿海也要服从这个大局。②

①② 《邓小平文选》第 3 卷，第 111、277—278 页，人民出版社，1993。

不仅如此，他还强调要采取具体措施，实现先富帮后富、先富带后富，最终达到共同富裕。1990年12月24日，在同中央几位负责同志谈话时，他说：

共同致富，我们从改革一开始就讲，将来总有一天要成为中心课题。社会主义不是少数人富起来、大多数人穷，不是那个样子。社会主义最大的优越性就是共同富裕，这是体现社会主义本质的一个东西。如果搞两极分化，情况就不同了，民族矛盾、区域间矛盾、阶级矛盾都会发展，相应地中央和地方的矛盾也会发展，就可能出乱子。①

在1992年初南方谈话中，他说：

走社会主义道路，就是要逐步实现共同富裕。共同富裕的构想是这样提出的：一部分地区有条件先发展起来，一部分地区发展慢点，先发展起来的地区带动后发展的地区，最终达到共同富裕。如果富的愈来愈富，穷的愈来愈穷，两极分化就会产生，而社会主义制度就应该而且能够避免两极分化。解决的办法之一，就是先富起来的地区多交点利税，支持贫困地区的发展。当然，太早这样办也不行，现在不能削弱发达地区的活力，也不能鼓励吃“大锅饭”。什么时候突出地提出和解决这个问题，在什么基础上提出和解决这个问题，要研究。……总之，就全国范围来说，我们一定能够逐步顺利解决沿海同内地贫富差距的问题。②

最后，我们还要看到，邓小平认为，在最终实现共同富裕之前，有可能出现个别的资产阶级分子或剥削分子，但不会形成一个新的资产阶级。从主观上讲，我们不会容许产生新的资产阶级；但从客观上讲，在一个经济文化比较落后的国家建设社会主义，只能一部分人一部分人、一部分地区一部分地区发展和富裕起来，逐步达到共同富裕，在这一

①② 《邓小平文选》第3卷，第364、373—374页，人民出版社，1993。

“终点”到达之前会出现先富与后富或富裕与贫穷并存等复杂情况。进一步的研究告诉我们，这种“复杂情况”确实复杂。现在有些人把社会成员和地区之间收入的差别，等同于阶级差别，这样看问题过于简单化。因为，这种差别大量的是劳动人民之间收入的差别，而非剥削阶级与被剥削阶级之间的阶级差别。目前一、二、三产业职工之间，收入以第三产业为最高，第一产业为最低；不同行业、不同企业的职工之间，因行业和企业经济效益的差距，收入也有较大的差别。这些差别尽管有合理与某些不合理之别，但不能说成是工人阶级和资产阶级的差别。况且，以收入多寡来作为划分阶级差别，并非是马克思主义的观点。马克思主义历来是以是否占有生产资料并进行雇佣剥削，来判断是否存在资产阶级。按此观点，比较复杂的是，在社会主义初级阶段作为社会主义经济必要补充而存在和发展的非公有制经济，它们的存在和发展是否意味着我国已经存在新的资产阶级呢？抽象地说，可以做这样的肯定判断。但是一旦进行具体的考察，情况就大不一样了。非公有制经济中，从事个体经济的那部分人，仍是劳动人民，而非资产阶级；外资部分经济，是资本家的经济，但这些资本家不是我国公民。剩下的是我国自己的私有经济，从传统的阶级观点和抽象的逻辑上讲，这些私有经济的业主似乎是资产阶级，但由于这些私有经济是作为社会主义经济的必要补充而存在的，在经济上受到占主体地位的公有制的制约，在政治上受到人民民主专政的国家政权及其法律的制约，在精神生活中还要受到社会主义道德等精神文明的制约，其从业人员原本都是工人、农民、知识分子或国家干部，是响应党的改革开放号召“下海”创业的，因此这种经济不可能也不是旧中国的资本主义私人经济或社会主义改造时期的私营经济，这些业主也就不可能形成像资本主义社会那样的资产阶级。对此，邓小平在 1985 年 8 月 28 日会见津巴布韦外宾时有精彩的论述。他说：

> 发展一点个体经济，吸收外国的资金和技术，欢迎中外合资合作，甚至欢迎外国独资到中国办工厂，这些都是对社会主义经济的补充。一个三资企业办起来，工人可以拿到工资，国家可以得到税

收，合资合作的企业收入还有一部分归社会主义所有。更重要的是，从这些企业中，我们可以得到一些好的管理经验和先进的技术，用于发展社会主义经济。这样做不会也不可能破坏社会主义经济。我们倒是觉得现在外国投资太少，还不能满足我们的需要。至于不搞两极分化，我们在制定和执行政策时注意到了这一点。如果导致两极分化，改革就算失败了。会不会产生新的资产阶级？个别资产阶级分子可能会出现，但不会形成一个资产阶级。总之，我们的改革，坚持公有制为主体，又注意不导致两极分化，过去四年我们就是按照这个方向走的，这就是坚持社会主义。①

第三，在社会主义社会，作为阶级的剥削阶级已不存在，但是阶级斗争仍以特殊的形式，在一定范围内长期存在着，在某种条件下还有可能激化。

历来的观点认为，有阶级才有阶级斗争，没有阶级就没有阶级斗争。但社会主义社会作为共产主义的初级阶段，呈现的情况并非如此简单。对此，邓小平在《坚持四项基本原则》中，作出了精辟而又深刻的揭示。他说：

我们反对把阶级斗争扩大化，不认为党内有一个资产阶级，也不认为在社会主义制度下，在确已消灭了剥削阶级和剥削条件之后还会产生一个资产阶级或其他剥削阶级。但是我们必须看到，在社会主义社会，仍然有反革命分子，有敌特分子，有各种破坏社会主义秩序的刑事犯罪分子和其他坏分子，有贪污盗窃、投机倒把的新剥削分子，并且这种现象在长时期内不可能完全消灭。同他们的斗争不同于过去历史上的阶级对阶级的斗争（他们不可能形成一个公开的完整的阶级），但仍然是一种特殊形式的阶级斗争，或者说是历史上的阶级斗争在社会主义条件下的特殊形式的遗留。②

① 《邓小平文选》第3卷，第138—139页，人民出版社，1993。

② 《邓小平文选》第2卷，第168—169页，人民出版社，1994。

《中共中央关于建国以来党的若干历史问题的决议》在论述这一问题时，还强调“由于国内的因素和国际的影响，阶级斗争还将在一定范围内长期存在，在某种条件下还有可能激化”。这样，就奠定了社会主义条件下阶级斗争新的理论。这一理论的要点是：（1）这不是原来意义上阶级对阶级的斗争，而是工人阶级同各种反对敌视或破坏社会主义的分子所进行的斗争，即是特殊形式的阶级斗争；（2）它不是社会主义社会的主要矛盾，而是在一定范围内长期存在的斗争，即是局部意义上矛盾和斗争；（3）它在某种条件下有可能激化。

如何理解这种特殊形式的阶级斗争，是这一新的阶级斗争理论中的难点。许多人认为，既然已没有作为阶级的剥削阶级，就不该有阶级斗争了；另一些人认为，既然还有阶级斗争，甚至这种斗争还有可能激化，就必须承认社会主义社会中有剥削阶级。这两种看法，都不知道阶级斗争就其实质而言，根源于根本利益上的对立，而不在乎代表这种根本利益的人是完整意义上的“阶级”，还是个别“分子”。有位老同志曾经生动地说过，在解放战争时期，有的战役双方对打的将士是同村的农民，但双方各自代表的根本利益不同，这种斗争就成了阶级斗争；同样的道理，当国民党军队的将士起义或投诚到人民军队来以后，同样是这些人，由于其代表的根本利益改变了，他们同我们的关系就不是阶级斗争的关系了，反之，他们同原来同一营垒国民党将士的斗争却成了阶级斗争。在社会主义社会，反对、敌视或破坏社会主义制度的人，不管其过去的阶级出身如何，不管其工作岗位和职务如何，他们代表的根本利益处于同工人阶级和广大人民对立的地位，因此这种矛盾和斗争虽然不是阶级对阶级的斗争，也是阶级斗争。邓小平称这种阶级斗争是“特殊形式的阶级斗争”，是十分正确和深刻的见解。

当然，邓小平点到的几种“分子”，情况各不相同。其中，我们同反革命分子、敌特分子和新剥削分子的斗争，毫无疑问，属于阶级斗争。至于各种破坏社会主义秩序的刑事犯罪分子，情况较复杂，有的犯罪出于一种“过失”，有的并非在根本利益上同人民作对，但也确有一些反对、敌视和破坏社会主义制度的人；而且，有些罪犯虽然主观上不是针对社会主义制度的，但客观上却严重地危害了社会主义制度，危害了人民的根本利益。对此，邓小平有两点重要的分析：其一，他认为“我们同各种反革命分子、严重破坏分子、严重犯罪分子、严重犯罪集团的斗争，虽然不都是阶级斗争，但是包含阶级斗争”①。这就是说，我们并非笼统地把工人阶级和广大人民同各种“分子”的斗争看作是阶级斗争，但其中确有阶级斗争。其二，他在列举个别地方在坏人煽动下少数支边青年的闹事，极少数坏头头操纵的非法组织、非法刊物的积极串联，反党反社会主义言论的公开发表，反动传单的散发，政治谣言的传播，“四人帮”残余势力的活动，杀人放火、制造爆炸、抢劫偷窃、强奸轮奸等各种恶性案件的发生，走私漏税、投机倒把、行贿受贿、贪赃枉法等犯罪活动的滋长泛滥，泄露和出卖国家机密、违反规定滥发奖金、抬高物价、扰乱市场等严重违法乱纪行为的不断出现等等现象后说：这种种情况，“按性质来说，一种是敌我矛盾，一种是阶级斗争在人民内部的不同程度上的反映”②。这就是说，即使是阶级斗争，也还要区分敌我矛盾和人民内部矛盾的反映这两类不同性质的矛盾和斗争。所以，我们同这些“分子”的斗争不都是阶级斗争，但包含阶级斗争；是阶级斗争的，又包括敌我性质的阶级斗争和阶级斗争在人民内部的反映这样两种不同的情况。

二　关于社会主义社会阶级斗争的处理

认识世界是为了改造世界，认识社会主义社会的阶级状况和阶级斗争是为了正确处理这种特殊形式的阶级斗争。

这里讲的是“处理”，而不是“解决”，是因为解决社会主义社会的阶级矛盾和阶级斗争问题非短时期内能成就的，到我们进入共产主义社会之前提出才有现实的意义。目前我们研究的重点，是如何正确地处理这一矛盾。

---

①② 《邓小平文选》第2卷，第253、370页，人民出版社，1994。

如何处理或如何正确地处理社会主义社会的阶级矛盾和阶级斗争?

从根本上讲，就是要坚持人民民主专政。邓小平在改革开放之初，就已经提出对于一切敌对分子必须实行专政。这种专政是同对人民的民主一致的。不对敌对分子进行专政，就不可能对人民民主。人民民主专政始终包含着对人民的民主和对敌人的专政这样两个不可分割的方面。随着改革开放的全面展开，邓小平反复强调：“党有党纪，国有国法。坚持四项基本原则中为什么要有一条坚持人民民主专政？只有人民内部的民主，而没有对破坏分子的专政，社会就不可能保持安定团结的政治局面，就不可能把现代化建设搞成功。”①

在著名的南方谈话中，邓小平又一次强调：

> 依靠无产阶级专政保卫社会主义制度，这是马克思主义的一个基本点。马克思说过，阶级斗争虽说不是他的发明，真正的发明是关于无产阶级专政的理论。历史经验证明，刚刚掌握政权的新兴阶级，一般来说，总是弱于敌对阶级的力量，因此要用专政的手段来巩固政权。对人民实行民主，对敌人实行专政，这就是人民民主专政。运用人民民主专政的力量，巩固人民的政权，是正义的事情，没有什么输理的地方。②

邓小平上述论述有两个特点：

一是强调坚持人民民主专政，把专政与民主统一起来，巩固人民政权，是马克思主义的基本观点。

二是强调刚刚掌握政权的新兴阶级，一般总是弱于敌对阶级的力量，因此要用民主与专政相结合的人民民主专政来巩固自己的政权。

对于这第二个特点，许多人不很理解，认为我们作为新兴的阶级，力量并不弱。但是，只要我们仔细地想一想，就能理解邓小平这一论断的深意。因为，社会主义是在资本主义商品经济、市场经济把世界各国

---

①② 《邓小平文选》第3卷，第154、379—380页，人民出版社，1993。

联系在一起这一背景下发生的，取得无产阶级社会主义革命胜利的新兴阶级面临的压力，来自于国际国内相互联系的敌对势力，而不只是国内敌视和破坏社会主义的那些“分子”。在这个意义上，掌握政权的工人阶级确实弱于敌对阶级的力量。其次，力量的强弱问题是一个总体实力比较问题，其中经济实力是基础。取得政权的工人阶级在经济上取得优势之前，同经济、科技占优势的国际资产阶级相比，确实面临着弱势的压力。这种压力是经济的，又体现在政治上，甚至意识形态上。我们日常生活中的许多实例，比如“出国潮”、人才外流等现象的出现，归根到底就在于我们还比较弱。搞了70多年社会主义的苏联，毁于一旦之际，也是因为它尽管取得了国民经济和国防实力迅速的发展等显著成就，但总体实力仍弱于国际敌对势力。由此可见，邓小平作出“刚刚掌握政权的新兴阶级，一般来说，总是弱于敌对阶级的力量”这一论断，是极其深刻的。对于一些人来说，这一论断是一帖清醒剂，可以使我们在震天动地的欢呼声中保持清醒的认识，可以使我们更理解邓小平为什么要求我们在“理论上讲清楚”坚持人民民主专政“这个道理”。

有些人可能会提出，坚持用人民民主专政来处理社会主义社会的阶级矛盾和阶级斗争，无论是马克思、恩格斯，无论是列宁，还是毛泽东，都反复强调过，邓小平有什么贡献呢？

在毛泽东后的当代中国，一些人鉴于毛泽东晚年在阶级斗争问题上的失误，已经很少谈论人民民主专政这样的话题。邓小平一而再、再而三地强调这一点，体现了一位无产阶级革命家的坚定立场和远见卓识，这本身就是一种贡献。

不仅如此，邓小平认真总结了我们以往在坚持人民民主专政问题上的经验教训，提出了两个极为重要的思想：

一是强调要运用法律武器处理社会主义社会的阶级斗争问题，巩固人民民主专政。在无产阶级取得国家政权之前，法律是剥削阶级意志的集中体现，是反动统治阶级压迫人民、镇压人民的工具，因而无产阶级革命或无产阶级领导的民主革命，可以完全不顾这种传统或法制的约束，造反才有理。无产阶级取得国家政权以后，情况就根本不同，国家宪法和法律是人民制定的，集中了人民的意志，法律已经成为无产阶级和广大人民的护身符。在这种条件下，造反已无理。不管是反对、敌视或破坏社会主义的各种分子进行的破坏活动，还是人民中有些人的活动，谁触犯了法律，都要追究法律责任。我们完全可以运用法律的手段，同那些“分子”开展斗争。邓小平鲜明地提出了这一方针性的思想，他在《目前的形势和任务》（1980 年 1 月）中要求全党“学会使用和用好法律武器”①。同年他在中央工作会议（1980 年 12 月）上再次强调：

> 全党同志和全体干部都要按照宪法、法律、法令办事，学会使用法律武器（包括罚款、重税一类经济武器）同反党反社会主义的势力和各种刑事犯罪分子进行斗争。这是现在和今后发展社会主义民主、健全社会主义法制的过程中要求我们必须尽快学会处理的新课题。②

二是强调要开展经常性的说服教育，长期地进行斗争。由于社会主义时期阶级斗争和非阶级斗争的社会矛盾、敌我性质的阶级斗争和人民内部阶级斗争的反映常常交织在一起，发生的一些重大事件或政治风波参与者人数众多且情况复杂，不少都是人民群众包括青年学生，因此处理这类事件及其中所包含的阶级斗争必须十分慎重。邓小平强调，不仅要依法追究这些事件策划者、组织者的责任，更要对广大群众特别是参与者进行思想教育。在拨乱反正和改革开放中，我国出现了一种资产阶级自由化的观点，他们一方面反对共产党的领导、反对社会主义制度，另一方面又主张全盘西化。我们同这种观点或思潮之间的斗争，毫无疑问是阶级斗争。但是受这种观点影响的人情况很复杂，不能一概而视作敌对分子，其中绝大部分是人民群众，必须认真地做好他们的工作；而且，这种思想政治领域的斗争不是短时期就能解决的，必须进行长期的斗争。邓小平对此有明确的论述。1987 年 2 月 18 日，他在会见外宾时说：

---

①② 《邓小平文选》第 2 卷，第 253、371 页，人民出版社，1993。

> 大学生闹事，主要责任不在学生，而是少数别有用心的人煽动，其中主要是少数党内高级知识分子。我们严肃地处理了这件事。但是，反对资产阶级自由化的斗争还没有结束。对于中国现在干的究竟是什么事情，有些人还没有搞清楚。我们干四个现代化，人们都说好，但有些人脑子里的四化同我们脑子里的四化不同。我们脑子里的四化是社会主义的四化。他们只讲四化，不讲社会主义。这就忘记了事物的本质，也就离开了中国的发展道路。这样，关系就大了。在这个问题上我们不能让步。这个斗争将贯穿在实现四化的整个过程中，不仅本世纪内要进行，下个世纪还要继续进行。正因为斗争是长期的，所以我们不搞运动，主要是进行教育。既是斗争的过程，也是说服教育的过程，但最终说服不相信社会主义的人要靠我们的发展。①

1987年3月3日，他在会见美国外宾时还说过：

> 反对资产阶级自由化是一个长期教育的问题，同四个现代化建设将是并行的。为了刹住一个时期的势头，例如对这次学生闹事，需要采取一些比较紧迫的办法，但从根本上说，这是一个长期的事。四个现代化，我们要搞五十至七十年，在整个四个现代化的过程中都存在一个反对资产阶级自由化的问题。既然是长期的事，不可能搞运动，只能靠经常性的说服教育，必要时采取一些行政手段和法律手段。②

从邓小平这些论述中可以看到，像反对资产阶级自由化这样的斗争，一要区分少数别有用心的人和绝大多数事件的参与者，二要认识到这是一项长期的斗争，一项同四个现代化相伴随、同国家经济实力发展相联系的长期斗争。因此，正确斗争的方式，不是搞运动，而是教育，即“经

---

①② 《邓小平文选》第3卷，第204、208页，人民出版社，1993。

常性的说服教育，必要时采取一些行政手段和法律手段”。

总起来就是一句话，要坚持人民民主专政，运用民主和法律，来正确处理社会主义条件下以特殊形式出现的阶级斗争。这就是毛泽东后的当代中国，邓小平吸取前人的经验教训，在阶级斗争问题上，在发展社会主义民主问题上，解决的一个重大的理论和实践问题。

第三节 政治体制改革和民主的制度化、法律化

毛泽东晚年在阶级斗争和党内斗争等问题上的严重失误，邓小平始终把它作为一份珍贵的财富加以研究，而不是以轻薄的态度简单地加以否定。他说过：“历史上成功的经验是宝贵财富，错误的经验、失败的经验也是宝贵财富。”① “我们根本否定‘文化大革命’，但应该说‘文化大革命’也有一‘功’，它提供了反面教训。”② 如本章第一节所述，教训之一，就是要发展社会主义民主。

那么，怎么发展社会主义民主呢？研究邓小平的思路，大体经历了这样三个互相联系而又递进的阶段。

第一阶段，强调民主的制度化、法律化。

从“文化大革命”走出来的中国人民，由于饱尝林彪、“四人帮”封建法西斯专制主义的肆虐，深知社会主义民主的珍贵。真理标准问题讨论一开始又受到压制，更使中国人民体会到维护社会主义民主的艰难。在《解放思想，实事求是，团结一致向前看》（1978 年 12 月）这篇实际上是十一届三中全会主题报告的重要讲话中，邓小平讲了四个问题：(1) 解放思想是当前的一个重大政治问题。(2) 民主是解放思想的重要条件。(3) 处理遗留问题为的是向前看。(4) 研究新情况，解决新问题。很明显，民主在这篇开创新时期新局面的讲话中，占有特殊重要的地位。他

①② 《邓小平文选》第 3 卷，第 234—235、272 页，人民出版社，1993。

认为，解放思想，开动脑筋，一个十分重要的条件就是要真正实行无产阶级的民主集中制。我们需要集中统一的领导，但是必须有充分的民主，才能做到正确的集中。他深刻地指出，一个革命政党，就怕听不到人民的声音，最可怕的是鸦雀无声。要努力形成毛泽东倡导的造就一个又有集中又有民主，又有纪律又有自由，又有统一意志、又有个人心情舒畅、生动活泼的政治局面。这样，才能保证四个现代化的实现。

那么，怎样才能使社会主义民主切切实实地获得保障呢？邓小平提出了一个富有远见卓识的构想：

> 为了保障人民民主，必须加强法制。必须使民主制度化、法律化，使这种制度和法律不因领导人的改变而改变，不因领导人的看法和注意力的改变而改变。现在的问题是法律很不完备，很多法律还没有制定出来。往往把领导人说的话当做“法”，不赞成领导人说的话就叫做“违法”，领导人的话改变了，“法”也就跟着改变。所以，应该集中力量制定刑法、民法、诉讼法和其他各种必要的法律，例如工厂法、人民公社法、森林法、草原法、环境保护法、劳动法、外国人投资法等等，经过一定的民主程序讨论通过，并且加强检察机关和司法机关，做到有法可依，有法必依，执法必严，违法必究。①

这一构想的意义，在于勾画了一个以法治国的法治国家的蓝图。长期以来，中国是一个“人治”的社会。社会进步依赖于英主、明君、清官、忠臣的出现；社会秩序依赖于长官的喜好。社会主义制度的建立，从根本上改变了这种状况。但是由于社会主义民主制度的不健全，比较多地还是靠领导人“说话”解决问题。因此出现了邓小平所讲的“往往把领导人说的话当做‘法’”的情况。巩固和发展社会主义，搞现代化，这

① 邓小平：《解放思想，实事求是，团结一致向前看》（1978年12月13日）。《邓小平文选》第2卷，第146—147页，人民出版社，1994。

种状况就不能再延续下去了。出路在哪里？就在于从“人治”转变到以法治国。它不仅要有一个通过民主程序形成的宪法和一整套法律、法规，而且要做到有法可依，有法必依，执法必严，违法必究，在法律面前人人平等。这样，才能真正保障社会主义民主的实现。

由此可见，邓小平设计的中国特色社会主义的宏伟蓝图：

——从“以阶级斗争为纲”转变到“以经济建设为中心”，建设一个富强的中国。

——从“人治”转变到“以法治国”，建设一个民主的中国。

第二阶段，强调党和国家领导制度的改革。

在强调“民主的制度化、法律化”里，已经包括了制度建设的问题。邓小平认为，民主要实现，必须把民主原则转化为民主制度，而且要毫不动摇地坚持和发展民主制度。为了加强民主制度建设，1980 年 8 月 18 日，邓小平在中共中央政治局扩大会议上，作了著名的《党和国家领导制度的改革》讲话。翻开《邓小平文选》第 2 卷，在第 320 页该文的题注中，还写着这样一句话：“一九八〇年八月三十一日政治局讨论通过”。可见，这篇讲话反映的是党的意志和人民的愿望，具有很高的地位、很大的分量。

邓小平在这篇讲话里，深刻地分析了党和国家现行的一些具体制度中存在的弊端，指出如不认真改革，就很难适应现代化建设的迫切需要，就要严重地脱离广大群众。他说：

> 从党和国家的领导制度、干部制度方面来说，主要的弊端就是官僚主义现象，权力过分集中的现象，家长制现象，干部领导职务终身制现象和形形色色的特权现象。①

在具体地分析了这五种现象的表现形式和滋生原因后，即揭示了我们党和国家领导制度的这些主要弊端后，他非常尖锐而又非常深刻地说了一段话：

---

① 《邓小平文选》第 2 卷，第 327 页，人民出版社，1994。

> 我们过去发生的各种错误，固然与某些领导人的思想、作风有关，但是组织制度、工作制度方面的问题更重要。这些方面的制度好可以使坏人无法任意横行，制度不好可以使好人无法充分做好事，甚至会走向反面。即使像毛泽东同志这样伟大的人物，也受到一些不好的制度的严重影响，以至对党对国家对他个人都造成了很大的不幸。我们今天再不健全社会主义制度，人们就会说，为什么资本主义制度所能解决的一些问题，社会主义制度反而不能解决呢？这种比较方法虽然不全面，但是我们不能因此而不加以重视。斯大林严重破坏社会主义法制，毛泽东同志就说过，这样的事件在英、法、美这样的西方国家不可能发生。他虽然认识到这一点，但是由于没有在实际上解决领导制度问题以及其他一些原因，仍然导致“文化大革命”的十年浩劫。这个教训是极其深刻的。不是说个人没有责任，而是说领导制度、组织制度问题更带有根本性、全局性、稳定性和长期性。这种制度问题，关系到党和国家是否改变颜色，必须引起全党的高度重视。①

这里的一个突出问题，是提出了党和国家领导制度中的弊端问题，提出了制度改革问题。

对这个问题，长期以来，各国共产党人的认识是不完全一致的。比如南斯拉夫的铁托在斯大林错误刚被披露时，曾经尖锐地公开指出：苏共中央“在第二十次代表大会上谴责了斯大林的行动和他的直到那时的政策，但是他们错误地把整个事情当作一个个人崇拜问题，而不是当作一个制度问题。而个人崇拜，实际上，是一种制度的产物”②。铁托在这里强调的制度问题，是指“官僚主义组织机构”等等。但是铁托这一尖锐的批评，并未得到各国共产党人一致的认可，有人甚至指责他是企图改变社会主义的基本制度，并加以严厉的批判。中国共产党当时对这一

① 《邓小平文选》第 2 卷，第 333 页，人民出版社，1994。

② 1956 年 11 月 11 日铁托在普拉的演说，原载南斯拉夫《战斗报》，1956 年 11 月 16 日。

问题的见解，集中表现在《关于无产阶级专政的历史经验》和《再论无产阶级专政的历史经验》这两篇重要文章中。当时中共中央政治局认为，斯大林的错误并不是由社会主义这一基本制度而来的，但是要承认在社会主义社会里生产关系和生产力之间、上层建筑和经济基础之间仍然存在着一定的矛盾，即社会主义的经济制度和政治制度的某些环节上还有缺陷，需要及时地加以调整；并认为制度是有决定性的，但不是万能的，要靠正确的政策、正确的工作方法和工作作风来正确地运用制度。斯大林后期的一些错误之所以发展成为全局性的、长期性的、严重的错误，正是因为他在一定范围内和一定程度上脱离了群众和集体，破坏了党和国家的民主集中制。从党中央和毛泽东 1956 年 4 月到 1957 年夏季以前的论述来看，尽管当时强调的是要反对工作方法和工作作风中的官僚主义影响问题，认为这是斯大林犯错误的主要原因，但同时也都指出了社会主义制度中还有一些“缺陷”，要加以调整和完善。

到 1957 年夏季，情况就起了变化。在当时的反右派斗争中，毛泽东反复强调“我们在制度方面，首先是生产资料所有制，第二是上层建筑，政治制度也好，意识形态也好，进行了社会主义革命，但是没有展开充分辩论”①，于是发动了关于社会主义制度问题的大辩论。在辩论中，一方面充分肯定了社会主义制度的优越性，但另一方面也产生了一个很大的副作用，这就是完全否认了我们刚建立起来的社会主义制度还存在着某些缺陷。许多人仅仅是因为指出这一制度中还有某些缺陷，还要加以完善，就被打成了“右派分子”。自此之后，我们对于斯大林犯错误的原因，就仅仅局限于个人的思想作风、工作方法和个人的民主素质这一点上，很少再涉及制度上的问题。这种认识，也影响了我们在建设社会主义制度时忽视了对民主制度的健全问题。这也是最后导致毛泽东重犯类似斯大林晚年错误的一个重要原因。

十一届三中全会以后，中国共产党在总结毛泽东晚年错误的教训时，重新研究了国际共产主义运动中的这场争论，认识到“单单讲毛泽东同

① 毛泽东：《打退资产阶级右派的进攻》（1957 年 7 月 9 日）。

志本人的错误不能解决问题，最重要的是一个制度问题。毛泽东同志说了许多好话，但因为过去一些制度不好，把他推向了反面"①。1980 年 8 月，邓小平在回答意大利记者奥琳埃娜·法拉奇提出的"我看不出怎样才能避免或防止再发生诸如'文化大革命'这样可怕的事情"时说："这要从制度方面解决问题。我们过去的一些制度，实际上受了封建主义的影响，包括个人迷信、家长制或家长作风，甚至包括干部职务终身制。我们现在正在研究避免重复这种现象，准备从改革制度入手。"② 这一论述，可以说是我们党对共产主义运动中长期争论的斯大林和毛泽东的晚年错误同社会主义制度关系这一重大问题的反省和总结，具有深刻的意义。它说明了我们只有建设高度的社会主义民主，并使之制度化、法律化，才能从根本上有效地防止斯大林和毛泽东晚年那种错误的重演。

第三阶段，强调把政治体制改革提到日程上来。

随着经济体制改革的推进，经济的搞活，同政治体制的碰撞越来越突出。1986 年 6 月 10 日，在听取有关经济情况的汇报时，邓小平提出了政治体制改革问题。他说：

> 现在看，不搞政治体制改革不能适应形势。改革，应该包括政治体制的改革，而且应该把它作为改革向前推进的一个标志。我们要精兵简政，真正下放权力，扩大社会主义民主，把人民群众和基层组织的积极性调动起来。现在机构不是减少了，而是增加了。设立许多公司，实际是官办机构，用公司的形式把放给下面的权又收了上来。机构多、人多，就找事情干，就抓住权不放，下边搞不活，企业没有积极性了。上半年经济发展速度比较低，就有这么一条原因。解决这个问题从何入手，要很好研究。一九八〇年就提出政治体制改革，但没有具体化，现在应该提到日程上来。不然的话，机构庞大，人浮于事，官僚主义，拖拖拉拉，互相扯皮，你这边往下

①② 《邓小平文选》第 2 卷，第 297、348 页，人民出版社，1994。

放权，他那边往上收权，必然会阻碍经济体制改革，拖经济发展的后腿。①

这里，邓小平说政治体制改革问题 1980 年就提出了，指的是什么呢？1980 年 1 月 16 日在《目前的形势和任务》中，他在论述坚持党的领导必须努力改善党的领导时，提出“除了改善党的组织状况以外，还要改善党的领导工作状况，改善党的领导制度”②。2 月 29 日在《坚持党的路线，改进工作方法》中，也提出过“克服官僚主义，首先还是要着重研究体制的改革”③。但是，集中阐述这一问题的，还是 8 月 18 日的著名讲话《党和国家领导制度的改革》。这篇讲话着重论述了原有的领导制度和其他一些具体制度的弊端，强调了这方面改革的重要性，同时也在第五部分提出了一些改革方案。但由于有些问题解决的条件当时尚未完全成熟，所以在 1983 年收入《邓小平文选（1975—1982 年）》时，只提修改宪法、设立纪律检查委员会、建立从国务院到地方各级政府强有力的工作系统等问题，删略了企业和事业单位领导体制改革方面的方案，这部分内容直到 1994 年修订再版《邓小平文选》第 2 卷时才全部收入。到 1986 年，邓小平看到这一问题再不解决，会妨碍经济体制改革，才决定把它提到议事日程上来，而且把这方面的改革统称为“政治体制改革”。

1986 年 6 月 28 日，在中共中央政治局常委会上，邓小平又一次提出：

我们坚持党的领导，问题是党善于不善于领导。党要善于领导，不能干预太多，应该从中央开始。这样提不会削弱党的领导。干预太多，搞不好倒会削弱党的领导，恐怕是这样一个道理。上次找几位同志谈经济工作的时候，我提到要注意政治体制改革，包括党政分开和下放权力。我想中央的领导同志，特别是书记处的同志，要

① 《邓小平文选》第 3 卷，第 160 页，人民出版社，1993。

②③ 《邓小平文选》第 2 卷，第 269、282 页，人民出版社，1994。

考虑一下这个问题。允许用年把时间搞调查研究，把问题理一理，把主意拿好，然后再下手。政治体制改革同经济体制改革应该相互依赖，相互配合。只搞经济体制改革，不搞政治体制改革，经济体制改革也搞不通，因为首先遇到人的障碍。事情要人来做，你提倡放权，他那里收权，你有什么办法？从这个角度来讲，我们所有的改革最终能不能成功，还是决定于政治体制的改革。①

邓小平在这里讲到"上次找几位同志"谈话提出要注意政治体制改革，即6月10日谈话。这次谈话比上次谈话又进了一步，既指出了改革的成功与否，在一定意义上说，最终将取决于政治体制改革，又强调对这个问题要加强调查研究，理清问题，拿好主意再下手。

接着，从1986年9月到1987年3月，邓小平多次讲政治体制改革，对这一极为艰巨的改革的目的、内容、总的目标、方法和评判等问题，作了深刻、精辟的阐述：

——在政治体制改革的目的问题上，他在1986年9月3日说："进行政治体制改革的目的，总的来讲是要消除官僚主义，发展社会主义民主，调动人民和基层单位的积极性。"9月13日进一步概括为："政治体制改革的目的是调动群众的积极性，提高效率，克服官僚主义。"②这两次谈话，前一次的重点在"发展社会主义民主，调动人民和基层单位的积极性"，后一次的重点在"提高效率，克服官僚主义"。后来，11月9日在同外宾的一次谈话中，他又加上了一个问题，强调要实现干部队伍的革命化、年轻化、知识化、专业化，保持党和国家的活力。他说：

我们越来越感到进行政治体制改革的必要性和紧迫性，但现在还没有完全理出头绪。最近我在设想，要向着三个目标进行。

第一个目标是始终保持党和国家的活力。这里说的活力，主要是指领导层干部的年轻化。……

---

①② 《邓小平文选》第3卷，第164、177页，人民出版社，1993。

第二个目标是克服官僚主义，提高工作效率……

第三个目标是调动基层和工人、农民、知识分子的积极性……

领导层有活力，克服了官僚主义，提高了效率，调动了基层和人民的积极性，四个现代化才真正有希望。①

这里邓小平讲的三大目标，同上文讲的“目的”，从内容上看是一致的，而且比较全面地反映了他对政治体制改革目的的思考。

——在政治体制改革的内容问题上，他在1986年9月3日说：“政治体制改革的内容现在还在讨论。这个问题太困难，每项改革涉及的人和事都很广泛，很深刻，触及许多人的利益，会遇到很多的障碍，需要审慎从事。”②9月13日又说：“政治体制改革包括什么内容，应该议一下，理出个头绪。”“改革的内容，首先是党政要分开，解决党如何善于领导的问题。这是关键，要放在第一位。第二个内容是权力要下放，解决中央和地方的关系，同时地方各级也都有一个权力下放问题。第三个内容是精简机构，这和权力下放有关。”③同时指出“在改革中，不能照搬西方的，不能搞自由化”④。从中可以看到，对于政治体制改革的内容，邓小平从实际存在的问题出发，提出了一些设想，并且要求全党千万不能照搬西方的体制，但从总体而言，他认为这个问题相当复杂，必须审慎从事。后来十三大报告对政治体制改革的内容提出了一个方案⑤，同时指出这是一项艰巨复杂的任务，必须采取坚决、审慎的方针，有领导有秩序地逐步展开，尽可能平稳地推进；强调各地条件和情况不同，改革不能“一刀切”，等等。

——在政治体制改革总的目标问题上，即在最终的奋斗目标问题上，他说：

---

①②③④　《邓小平文选》第3卷，第179—180、176、177、178页，人民出版社，1993。

⑤　中共十三大报告提出的政治体制改革方案，包括：实行党政分开，进一步下放权力；改革政府工作机构；改革干部人事制度；建立社会协商对话制度；完善社会主义民主政治的若干制度；加强社会主义法制建设。

我们政治体制改革总的目标是三条：第一，巩固社会主义制度；第二，发展社会主义社会的生产力；第三，发扬社会主义民主，调动广大人民的积极性。而调动人民积极性的最中心的环节，还是发展生产力，提高人民的生活水平。生产力发展了，人民积极性调动起来了，社会主义国家的力量就增强了，社会主义制度就巩固了。①

——在政治体制改革的方法问题上，他强调要坚持一切从实际出发的原则，指出“我们现在提出政治体制改革，是根据我国的实际情况决定的”；同时指出对我国原有的政治体制要作辩证分析，他说：“过去我们那种领导体制也有一些好处，决定问题快。如果过分强调搞互相制约的体制，可能也有问题。”② 后来，他又多次论及我们的政治体制改革不能搞西方多党制、议会民主那一套。这是一个重大的政治原则问题，也是一个科学的方法论问题。

此外，他还说过：“企业下放，政企分开，是经济体制改革，也是政治体制改革。”③ 从方法论上研究这个思想，即政治体制改革的有些任务可以结合经济体制改革去做。实际上，农村经济体制改革中废除政社合一的人民公社体制，实行县和县以下人民代表直接选举制，设立县人大常委会，建立村民委员会，做的就是政治体制改革方面的工作。企业改革中建立和健全职工代表大会制度，实行政企分开，相应地转变政府的职能，做的也是政治体制改革方面的工作。而且，结合着经济体制改革去推进政治体制改革，可以避免大轰大嗡的政治过热现象的发生，也更有实效。

——在政治体制改革的评判问题上，他也提出了一系列重要的思想。特别是在 1987 年 3 月 27 日同外宾谈话中，他说：

我们评价一个国家的政治体制、政治结构和政策是否正确，关键看三条：第一是看国家的政局是否稳定；第二是看能否增进人民的团结，改善人民的生活；第三是看生产力能否得到持续发展。④

①②③④ 《邓小平文选》第 3 卷，第 178、178、192、213 页，人民出版社，1993。

把邓小平关于政治体制改革的论述联系起来，把邓小平三个阶段提出的问题联系起来，加以认真研究，可以看到他提出这一极其重要又极为复杂，甚至可以说是极其敏感的问题，归根到底，是为了建设中国特色社会主义的民主政治。

建设这种民主政治，并不是要改变我国原有的国体、政体和政党制度等一系列根本的或基本的制度，而是要完善这些制度。

首先，我国的国体——人民民主专政，原来就是有中国特色社会主义的民主制度。

建立人民民主专政，是毛泽东成功地运用无产阶级专政学说解决新民主主义革命胜利后我国政权问题，使之与社会主义革命衔接的伟大创举。

对“人民民主专政”这一概念的内涵，毛泽东有一个明确的表述：“对人民内部的民主方面和对反动派的专政方面，互相结合起来，就是人民民主专政。”① 在实行工人阶级领导、以工农联盟为基础的问题上，它同马克思、列宁的无产阶级专政学说完全一致；在专政的对象方面，它不是对整个资产阶级进行专政，而是对买办资产阶级以及与此相联系的帝国主义、封建主义等“反动派”实行专政，在这一点上又和无产阶级专政学说有所不同。这是毛泽东从中国实际出发的政权构想，是一个创造性的构想。

在社会主义改造基本完成，作为阶级的剥削阶级已不存在的社会主义条件下，我们在国体问题上如何定性？苏联曾经把这样一种国家称为“全民国家”。毛泽东认为这样完全没有阶级观点的判断，是对无产阶级专政学说的背离，因此强调这样一种国家仍是“无产阶级专政”的国家。从这样一种国家的领导力量仍然是工人阶级来讲，毛泽东这一判断是正确的。但是毛泽东在作这样判断的时候，认为专政的对象仍然是资产阶级，在他晚年甚至把党内一些领导人看作“党内资产阶级”，把这样一个

① 毛泽东：《论人民民主专政》（1949 年 6 月 30 日）。《毛泽东选集》第 4 卷，第 1475 页，人民出版社，1991。

主观设定的资产阶级列为“革命对象”“专政对象”，那就由真理走向了谬误。邓小平有了这样两方面的经验教训，所以在十一届三中全会后毫不含糊地提出要坚持无产阶级专政，把它列入四项基本原则中，使之同“全民国家”之类谬论区别了开来。以后又恢复使用毛泽东的“人民民主专政”提法，并且在说明“人民民主专政即无产阶级专政”的同时，澄清了这是新型的人民民主专政，即专政的对象已经不是完整的剥削阶级而是各种“分子”，民主应该制度化、法律化。这样一种人民民主专政，显然既继承又发展了马列主义的无产阶级专政学说和毛泽东的人民民主专政理论。

对于这样一种人民民主专政，邓小平认为应该在理论上加以阐明。比如1980年12月25日，他说：“马克思主义理论和实际生活反复教育我们，只有绝大多数人民享有高度的民主，才能够对极少数敌人实行有效的专政；只有对极少数敌人实行专政，才能够充分保障绝大多数人民的民主权利。”[①] 特别是1990年12月24日，他在同中央几位负责同志谈话时，又一次郑重地指出：

> 马克思说，阶级斗争不是他的发现，他的理论最实质的一条就是无产阶级专政。无产阶级作为一个新兴阶级夺取政权，建立社会主义，本身的力量在一个相当长时期内肯定弱于资本主义，不靠专政就抵制不住资本主义的进攻。坚持社会主义就必须坚持无产阶级专政，我们叫人民民主专政。在四个坚持中，坚持人民民主专政这一条不低于其他三条。理论上讲清楚这个道理是必要的。[②]

怎么从理论上讲清楚这个道理呢？第一，从世界范围矛盾的复杂性讲，工人阶级作为一个新兴的阶级，取得政权以后，在世界资本主义经济、科技乃至于军事实力占优势的压力下，在一个相当长的时期内处于

---

① 《邓小平文选》第2卷，第373页，人民出版社，1994。

② 《邓小平文选》第3卷，第364—365页，人民出版社，1993。

相对弱势，要最终战胜资本主义，必须牢牢掌握人民民主专政这个护身的法宝。第二，从专政的对象讲，尽管剥削阶级作为阶级在国内已不存在，但是各种敌对的或破坏的分子仍然存在，剥削阶级的思想意识的影响仍然存在，而且得到国际敌对势力的支持，对此我们丝毫也不能放松警惕，必须努力巩固人民民主专政。第三，从民主的发展讲，广大人民已经在宪法和政治上被确定为国家的主人，但在政治生活中要真正成为管理国家的主人，要协调人民内部各种矛盾，巩固各族人民的团结，也必须毫不动摇地坚持人民民主专政。第四，从政权和经济制度、党的领导、意识形态的关系讲，只有坚持人民民主专政，把政权掌握在人民的手里，才能真正有效地坚持公有制和按劳分配制度，走社会主义道路，才能真正有效地维护党的领导权，才能真正有效地保证马列主义、毛泽东思想在国家生活中的指导地位。所以，“在四个坚持中，坚持人民民主专政这一条不低于其他三条”。

其次，我国的政体——人民代表大会制度，也是有中国特色的社会主义民主制度。

在新中国建立的时候，中国共产党就在毛泽东领导下，确定我国人民民主专政的国家采用人民代表大会制度这种政体。这种政体，具有广泛的民主基础；规定全国人民代表大会是最高国家权力机关，由它统一行使国家的权力；实行民主协商与多数决相结合的民主集中制。在领导政治体制改革的过程中，邓小平认为，这种政体的优越性很明显，不能改变。1987 年 4 月 16 日，他在会见香港特别行政区基本法起草委员会委员时说：

> 关于民主，我们大陆讲社会主义民主，和资产阶级民主的概念不同。西方的民主就是三权分立，多党竞选，等等。我们并不反对西方国家这样搞，但是我们中国大陆不搞多党竞选，不搞三权分立、两院制。我们实行的就是全国人民代表大会一院制，这最符合中国实际。如果政策正确，方向正确，这种体制益处很大，很有助于国家的兴旺发达，避免很多牵扯。当然，如果政策搞错了，不管你什

么院制也没有用。①

同年6月12日，在会见南斯拉夫外宾时，他进一步指出：

我们的制度是人民代表大会制度，共产党领导下的人民民主制度，不能搞西方那一套。社会主义国家有个最大的优越性，就是干一件事情，一下决心，一做出决议，就立即执行，不受牵扯。……就这个范围来说，我们的效率是高的，我讲的是总的效率。这方面是我们的优势，我们要保持这个优势，保证社会主义的优越性。至于经济管理、行政管理的效率，资本主义国家在许多方面比我们好一些。我们的官僚主义确实多得很。就拿人事制度来说，社会主义国家恐怕有个共同的问题，就是干部老化僵化，首先表现在思想上，组织上也有这种状况。所以，我们必须进行政治体制改革，而这种改革又不能搬用西方那一套所谓的民主，不能搬用他们的三权鼎立，不能搬用他们的资本主义制度，而要搞社会主义民主。②

当然，人民代表大会制度自身有一个完善和发展的问题。十一届三中全会以来，党领导人民加强各级国家政权的建设，使各级人民代表大会及其常设机构成为有权威的国家权力机关。比如扩大了全国人大常委会的职权，设立了各种专门委员会，有效地保证了全国人大权力的实施；相应地扩大了地方人大常委会的职权，并在县级人大也设立常委会，以利于因地制宜地讨论当地重大问题，等等。人民代表大会制度的这种完善和发展，显然也属于政治体制改革的范畴。改革开放以来的实践证明，在这样的改革中，人大在国家民主生活中的地位和作用已经大大地获得了加强。

第三，我国的政党制度——中国共产党领导的多党合作和政治协商制度，更是有中国特色的社会主义民主制度。

在新民主主义革命过程中，中国社会各阶级的特点和资本主义社会

①② 《邓小平文选》第3卷，第220、240—241页，人民出版社，1993。

有很大的不同。其中无产阶级虽然人数较少，但代表先进的生产力，又较早地以独立的政治力量登上历史舞台并同时接受了马克思列宁主义，具有革命的彻底性等突出优点；而资产阶级一分为二，买办资产阶级是革命的对象，民族资产阶级由于其自身的软弱性无力成为革命的领导阶级，在革命中还表现出很大的摇摆性。因此，毛泽东提出“统一战线”的策略，在无产阶级领导广大农民和城市小资产阶级开展反帝反封建的革命斗争时，把民族资产阶级作为联合的对象，有时还把买办资产阶级的一部分也作为联合的对象（如抗日战争时期联合亲英美的大资产阶级共同反对日本帝国主义）。这种“统一战线”是中国革命赢得胜利的三大法宝之一。

现实由历史发展而来。当新民主主义革命以中华人民共和国建立为标志开始向社会主义革命转变时，新民主主义革命中发生过重大作用的统一战线，获得了新的发展。发展的表现，就是 1948 年 4 月 30 日，中国共产党发布“五一口号”，邀集各民主党派、各人民团体和无党派民主人士的代表，共商国是，筹备新政治协商会议（1949 年 9 月改称为中国人民政治协商会议）。在全国人民代表大会召开前，人民政协代行了人民代表大会的职权。1949 年 9 月 21 日至 30 日召开的中国人民政治协商会议第一届全体会议，完成了新中国的开国大业。在人民政协这一新的统一战线组织中，使得中国共产党领导的多党合作和政治协商制度有了行使民主权利的组织机构。这种政党制度既不同于欧洲一些国家的多党制、美国的两党制，也不同于苏联的一党制，是一种符合中国实际的独特的政党制度。

1978 年中国社会主义建设进入了新的历史时期。邓小平面临的众多任务之一，就是如何正确对待这一政党制度？如何对待人民政协这一统一战线组织？这是因为，“文化大革命”在使中国共产党遭到严重灾难的同时，也使民主党派和人民政协的工作遭到严重的伤害。这还因为，党在拨乱反正中宣布剥削阶级作为阶级已不存在，那么作为原来的民族资产阶级或城市小资产阶级的政党的民主党派，其存在的必要性和政治基础就成了一个需要研究的问题。邓小平在继承和发展毛泽东的政治遗产过程中，在这个问题上，提出了三个重要的思想。

一是在新的历史条件下，阶级状况和民主党派的性质虽然发生了变化，但中国共产党领导的多党合作和政治协商制度仍然要坚持和发展。1979年6月15日在全国政协五届二次会议上，邓小平在指出我国社会的阶级状况发生了根本的变化，特别是资本家阶级也已经改造成为社会主义社会中自食其力的劳动者后，深刻地指出：

> 我国各民主党派在民主革命中有过光荣的历史，在社会主义改造中也作了重要的贡献。这些都是中国人民所不会忘记的。现在它们都已经成为各自所联系的一部分社会主义劳动者和一部分拥护社会主义的爱国者的政治联盟，都是在中国共产党领导下为社会主义服务的政治力量。①

这里，突出地强调了四点：一是各民主党派在民主革命和社会主义改造时期有光荣的历史和重要的贡献；二是现在它们仍然是政治组织，即具有政治力量的政治联盟；三是它们代表的已不是民族资产阶级或城市小资产阶级，各自所联系的一部分社会主义劳动者和一部分拥护社会主义的爱国者；四是它们都接受中国共产党的领导，为社会主义服务。由此决定了民主党派在新时期存在和发展的必要性，决定了中国共产党领导的多党合作和政治协商制度存在和发展的必要性。因此，1979年10月19日，他说：

> 在中国共产党的领导下，实行多党派的合作，这是我国具体历史条件和现实条件所决定的，也是我国政治制度中的一个特点和优点。②

二是在新的历史条件下，虽然阶级状况发生了根本的变化，但统一战线仍然要坚持和扩大。我国的统一战线和各个历史时期有不同的内涵，在剥削阶级作为阶级消灭以后，特别是资本家阶级不存在以后，统一战线的命运如何？毛泽东的思路是：中国共产党和各民主党派要“长期共

①② 《邓小平文选》第2卷，第186、205页，人民出版社，1994。

存，互相监督”，统一战线要坚持和发展。邓小平坚持了毛泽东这一正确思路，又纠正了社会主义时期在统一战线问题上的“左”的做法，深刻地指出：“在我国新的历史时期，我们的革命的爱国的统一战线也进入了一个新的历史发展阶段。统一战线仍然是一个重要法宝，不是可以削弱，而是应该加强，不是可以缩小，而是应该扩大。”①

所谓“加强”，是因为新时期统一战线的任务加重了。1979 年 6 月 15 日，邓小平就指出，“调动一切积极因素，努力化消极因素为积极因素，团结一切可以团结的力量，同心同德，群策群力，维护和发展安定团结的政治局面，为把我国建设成为现代化的社会主义强国而奋斗”②，是新时期统一战线的任务。后来在 9 月 1 日一次讲话中，又提出“现在最大的统一战线问题，是台湾归回祖国、实现祖国统一问题”③。因此必须大大加强统一战线工作。

所谓“扩大”，就是统一战线联合的对象扩大了。1979 年 6 月 15 日，邓小平说：“各方面的变化表明，我国的统一战线已经成为工人阶级领导的、工农联盟为基础的社会主义劳动者和拥护社会主义的爱国者的广泛联盟。”④ 这里讲的统战对象有两类人：社会主义劳动者和拥护社会主义的爱国者，这比过去的统一战线范围要广泛。同年 9 月 1 日，他又讲：“统一战线的对象，清楚得很，顾名思义，是把一切能够联合的都联合起来，范围以宽为宜，宽有利，不是窄有利。”还说：“统一战线的性质，叫革命的爱国的统一战线，就是社会主义劳动者和爱国者的联盟。这样范围就宽了，具有广泛的性质。”⑤ 这一讲话同 6 月 15 日讲话相比，主要是把“拥护社会主义的爱国者”，拓宽为“爱国者”。因此在 10 月 19 日，他正式提出，统一战线“已经发展成为全体社会主义劳动者、拥护社会主义的爱国者和拥护祖国统一的爱国者的最广泛的联盟”⑥。

---

①② 《邓小平文选》第 2 卷，第 203、187 页，人民出版社，1994。
③ 《邓小平论统一战线》，第 158—159 页，中央文献出版社，1991。
④ 《邓小平文选》第 2 卷，第 187 页，人民出版社，1994。
⑤ 《邓小平论统一战线》，第 158—159 页，中央文献出版社，1991。
⑥ 《邓小平文选》第 2 卷，第 203 页，人民出版社，1994。

三是在新的历史条件下，人民政协这一中国特色社会主义的政治组织应该得到加强和发展。中国人民政治协商会议作为统一战线的组织形式，是共产党领导的多党合作和政治协商制度的重要机构，在我国政治体制改革中承担着重大的使命。邓小平曾多次指出："人民政协是发扬人民民主、联系各方面人民群众的一个重要组织。中国的社会主义现代化建设事业，继续需要政协就有关国家的大政方针、政治生活和四个现代化建设中的各项社会经济问题，进行协商、讨论，实行互相监督，发挥对宪法和法律实施的监督作用。"① "人民政协是在共产党领导下实现各党派和无党派人士团结合作的重要组织，也是我们政治体制中发扬社会主义民主、实行互相监督的重要形式，它在我国各族人民中享有很高的威信。"② 邓小平的这些论述告诉我们：中国共产党领导的多党合作和政治协商制度，社会主义时期广泛的爱国统一战线，都是通过"中国人民政治协商会议"这样一种形式实现的。因此，加强政协工作实质上即推进政治体制改革。

新时期，在邓小平这一思想指导下，我们明确了参加政协的各民主党派的参政党地位，即他们既不是执政党，也不是反对党，而是同中国共产党共同致力于建设中国特色社会主义的参政党；明确了中国共产党和各民主党派"长期共存、互相监督、肝胆相照、荣辱与共"的方针；明确了人民政协的作用是"政治协商、民主监督、参政议政"，提出中国共产党要支持民主党派和无党派人士在国家机关担任领导职务，进一步完善共产党领导的多党合作和政治协商制度，巩固我们党同党外人士的联盟。与此同时，我们明确中国共产党在政协中要发挥领导作用；明确政协不是西方两院制下的上院或参议院，我们不搞两院制，人民代表大会是最高权力机构。在推进政治体制改革，完善社会主义民主过程中，人民政协的工作得到了有效的加强，显示了重要的作用。

总之，我们推进政治体制改革，不是为改革而改革，而是为了建设中国特色社会主义的民主政治，为巩固和发展社会主义经济基础，解放和发展社会生产力，实现社会主义现代化服务。

---

① 《邓小平文选》第 2 卷，第 187 页，人民出版社，1994。

② 《邓小平论统一战线》，第 239 页，中央文献出版社，1991。

第八章　精神文明论

躺在北京九龙壁上的巨龙苏醒了，它的眼睛开始会眨了。我希望苏醒的巨龙能掀起伟大的文化，振奋精神，让人刮目相看，而不是永远躺在九龙壁上作装饰，只是以其美丽的外饰去博得世人的称赞。

——［新加坡］白振华

第一节 社会主义精神文明：概念的提出

有学者考证，“精神文明”这个概念是在晚清时期出现的。“社会主义精神文明”这一概念，则是以邓小平为核心的第二代中央领导集体提出的。

提出社会主义精神文明的建设问题，是因为长达十年之久的“文化大革命”对教育、科学、文化和思想、道德、风气、人际关系等，造成了严重的破坏；是因为实现社会主义现代化，巩固和发展社会主义事业，需要强大的精神动力。

1977 年中共十届三中全会邓小平第三次复出前后，就从历史经验的总结中，把思想建设和教育科学文化建设放到了社会主义现代化建设的突出地位。在《邓小平文选》第 2 卷中，从 1977 年 5 月 24 日《“两个凡是”不符合马克思主义》起，到 1978 年 12 月 13 日《解放思想，实事求是，团结一致向前看》这篇实际上是十一届三中全会主题报告的重要讲话，共收入 17 篇文章。这些文章围绕“实现四个现代化”这一中心问题，反复强调四个问题：

第一，要恢复党的实事求是原则，重新确立解放思想、实事求是的思想路线。针对“文化大革命”中盛行的教条主义和个人崇拜之风，以及粉碎“四人帮”后出现的“两个凡是”观点，邓小平深刻地指出：“实事求是，是毛泽东思想的出发点、根本点。这是唯物主义。”① “毛泽东思想的精髓就是这四个字。”②他同时指出：“解放思想，开动脑筋，实事求是，团结一致向前看，首先是解放思想。”③ “一个党，一个国家，一个民族，如果一切从本本出发，思想僵化，迷信盛行，那它就不能前进，它的生机就停止了，就要亡党亡国。这是毛泽东同志在整风运动中反复讲

---

①②③ 《邓小平文选》第 2 卷，第 114、126、141 页，人民出版社，1994。

过的。”“只有解放思想，坚持实事求是，一切从实际出发，理论联系实际，我们的社会主义现代化建设才能顺利进行，我们党的马列主义、毛泽东思想的理论也才能顺利发展。”①

第二，要完整准确地理解毛泽东思想的科学体系。邓小平指出，马列主义、毛泽东思想是我们党的指导思想，林彪否定毛泽东思想，说“老三篇”就代表了毛泽东思想，还把毛泽东思想同马列主义割裂开来，这是对毛泽东思想的严重歪曲，极不利于我们的党和社会主义事业，极不利于国际共产主义运动。他在复出前后强调的重点，就是要用准确的完整的毛泽东思想来指导我们全党、全军和全国人民。他认为，这才是真正高举毛泽东思想旗帜。

第三，要搞好我们的党风、军风、民风，关键是要搞好党风。“文化大革命”的严重后果之一，就是把社会风气搞坏了。全面内战，打倒一切，就是风气搞坏的突出表现。1975 年抓整顿时，邓小平就对闹派性、软懒散等问题提出过严肃的批评，就以群众中盛传的“雷锋叔叔不在了”等批评告诫全党要恢复党的优良传统。粉碎“四人帮”后，他在中共十届三中全会尖锐地提出：“要搞好我们的党风、军风、民风，关键是要搞好党风。”② “讲风气，无非是党风、军风、民风、学风，最重要的是党风。”③他强调：不正之风很突出，要先从领导干部纠正起，“领导干部，特别是高级干部以身作则非常重要”④。

第四，要尊重知识、尊重人才，把教育和科学搞上去。看到“文化大革命”对教育、科学、文化事业的严重破坏，邓小平非常痛心。1975 年抓整顿时，就把调整文艺政策，搞好教育和科学，作为重大问题提出来。粉碎“四人帮”不久，他就提出“一定要在党内造成一种空气：尊重知识，尊重人才。要反对不尊重知识分子的错误思想。不论脑力劳动，体力劳动，都是劳动。从事脑力劳动的人也是劳动者。”⑤第三次复出后，他自告奋勇分管科教方面的工作。他认为，我们要实现现代化，关键是科学技术要能上去。发展科学技术，不抓教育不行。靠空讲不能实现现

---

①②③④⑤ 《邓小平文选》第 2 卷，第 143、46、54、124、41 页，人民出版社，1994。

代化，必须有知识，有人才。因此，他大刀阔斧地在教育战线和科技战线拨乱反正，在《尊重知识，尊重人才》（1977 年 5 月 24 日）、《关于科学和教育工作的几点意见》（1977 年 8 月 8 日）、《教育战线的拨乱反正问题》（1977 年 9 月 19 日）、《在全国科学大会开幕式上的讲话》（1978 年 3 月 18 日）、《在全国教育工作会议上的讲话》（1978 年 4 月 22 日）等一系列谈话和讲话中，系统地论述了发展教育和科学的方针原则。

这四个方面问题讲的都是精神领域的问题。在十一届三中全会以后，邓小平又鲜明地针对拨乱反正中出现的错误思潮，提出要坚持四项基本原则。正是在此基础上，以邓小平为核心的党中央把这些方面工作任务归到“社会主义精神文明”这一总概念之下。中共十一届四中全会讨论通过的叶剑英国庆 30 周年讲话中，首次提出：

> 我们所说的四个现代化，是实现现代化的四个主要方面，并不是说明现代化事业只以这四个方面为限。我们要在改革和完善社会主义经济制度的同时，改革和完善社会主义政治制度，发展高度的社会主义民主和完备的社会主义法制。我们要在建设高度物质文明的同时，提高全民族的教育科学文化水平和健康水平，树立崇高的革命理想和革命道德风尚，发展高尚的丰富多彩的文化生活，建设高度的社会主义精神文明。这些都是我们社会主义现代化的重要目标，也是实现四个现代化的必要条件。①

接着，1979 年 10 月 30 日，邓小平在第四次全国文代会上指出：

> 我们的国家已经进入社会主义现代化建设的新时期。我们要在大幅度提高社会生产力的同时，改革和完善社会主义的经济制度和政治制度，发展高度的社会主义民主和完备的社会主义法制。我们

① 中共中央文献研究室编：《三中全会以来重要文献选编》上册，第 233—234 页，人民出版社，1982。

> 要在建设高度物质文明的同时，提高全民族的科学文化水平，发展高尚的丰富多彩的文化生活，建设高度的社会主义精神文明。①

综上所述，可以看到三点：第一，“社会主义精神文明”这一概念，是关于思想路线、指导思想、社会风气、教育科学文化、道德风尚和政治原则等精神生活领域各方面要求的总概括，包含极为丰富的内容。在外文中，尚无这样一个对应的概念，现在对外翻译时往往把“精神文明”译为“high ethical and cultural level”或“high cultural and ethical standards”（“道德和文化高水平”或“文化和道德高水准”）。这是一个中国独创的语言。第二，建设社会主义精神文明问题的提出，有两大历史背景：一是对“文化大革命”的深刻反思，二是对社会主义现代化的深刻思考。第三，社会主义精神文明问题提出之初，就同“大幅度提高社会生产力”，即“建设高度的物质文明”、“改革和完善社会主义经济制度和政治制度”，包括“发展高度的社会主义民主和完备的社会主义法制”一起，构成社会主义现代化的目标。换言之，精神文明是和物质文明、民主法制作为社会主义现代化建设统一的奋斗目标提出来的，同时精神文明又是物质文明建设的必要条件或重要保证。由此足见，提出“社会主义精神文明”这一重大问题，是毛泽东后的当代中国在理论上对毛泽东思想的一大创造性的贡献。

第二节　社会主义精神文明：思想的发展脉络和理论的丰富内容

从中共十一届三中全会以后，邓小平关于建设社会主义精神文明的思想，经历了四个发展阶段。

---

① 《邓小平文选》第2卷，第208页，人民出版社，1994。

第一阶段，从十一届三中全会到十二大。

针对“文化大革命”造成的严重破坏，根据社会主义现代化建设的要求，包括现代化建设中出现的各种问题，邓小平提出了“建设高度的社会主义精神文明”这一战略任务。随后即开始对这一任务的内容和目标，从理论上作了探索。

1980 年 12 月 20 日中央工作会议上，当时中国社科院负责人之一李昌专门给邓小平写信，呼吁要在“鲜明有力的动员全党全民行动的总口号”中把建设社会主义精神文明作为一个目标提出来，使我们党从林彪、“四人帮”的破坏和“左”倾错误的打击下恢复过来，清理思想，振作精神，摸清中国四化的道路，昂首阔步地前进。邓小平批复此信印发给与会同志，并在 12 月 25 日大会讲话中强调了精神文明建设的重要性，还首次论述了社会主义精神文明建设的内容：

> 我们要建设的社会主义国家，不但要有高度的物质文明，而且要有高度的精神文明。所谓精神文明，不但是指教育、科学、文化（这是完全必要的），而且是指共产主义的思想、理想、信念、道德、纪律，革命的立场和原则，人与人的同志式关系，等等。①

与此同时，他提出：“要努力使我们的青少年成为有理想、有道德、有知识、有体力的人，使他们立志为人民作贡献，为祖国作贡献，为人类作贡献，从小养成守纪律、讲礼貌、维护公共利益的良好习惯。”② 这里对青少年提出的“四有”要求，不久就演化为“使我们的各族人民都成为有理想、讲道德、有文化、守纪律的人民”③。后来进一步演化为“有理想、有道德、有文化、守纪律”，最后规范为“有理想、有道德、有文化、有纪律”，即“四有”新人，这是社会主义精神文明建设的根本目标。

中共十二大对社会主义精神文明建设问题，从理论上作了初步的系

①②③ 《邓小平文选》第 2 卷，第 367、369、408 页，人民出版社，1994。

统论述。首先，揭示了物质文明和精神文明这两个概念的内涵。十二大报告深刻地分析说：

> 精神文明和物质文明在社会主义建设中的关系是十分密切的。马克思说过：在改造世界的生产活动中，“生产者也改变着，炼出新的品质，通过生产而发展和改造着自身，造成新的力量和新的观念，造成新的交往方式，新的需要和新的语言。”毛泽东同志也指出，无产阶级和革命人民改造世界的斗争有两个方面的任务：“改造客观世界，也改造自己的主观世界。”客观世界包括自然界和社会。改造社会的成果是新的生产关系和新的社会政治制度的建立和发展。改造自然界的物质成果就是物质文明，它表现为人们物质生产的进步和物质生活的改善。在改造客观世界的同时，人们的主观世界也得到改造，社会的精神生产和精神生活得到发展，这方面的成果就是精神文明，它表现为教育、科学、文化知识的发达和人们思想、政治、道德水平的提高。社会的改造、社会制度的进步，最终都将表现为物质文明和精神文明的发展。①

其次，提出社会主义精神文明是社会主义的重要特征，是社会主义制度优越性的重要表现。十二大报告指出：

> 过去在讲到社会主义特征的时候，人们往往强调剥削制度的消灭和生产资料的公有，按劳分配，国民经济有计划按比例的发展，以及工人阶级和劳动人民的政权。人们还强调，高度发达的生产力和比资本主义更高的劳动生产率，作为社会主义发展的必然要求和最终结果，也是它的特征。这些无疑都是正确的，但是还不足以完全包括社会主义的特征。社会主义还必须有一个特征，就是以共产

① 《中国共产党第十二次全国代表大会文件汇编》，第28—29页，人民出版社，1982。

> 主义思想为核心的社会主义精神文明，没有这种精神文明，就不可能建设社会主义。①

十二大报告关于社会主义特征的这些论述，并非无懈可击，但是它把社会主义精神文明确定为社会主义的一个重要特征，是非常正确和深刻的见解。第三，还指出“社会主义精神文明的建设大体可以分为文化建设和思想建设两个方面。这两个方面又是互相渗透和互相促进的”②。十二大报告对于邓小平精神文明建设思想的阐发，在理论上具有重要的贡献。

第二阶段，从十二大到十二届六中全会。

十二大以后，一方面，在物质文明发展的同时，精神文明建设在许多方面取得了重大进展；但是，另一方面，党风和社会风气仍未获得根本的好转，一些地方还重新出现了久已绝迹的社会丑恶现象，引起群众不满。在 1985 年 9 月召开的中国共产党全国代表会议上，邓小平强烈地呼吁：

> 我们再不下大的决心迅速改变这种情况，社会主义的优越性怎么能全面地发挥出来？我们又怎么能充分有效地教育我们的人民和后代？不加强精神文明的建设，物质文明的建设也要受破坏，走弯路。③

为了解决这一问题，党中央召开了十二届六中全会，讨论通过了《关于社会主义精神文明建设指导方针的决议》，指出：“我国社会主义现代化建设的总体布局是：以经济建设为中心，坚定不移地进行经济体制改革，坚定不移地进行政治体制改革，坚定不移地加强精神文明建设，并且使这几个方面互相配合，互相促进。”④在全会讨论决议的时候，邓小平有针对性地指出，要在决议中写上“反对资产阶级自由化”这个提法，强

①② 《中国共产党第十二次全国代表大会文件汇编》，第 29—30、32 页，人民出版社，1982。

③④ 《邓小平文选》第 3 卷，第 144、182 页，人民出版社，1993。

调："反对自由化，不仅这次要讲，还要讲十年二十年。这个思潮不顶住，加上开放必然进来许多乌七八糟的东西，一结合起来，是一种不可忽视的、对我们社会主义四个现代化的冲击。"① 全会通过的决议，阐述了社会主义精神文明建设的基本指导方针、根本任务，强调用共同理想动员和团结全国各族人民，树立和发扬社会主义道德风尚，加强社会主义民主法制纪律教育，普及和提高教育科学文化，同时论述了马克思主义在精神文明建设中的指导地位，党组织和党员在精神文明建设中的责任。这个决议的通过，标志着邓小平社会主义精神文明建设理论的科学体系已经基本形成。

第三阶段，从十二届六中全会到邓小平 1992 年初南方谈话。

十二届六中全会后，由于种种复杂的原因，全会通过的决议没有能够很好地贯彻落实。相反，由于十年里在两个文明问题上存在着"一手比较硬、一手比较软"这一明显的不足，在思想政治教育方面出现失误，在 1986 年底发生了学生闹事，1989 年春夏之交又发生政治风波。邓小平对这些事件的性质及其发生的原因，作了深刻的分析，要求全党聚精会神地抓党的建设，坚定不移地贯彻"两手抓"的战略方针。十三届四中全会后，以江泽民为核心的党中央采取一系列重大措施，认真贯彻落实邓小平的政治交代，精神文明建设出现了转机。

必须指出的是，对于精神文明建设领导工作中存在的问题，邓小平早就察觉，并且不断提请党中央领导同志注意，要求全党重视。他在 1979 年 3 月 30 日《坚持四项基本原则》的重要讲话中，鲜明地指出："社会上有极少数人正在散布怀疑或反对这四项基本原则的思潮，而党内也有个别同志不但不承认这种思潮的危险，甚至直接间接地加以某种程度的支持。"② 接着，他在 1980 年 12 月 25 日中央工作会议上批评了"我们队伍中一些人"，"同情和支持"社会上出现的荒唐地批判"为人民服务"精神等情况。③1981 年 3 月 27 日在同解放军总政治部负责同志谈话

---

① 《十二大以来重要文献选编》下册，第 1173—1174 页，人民出版社，1988。

②③ 《邓小平文选》第 2 卷，第 166、367 页，人民出版社，1994。

时，又提出“重点是纠正指导思想上‘左’的倾向，但只是这样还不能完全解决问题，同时也要纠正右的倾向”①。同年7月17日在关于思想战线问题的谈话中，他提请全党注意对思想战线的领导既存在着某些简单化和粗暴的倾向，更需要注意的是存在着涣散软弱的状态。1983年10月12日在十二届二中全会的重要讲话中，他进一步指出：“党的十一届三中全会以来，特别是十二大，对于思想战线的指导方针是正确的、鲜明的，问题在于贯彻执行不力。”② 1985年9月23日在中国共产党全国代表会议上，他再次指出精神文明建设的效果还不够理想，“主要是全党没有认真重视”③。1986年12月30日更尖锐地指出“从中央到地方，在思想理论战线上是软弱的，丧失了阵地，对于资产阶级自由化是个放任的态度，好人得不到支持，坏人猖狂得很”④。1989年3月4日，他进一步指出：“十年来我们的最大失误是在教育方面，对青年的政治思想教育抓得不够，教育发展不够。”⑤3月23日又一次说了相似的话。1989年春夏之交政治风波发生后，他指出“一手比较硬、一手比较软”是“明显的不足”，问题不在于我们没有提出这方面要求，“而是缺乏一贯性”、“坚持得不够一贯”⑥。邓小平这些批评性的讲话，是他关于精神文明建设思想的重要内容，针对的是党对精神文明建设的领导包括对思想战线的领导问题，指出我们在领导工作中存在的问题不是指导方针错了，而是思想上没有认真重视，贯彻执行不力、不一贯。

第四阶段，1992年初邓小平视察南方重要谈话发表以后。

邓小平1992年初南方谈话，总结了改革开放的经验，针对现实生活中存在的问题，进一步深刻地提出了两个文明都搞好，才是有中国特色的社会主义；强调两手抓，两手都要硬。中共十四大要求全党在建设有中国特色社会主义的进程中，在建立社会主义市场经济体制的历史条件下，把精神文明建设提高到新水平。南方谈话和中共十四大是我国改革开放和现代化建设进入新阶段的标志，也向我国社会主义精神文明建设

① 《邓小平文选》第2卷，第379页，人民出版社，1994。

②③④⑤⑥ 《邓小平文选》第3卷，第45、143、195、287、305页，人民出版社，1993。

提出了新的要求。

可以说，邓小平关于在改革开放和现代化建设这一新的革命中，必须坚持物质文明和精神文明两手一起抓的思想，是一贯的；领导工作中出现的失误，执行中出现不一贯的问题，也是他最先发现、最坚决提出、最强调要纠正的。

从以上也可以看到，邓小平关于社会主义精神文明建设的理论，在实践中经受检验，也在实践中不断发展，逐步形成了由精神文明建设的战略地位、根本目标、方针原则、主要任务和组织领导等一系列重大方面的基本观点构成的科学体系。

在精神文明建设的战略地位问题上，邓小平从精神文明和社会主义的关系、精神文明和现代化的关系、精神文明和物质文明的关系，阐述了精神文明是社会主义社会的一个重要特征，是社会主义现代化的重要目标，又是实现四个现代化的重要保证。因此，只有两个文明都搞好，才是有中国特色的社会主义。

在精神文明建设的根本目标问题上，邓小平紧紧抓住人的思想道德素质和教育科学文化素质这两方面基本问题，明确提出“我们的目标是‘四有’”①，即有理想、有道德、有文化、有纪律。他强调“要教育人民成为‘四有’人民，教育干部成为‘四有’干部”②，特别是教育好青年、教育好后代。提出这个目标，同物质文明建设，同社会主义现代化，有密切的联系。他认为，我们国家，国力的强弱，经济发展后劲的大小，越来越取决于劳动者的素质。因为，“人是生产力中最活跃的因素”。他说：“这里讲的人，是指有一定的科学知识、生产经验和劳动技能来使用生产工具、实现物质资料生产的人”③；“人的因素重要，不是指普通的人，而是指认识到人民自己的利益并为之而奋斗的有坚定信念的人”。④

在精神文明建设的方针原则问题上，邓小平从我国处在社会主义初级阶段的实际出发，提出了加强精神文明建设的一系列重要指导思想、

---

①② 《邓小平文选》第3卷，第318、205页，人民出版社，1993。

③ 《邓小平文选》第2卷，第88页，人民出版社，1994。

④ 《邓小平文选》第3卷，第190页，人民出版社，1993。

方针政策和遵循原则。他强调，必须坚持马克思主义，对马克思主义的信仰是我们的精神动力，同时指出解放思想、实事求是是马列主义、毛泽东思想的精髓，我们坚持的马克思主义是同中国实际相结合的马克思主义，解放思想、改革开放要贯彻社会主义现代化全过程，坚持四项基本原则、反对资产阶级自由化也要贯彻社会主义现代化全过程，从而明确了精神文明建设的指导思想；他还强调精神文明建设同别的工作一样，要把经济建设当作中心，要有利于坚持四项基本原则和改革开放，即要坚持党的基本路线；他充分估计到改革开放的风险，同时提出要用教育和法律两个手段解决问题，实际上提出了精神文明重在建设的方针；他指出要继承和发扬民族优秀文化传统和党的优良传统，吸收和借鉴人类社会创造的一切文明成果，反对封建主义残余影响，抵制资本主义腐朽思想的侵蚀；他还特别强调要尊重知识，尊重人才，指出知识分子的绝大多数已经是工人阶级的一部分，希望中国出现一大批三四十岁的优秀的科学家、教育家、文学艺术家和其他各种专家，要求思想文化和教育战线的同志成为人类灵魂的工程师。这些方针原则为十一届三中全会以来的实践所证明，是正确的，必须毫不动摇地坚持。

在精神文明建设的主要任务问题上，邓小平根据精神文明建设的根本目标，分别从思想建设、道德建设、教育科学文化建设和民主法制纪律教育方面，作了大量明确而又具体的阐述。在思想建设方面，他强调要努力学习马克思主义理论，教育人民树立社会主义、共产主义理想，发扬爱国主义精神，加强艰苦创业精神教育，用共同的理想和坚定的信念把人民团结起来；在道德建设方面，他强调要加强人生观教育、道德教育，共产党员要身体力行共产主义道德，提倡个人利益服从国家和集体利益，搞好社会风气，大力提倡社会主义道德风尚；在教育科学文化建设方面，他强调要坚持为人民服务、为社会主义服务的方向和百花齐放、百家争鸣的方针，思想文化教育卫生部门都要把社会效益放在首位，科学和教育要努力赶上世界先进水平，要繁荣文学艺术事业和提高文学艺术水平，新闻出版要紧密结合中心任务宣传党的主张，提高整个中华民族的科学文化水平；在民主法制纪律教育方面，他强调要向人民讲清楚民主问题，要讲法制，真正使人人懂得法律，要加强组织纪律性，保证理想的实现。

在加强和改善党对精神文明建设的领导问题上，邓小平在中共十二届二中全会上提出要“把我们党建设成为有战斗力的马克思主义政党，成为领导全国人民进行社会主义物质文明和精神文明建设的坚强核心”①。为之，他强调坚持两手抓，社会主义精神文明建设就可以搞上去；改善党的领导，最主要的就是加强思想政治工作；抓精神文明建设，抓党风、社会风气好转，必须狠狠地抓，一天不放松地抓，从具体事件抓起；关键是要抓好党风建设和领导干部以身作则。总之，只要中央和地方各级党委“坚持两手抓，两手都要硬”的战略方针，就可以建设好有中国特色的社会主义。

邓小平关于社会主义精神文明建设的理论，对于我国社会主义现代化建设和改革开放，对于中华民族的振兴和综合国力的增强，对于科学社会主义理论的发展和建设有中国特色社会主义的实践，具有重大而又现实的意义。

首先，邓小平关于社会主义精神文明建设的理论，继承和发展了马列主义毛泽东思想关于思想文化建设的基本原理，比较系统地初步回答了中国社会主义精神文明建设的一系列基本问题，是当代中国社会主义市场经济和对外开放条件下加强精神文明建设的科学指南。

关于社会存在和社会意识的唯物主义观点和辩证关系，在马克思那里已有透彻的鲜明的论述。根据这一基本的原理，毛泽东强调：一定的文化（当作观念形态的文化）是一定的政治和经济的反映，又给予伟大影响和作用于一定的政治和经济；而经济是基础，政治则是经济的集中的表现。在探索建设有中国特色社会主义道路的过程中，邓小平以历史唯物论为据，强调党和国家的各项工作要以经济建设为中心，同时，把坚持四项基本原则和坚持改革开放作为保证中心任务实现的两个基本点。在这个充满着唯物论和辩证法的现代化战略布局形成过程中，他差不多

① 《邓小平文选》第3卷，第39页，人民出版社，1993。

同时提出了两个具有创意的科学命题：一是“社会主义也可以搞市场经济”（1979 年 11 月 26 日）；一是“建设高度的社会主义精神文明”（1979 年 10 月 30 日）。而且，自此以后，他对这两个重大的关系社会主义现代化全局的重大问题，进行了坚持不懈的探索，使之在理论上充实、完善和成熟，直到 1992 年南方谈话作出两个结论：（1）“计划多一点还是市场多一点，不是社会主义与资本主义的本质区别。计划经济不等于社会主义，资本主义也有计划；市场经济不等于资本主义，社会主义也有市场。”① （2）“两个文明建设都要超过他们（指亚洲‘四小龙’——引注），这才是有中国特色的社会主义。”② 我们已经论述了邓小平关于社会主义精神文明建设的理论是一个具有丰富内容的科学体系，这里我们要进一步强调这一科学体系是在改革开放和社会主义现代化建设的背景下提出来的，是伴随着中国共产党对社会主义市场经济问题的探索而发展、完善起来的，因而对我们今天和今后加强精神文明建设具有现实的指导意义。

其次，邓小平关于社会主义精神文明建设的理论，揭示了中国式的现代化是物质文明和精神文明相互促进、共同发展的进程，这是对社会主义现代化理论的一大贡献。

现代化，是一个世界性的进步潮流。同时，多姿多彩的世界又并存着多式多样的现代化的理论模型和实践样式。按发展进程分，有先期或先发的现代化，也有后发的现代化；按经济和文化背景的特点分，有西方发达国家的现代化，也有拉美“依附理论”下的现代化，还有东亚新兴工业化国家和地区的现代化；按社会制度分，有资本主义现代化，也有社会主义现代化。中国地处东亚，是东方文化的一大发源地，搞现代化又是后发的，还是一个社会主义国家，我们搞什么现代化？邓小平在设计中国的发展道路时，鲜明地提出：“过去搞民主革命，要适合中国情况，走毛泽东同志开辟的农村包围城市的道路。现在搞建设，也要适合中国情况，走出一条中国式的现代化道路。”③

---

①② 《邓小平文选》第 3 卷，第 373、378 页，人民出版社，1993。

③ 邓小平：《坚持四项基本原则》（1979 年 3 月 30 日）。《邓小平文选》第 2 卷，第 163 页，人民出版社，1994。

中国式的现代化，包括要以经济建设为中心，分“三步走”基本实现现代化，也包括要坚持四项基本原则，反对资产阶级自由化，还包括要通过改革建立社会主义市场经济体制，解放和发展生产力，要通过开放引进外国的智力、资金、先进的技术和管理经验作为我们发展的起点，包括要以农业、交通和能源、教育和科学作为发展的重点，等等。其中，一个十分重要的内容，就是要通过物质文明和精神文明相互促进、共同发展，来实现中国的社会主义现代化。这两方面任务既相互依存，又相互渗透，物质文明中从物质财富创造者的素质到物质生产力的成果，都直接体现着或蕴涵着精神文明的成果；精神文明的载体和必需的投入、条件也直接联系着物质文明的成果，因而两个文明可以在一定条件下相互转化、相互促进。在这个问题上，必须把历史的唯物论和辩证法有机地统一起来。它意味着，中国式的现代化必须始终坚持以经济建设为中心，但又不是片面单纯追求经济增长的现代化，它具有丰富的文化内涵，包括理想追求和道德要求。这种文化内涵的东西，不仅将体现在人的素质的塑造上，而且将体现在制度的构建和发展的方向上，给中国的社会主义和中国的现代化建设打上鲜明的中国特色的文化烙印。

既然如此重要，我们就要系统地而不是片面或零碎地学习和掌握邓小平关于两个文明“两手抓、两手都要硬”的理论，系统地而不是片面地或零碎地学习和掌握邓小平关于社会主义精神文明建设理论的科学体系。离开经济建设这个中心，物质文明搞不上去，就无所谓中国式的现代化，离开精神文明，甚至以牺牲精神文明为代价去换取经济的一时发展，也实现不了中国式的现代化；抓住精神文明建设这一个方面或那一个方面，而不是全面领会和贯彻邓小平关于社会主义精神文明建设的理论，也同样会妨碍中国式现代化的全面实现。

再次，邓小平关于社会主义精神文明建设的理论，提出了中国在世界范围综合国力竞争中立于不败之地的一项大对策，对于中华民族的振兴和强大，利在当代，功在千秋。

民族利益，国家利益，始终是邓小平考虑和研究中国问题的一个出发点。在当代世界变幻的国际风云中，自 80 年代末、90 年代初国际格局发生大变动，向多极化方向发展以后，中国发展的机遇增加，挑战也加大。中国社会主义事业的巩固和发展，已经明显地同世界范围综合国力的竞争和各种思想文化的相互激荡，复杂地交织在一起。中华民族要振兴，国家的综合国力要增强，毫无疑问首先要有强大的经济实力，这是基础。但对于一个积弱已久，经济文化落后而又人口众多的大国来讲，在相当长一个时期里经济实力总是处于相对弱势，要想在一个霸权主义、强权政治力图主宰世界的环境里生存和发展，就必须在集中力量抓好经济建设的同时，把综合国力中的科技力、文化力和政治力等各种要素充分调动起来并使之成为支持经济力又同经济力融合在一起的国家整体实力。这就是邓小平讲的："一个十亿人口的大国，教育搞上去了，人才资源的巨大优势是任何国家比不了的。有了人才优势，再加上先进的社会主义制度，我们的目标就有把握达到。"① 这也就是他说的："改革，现代化科学技术，加上我们讲政治，威力就大多了。"② 因此，在把物质文明搞得更好的同时，把精神文明建设放到更加突出的地位，是在我们这样一个发展中的社会主义国家增强综合国力的大对策、大举措，势必增加我们在国际舞台上的分量，提高我们在国际上的地位。

最后，邓小平关于社会主义精神文明建设的理论，也是对科学社会主义的重大贡献和重大推进。

在世界社会主义运动曲折发展的历史中，像有的社会主义国家先是长期僵化、后又放任自由主义思潮泛滥，从而导致国家易帜的教训，历历在目；像我国在六七十年代发生的长达十年之久的"文化大革命"，导致文化大破坏、道德大破坏的教训和 80 年代末发生政治风波的教训，也不能忘怀。其中的问题，就包括我们对于"什么是社会主义、怎样建设社会主义"这样一个首要的基本的理论问题，没有完全搞清楚。社会主义建设包括物质文明建设和精神文明建设，包括民主法制建设，它们的关系怎样处理，精神文明自身又如何搞，精神文明建设内部的思想建设、道德建设、教育科学文化建设和民主法制纪律教育的关系如何协调和整

①② 《邓小平文选》第 3 卷，第 120、166 页，人民出版社，1993。

合，这一系列问题的思考和解决，是关系社会主义的前途和命运，关系建设有中国特色社会主义大局的重大问题。从这个角度来学习和研究邓小平关于社会主义精神文明建设的理论，就可以更加清楚地认识到这是一个对科学社会主义的发展有重大意义的问题。邓小平关于社会主义精神文明建设的构想，为我们设计了一个有中国特色社会主义的社会蓝图和加强社会主义精神文明的基本途径。

第三节　社会主义市场经济和社会主义精神文明

在改革开放，发展社会主义市场经济的过程中，毛泽东后的当代中国碰到了一个大难题：精神生活领域拜金主义、享乐主义、个人主义和各种腐败现象滋长蔓延，引起了全党和全社会的关注、担忧和许多人的困惑，以至于邓小平在1986年1月17日中共中央政治局常委会上气愤地责问道："风气如果坏下去，经济搞成功又有什么意义？"①

为了解决这一难题，邓小平没有停留在情感的义愤和道德的谴责上，而是深入地分析了这一令人厌恶的腐败现象滋生和蔓延的原因。

第一，"文化大革命"这一长时期的全局性的严重错误，败坏了社会风气，伤害了一部分人的社会主义信念。早在1977年他第三次复出工作之际，就鲜明地提出："要搞好我们的党风、军风、民风，关键是要搞好党风。现在，'四人帮'确实把我们的风气搞坏了。'四人帮'的破坏实际上是十年，或者说是十年以上，开始是同林彪结合在一起。他们弄得我们党内同志不敢讲话，尤其不敢讲老实话，弄虚作假。"② 这里讲的"党风""军风""民风"这三风，意味着整个社会风气被"文化大革命"

---

① 《邓小平文选》第3卷，第154页，人民出版社，1993。

② 《邓小平文选》第2卷，第46页，人民出版社，1994。

败坏了。这是何等严重的问题！在这前后，邓小平讲过社会风气被败坏的诸多表现，包括搞特殊化、走后门、闹派性、损公利私、铺张浪费等等。他认为其中尤为值得重视的是“弄虚作假”，也就是表里不一、言行不一、不老实、不正派。对于一个党来讲，这是一个真正致命的问题。当一个党的干部，说的和做的不一样，老是弄虚作假，势必影响党的路线、方针、政策的贯彻执行，势必影响党的战斗力，也势必影响党在人民群众中的形象，也就是会削弱党的实际而有效的领导能力。而出现这样一种情况，更深刻的原因是这些人内心深处已经对社会主义信念和共产主义理想发生动摇。我们只要想一想 1979 年春“西单墙”时期最初出现的资产阶级自由化思潮，当时我们尚未进行全面的改革，也没有像后来那样对外开放，但是有多少人卷入了这一事件！支持这种错误思潮的还有我们的党员和干部。这是什么原因呢？就是“文化大革命”的破坏。邓小平曾经尖锐地指出：“由于我们在社会主义革命和社会主义建设的历史上犯过错误，就对社会主义丧失信心，认为社会主义不如资本主义，这种思想是完全错误的。”① “文化大革命”结束之初，拨乱反正开始之时，一些有识之士曾说过这场浩劫，“内伤”甚于“外伤”。就“外伤”而言，破坏了的经济生活、政权机构和党的组织可以重建，冤假错案可以平反昭雪，但是“内伤”是心灵深处、思想深处的伤痕，影响到一批人的信念，甚至影响到他们教育出来的子女的信念。冷眼静观当前社会上各种腐败现象，侧耳倾听现实生活中各种牢骚非议，再联想一下“文化大革命”前，比如三年自然灾害时期人们的精神状态和思想风貌，我们愈来愈感到“文化大革命”这场内乱和浩劫破坏之烈。所以邓小平说：“‘文化大革命’带坏了一代人。”②

第二，对外开放难以避免会带来一些消极因素。我国的现代化面临着一个极为复杂的矛盾：一方面，由于我国社会生产力水平低下，只有通过对外开放，引进先进的科学技术和管理经验，把它们作为我们发展

① 《邓小平文选》第 2 卷，第 337 页，人民出版社，1994。
② 《邓小平文选》第 3 卷，第 205 页，人民出版社，1993。

的起点，才能逐步实现现代化；另一方面，实行开放政策必然会带来一些坏的东西，影响我们的人民，这是对外开放最大的风险。不开放，难以较快地实现现代化；一开放，难免会有一部分资本主义的东西进入，难免会有一些我国原来已经绝迹的丑恶现象趁机复活。从表面上看，似乎是一个两难的问题。邓小平多次指出："要意识到这一点，但不难克服，有办法克服。"① 这就是说，这确实是一个问题，尽管我们坚信能找到解决问题的办法，但在这些办法发挥作用之前，各种腐败现象的滋生和蔓延带有某种必然性，对此也要有充分的思想准备和清醒的思想认识。我们既不能因噎废食，否定开放政策，又不能熟视无睹，在开放中失去应有的警觉性。

第三，商品经济和市场经济的发展，意味着货币不仅不会消失，还要继续发挥它的"一般等价物"的功能和作用，这就在客观上为拜金主义的存在和发展提供了条件。在《党和国家领导制度的改革》(1980 年 8 月）的讲话中，邓小平就指出有些青年、干部子女，甚至有些干部本人违法乱纪、走私受贿、投机倒把，不惜丧失人格，丧失国格，丧失民族自尊心，原因之一是"为了搞钱"②。同年 12 月 25 日，他提出了要"批判和反对资产阶级损人利己、唯利是图，'一切向钱看'的腐朽思想"③。1985 年 3 月 7 日，他再次提出："现在有一些值得注意的现象，就是没有理想、没有纪律的表现，比如说，一切向钱看。"④ 我们注意到，邓小平在这里一再提到"钱"这字，一再提醒要警惕"一切向钱看"的倾向。中国古代的造字者十分有意思地把一个"金"和两个"戈"合在一起称为"钱"，它深刻地说明"金"将引起争斗，"钱"是争夺"金"的产物。马克思则更为科学地证明了，货币是交换和商品生产发展的产物，它可以作为商品的一般等价物实现具有不同使用价值之间的商品的交换，并且具有流通手段、支付手段、贮藏手段和世界货币等多种职能，因此货币在社会生产和经济发展中具有进步的积极的作用。同时，货币的特点

---

① 《邓小平文选》第 3 卷，第 90 页，人民出版社，1993。

②③ 《邓小平文选》第 2 卷，第 337、369 页，人民出版社，1994。

④ 《邓小平文选》第 3 卷，第 111—112 页，人民出版社，1993。

和职能又决定了它不仅在一定条件下会转化为资本，而且会诱使人们把那些原来并不具有商品属性的人的良心等等也作为“商品”，通过所谓交换去获取作为“一般等价物”的货币。在社会主义现代化建设过程中，货币不仅还要发挥它的流通手段、支付手段、贮藏手段和世界货币等职能，促进生产的社会化和经济的发展，而且随着商品经济和市场经济的发展，它在交换中的范围和作用势必有所增大。同样，在私有观念还存在的条件下，货币的特点和职能难免会诱使一些人在激烈的生存竞争中“一切向钱看”，甚至把人民赋予的权力、共产党员的党性、中国人的国格、做人的良心等等一概出卖，去获取几个肮脏的臭钱。在以市场经济为导向的改革开放中，贪污盗窃、行贿受贿、走私贩毒、嫖娼卖淫等丑恶现象，几乎无一不同“钱”字相联系。但我们现在又不能限制商品经济和市场经济，也不能取消货币，这就是我们遇到的问题之所以复杂和困难的一个原因。

第四，新旧体制转换时期的特殊复杂性，也决定了改革开放的一定时期内，一些腐败现象容易滋生和蔓延。在中国这么一个幅员广大、人口众多的国家，进行以建立社会主义市场经济体制为目标的改革开放，不仅是一个崭新的事业，而且是一个宏大的事业。改革开放的目标不可能一步到位，一些做法还要经过试点分阶段推进。从历史的发展过程来讲，我国改革开放必定会经历一个两种体制并存、同时发挥作用的阶段。在这一特殊的体制转换时期，计划经济和市场经济两种体制的长处和弱点，必将同时影响经济生活乃至整个社会生活。这样，就有可能在经济生活和整个社会生活中留下一个缝隙，有人就会利用这个缝隙，牟取私利。比如在房地产开发中，有人利用关系在政府有关部门中批条子，到市场中去卖钱。这对党和政府来讲，一个很大的风险，就是公务员的腐败。邓小平在改革开放全面推进之时，就指出：“在国内经济工作中，歪曲现行经济政策，利用经济管理工作中的漏洞而进行各种违法活动的个人、小集团甚至企业、单位，也有所增加。”① “有的党政机关设了许多公

① 《邓小平文选》第2卷，第338页，人民出版社，1994。

司，把国家拨的经费拿去做生意，以权谋私，化公为私。还有其他的种种不正之风。对于这些，群众很不满意。我们要提醒人们，尤其是共产党员们，不能这样做。”① 当然，伴随着体制改革的深化，社会主义市场经济体制的建立和逐步完善，这种缝隙将越来越少、越来越小。比如在一些商品计划价和市场价两种价格取消后，那些商品“走后门”的现象就逐渐杜绝；外汇调剂价格由双轨制并轨后，外汇投机买卖就逐步减少。由此也可证明，新旧体制转换时期即双轨制时期的特殊复杂性，确确实实是一个时期里腐败现象容易滋生和蔓延的一个重要条件。

第五，工作上的失误，思想政治工作削弱，同样是腐败现象滋生和蔓延的一个重要因素。在革命和建设中做好广大干部群众的思想政治工作，使大家确立坚定的马克思主义和共产主义的信念，本来是我们党的一大优势。但是，由于过去我们思想政治工作中存在着一些“左”的做法，以及后来出现的一些逆反心理，使得我们这方面的优势逐渐减弱，甚至面对着开放带来的消极东西、改革中出现的“一切向钱看”的思想、双轨制并存条件下出现的种种反常现象，我们在思想政治工作上缺乏高度的重视。思想战线一度还十分混乱，是非难分，措施不力。邓小平在1979年先后提出要坚持四项基本原则，要加强精神文明建设，绝非偶然。他敏锐地觉察到这些问题不解决会危及改革开放和现代化建设大业，一再用加重的警戒语气要求全党重视这方面工作，甚至说过：“这种危险的信号，应该引起全党、全国人民和全国青年的足够警惕！”② 他还多次指出，思想政治工作薄弱是改革开放近十年中最大的失误。这种失败、失误的后果是：社会主义信念动摇，资产阶级自由化思潮泛滥；社会风气恶化，资产阶级的价值观和腐朽生活方式盛行；党的肌体受到侵蚀，党风不正，腐败现象蔓延。

如果说“文化大革命”造成的社会风气败坏是腐败现象滋生和蔓延的历史原因，对外开放带来的消极因素是它的外部原因，商品经济和市场经

---

① 《邓小平文选》第3卷，第112页，人民出版社，1993。

② 《邓小平文选》第2卷，第365页，人民出版社，1994。

济的发展而造成拜金主义等思潮是一个深层原因，新的体制转换造成的缝隙是一个特殊原因，那么它们统统都是腐败现象滋生和蔓延的一些客观条件，而思想政治薄弱则是我们本来可以避免而没有避免的主观原因。主观上的偏差，工作上的失误，增加了问题的尖锐性和复杂性，使得本来应该缓解的或事先防范的问题严重地加剧，引起了广大人民群众的不满。

那么，怎么解决这个问题呢？

邓小平对此进行了深入的思考，提出了解决问题的基本思路。

1985 年 10 月 23 日，美国时代公司总编辑格隆瓦尔德问他："中国共产党一直教育人民要大公无私，为人民服务。现在经济改革，你们教育人民要致富，出现了少数贪污腐化和滥用权力的现象，你们准备采取什么办法解决这些问题？"

邓小平回答："我们主要通过两个手段来解决，一个是教育，一个是法律。这些问题不可能在一夜之间解决，也不可能靠几个人讲几句话就见效。但是我们有信心，我们的党、我们的国家有能力逐步克服并最终消除这些消极现象。"

接着，格隆瓦尔德又问："这种现象是否反映了一个潜在的、很难解决的矛盾，即市场经济和社会主义制度之间的矛盾？"显然，提问者认为改革开放中出现的腐败现象，是市场经济和社会主义制度之间存在着根本对立的矛盾的一种表现。

邓小平明确回答："社会主义和市场经济之间不存在根本矛盾。问题是用什么方法才能更有力地发展社会生产力。"他还说："我相信，随着经济的发展，随着科学文化和教育水平的提高，随着民主和法制建设的加强，目前社会上那些消极的现象也必然会逐步减少并最终消除。"他强调："我们发挥社会主义固有的特点，也采用资本主义的一些方法（是当作方法来用的），目的就是要加速发展生产力。在这个过程中出现了一些消极的东西，但更重要的是，搞这些改革，走这样的路，已经给我们带来了可喜的结果。中国不走这条路，就没有别的路可走。只有这条路才是通往富裕和繁荣之路。"①

邓小平的思路，就是根据历史唯物主义关于经济、政治、文化关系的科学原理，对于社会主义市场经济条件下社会结构及其功能的一种设计。毛泽东曾经指出，经济是基础，政治是经济的集中表现，并对经济以伟大的影响；作为观念形态的文化，是经济和政治的反映，并反作用于经济和政治。这种社会的一般结构，在社会主义市场经济条件下将有哪些特点呢？它将在社会化、现代化的社会生产力基础上，形成健全的民主和法制，以保证经济的发展；在这种现代经济和现代政治的基础上，形成与此相适应的思想道德和教育科学文化，以保证经济和政治的发展。这种社会结构的健全和运行，将不仅有助于市场经济和社会主义基本制度的结合，而且有助于腐败现象的消除。

——根据邓小平的思路，要消除腐败现象，首先要有经济的发展。社会主义的优越性最终要体现在生产力能够更好地发展上，社会主义抗腐败的能力也要以生产力的发展为物质基础。因为只有充分显示了优越性的社会主义，才能消除资本主义和其他剥削制度所必然产生的种种贪婪、腐败和不公正现象。

——根据邓小平的思路，要克服腐败现象，其次要加强民主和法制建设。从邓小平关于现阶段腐败现象的分析中可以看出，"文化大革命"中发生的丑恶现象是对民主和法制的反动，因此从这场灾难中一走出来，邓小平就提出了："必须使民主制度化、法律化"，"做到有法可依，有法必依，执法必严，违法必究"。② 同样，邓小平认为解决对外开放带来的腐朽东西，也要靠法制，靠运用司法手段打击经济犯罪活动、惩治腐败。他说："我们要有两手，一手就是坚持对外开放和对内搞活经济的政策，一手就是坚决打击经济犯罪活动。没有打击经济犯罪活动这一手，不但对外开放政策肯定要失败，对内搞活经济的政策也肯定要失败。有了打击经济犯罪活动这一手，对外开放、对内搞活经济就可以沿着正确的

① 《邓小平文选》第3卷，第148—150页，人民出版社，1993。

② 《邓小平文选》第2卷，第146、147页，人民出版社，1994。

方向走。”[①] “我们一手抓改革开放，一手抓惩治腐败，这两件事结合起来，对照起来，就可以使我们的政策更加明朗，更能获得人心。”[②] 至于发展商品经济和市场经济以及体制转换过程中发生的问题，也要靠法制来解决。商品经济和市场经济本身是一种建立在契约关系上的经济方式和经济体制，而不是自然经济下那种维护宗法关系的社会。契约关系的恒定存在和有效维护，要靠法制。法制要求法律面前人人平等，能够保证我们在市场面前人人机会均等。市场经济的社会里，基本的活动规则都要靠法律来维系和实施，出现的漏洞和缝隙也要靠法律来堵塞或制约。只有用社会主义的法律来规范市场经济、组织市场经济，市场经济才能较好地和社会主义基本制度相结合。

——根据邓小平的思路，要克服消除腐败现象，还要加强思想道德教育和科学文化教育。经济的发展是克服消极腐败现象的基础，基础是不可缺少的，但基础只是基础，不是解决问题的全部手段。民主和法制的健全是清除腐败现象的重要手段，一种带有强制性的他律的手段，但民主和法制也不能解决全部问题。因此，要消除腐败现象，还要有另一种手段，促使人们在市场经济中自律的手段。这种手段，就是邓小平讲的“教育”。这里说的教育，包括两种教育：一种是思想政治和道德教育，一种是科学文化教育。前一种教育包括社会主义和共产主义理想教育、爱国主义教育、艰苦奋斗传统教育等等，后一种教育包括无神论教育、科技知识教育等等。这些教育解决的是精神世界问题，而实际上是人的行为规范问题。它通过人的自律，自觉自愿地克服和防范腐败现象的发生，从而使市场经济和社会主义基本制度在人的文明行为中达到理想的统一。

这就是说，发展社会主义市场经济，不仅要把这种经济体制同社会主义基本经济制度、政治制度结合起来，而且要同社会主义精神文明结合起来。

---

① 《邓小平文选》第 2 卷，第 404 页，人民出版社，1994。

② 《邓小平文选》第 3 卷，第 314 页，人民出版社，1993。

那么，市场经济同社会主义精神文明能不能像邓小平设想的那样有机地结合起来呢？结论是能够结合的。因为，深入的理论研究告诉了我们这样三点：

第一，社会主义市场经济体制内在地要求加强社会主义精神文明建设。

市场经济是社会化大生产发展到一定阶段的产物。社会化大生产，既可以通过计划经济加以组织和协调，又可以通过市场经济加以组织和协调。当社会化大生产发展到政府计划部门难以根据社会需求进行周到的安排、难以保证较高的劳动生产率和经济效益的时候，市场经济就是组织社会化大生产最有效的手段。计划经济的实施对组织纪律性有很高的要求，市场经济则要求法律和道德的支持。因为，社会化大生产在通过市场的作用实现专业分工基础上的协作，合理地配置资源的时候，靠的是信用契约关系。一旦信用契约关系消失，商品交换就中止，市场关系就不再存在。比如有的商品经营者贪图一时之利，推销假冒伪劣商品，失去信用，他们即难以继续取信于消费者或贸易对方，市场关系就难以维持和存在。为了维持和发展市场商品交换关系，必须靠法律这种他律手段和道德这种自律手段，来维持和发展信用契约关系。所以，市场经济内在地要求加强法律和道德建设。社会主义市场经济是在社会主义国家宏观调控之下，通过诚实劳动、合法经营、平等竞争、服务群众，来解放和发展社会生产力的，更是内在地要求加强民主法制建设，内在地要求加强社会主义精神文明建设，建立健康有序的经济和社会生活规范。

当然，市场有其自身的弱点和消极方面，其自发性、盲目性等的不足会造成一些无序的现象，对精神生活产生不良的影响。这些问题同样可以在社会主义市场经济体制完善的过程中，通过法律和教育（道德教育和文化教育）两个手段，逐步加以克服，直到最终消除。

在实际生活中，改革开放走在较前列的省市，随着社会主义市场经济的发展，精神文明都有显著的进步，这是大家都看得到的。我国最早试验全面推行用市场经济方法发展经济的深圳等经济特区，尽管还有种种问题，但是总的说来，不仅迅速改变了落后的经济面貌，而且改变了精神面貌，有力地增强了广大人民群众对社会主义的信念。1984 年 2 月，邓小平看了几个经济特区以后说："听说深圳治安比过去好了，跑到香港去的人开始回来，原因之一是就业多，收入增加了，物质条件也好多了，可见精神文明说到底是从物质文明来的嘛！"1989 年国内发生政治风波，那时广州、深圳那里随时可见的某些香港电视起劲地鼓吹动乱，但是广大市民、青年相当稳定！这难道不算是一场很严格的考试吗？

全国范围大量生动的事实，反复说明了社会主义市场经济有利于解放和发展社会主义社会的生产力，增强社会主义国家的综合国力，提高人民的生活水平，从而为精神文明建设提供了坚实的基础；说明了社会主义市场经济也有利于增强人们的自立意识、竞争意识、效率意识、民主法治意识和开拓创新精神；说明了发展社会主义市场经济归根到底从物质生产和精神生活两个方面搞活了社会主义。一句话，社会主义市场经济是能够同精神文明相结合的。

第二，社会主义市场经济要求形成义利统一的价值观。

在社会主义市场经济发展过程中，出现的各种问题，始终是一个利益问题，包括个人利益与集体利益、个人利益与国家利益、集体利益与国家利益的关系问题。这些利益关系问题，既是一个经济问题，也是一个伦理问题。在伦理学上，这样的关系问题，归结起来，就是"利"与"义"的关系。

"义利之辨"是中国伦理思想史上的一个基本问题，也是一个长期争论不休的问题。应当肯定，我国古代思想家在这方面留下了丰富的文化遗产，对中华民族和人类文明是一大贡献。他们提出的种种超越于个人私利的道义追求，曾经在不同程度上鼓舞过历代站在正面推动历史前进的中华民族的优秀人物，并从而形成我们民族源远流长的"正气"。这是我们必须在历史唯物主义的基础上，加以总结、继承和发扬的。但是总的说来，由于历史的和阶级的局限，无论是儒家、墨家、道家还是法家，都没有能够真正科学地认识和解决这个义利关系问题。他们不是片面地脱离"利"来强调"义"，就是片面地脱离"义"来强调"利"，"利"只是指个人私利。这样也就找不到"义"与"利"相通的基础。尤其是中国封建社会长期占统治地位的儒家的一些派别，在唯心论的基础上解释“义”，把“义”强调到压倒一切、消灭一切的地步，所谓“何必曰利，亦有仁义而已矣”，所谓“正其谊不谋其利，明其道不计其功”，所谓“存天理，灭人欲”，等等，成为封建统治阶级借以掩饰其阶级私利和压制被统治阶级的很精致的思想道德武器。当然也有另一些派别，如有的法家代表人物，认为人性都自私，都求“利”而畏“义”，因此主张重“利”去“义”，不贵“义”而贵“法”，形成一整套非道德主义的义利观。这种主张，同儒家那一套相反而相成，都是封建统治阶级的思想武器。这两家之中和两家之外，在长期历史发展中又都有许多演变，有多种流派的分化，这里无须详说。

只是在马克思主义传入中国并同中国实际相结合以后，这个义利关系问题才得到正确认识的科学基础。这个基础，就是历史唯物主义强调的“人民的利益”。毛泽东在领导新民主主义革命过程中，强调要在辩证唯物主义和历史唯物主义的基础上，对历史文化遗产加以科学的分析和批判，正确地认识和处理物质利益和社会道义的关系问题。他在《在延安文艺座谈会上的讲话》(1942 年 5 月) 中指出，唯物主义并不一般地反对功利主义，但是反对封建阶级的、资产阶级的、小资产阶级的功利主义，反对那种口头上反对功利主义、实际上抱着最自私最短视的功利主义的伪善者。他说：“我们是无产阶级的革命的功利主义者，我们是以占全人口百分之九十以上的最广大的群众的目前利益和将来利益的统一为出发点的，所以我们是以最广和最远为目标的革命的功利主义者，而不是只看到局部和目前的狭隘的功利主义者。”① 他在《经济问题与财政问题》(1942 年 12 月) 一文中指出：董仲舒们所谓“正其谊不谋其利，明其道不计其功”，是些唯心的骗人的腐话，我们不能饿着肚子去“正谊明道”。他强调，一切空话都是无用的，必须给人民以看得见的物质福利。我们的第一个方面的工作并不是向人民要东西，而是给人民以东西，这

① 《毛泽东选集》第 3 卷，第 864 页，人民出版社，1991。

是我们党的根本路线、根本政策。[①] 他在中共七大政治报告中又指出："应该使每个同志明了，共产党人的一切言论行动，必须以合乎最广大人民群众的最大利益，为最广大人民群众所拥护为最高标准。"[②] 他在1948年1月为中央起草的一个重要决定中又把"对被领导者给以物质福利，至少不损害其利益，同时对被领导者给以政治教育"，作为领导阶级和政党实现领导作用所必须具备的一个基本条件。[③] 到了建国以后，在领导社会主义改造时期，毛泽东同志还提出，要"提倡以集体利益和个人利益相结合的原则为一切言论行动的标准的社会主义精神"[④]。可以这样说，把人民利益放在首位，实现长远利益和眼前利益相结合，集体利益和个人利益相结合，这样来推进伟大的革命和建设事业，乃是以毛泽东为代表的中国共产党人在长期斗争中形成的，历史唯物主义的义利统一观。

我们还要看到，社会主义制度的建立，为这种历史唯物主义的义和利相统一的崭新伦理价值观在全社会的推广，提供了社会历史条件。但在实践中，我们又走过一条曲折的道路。计划经济条件下某些过度集中的弊端，曾经不利于充分调动一切积极因素来建设社会主义。后来的阶级斗争扩大化特别是"文化大革命"，又在许多情况下把正当的个人利益混同于个人主义以至资本主义加以否定。这样就破坏了义和利的统一。直到十一届三中会以后，从农村推行家庭联产承包责任制开始，中国共产党十分注意从体制上保障个人和企业的自主权和积极性，为在建设有中国特色社会主义的伟大实践中更好地实现义利相统一打开了道路。如果没有这一条，改革开放以来历史大转折和事业大发展是不可设想的。同时又必须看到，在市场经济条件下，与过分追求个人利益相联系而走向另一极端，这就是"一切向钱看"的拜金主义和以自我为中心的个人主义逐渐泛滥起来。它反过来又助长了那种把商品经济、市场经济同社会主义，同社会主义精神文明特别是社会主义道德绝对对立起来的观念。

---

① 《毛泽东文集》第2卷，第465—468页，人民出版社，1993。

② 《毛泽东选集》第3卷，第1096页，人民出版社，1991。

③ 《毛泽东选集》第4卷，第1273页，人民出版社，1991。

④ 《毛泽东文集》第6卷，第450页，人民出版社，1991。

针对这种复杂情况，邓小平从新时期一开始就反复强调在坚持改革开放的前提下，坚持讲理想，讲道德，批判“一切向钱看”的倾向。

在义和利的关系问题上，邓小平的基本观点是什么呢？首先，他指出要肯定物质利益的基础作用。他说：“革命精神是非常宝贵的，没有革命精神就没有革命行动。但是，革命是在物质利益的基础上产生的，如果只讲牺牲精神，不讲物质利益，那就是唯心论。”① 其次，他强调要讲理想、讲信念，而我们的理想和信念就是指“认识到人民自己的利益并为之而奋斗”② 的信念。第三，他强调要反对见利忘义、唯利是图。他说：“我们提倡按劳分配，承认物质利益，是要为全体人民的物质利益奋斗。每个人都应该有他一定的物质利益，但是这决不是提倡各人抛开国家、集体和别人，专门为自己的物质利益奋斗，决不是提倡各人都向‘钱’看。”③ 第四，他强调：“在社会主义社会中，国家、集体和个人的利益在根本上是一致的，如果有矛盾，个人的利益要服从国家和集体的利益。为了国家和集体的利益，为了人民大众的利益，一切有革命觉悟的先进分子必要时都应当牺牲自己的利益。我们要向全体人民、全体青少年努力宣传这种高尚的道德。”④

中共十四届六中全会根据邓小平这些重要思想，从社会主义历史的经验教训中，从十一届三中全会以来的实践发展中，明确提出要“形成把国家和人民利益放在首位而又充分尊重公民个人合法利益的社会主义义利观”。这是中国共产党的文件第一次用鲜明的语言概括的，在社会主义初级阶段，在发展社会主义市场经济过程中，在全社会提倡的价值导向。

第三，社会主义市场经济要求形成以“为人民服务”为核心的社会主义道德。

为人民服务，既是中国共产党的根本宗旨，又是一种新的伦理道德观的核心。它形成于新民主主义革命时期，当时主要是对共产党人的要

---

① 《邓小平文选》第 2 卷，第 146 页，人民出版社，1994。

② 《邓小平文选》第 3 卷，第 190 页，人民出版社，1993。

③④ 《邓小平文选》第 2 卷，第 337 页，人民出版社，1994。

求。但就在那时，毛泽东已经开始大力向革命队伍中的每个人，以至向根据地广大人民，推广这种高尚的道德。建国之初，由中国共产党人和党所领导的人民军队，把为人民服务的高尚道德风貌带到城市，带到全国，在全国各族人民中产生了极大的影响力和吸引力。社会主义制度的建立，更使得这种道德有条件成为全社会共同的道德。因为在社会主义社会里，在公有制为主体的基础上，在全体人民共同利益的基础上，人和人之间的相互关系是团结、互助、共同进步的关系。人人都是服务对象，人人都为他人服务。每个人在为他人服务的同时，享受着别人对他的服务。无论职位高低，无论职业区别，只要认真地从事本职工作，热心为他人、为社会服务，都是为人民服务。

社会主义市场经济条件下，是不是仍然要坚持为人民服务的道德要求呢？回答是肯定的。不但共产党员应该身体力行，实践这种要求，而且在全社会也应该提倡这种要求。这是因为，一般地说，市场经济是同社会化生产相联系，同比较发达的商品生产和商品交换相联系的经济体制和运行机制。市场经营主体必须通过向社会提供有一定质量的产品，建立满足社会需求的良好信誉，即通过为社会服务并为社会所接受来实现自己的利益。社会主义市场经济，更应该在社会主义公有制为主体的基础上，在社会主义国家的宏观调控下，更好地运用这种经济运行机制，使每个市场经营主体更加自觉地在自主的基础上为人民为社会服务，并在为人民为社会服务中实现自身的利益。这也是社会主义市场经济的本质要求。

当然，我们清醒地看到，在社会主义初级阶段，对于不同利益群体和不同觉悟程度的人们，为人民服务的要求不可能是完全一样的，而应该有不同的层次。对于共产党员和有觉悟的先进分子来说，奉行的价值标准是全心全意为人民服务，是先公后私、大公无私，即在通常情况下自觉地为人民为社会为他人多作奉献，自己的正当利益也得到保障；在必要时，为了国家和集体的利益，为了人民大众的利益，自愿牺牲自己的利益甚至自己的生命。与此同时，还应当肯定，每一个普通劳动者，只要是诚实劳动，不损公肥私，不损人利己，不坑蒙拐骗，有偿服务也是为人民服务。至于社会主义社会的私营经济，只要是合法经营，接受国家的监督、管理、引导，讲求质量和信誉，那么他们的行为就合乎“三个有利于”的原则，他们在为自己谋取利润的同时实际上也在为社会和人民服务。他们应该认识这一点，并以这种认识来指导自己的行动，这也是社会主义社会道德的要求。

从社会主义市场经济对社会主义精神文明的要求，特别是价值观和道德观的要求中，可以清楚地看到，离开了社会主义精神文明，离开了社会主义义利观，离开了以为人民服务为核心的社会主义道德，这种市场经济就不是完备的市场经济，就不是社会主义市场经济。只有同社会主义精神文明内在地结合在一起的市场经济，才是社会主义市场经济。反过来，也说明了社会主义精神文明建设必须在发展社会主义市场经济过程中，提高到新的水平。总之，社会主义市场经济是同精神文明结合在一起的。这是邓小平对科学社会主义的创造性贡献。

第九章　精髓论

现今世界上视若神圣的东西太多了，而能对这些东西加以批判地鉴别、灵活地运用的人又太少了，中国则是社会主义世界一个最伟大的反对偶像崇拜的国家。就此而论，中国目前所采取的方针是极为有效的。

——［美］马克·布莱彻

第一节　思想路线：关系党和国家前途与命运的问题

现在，该来研究一下毛泽东后的当代中国出现历史大转折和事业大发展的秘诀了。

这个秘诀，就是毛泽东倡导又由邓小平恢复和发展的“解放思想、实事求是”这一辩证唯物主义和历史唯物主义的思想路线。

思想路线问题，是哲学研究的问题。众所周知，毛泽东在马克思主义哲学方面，不仅有深刻的造诣，而且有独特的贡献。《反对本本主义》《实践论》《矛盾论》《人的正确思想是从哪里来的?》等名篇，是他的重要哲学著作；《中国革命战争的战略问题》《论持久战》《新民主主义论》《改造我们的学习》《整顿党的作风》《论十大关系》《关于正确处理人民内部矛盾的问题》等著作，是更生动地反映他的哲学思想及其应用逻辑的主要代表作。“毛泽东哲学思想”已经成为一个学名，作为他的哲学思想的专用范畴，成为众多近代和当代中国哲学研究者关注、探索和研究的专门学问。几乎所有的研究者都注意到，毛泽东重视哲学、研究哲学，正如他本人所说的“不是为着满足好奇心，而是为改造世界”①。首先是为承担着改造中国和世界重任的中国共产党，提供一条正确的思想路线。因此，思想路线问题，在毛泽东哲学思想中不仅具有十分重要和突出的地位，而且具有极为丰富和精彩的系统论述。

邓小平是毛泽东为代表的老一辈无产阶级革命家的成员，就毛泽东创建中央苏区之时就赞同毛泽东的主张，长期接受毛泽东思想的熏陶，可以说是毛泽东的学生。在哲学思想上，他更是深谙毛泽东哲学思想的精华。

---

① 中共中央文献研究室编：《毛泽东哲学批注集》，第152页，中央文献出版社，1997。

于是，有人就会提出：邓小平在哲学上有什么贡献？或者说，他对毛泽东哲学思想有什么新的贡献？

提出这一问题，是因为他们认为，在邓小平那里，没有《反对本本主义》或《实践论》《矛盾论》那样哲学原理性很强的著作或论文，似乎邓小平在哲学上没有多大贡献。

其实，哲学著作或论文只是一种形式。哲学的形式是多种多样的，辩证法的原意就是谈话或通过谈话、对话来揭示真理。《论语》就是孔子的谈话录。苏格拉底、狄德罗等著名哲学家的著述也多是以谈话或对话形式出现的。当然，谈话或对话也只是哲学的一种形式，而且并非所有的谈话或对话讲的都是哲学。只有那些揭示时代精神的谈话、对话或论文、著作，才是哲学家眼中的哲学成果。对于一些政治家、军事家等大家来说，他们的哲学思想更多的是体现在他们的政治、军事等著作之中，体现在他们对政治、军事等问题的理性思辨之中。邓小平的著述有三个显著的特点：

一是谈论问题，具有鲜明的时代精神。比如他讲发展，强调“应当把发展问题提到全人类的高度来认识，要从这个高度去观察问题和解决问题”①；他讲开放，强调“现在的世界是开放的世界”②；他讲改革，强调“这场改革不仅影响中国，而且会影响世界”③。

二是分析问题，具有突出的辩证特点。比如他总是强调事物发展的过程性，社会主义的本质是一个动态的发展过程；社会主义初级阶段也是一个动态的发展过程；从经济文化比较落后的国情出发到基本实现现代化的“分三步走”的发展战略又是一个动态的发展过程。比如他总是坚持辩证的分析和综合，认为“市场经济不等于资本主义”是辩证的分析，认为“社会主义也可以搞市场经济”则是辩证的综合，这样的分析综合为借鉴和利用人类社会的一切文明成果为社会主义所用开辟了正确的思路。比如他总是把思想的锋芒直指事物的本质，他鲜明地指出要坚持马克思主义，坚持走社会主义道路，但是，马克思主义必须是同中国

①②③ 《邓小平文选》第3卷，第282、64、118页，人民出版社，1993。

实际相结合的马克思主义，社会主义必须是切合中国实际的有中国特色的社会主义；特别深刻地揭示了社会主义的本质。又比如他总是把两点论和重点论有机地统一起来，强调两个文明都搞好才是有中国特色的社会主义，同时指出经济建设是中心，必须扭住不放；强调要坚持以公有制为主体，同时又指出要允许多种经济成分并存和共同发展；强调用“一国两制”和平统一祖国，同时又强调主体是大陆的社会主义制度。

三是解决问题，具有科学的方法论。比如他对于改革中遇到的问题，总是鼓励人们大胆地试，大胆地闯，不搞争论，但允许看，坚持实践是检验真理的唯一标准，对的就坚持，不对的赶快改，新问题出来抓紧解决；比如他对于实践的领导者，总是要求他们学好马克思主义理论，特别强调“现在我们的干部中很多人不懂哲学，很需要从思想方法、工作方法上提高一步”[①]；强调理论与实践的结合。

这一些显著特点说明了什么？至少说明了两点：其一，说明了邓小平的著述具有丰富的哲学思想；其二，说明邓小平的哲学思想从其本质属性而言，属于马克思主义的哲学，根源于毛泽东哲学思想，集中体现在解放思想、实事求是的思想路线之中。

而且，“哲学上的贡献”总是同解决历史课题联系在一起的，它不是一种抽象的东西。邓小平面临的历史课题，是要在“文化大革命”造成的灾难这样一个背景下，拨乱反正，重新确立或恢复党的正确的思想路线，开创社会主义现代化建设的新局面。这就决定了邓小平对马克思主义哲学、对党的思想路线的贡献，主要表现在三个方面：

第一，邓小平深刻揭示了解放思想、实事求是是马克思主义的精髓，是毛泽东思想的精髓，是关系党和国家前途和命运的问题。

对于毛泽东思想，包括其中的哲学思想，长期来宣传解说注释多，深刻的研究十分欠缺，直到十一届三中全会后才真正把它作为一个科学研究的对象加以研究。因此，过去对毛泽东哲学思想的许多重大问题及其在毛泽东思想整个科学体系中的地位和作用，认识不够充分。在六七

① 《邓小平文选》第2卷，第303页，人民出版社，1994。

十年代，林彪把“老三篇”（即《纪念白求恩》《为人民服务》《愚公移山》）等同于毛泽东思想。“文化大革命”中，“四人帮”宣传说毛泽东哲学思想是“斗争哲学”。毛泽东的《纪念白求恩》《为人民服务》《愚公移山》这三篇短文，在毛泽东哲学思想中特别是在他的伦理思想中，确实很有价值，但不能代表整个毛泽东哲学思想，更不能等同于整个毛泽东思想的科学体系。至于“斗争哲学”，本来是毛泽东借用他人的话来说明我们党思想路线中一个方面特点，更不是准确的全面的概括。① 因此，林彪、“四人帮”尽管自我标榜对毛泽东思想最忠、理解最深，但实际上他们并不是真正对毛泽东思想作科学的研究，而是通过割裂、歪曲毛泽东思想，为自己篡党夺权的阴谋服务。

真正对毛泽东思想及其哲学思想有深刻认识的，是邓小平。

粉碎“四人帮”后，中国共产党开始了拨乱反正。但是，当时党中央领导人华国锋提出了“两个凡是”的错误观点，实际上维护了“文化大革命”中盛行的教条主义和个人崇拜。邓小平认为这是个重要的理论问题，是个是否坚持历史唯物主义的问题，指出“两个凡是”不符合马克思主义，要完整地准确地理解毛泽东思想，强调毛泽东思想是个科学的体系。

那么，怎样才能“完整”“准确”地理解和掌握毛泽东思想的科学体系呢？

如果来一个简单相加，把毛泽东的全部论述集中起来，是不是“完整”“准确”了呢？事实上，这样做不仅做不到，而且即使“完整”了也不会“准确”，因为毛泽东的话并非“句句是真理”，毛泽东晚年的错误同毛泽东思想的基本原理是对立的，必须对毛泽东的论述加以科学的鉴

① 毛泽东1945年4月24日，在中共七大作口头政治报告时曾说：“我们对国民党的方针，是又团结又斗争……权利是争来的，不是送来的，这世界上有一个‘争’字，我们的同志不要忘记了。有人说我们党的哲学叫‘斗争哲学’，榆林有一个总司令叫邓宝珊的就是这样说的。我说‘你讲对了’。自从有了奴隶主、封建主、资本家，他们就向被压迫的人民进行斗争，‘斗争哲学’是他们先发明的。”1959年在庐山会议上，毛泽东在8月16日批示中写道：“资产阶级政治家说，共产党的哲学就是斗争哲学，一点也不错。不过，斗争形式依时代不同有所不同罢了。”

别。于是，就有了一个问题：什么是检验认识真理性的标准？

按照拨乱反正的必然逻辑，一场真理标准问题的大讨论，在1978年爆发了。

1978年3月26日，《人民日报》发表的短文《标准只有一个》，指出检验真理的标准只有一个，就是社会实践。想不到，这样一篇短短的文章引出了20多篇反对的来信。反对者认为，马克思主义也应该是检验真理的标准，否则就是贬低马克思主义。

特别是，1978年5月11日，《光明日报》以"本报特约评论员"的署名公开发表《实践是检验真理的唯一标准》①，并由新华社转发全国；5月12日，《人民日报》《解放军报》全文转载后，在全国引起了强烈的反响。有人认为发表这样的文章是"砍旗"、"反毛主席"，有些党内有影响的理论家和高级干部也反对这篇文章的观点，还获得了当时分管意识形态工作的中央领导的支持。

但是，邓小平、陈云等老一辈无产阶级革命家旗帜鲜明地支持"实践是检验真理的唯一标准"这一马克思主义的观点，指出"解放思想、实事求是"是毛泽东思想的精髓。

早在1977年7月21日中共十届三中全会上，邓小平就指出："我认为，毛泽东同志倡导的作风，群众路线和实事求是这两条是最根本的东西。"②

同年9月19日，在同教育部主要负责同志谈话时，邓小平又说："毛泽东同志在延安为中央党校题词，就是'实事求是'四个大字，这是毛泽东哲学思想的精髓。"③这里，首次确认了实事求是在毛泽东哲学思想中的"精髓"地位。

1978年真理标准问题大讨论展开后，6月2日在全军政治工作会议上，邓小平对实事求是这一党的优良传统作了系统的论述，指出"我们一定要肃清林彪、'四人帮'的流毒，拨乱反正，打破精神枷锁，使我们

---

① 此文最初发表于中共中央党校内部刊物《理论动态》第60期（1978年5月10日）。

②③ 《邓小平文选》第2卷，第45、67页，人民出版社，1994。

的思想来个大解放”。他深刻地指出：

马列主义、毛泽东思想的基本原则，我们任何时候都不能违背，这是毫无疑义的。但是，一定要和实际相结合，要分析研究实际情况，解决实际问题。按照实际情况决定工作方针，这是一切共产党员所必须牢牢记住的最基本的思想方法、工作方法。实事求是，是毛泽东思想的出发点、根本点。这是唯物主义。①

7 月 21 日，邓小平找当时的中央宣传部长谈话，要他不要对讨论设禁区、下禁令。第二天他又找主持中央党校工作的副校长谈话，肯定了《实践是检验真理的唯一标准》这篇文章和真理标准问题的讨论。

特别是 9 月 16 日，访问朝鲜归来在吉林谈话时，邓小平再次强调：

毛泽东思想的基本点就是实事求是，就是把马列主义的普遍原理同中国革命的具体实践相结合。毛泽东同志在延安为中央党校题了“实事求是”四个大字，毛泽东思想的精髓就是这四个字。②

这里，邓小平从 1977 年讲实事求是是“毛泽东哲学思想的精髓”，进一步提升到是“毛泽东思想的精髓”。

这一年 12 月 13 日，在中共中央工作会议闭幕会上作《解放思想，实事求是，团结一致向前看》的著名讲话时，邓小平进一步指出：

一个党，一个国家，一个民族，如果一切从本本出发，思想僵化，迷信盛行，那它就不能前进，它的生机就停止了，就要亡党亡国。这是毛泽东同志在整风运动中反复讲过的。只有解放思想，坚持实事求是，一切从实际出发，理论联系实际，我们的社会主义现代化建设才能顺利进行，我们党的马列主义、毛泽东思想的理论也

①② 《邓小平文选》第 2 卷，第 114、126 页，人民出版社，1994。

才能顺利发展。从这个意义上说，关于真理标准问题的争论，的确是个思想路线问题，是个政治问题，是个关系到党和国家的前途和命运的问题。①

上述情况和引文可以使我们看到，是邓小平，第一次深刻地指出实事求是是毛泽东哲学思想的精髓，是毛泽东思想的精髓，后来在1992年初南方谈话中他还说这是“马克思主义的精髓”②。凡是熟悉中国革命史，特别是了解延安整风，对毛泽东思想有研究的同志，都可以发现，邓小平的这一发现、这一揭示是符合毛泽东思想发展特点的，因而是正确的。

上述情况和引文还使我们看到，是邓小平，从毛泽东的理论和实践中，从新时期面临的复杂矛盾中，引人注目地突出了实事求是和解放思想的关系。后来邓小平还专门论述过“解放思想，就是使思想和实际相符合，使主观和客观相符合，就是实事求是”③。这就是说，只有解放思想才能达到实事求是，只有实事求是才是真正的解放思想。解放思想和实事求是是统一的，我们必须克服思想僵化和主观主义，从实际出发，按客观规律办事。

上述情况和引文更使我们看到，邓小平恢复和发展解放思想、实事求是的思想路线，不仅有其哲学意义，更有其政治意义。后来，邓小平多次论述重新确立这条思想路线的重大意义。比如1987年10月13日一次谈话中，他说：“我们粉碎‘四人帮’，结束了‘文化大革命’，然后深刻地检讨了我们的历史，提出解放思想，恢复毛泽东同志的实事求是的思想路线的任务。毛泽东同志在整个新民主主义革命时期，还有社会主义革命和建设的初期，都是正确的，正确的东西不能丢掉。在这个长时期中，毛泽东同志确实把马列主义的普遍原理同中国的实际结合得非常好，创造性地提出了农村包围城市的战略，走十月革命的道路，但采取与十月革命不同的方式。由于充分尊重中国的实际，一切从实际

① 《邓小平文选》第2卷，第143页，人民出版社，1994。
② 《邓小平文选》第3卷，第382页，人民出版社，1993。
③ 《邓小平文选》第2卷，第364页，人民出版社，1994。

出发，我们取得了新民主主义革命的胜利，并顺利地进入了社会主义的历史阶段。这是我们历史的正确方面。……我们总结了我国革命和建设正反两个方面的经验，从一九七八年党的十一届三中全会开始，制定了一系列新的方针政策。这些方针政策，归根到底就是恢复和坚持毛泽东同志提出的实事求是的思想路线，根据这条思想路线来探索中国怎样建设社会主义。”① 可见，这确实是一个关系党和国家的前途和命运的政治问题。

第二，邓小平精辟地阐明了建设社会主义，实现现代化的思想路线，为中国特色社会主义的建立和发展提供了科学的世界观和方法论。

哲学原理有其普遍的适用性，但这种适用性也不是绝对的，也要随着时代的发展、实践的推进而充实新的内容，发挥新的作用。同时，由于哲学原理的广泛指导性会对实践产生重大影响，哲学上的错误会对实践造成重大的危害。比如在民主革命时期反复强调要实事求是、理论联系实际的毛泽东，在“文化大革命”时期容忍教条主义和个人崇拜泛滥，容忍把他的哲学思想概括为“斗争哲学”，这样的“发展”产生的后果，就是十年浩劫。

在社会主义现代化建设的历史使命降临到中国共产党身上的时候，党的领袖必须考虑的基本问题之一，就是采用什么样的哲学世界观和方法论，即采用什么样的思想路线，来作为制定正确的路线、方针、政策的指南。

70 年代末、80 年代初，中国哲学界显得特别活跃。对马克思主义哲学体系的改革议论纷纷，国外各种哲学思潮也广泛介绍进来。南斯拉夫的“实践派”哲学，西方马克思主义的人道主义和异化理论，萨特的存在主义，弗洛伊德的精神分析学，显得尤为时髦。其深刻背景不仅是由于学术发展有这样的要求，而且是因为现代化建设需要哲学指导。

邓小平是怎么考虑这个问题的呢？

在实际上是十一届三中全会主题报告的《解放思想，实事求是，团

① 《邓小平文选》第 3 卷，第 254 页，人民出版社，1993。

结一致向前看》中，他说：

> 解放思想，开动脑筋，实事求是，团结一致向前看，首先是解放思想。只有思想解放了，我们才能正确地以马列主义、毛泽东思想为指导，解决过去遗留的问题，解决新出现的一系列问题，正确地改革同生产力迅速发展不相适应的生产关系和上层建筑，根据我国的实际情况，确定实现四个现代化的具体道路、方针、方法和措施。①

又说：

> 实事求是，是无产阶级世界观的基础，是马克思主义的思想基础。过去我们搞革命所取得的一切胜利，是靠实事求是；现在我们要实现四个现代化，同样要靠实事求是。②

这就是说，新时期一开始，邓小平就认为中国搞社会主义现代化，搞改革开放，必须采用解放思想、实事求是的思想路线，即毛泽东倡导的辩证唯物主义和历史唯物主义的思想路线。

值得注意的是，邓小平说的“现在我们要实现四个现代化，同样要靠实事求是”之类的话，不止说过一次。比如，1979 年 3 月 30 日，他也说过：“过去搞民主革命，要适合中国情况，走毛泽东同志开辟的农村包围城市的道路。现在搞建设，也要适合中国情况，走出一条中国式的现代化道路。”③这里的“同样”、“也要”，说明邓小平强调“解放思想、实事求是”，强调的是社会主义现代化建设的思想路线。

这样的强调，具有重大的指导意义。

首先，按照解放思想、实事求是的思想路线，搞社会主义现代化建设必须从中国的国情出发，必须从中国处于社会主义初级阶段的实际出

---

①②③ 《邓小平文选》第 2 卷，第 141、143、163 页，人民出版社，1994。

发，既不拘泥于以往社会主义发展的固有模式，也不把现代化等同于西方化，照抄照搬资本主义现代化的模式，既不急于求成，也不停滞僵化，坚持建设有中国特色的社会主义，量力而行地积极发展社会主义经济。

其次，按照解放思想、实事求是的思想路线，必须把发展生产力放在首位，努力探索社会主义经济发展的客观规律，找到中国社会主义现代化的正确道路。

再次，按照解放思想、实事求是的思想路线，必须正确认识社会主义现代化建设中的客观矛盾，既坚持四项基本原则，又积极地通过体制改革解决这些矛盾，使得社会主义能够在自我完善中发展。

还有，按照解放思想、实事求是的思想路线，必须以实践为标准，检验我们过去的思想认识和方针政策，检验世界经济发展的各种方法手段，总结国内国际两方面经验，利用国内国际两种资源，在改革和开放中加快社会主义经济的发展，实现社会主义现代化。

此外，按照解放思想、实事求是的思想路线，我们还能够自觉地、正确地认识改革开放和社会主义现代化建设中出现的各种新情况、新矛盾、新问题，及时地调整各项方针政策，正确地处理好改革、发展和稳定之间的辩证关系，保证经济持续、快速、健康发展。

可以这样说，这一条思想路线是我们党永葆蓬勃发展的生机和活力的法宝。

事实正是这样，在拨乱反正遇到“两个凡是”障碍的时候，靠解放思想、实事求是的思想路线扭转局面，实现了全党工作重点的战略性转移；在解放思想过程中出现错误思潮干扰的时候，靠解放思想、实事求是的思想路线辨明方向，坚持了四项基本原则；在改革开放中出现姓“社”姓“资”的质疑和困惑的时候，靠解放思想、实事求是的思想路线冲破束缚，找到了通往富裕和繁荣的正确道路；在我国面临国际格局大变动严峻考验的时候，靠解放思想、实事求是的思想路线分析矛盾，冲破了国际敌对势力的制裁，提高了我们国家的国际地位。

所以，解放思想、实事求是的思想路线是邓小平创立中国特色社会主义理论的哲学基础，是这一当代中国马克思主义的精髓。

第三，正确地阐述了社会主义现代化建设和改革开放过程中判别利弊得失的根本标准，为坚持、巩固和发展社会主义打开了新局面。

由于社会主义是人类迄今为止崭新的社会制度，社会主义现代化和以建立社会主义市场经济体制为目标的改革开放是人类历史上伟大的创举，在探索性的实践中往往会出现许多疑虑和困惑，因此在坚持解放思想、实事求是的思想路线时，不仅要坚持实践是检验真理的唯一标准，还要进一步解决评判实践之利弊得失的根本标准。

邓小平根据历史唯物论的基本原理，在1978年9月16日听取中共吉林省委常委汇报工作时指出："我们是社会主义国家，社会主义制度优越性的根本表现，就是能够允许社会生产力以旧社会所没有的速度迅速发展，使人民不断增长的物质文化生活需要能够逐步得到满足。"① 因此，他在1992年初南方谈话中，提出了著名的"生产力标准"，进而明确了"三个有利于"标准，即"判断的标准，应该主要看是否有利于发展社会主义社会的生产力，是否有利于增强社会主义国家的综合国力，是否有利于提高人民的生活水平"②。这个问题，我们在下一节中要作专门的研究和论述。这里，仅仅是要指出这是邓小平对毛泽东倡导的解放思想、实事求是思想路线的一个重要继承和重要发展，它对我们解决改革开放和现代化建设中面临的困惑，指明了判断其利弊得失、决定其是否可行的根本标准，是我们在建设中国特色社会主义征程中打开新局面的重要理论武器。

第二节 "三个有利于"和人民利益标准

实践是检验真理的唯一标准的大讨论，冲破了"左"倾教条主义思

① 《邓小平文选》第2卷，第128页，人民出版社，1994。
② 《邓小平文选》第3卷，第372页，人民出版社，1993。

想僵化的束缚，重新确立了解放思想、实事求是的思想路线。思想大解放，带来了社会大发展，我国的改革开放和社会主义现代化建设取得了重大发展。但是，“左”的那一套东西根深蒂固，对改革开放中出现的新生事物，提出姓“资”还是姓“社”的诘难。针对这种情况，邓小平提出了判断利弊得失的“三个有利于”的标准，打破了新的思想僵化，把思想解放提高到一个新的高度，为加快改革开放和社会主义现代化建设，又一次扫清了“左”的思想障碍。

我们可以注意到，我国在社会主义时期发生的“左”的错误，都是在坚持社会主义或共产主义的名义下发生的。尤其是阶级斗争扩大化的错误，把无产阶级和资产阶级、社会主义道路和资本主义道路之间的矛盾提高到整个社会主义历史阶段主要矛盾这样一个吓人的高度。这方面错误的观点，经过长期的灌输，在许多人的脑海中留下了深深的印记，成为一种强大的传统观念和习惯势力。当中共十一届三中全会实现工作重点由阶级斗争到经济建设的历史性转移，开始探索经济体制改革和对外开放等重大问题时，许多人囿于传统观念的束缚发生了一系列困惑，有的站在“左”的立场上不断提出改革开放的措施是姓“社”还是姓“资”的质疑。这是解决“两个凡是”观点后，邓小平遇到的又一重大思想障碍。

从中共十一届三中全会到十四大，我们不断遇到姓“社”姓“资”的质疑，其中较为突出的有四个回合：

第一，农村家庭联产承包责任制姓“社”还是姓“资”？

改革从农村起步，这种质疑和困惑也从农村改革问题开始。

1978 年夏秋之交，安徽省发生特大干旱，灾荒威胁着广大农民。当时安徽省委决定，与其让大片受旱的土地抛荒，不如借给农民去种“保命田”，实行谁种谁收。肥西县山南公社率先贯彻执行，实行包产到户，结果在灾年里取得了丰收，小麦总产比历史最高水平还增产 717.5 万公斤。此举获得了省委领导人的肯定和支持。1979 年，凤阳县小岗生产队的 18 户农民，在生产队长带领下“秘密”实行包产到户。鉴于历史的教训，防止日后被人说成是“搞资本主义”，使队干部受牵连，遭惩处，18户农民的代表在保证书上画押具结，保证万一不测遭惩处时共同照顾队长的家属。结果，这个全县出名的穷队在实行包产到户后，当年的粮食总产量就达6.6万公斤，相当于这个队1966年到1970年5年粮食产量的总和；油料总产量1.76万公斤，比50年代合作化以来20多年油料产量的总和还多。显然，农民的创造给中国落后的农业提供了新的发展思路。

但是，这种创造却遭到了一些人的非议。1979年3月，某报突然以头条新闻加“编者按”，批评包产到户这样的生产责任制是“单干”，是搞资本主义。它反映了从中央到地方，许多人对农村经济体制改革的不同认识。当时出现这种非议，其实也不奇怪。因为包产到户这种生产责任制形式在“文化大革命”前，就在安徽等一些地方出现过，但是当时被作为农民的“自发资本主义倾向”加以否定。60年代初，邓小平、邓子恢等领导同志曾经支持过农民的探索，后来也先后遭到批判。所谓的“三自一包”资本主义道路，其中“一包”就是农村的包产到户。于是，人们形成了一种思维定势和传统观念：搞包产到户就是走资本主义道路。因此，中共十一届三中全会后农民重新开始的这种探索，自然会有人认为这是在搞资本主义，而不是搞社会主义。

鉴于这种情况，1980年5月31日，邓小平在同中央负责工作人员谈话时说：

> 农村政策放宽以后，一些适宜搞包产到户的地方搞了包产到户，效果很好，变化很快。安徽肥西县绝大多数生产队搞了包产到户，增产幅度很大，“凤阳花鼓”中唱的那个凤阳县，绝大多数生产队搞了大包干，也是一年翻身，改变面貌。有的同志担心，这样搞会不会影响集体经济。我看这种担心是不必要的。我们总的方向是发展集体经济。实行包产到户的地方，经济的主体现在也还是生产队。这些地方将来会怎么样呢？可以肯定，只要生产发展了，农村的社会分工和商品经济发展了，低水平的集体化就会发展到高水平的集

体化，集体经济不巩固的也会巩固起来。关键是发展生产力，要在这方面为集体化的进一步发展创造条件。①

这就是说，包产到户是集体化的组织形式，没有改变发展集体经济的总方向，它不姓“资”而姓“社”；选择包产到户这种形式，是因为它比人民公社的组织形式更有利于发展生产力，更有利于集体化的发展。1980年9月，中共中央召开各省、自治区、直辖市党委第一书记座谈会。在会议通过的《纪要》中，充分肯定了专业承包联产计酬责任制，指出群众要求包产到户的，应当给予支持。到1981年上半年，全国农村实行各种形式的联产承包责任制的生产队已发展到377.7万个，占生产队总数的64.2%。在实践的推动下，这场姓“社”姓“资”的争论获得了明确的结论。1981年底全国农村工作会议纪要明确指出：“目前实行的各种责任制，包括小段包工定额计酬，专业承包联产计酬，联产到劳，包产到户、到组，包干到户、到组，等等，都是社会主义集体经济的生产责任制。”农民兴奋地说：“我们终于给包产到户摘去了‘资本主义’的帽子！”

第二，经济特区姓“社”还是姓“资”？

1979年7月，党中央和国务院根据广东、福建两省毗邻港澳、华侨众多、资源丰富、交通便利等有利条件，决定对闽粤两省实行“特殊政策、灵活措施”，更好地对外开放。主要的措施，就是在广东深圳、珠海、汕头和福建厦门划出一定区域试办经济特区。1980年8月26日，第五届全国人大常委会批准了《广东省经济特区条例》，并公布施行。随即深圳、珠海、汕头经济特区相继投入施工开发建设，厦门经济特区也参照兴建。

这些经济特区在所得税和投资环境方面给外商以一定的优惠，大量地吸引外资，取得了明显的成效，引起了国内外舆论广泛的关注。但长期来饱受帝国主义侵略、欺凌、压迫、剥削的中国人民，许多人对于一

① 《邓小平文选》第2卷，第315页，人民出版社，1994。

下子有那么多外商进入中国，在思想和感情上接受不了。特别是当时中国刚从“文化大革命”的灾难中走出来，十年动乱期间对于发展外贸就是所谓“崇洋媚外”的批判在一些人心头仍有阴影。于是，对于经济特区的一些非议出现了。这些非议集中到一点，就是：经济特区是姓“社”还是姓“资”？

面对着对经济特区或褒或贬、或是或非的种种议论，1984 年初，邓小平专程到广东、福建，视察了深圳、珠海、厦门三个经济特区，还到上海视察了开放之初同样争议很大的宝钢。他在视察期间写了一些题词。在深圳的题词是：“深圳的发展和经验证明，我们建立经济特区的政策是正确的。”在珠海的题词是：“珠海经济特区好。”在厦门的题词是：“把经济特区办得更快些更好些。”在宝钢的题词是：“掌握新技术，要善于学习，更要善于创新。”回到北京后，他找来中央几位负责同志，鲜明地表示：“我们建立经济特区，实行开放政策，有个指导思想要明确，就是不是收，而是放。”① 他还说：“特区是个窗口，是技术的窗口，管理的窗口，知识的窗口，也是对外政策的窗口。”②就在这次谈话中，他提出了不仅要支持和发展这些经济特区，还要再开放大连、青岛等沿海港口城市，开发海南岛。

1987 年 6 月 12 日在同外宾的谈话中，邓小平回顾说：“当时我们决定先搞深圳经济特区，除了深圳以外，还有珠海、汕头、厦门。一共四个经济特区，广东省占了三个，福建省占了一个。我去过一次深圳，那里确实是一派兴旺气象。……当时我们党内还有人采取怀疑的态度，香港舆论界不管是反对我们的还是赞成我们的，也都有人持怀疑态度，不相信我们是正确的。深圳搞了七八年了，取得了很大的成绩。当然一个完全新的事物不允许犯错误是不行的，有一点错误也是很小的。他们自己总结经验，由内向型转为外向型，就是说能够变成工业基地，并能够打进国际市场。这一点明确以后，也不过两三年的时间，就改变了面貌。深圳的同志告诉我，那里的工业产品百分之五十以上出口，外汇收支可

---

①② 《邓小平文选》第 3 卷，第 51、51—52 页，人民出版社，1993。

以平衡。现在我可以放胆地说，我们建立经济特区的决定不仅是正确的，而且是成功的。”①

1992年初南方谈话中，邓小平进一步指出：“对办特区，从一开始就有不同意见，担心是不是搞资本主义。深圳的建设成就，明确回答了那些有这样那样担心的人。特区姓‘社’，不姓‘资’。从深圳的情况看，公有制是主体，外商投资只占四分之一，就是外资部分，我们还可以从税收、劳务等方面得到益处嘛！”②

我们可以看到，邓小平在这三次重要谈话中，提出了三个问题：

(1) 我们建立经济特区的政策是不是正确的？

(2) 建立经济特区是不是成功的？

(3) 经济特区是姓“社”还是姓“资”？

其中，第三个问题是管总的，从1979年建立经济特区之日起就有人提出，到1991年还有人在议论。邓小平始终坚持解放思想、实事求是的思想路线，以实践为基础，先后回答了这三个问题：

——1984年：我们建立经济特区的政策是正确的。

——1987年：我们建立经济特区的决定不仅是正确的，而且是成功的。

——1992年：特区姓“社”不姓“资”。

第三，商品经济姓“社”还是姓“资”？

改革开放一开始，就碰到一个重大问题：在社会主义社会中，怎样对待商品、货币？要不要搞商品经济？农村经济体制改革的成功，使我们日益深刻地体会到，在公有制基础上进行的经营管理必须高度重视公平的交换和分配，这种交换和分配只有利用商品和货币，按照价值规律的要求，才能较好地做到。这样，就纠正了长期来特别是“文化大革命”期间广为传播的商品、货币关系是“资本主义”的错误观念，确立了社会主义必须尊重价值规律，发展商品生产的正确观念。但是，社会主义要不要搞商品经济（而不只是商品生产）的问题仍没有解决。有的时候

①② 《邓小平文选》第3卷，239、372页，人民出版社，1993。

甚至把社会主义可以搞商品经济的理论观点，作为一种“精神污染”的表现加以批判。一时间，社会主义商品经济问题成了思想理论上一个无人敢问津的“禁区”。

随着改革开放的深入发展，农村经济体制改革逐步向城市推进，改革由局部推进进入到全面改革的新阶段。1984 年 4 月，党中央决定召开一次中央全会，专门讨论经济体制改革问题，并组织了一个文件起草的班子。起草小组在广泛征求中央和地方各经济主管部门和理论界意见的基础上，九易初稿，供内部讨论征求意见，经反复修改补充，提交中共十二届三中全会讨论。会上根据各方面的意见，又作了 150 多处修改和补充，最后形成了著名的《中共中央关于经济体制改革的决定》。

在文件起草讨论过程中，人们对于决定中是否继续沿用十二大关于“计划经济为主、市场调节为辅”的提法展开了热烈的讨论。起草的文件前 6 稿一直沿用了过去这一提法。在讨论第 6 稿时，国务院主持文件起草工作的负责人在 1984 年 9 月 9 日向中央政治局常委写了一封信，其中讲到就总体说，我国实行的是计划经济，即有计划的商品经济，而不是那种完全由市场调节的市场经济。经中央同意，从第 7 稿以后，便采用了“社会主义商品经济”和“有计划的商品经济”的提法。十二届三中全会通过的决定，理论上最大的突破就是确立了经济体制改革的目标是要发展社会主义商品经济。尽管在当时的条件下，《决定》仍然强调我国经济从总体上说是计划经济，但突破了把计划经济和商品经济对立起来的传统观念，明确指出社会主义经济是“公有制基础上有计划的商品经济”，“社会主义经济同资本主义经济的区别不在于商品经济是否存在和价值规律是否发挥作用，而在于所有制不同”。这就是说，商品经济不姓“资”，资本主义可用，社会主义也可用。这在当时对思想解放和改革开放的推进，起了重要的积极作用。

1984 年 10 月 22 日，邓小平在中央顾问委员会第三次全体会议上讲到：

这次经济体制改革的文件好，就是解释了什么是社会主义，有

> 些是我们老祖宗没有说过的话，有些新话。我看讲清楚了。过去我们不可能写出这样的文件，没有前几年的实践不可能写出这样的文件。写出来，也很不容易通过，会被看作“异端”。我们用自己的实践回答了新情况下出现的一些新问题。不是说四个坚持吗？这是真正坚持社会主义，否则是“四人帮”的“宁要社会主义的草，不要资本主义的苗”。解放思想，我们老同志有这个任务。①

这就为商品经济是不是姓“资”，社会主义能不能搞商品经济的问题，作了一个真正马克思主义的回答。

第四，市场经济姓“社”还是姓“资”？

在确立社会主义商品经济的改革目标的时候，我们仍然把“市场经济”区别于“商品经济”，把它看作是资本主义的经济体制。可见，如何认识市场经济的性质和作用，是一个更为复杂的问题。

我国理论界长期以来占主导地位的观点是：社会主义经济只能是计划经济。“社会主义市场经济”这一新概念难以为经济理论界和经济实际工作部门的大多数同志所接受。其原因是，当时大多数人心目中认为市场经济是指资本主义自由贸易，同社会主义经济是对立的。

但是，社会主义也可以搞市场经济的观点，得到了邓小平的肯定。我们已经在第六章介绍过，1979 年 11 月 26 日，正当经济理论界对计划与市场的关系展开热烈讨论的高潮中，邓小平在接见美国不列颠百科全书出版公司编委会副主席吉布尼和加拿大麦吉尔大学东亚研究所主任林达光教授等客人时，明确地指出：“说市场经济只存在于资本主义社会，只有资本主义的市场经济，这肯定是不正确的。社会主义为什么不可以搞市场经济，这个不能说是资本主义。”② 邓小平关于“社会主义也可以搞市场经济”的重要谈话，在这次会见外宾后不胫而走，在我国经济理论界和经济实际工作部门产生了强烈的反响。

---

① 《邓小平文选》第 3 卷，第 91 页，人民出版社，1993。

② 《邓小平文选》第 2 卷，第 236 页，人民出版社，1994。

由于党内外大多数人还不能接受“市场经济”这一概念，党的文件中长期来采用的是“市场调节”的提法。十二大的正式提法是“计划经济为主、市场调节为辅”。十三大提出“国家调节市场，市场引导企业”。十三大以后，这一问题讨论重新活跃起来。1988 年下半年，国务院发展研究中心在广州召开的理论研讨会上，许多人建议使用“社会主义市场经济”这一更加完整科学的提法代替“社会主义商品经济”的概念，并明确提出了“市场化取向”的改革主张。然而，1989 年春夏之交政治风波后，这种观点被当作资产阶级自由化的观点进行了批判。1990 年 12 月，邓小平在和中央负责人谈话时，提出：“我们必须从理论上搞懂，资本主义与社会主义的区分不在于是计划还是市场这样的问题。社会主义也有市场经济，资本主义也有计划控制。”① 1 个月以后，即 1991 年春节期间，邓小平在上海视察时，对上海市委负责同志再次讲到：“不要以为，一说计划经济就是社会主义，一说市场经济就是资本主义，不是那么回事，两者都是手段，市场也可以为社会主义服务。”②当上海《解放日报》发表 4 篇皇甫平的署名文章透露了邓小平的谈话内容后，在全国引起了重大反应，其中有些人对皇甫平的文章表示强烈的反对。一直到 1992 年初邓小平视察南方重要谈话在党内传达后，人们的认识才逐渐趋于统一。1992 年 6 月 9 日，江泽民在中共中央党校发表重要讲话，针对当时在我国经济体制改革目标问题上的一些不同提法，表示“我倾向于使用‘社会主义市场经济体制’这个提法”③。中共十四大正式决定：“我国经济体制改革的目标是建立社会主义市场经济体制，以利于进一步解放和发展生产力。”

由此可见，这一经济体制改革目标的确定，来之不易。它经历了十多年市场经济是姓“社”还是姓“资”的反复讨论，在实践、认识、再实践、再认识的过程中，在邓小平的指导下，我们终于认识到了市场经济既不姓“社”也不姓“资”，它只是一种手段，可以为资本主义所用，

①② 《邓小平文选》第 3 卷，第 364、367 页，人民出版社，1993。

③ 《江泽民文选》第 1 卷，第 202 页，人民出版社，2006。

也可以为社会主义所用。于是，我们确定以建立社会主义市场经济体制作为我们经济体制改革的目标。

面对着一系列姓“社”姓“资”的质疑，邓小平不断解疑，不断释惑，推动了改革开放一步又一步地向纵深方向推进。现在需要研究的是，他是怎样来解决这些疑难和困惑的。

我们注意到，邓小平突破各种思想障碍的武器是两个：

一是实践是检验真理的唯一标准。

二是“三个有利于”是判断改革开放和各项工作成败得失的根本标准。

实践，是人们能动地改造世界的物质活动。它联结主观和客观两个方面，可以成为判断认识是否正确的客观尺度。因此，它是对付形形色色的主观主义的最有力的武器。邓小平就是运用这一锐利的武器，揭穿了“两个凡是”观点的主观唯心主义实质，推动了拨乱反正的展开，实现了全党工作重点的转移。

但是，随着社会主义现代化建设和改革开放的推进，许多人囿于传统的观念，对改革开放的一系列重大实践提出了姓“社”还是姓“资”的质疑，有的时候还阻碍了改革开放的顺利进行。于是，我们碰到了一个难题：认识的正确与否可以靠实践来检验，实践的对错靠什么来判断？

这个问题，实际上在“文化大革命”后期已经碰到。当时的难题是：“文化大革命”这个“史无前例”的“伟大革命实践”，是不是像“四人帮”鼓吹的那样，“就是好”，“就是好”？判断“文化大革命”对错、好坏的标准是什么？在1975年邓小平主持中央日常工作时，曾有一些同志起草过一篇题为《论全党全国各项工作的总纲》的长文（后来被作为“三株大毒草”之一加以批判）。文中说：列宁说过：政治教育的成果，只有用经济状况的改善来衡量。毛泽东也说过：中国一切政党的政策及其实践在中国人民中所表现的作用的好坏、大小，归根到底，看它对于中国人民的生产力是否有帮助及其帮助之大小，看它是束缚生产力的，还是解放生产力的，区别真马克思主义和假马克思主义，区别正确路线和错误路线，区别真干革命和假干革命，区别真干社会主义和假干社会主义，区别干部所做工作的成绩是坏是好，是大是小，归根结底，只能也只应按照列宁和毛泽东所提出的这个标准来衡量。这是什么标准？就是衡量人的认识和实践好坏、对错、利弊、得失的生产力标准。

粉碎“四人帮”以后，尤其是在拨乱反正过程中，邓小平对生产力标准问题，作了大量的深刻的论述。

他认为，按照历史唯物主义的观点来讲，正确的政治领导的成果，归根结底要表现在社会生产力的发展上，人民物质文化生活的改善上。正因为如此，社会主义国家判断各项工作利弊得失的根本标准，必须看它们是否有利于社会生产力的发展，人民生活水平的提高。1979 年 10 月 30 日，他在中国文学艺术工作者第四次代表大会上的祝词中说：“对实现四个现代化是有利还是有害，应当成为衡量一切工作的最根本的是非标准。”① 1980 年 5 月 5 日，他进一步指出：“社会主义经济政策对不对，归根到底要看生产力是否发展，人民收入是否增加。这是压倒一切的标准。空讲社会主义不行，人民不相信。”② 1983 年 1 月 12 日，他再一次指出：“各项工作都要有助于建设有中国特色的社会主义，都要以是否有助于人民的富裕幸福，是否有助于国家的兴旺发达，作为衡量做得对或不对的标准。”③ 这些论述中，可以看到这里讲的是判断认识和实践孰对孰错、有利无利的标准，即哲学界讲的价值标准；它最根本的是要看认识和实践是否有利于社会生产力的发展；同时，它还要看是否有利于国家的兴旺发达、人民的富裕幸福。1992 年初南方谈话中，邓小平对于这么一个实践对错、利弊的根本标准问题，作了一个总括性的回答，他说：

> 改革开放迈不开步子，不敢闯，说来说去就是怕资本主义的东西多了，走了资本主义道路。要害是姓“资”还是姓“社”的问题。判断的标准，应该主要看是否有利于发展社会主义社会的生产力，是否有利于增强社会主义国家的综合国力，是否有利于提高人民的

①② 《邓小平文选》第 2 卷，第 209、314 页，人民出版社，1994。

③ 《邓小平文选》第 3 卷，第 23 页，人民出版社，1993。

生活水平。①

这就是著名的“三个有利于”的标准。它是生产力标准的进一步展开和发挥。

有人把它同生产力标准对立起来，认为“综合国力”不仅包括经济实力，而且包括政治实力、军事威慑力和精神力量等等，因而用综合国力作标准纠了生产力标准的“偏”。这种说法是机械的。的确，综合国力是一个国家经济、政治、军事、文化、科技等各种力量的综合指标，但其基础不是别的，还是经济实力。因此不应把“三个有利于”标准同生产力标准对立起来，而应看作是生产力标准的进一步展开和发挥。

又有人把“三个有利于”标准看作是区分姓“社”姓“资”的标准。这样来理解“三个有利于”标准是错误的。首先，“三个有利于”标准确实是针对着改革开放中屡屡出现的姓“社”姓“资”的质疑和困惑提出来的。邓小平说：“改革开放迈不开步子，不敢闯，说来说去就是怕资本主义的东西多了，走了资本主义道路。要害是姓‘资’还是姓‘社’的问题。”这就是说，姓“社”姓“资”的质疑束缚了人们的实践，使改革开放迈不开步子，不敢闯。我们搞改革开放，不是要改变社会主义基本制度，而是要搞活社会主义、搞好社会主义。邓小平反复强调要坚持四项基本原则，就是坚持我们的现代化建设，我们的改革开放要姓“社”。但是，在坚持四项基本原则的前提下，还要大胆试、大胆闯、大胆改，不能一搞改革开放就说你在搞资本主义。“三个有利于”标准是破除这种思想障碍的最有力的武器。它告诉我们，既不要把那些合乎“三个有利于”的本来姓“社”的东西，错误地判定为姓“资”而加以排斥；也不要把那些合乎“三个有利于”的本来没有姓“资”姓“社”问题，既可为“资”所用又可为“社”所用的东西，错误地判定为姓“资”而加以排斥；就是对那些确实姓“资”，但在一定条件下和一定限度内合乎“三个有利于”、可以为“社”所用的东西（如在我国法律下合法经营的外国

---

① 《邓小平文选》第3卷，第372页，人民出版社，1993。

资本、私人资本)，也要允许其存在和发展。这就是说，“三个有利于”标准不是判断姓“社”还是姓“资”的标准，而是判断那些可以为社会主义社会所用的标准。

“三个有利于”标准，也是衡量一切工作的根本标准。政治、法律、道德等各个领域的具体标准，是人们在社会生活各个领域的行为规范，都是必要的、不可缺少的。但是，不能离开生产力的发展，抽象地谈论这些标准。社会主义条件下的这些具体标准，归根到底，都不能违背“三个有利于”的根本标准。由此可见，同实践标准相联系的“三个有利于”标准是推动解放思想、深化改革的有力武器。

同时，必须看到，无论是实践标准，还是“三个有利于”标准，都是人民利益标准。

1977 年 7 月 21 日，邓小平讲了一个毛泽东的故事：

> 毛泽东同志是彻底的唯物主义者，他充分信任群众，历来反对不信任群众、不依靠群众。对群众的议论，毛泽东同志是非常注意的。同志们总记得，在延安的时候，生产运动是怎么搞起来的。为什么提倡生产运动呢？原因之一就是当时征粮征多了，群众有怨言。我们好多共产党员听了心里非常不舒服。毛泽东同志看法不同，他说，讲得有道理，群众的呼声嘛！毛泽东同志就是伟大，就是同我们不同，他善于从群众这样的议论当中，发现问题，提出解决问题的方针和政策。①

下面这个故事，就是邓小平讲的“征粮征多了，群众有怨言”的具体情况，十分感人：

> 1940—1942 年，陕甘宁边区进入了最困难的时期。有一天，边

① 邓小平：《完整地准确地理解毛泽东思想》(1977 年 7 月 21 日)。《邓小平文选》第 2 卷，第 45—46 页，人民出版社，1994。

区政府召开各县县长联席会议，讨论征粮问题并研究解决群众负担过重问题。那天恰好有雷阵雨，轰隆一声，一道闪电击中礼堂，把一根柱子劈折了。坐在柱旁的一名县长不幸触电身亡。有一个对负担过重不满的农民便说："老天爷不开眼，雷劈了县干部，为什么不劈死毛泽东!"保卫部门要逮捕那个农民。毛泽东知道后却阻止他们这样做，说："群众的意见反映了我们工作上有毛病，有些问题需要我们去解决。要允许人家讲话，讲错了也不要紧。人家说救国公粮太重，这是实际情况，1940 年以来人民的负担是加重了。"

这一系列情况，促使中共中央和毛泽东同志采取措施，在更大规模上开展大生产运动，实行生产自救。①

作为毛泽东的战友和学生的邓小平，深知人民群众是历史的创造者，共产党的根本宗旨就是为人民服务，因此党的一切言论行动必须以人民的利益为出发点和归宿，以是否符合人民的利益为评判的标准。他说过："社会主义现代化建设的极其艰巨复杂的任务摆在我们的面前。很多旧问题需要继续解决，新问题更是层出不穷。党只有紧紧地依靠群众，密切地联系群众，随时听取群众的呼声，了解群众的情绪，代表群众的利益，才能形成强大的力量，顺利地完成自己的各项任务。"②

讲实践标准，由于实践是人民群众创造历史的过程，因此把实践作为检验真理的唯一标准，也就是尊重群众、相信群众、依靠群众，坚持人民利益标准。农村搞家庭联产承包，是农民的创造。这样的实践同许多人头脑里的观念发生了冲撞，是以实践为标准检验观念，还是以观念为标准检验实践？邓小平支持农民群众的实践，坚持以实践为标准检验观念，而不是相反。这场观念与实践的冲撞，在很大程度上就表现为一些领导人与农民群众的矛盾。邓小平坚持实践标准，支持的是农民群众，实际上就是以人民的利益为评判是非的根本标准。

---

① 张希贤等编著：《毛泽东在延安》，第 102 页，警官教育出版社，1993。

② 邓小平：《党和国家领导制度的改革》（1980 年 8 月 18 日）。《邓小平文选》第 2 卷，第 342 页，人民出版社，1994。

讲生产力标准，讲“三个有利于”标准，由于生产力是人民群众改造自然界的能力，“三个有利于”归根到底是有利于人民群众，这种价值判断的标准实质上就是人民利益标准。1980 年 5 月，邓小平说：“社会主义经济政策对不对，归根到底要看生产力是否发展，人民收入是否增加。这是压倒一切的标准。空讲社会主义不行，人民不相信。”① 那么，人民相信什么，拥护什么呢？“三中全会确定将工作重点由以阶级斗争为纲转到以发展生产力、建设四个现代化为中心，受到了全党和全国人民的拥护”②。“在这短短的十几年内，我们国家发展得这么快，使人民高兴，世界瞩目，这就足以证明三中全会以来路线、方针、政策的正确性，谁想变也变不了”。“只有坚持这条路线，人民才会相信你，拥护你。谁要改变三中全会以来的路线、方针、政策，老百姓不答应，谁就会被打倒。”③ 因此，生产力标准、“三个有利于”标准就是以人民的利益判断利弊得失的标准。

这就是江泽民在学习《邓小平文选》第三卷报告会上，赞扬邓小平的革命风格时，深刻地指出的：

> 他尊重群众，热爱人民，总是时刻关注最广大人民的利益和愿望，把“人民拥护不拥护”、“人民赞成不赞成”、“人民高兴不高兴”、“人民答应不答应”作为制定各项方针政策的出发点和归宿。④

中共中央宣传部编写的《邓小平同志建设有中国特色社会主义理论学习纲要》也指出：

> “三个有利于”的标准，是为了人民的根本利益，也就是人民利益标准。⑤

---

① 《邓小平文选》第 2 卷，第 314 页，人民出版社，1994。

②③ 《邓小平文选》第 3 卷，第 272、371 页，人民出版社，1993。

④ 江泽民：《在学习〈邓小平文选〉第三卷报告会上的讲话》，第 10 页，人民出版社，1993。

⑤ 《邓小平同志建设有中国特色社会主义理论学习纲要》，第 44 页，学习出版社，1995。

第三节　从国家自身的战略利益出发

解放思想、实事求是的思想路线，作为邓小平建设有中国特色社会主义理论的精髓，其意义不仅生动地体现在邓小平对党内和国内大事的处理上，而且生动地体现在他对国际事务的处理上，体现在祖国统一大业的筹划上。

一　处理国与国关系的主要出发点和思路

独立自立，自力更生，长期以来是中国共产党处理对外关系的立足点和基本原则。

这一原则来自中国革命复杂的实践。创建农村革命根据地，在数倍于我的敌人围剿下赢得人民战争的胜利，靠的是独立自主、自力更生；开展抗日游击战争，粉碎敌人的扫荡和清乡，靠的是独立自主、自力更生；建立统一战线，保证统一战线的政治领导权掌握在无产阶级手上，靠的也是独立自主、自力更生。因此毛泽东在抗日战争行将胜利，分析抗战胜利后国共两党的关系和国内政治斗争形势的时候，深刻地总结说：

> 我们的方针要放在什么基点上？放在自己力量的基点上，叫做自力更生。①

这一原则深化于我国社会主义建设的实践。社会主义制度的建立，使中国不仅在意识形态上，而且在国家关系上，进入了社会主义阵营。但是，社会主义的伟大实践一开始，毛泽东就发现建设社会主义不能照

---

① 《毛泽东选集》第4卷，第1132页，人民出版社，1991。

搬苏联和其他社会主义国家的经验，在《论十大关系》(1956年4月)中专门列题阐述了“中国和外国的关系”。特别是在苏联霸权主义的形成和发展过程中，对许多社会主义国家实施大国沙文主义的政策，也提出了有损中国主权的要求，这一切激怒了毛泽东，也使中国共产党认识到：在同社会主义国家相处的时候，也要坚持独立自主、自力更生的方针。这就是毛泽东1958年6月17日在一个批示中指出的：

> 自力更生为主，争取外援为辅，破除迷信，独立自主地干工业、干农业，干技术革命和文化革命，打倒奴隶思想，埋葬教条主义，认真学习外国的好经验，也一定研究外国的坏经验——引以为戒，这就是我们的路线。①

所以，在中共十一届六中全会通过的《关于建国以来党的若干历史问题的决议》中，强调独立自主、自力更生和实事求是、群众路线一样，同为毛泽东思想活的灵魂。

另一方面，我们也注意到，在建设社会主义过程中，由于“左”的指导思想的发展，独立自主、自力更生的正确方针曾经被曲解为自我封闭的方针。“文化大革命”后期，因为中国远洋运输总公司两位干部在“风庆”轮首航欧洲时，拒绝批判买船是“崇洋媚外”“卖国主义”而引起的所谓“风庆轮”事件，就是一个十分荒唐的闹剧。但“四人帮”在1974年10月17日大闹政治局会议，逼邓小平对“风庆轮”事件表态，诬国务院“崇洋媚外”，妄图乘机组阁篡权。他们形而上学地把自力更生与争取外援割裂开来、对立起来，歪曲毛泽东提出的正确方针。

粉碎“四人帮”后，邓小平总结经验教训，分析国际形势，作出了对外开放的重大决策，打开了中国发展的新局面。我们一面坚持独立自主、自力更生，决不依附于别人；一面实行对外开放，决不自我封闭。

---

① 中共中央文献研究室编：《建国以来毛泽东文稿》第7册，第273页，中央文献出版社，1992。

在中共十二大提出建设有中国特色社会主义这一崭新命题和构思的时候，邓小平庄重地宣布：

> 中国的事情要按照中国的情况来办，要依靠中国人自己的力量来办。独立自主，自力更生，无论过去、现在和将来，都是我们的立足点。中国人民珍惜同其他国家和人民的友谊和合作，更加珍惜自己经过长期奋斗而得来的独立自主权利。任何外国不要指望中国做他们的附庸，不要指望中国会吞下损害我国利益的苦果。①

那么，怎么处理好独立自主与对外开放的关系呢？我们不能因独立自主而自我封闭，也不能因对外开放而丧失主权，为之就需要在两者之间找到一个互相联结的出发点。这个出发点，就是我们的国家利益。准确地说，就是我们国家自身的战略利益。

这就是说，第一，处理国家之间的关系，不能以历史上的恩怨为出发点，不要以情感代替理智，损害国家的战略利益；第二，处理国家之间的关系，也不能以社会制度和意识形态的异同为出发点，既不要因这方面之异而贸然对抗，也不要因这方面之同而放弃主权要求，损害国家的战略利益；第三，同样不能以国家大小强弱的差别为出发点，不要以大压小、恃强凌弱，损害国家的战略利益。一切都要以我们国家自身的战略利益为主要出发点，来处理国与国之间的关系。

所谓“国家的战略利益”，是国家目前利益和长远利益相统一、国家政治利益和经济利益相统一、国家安全和主权相统一的国家利益。这是一个融社会主义和爱国主义于一体的，处理国与国之间关系时必须遵循的原则。所以，1989 年 10 月 31 日，邓小平在会见美国前总统尼克松时指出：

> 我非常赞赏你的看法，考虑国与国之间的关系主要应该从国家

① 《邓小平文选》第 3 卷，第 3 页，人民出版社，1993。

> 自身的战略利益出发。着眼于自身长远的战略利益，同时也尊重对方的利益，而不去计较历史的恩怨，不去计较社会制度和意识形态的差别，并且国家不分大小强弱都相互尊重，平等相待。这样，什么问题都可以妥善解决。用这样的思想来处理国家关系，没有战略勇气是不行的。①

改革开放以来，我们在邓小平的运筹指导下，坚持和平共处五项原则，同美国和苏联（包括解体后的俄罗斯）改善关系，同欧洲和日本等资本主义国家改善关系，同第三世界国家发展关系，主要出发点都是看是否有利于我国自身的战略利益。

从我国处在社会主义初级阶段的国情出发，处理国内问题，建设有中国特色的社会主义；从我国自身的战略利益出发，处理国际关系问题，坚持独立自主的和平外交政策，反对霸权主义和强权政治——就是解放思想、实事求是思想路线的具体体现和生动展开，就是“三个有利于”标准和人民利益标准的具体运用和直接结果。

二 处理党与党关系的重要原则

根据解放思想、实事求是的思想路线，在我们从国家自身的战略利益出发处理国与国之间关系的时候，邓小平还提出了正确处理党际关系的原则。

在国际共产主义运动发展史上，怎么样处理党与党之间的关系，是一个重大而又有深刻教训的问题。毛泽东较早地发现和提出了这个问题，坚决顶住了苏联那种“老子党”的指挥棒。同时，中苏两党之间展开了意识形态论战。按照邓小平的说法，这场激烈的论战“双方都讲了许多空话”②，并没有能较好地解决党与党之间的关系问题。邓小平通过历史经验的总结，在1980年5月就提出：“一个党评论外国兄弟党的是非，往往根据的是已有的公式或者某些定型的方案，事实证明这是行不通

①② 《邓小平文选》第3卷，第330、291页，人民出版社，1993。

的。”“各国党的国内方针、路线是对还是错，应该由本国党和本国人民去判断。”“我们反对人家对我们发号施令，我们也决不能对人家发号施令。这应该成为一条重要的原则。”① 1986 年 11 月在一次谈话中，他进一步指出：“我们历来主张世界各国共产党根据自己的特点去继承和发展马克思主义，离开自己国家的实际谈马克思主义，没有意义。所以我们认为国际共产主义运动没有中心，不可能有中心。我们也不赞成搞什么‘大家庭’，独立自主才真正体现了马克思主义。”② 1987 年6 月12 日，他指出，这些原则来自对过去经验教训的总结，目的是为了在党与党之间“建立新型的关系”③。

邓小平提出这一原则，体现了一种彻底的唯物主义精神。我们讲解放思想、实事求是，就要始终不渝地坚持一切从实际出发、理论联系实际、以实践为检验真理的唯一标准。对我们自己是这样，对兄弟党也应该这样。这就要求我们尊重各国的党、各国的人民自己在实践中寻找道路、作出选择，任何大党、中党、小党都要相互尊重对方的选择和经验，对别的党、别的国家的事情决不能随便指手画脚、发号施令。如果只是在处理国内事务时坚持实事求是的原则，而在处理党际关系时实行强加于人的原则，就不是彻底的唯物主义。

需要指出的是，邓小平提出这一原则是有明确范围的。这就是，对各国党的国内方针、路线的评判，其他国家的党不能随便干预和评论。“一个党和由它领导的国家的对外政策，如果是干涉别国内政，侵略、颠覆别的国家，那末，任何党都可以发表意见，进行指责。”④ 这种辩证的分析，体现的就是一种实事求是的精神，彻底唯物主义的精神。

三　处理祖国统一问题的构想和原则

本来，祖国统一问题不是国与国或党与党的关系问题，这是一个专

① 《邓小平文选》第 2 卷，第 318—319 页，人民出版社，1994。

②③ 《邓小平文选》第 3 卷，第 191、237 页，人民出版社，1993。

④ 《邓小平文选》第 2 卷，第 318—319 页，人民出版社，1994。

门的问题，不宜放在本节阐述。但现在讲的祖国统一问题，主要是指香港、澳门、台湾问题。香港、澳门问题是历史上殖民主义侵略遗留下来的问题。香港问题属于中国和英国之间的问题，澳门问题属于中国和葡萄牙之间的问题，要通过外交斗争加以解决。台湾问题与香港、澳门问题不同，是国内战争遗留下来的问题，属于中国的内政，不容许外国干涉，同时台湾问题的解决又必须同外国势力的干涉展开政治的、外交的和其他形式的斗争。因此，在特定的意义上把祖国统一问题放在本节论述，也是可以的。

邓小平解决祖国统一问题的构想，是运用解放思想、实事求是思想路线，处理复杂问题极为精彩的一篇华章。

首先必须指出，从毛泽东到邓小平，对祖国统一问题特别是台湾问题的构想，有一个发展的过程。50 年代中期，由于国际形势变化，毛泽东提出了和平解放台湾的设想。1955 年 5 月 13 日，由周恩来在全国人大常委会第十五次会议上，首次公开宣布："中国人民解放台湾有两种可能的方式，即战争的方式和和平的方式，中国人民愿意在可能的条件下，争取用和平的方式解放台湾。"1956 年 1 月，毛泽东还宣布"国共已经合作了两次，我们还准备进行第三次合作"。接着，周恩来在 1 月 30 日全国政协二届二次会议和 6 月 28 日一届全国人大三次会议上提出了"爱国不分先后""既往不咎""来去自由"原则。希望台湾当局在他们认为适当的时机，派遣代表到北京或其他适当地点，同我们商谈和平解决台湾的具体步骤和条件。7 月份，周恩来接见香港记者，希望他将国共两党可以第三次合作的信息转达给台湾当局。1957 年春，台湾当局派"立法委员"宋宜山到北京"实地考察"时，我方提出：国共两党通过谈判，实现和平统一；统一后，台湾作为中国政府统辖下的自治区，实行高度自治，台湾政务仍归蒋介石领导，中共不派人干预；国民党可派人到北京参加全国政务的领导，但外国军事力量一定要撤离台湾海峡。1958 年，针对美国政府插手台湾事务，推行"两个中国""划峡而治"的图谋，在毛泽东领导下，开始了著名的"炮击金门"行动，并请章士钊写信给蒋介石，把"联蒋抵美"的方针事先告知了台湾。60 年代初，周恩来根据毛泽东的多次指示并经毛泽东审定，制定了“一纲四目”的对台政策：

只要台湾归回祖国，其他一切问题悉尊重台湾领导人意见妥善处理。其要点：（一）台湾归回祖国后，除外交必须统一于中央外，所有军政大权人事安排等悉由台湾领导人全权处理；（二）所有军政及建设费用，不足之数，悉由中央拨付；（三）台湾之社会改革，可以从缓，必俟条件成熟，并尊重台湾领导人意见协商决定，然后进行；（四）双方互约不派人进行破坏对方团结之事。①

但由于这以后国际国内形势发生变化，和平解决台湾问题、实现祖国统一的设想没有能够变成现实，成为毛泽东后的当代中国一个重大的历史课题。邓小平继承毛泽东、周恩来未竟之志，提出了通过“一个国家，两种制度”来实现祖国和平统一的构想。

“一国两制”的基本内容是：在一个中国的前提下，国家的主体坚持社会主义制度；香港、澳门、台湾是中华人民共和国不可分离的部分，它们作为特别行政区保持原有的资本主义制度不变。在国际上代表中国的，只能是中华人民共和国。

邓小平在《一个国家，两种制度》（1984 年 6 月）的谈话中，对提出这个构想的思路，有过明确的描述：

中国有香港问题、台湾问题，解决这个问题的出路何在呢？是社会主义吞掉台湾，还是台湾宣扬的“三民主义”吞掉大陆？谁也不好吞掉谁。如果不能和平解决，只有用武力解决，这对各方都是不利的。实现国家统一是民族的愿望，一百年不统一，一千年也要统一的。怎么解决这个问题，我看只有实行“一个国家，两种制

---

① 《周恩来年谱（一九四九——一九七六）》中卷，第 524 页，中央文献出版社，1997。

度”。世界上一系列争端都面临着用和平方式来解决还是用非和平方式来解决的问题。总得找出个办法来，新问题就得用新办法来解决。”①

这个思路的核心，就是实事求是。1984年12月19日，在会见英国首相撒切尔夫人时，邓小平说：

如果“一国两制”的构想是一个对国际上有意义的想法的话，那要归功于马克思主义的辩证唯物主义和历史唯物主义，用毛泽东主席的话来讲就是实事求是。②

具体地说，第一，这一构想是从实际出发提出来的，是马克思主义国家学说和中国具体实际相结合的产物；第二，这一构想也是符合中国人民的民族感情和民族愿望的；第三，这一构想也是从我们国家的战略利益提出来的，是有利于我国现代化建设和改革开放的，也有利于国家的长治久安。“一国两制”确实是面对现实、解决问题的好办法，顺应历史潮流，有功于民族，有益于人民，是解放思想、实事求是思想路线的生动运用。

同时，必须指出，邓小平在提出“一国两制”构想的时候，还特别强调两点：一点是，在台湾问题的解决上，我们不承诺放弃使用武力。1984年10月22日，在中央顾问委员会第三次全体会议上，他说：“不能排除使用武力，我们要记住这一点，我们的下一代要记住这一点。这是一种战略考虑。”③提出这一点，并非针对台湾同胞，而是针对外国势力干涉中国统一和搞“台湾独立”的图谋。而且，不承诺放弃使用武力，有利于促进和平解决。另一点是，在香港问题的解决上，预见英国有人会制造麻烦。他在1982年9月24日会见撒切尔夫人时，就提出了这个问题。后来他又对英国外交大臣杰弗里·豪提出了香港过渡时期内不应出

---

①②③《邓小平文选》第3卷，第59、101、87页，人民出版社，1993。

现人为的问题，他说："我们希望过渡时期不出现问题，但必须准备可能会出现一些不以我们意志为转移的问题。"① 无论英国或其他什么人在香港问题上制造什么麻烦，因而发生什么波折，中国政府和中国人民都有决心、有能力按期恢复对香港行使主权，并且保持香港的长期繁荣稳定。这种战略的考虑和深邃的预见，正是解放思想、实事求是思想路线的精彩体现。

综上所述，坚持解放思想、实事求是，包括坚持"三个有利于"和人民利益标准，坚持从国家自身的战略利益出发，是邓小平创立建设有中国特色社会主义理论，制定"一个中心、两个基本点"的基本路线和各种内外政策的哲学根据，是邓小平继承和发展毛泽东思想的法宝。毛泽东后的当代中国取得的一切理论的和实践的成就，皆根源于此。

① 《邓小平文选》第3卷，第68页，人民出版社，1993。

参考文献

1.《毛泽东著作选读》，北京，人民出版社，1986 年。

2.《建国以来毛泽东文稿》，第 1—11 卷，北京，中央文献出版社，1987 年至 1998 年。

3.《建国以来重要文献选编》，第 1—10 册，北京，中央文献出版社，1992 年至 1998 年。

4.《邓小平文选》第 1—3 卷，北京，人民出版社，1993 年（第 3 卷），1994 年（第 1、2 卷）。

5.《邓小平同志建设有中国特色社会主义理论学习纲要》，北京，学习出版社，1995 年。

6.《三中全会以来重要文献选编》，北京，人民出版社，1982 年。

7.《十二大以来重要文献选编》，北京，人民出版社，1986 年（上、中），1988 年（下）。

8.《十三大以来重要文献选编》，北京，人民出版社，1991 年（上、中），1993 年（下）。

9.《十四大以来重要文献选编》，北京，人民出版社，1996 年。

10. 龚育之、石仲泉：《毛泽东思想新论大纲》，上海，上海辞书出版社，1993 年。

11. 龚育之、石仲泉：《邓小平建设有中国特色社会主义理论新论大纲》，上海，上海辞书出版社，1994 年。

12. 王年一：《大动乱的年代》，郑州，河南人民出版社，1988 年。

13. 王洪模等：《改革开放的历程》，郑州，河南人民出版社，1989 年。

14. 李君如：《当代中国的马克思主义：邓小平理论》，郑州，河南人民出版社，1994年。

15. 李君如:《邓小平——当代中国马克思主义的创立者》，上海，上海人民出版社，1995年。

16. 苏星:《论社会主义市场经济》，北京，中共中央党校出版社，1994年。

17. 周抗:《社会主义民主论》，上海，上海社会科学院出版社，1987年。

18. 刘洪潮、蔡光荣:《外国要人名人看中国 (1989—1992)》，北京，中共中央党校出版社，1993年。

后记

本书作为“毛泽东研究三部曲”的最后一部著作，在一种复杂的心情中，画上了最后一个句号。

心情之所以复杂，是因为此书的写作有一种使命感的内在冲动，而这种冲动又使自己总感到使命完成之艰难。书写完了，但心仍没有平静下来。本来，以毛泽东及其思想为对象的研究，写到1976年这位伟人去世，就可以结束了。但毛泽东的影响太大了，1976年以后，1978年以后，直到今天，人们仍在谈论毛泽东，而且始终以他的思想来观察他以后的中国的走向。这就是伟人！毛泽东后的当代中国还在延续着，“毛泽东与毛泽东后的当代中国”作为一个课题还可以继续研究。本书设定的任务，则是研究毛泽东与1976年以后主要是1978年至1992年中国的思想关系，也就是重点研究毛泽东与邓小平这两位伟人的思想关系。这是一个国内外许多人关注的问题，一个政治性强烈的理论问题，需要很深的学术造诣和很准确的政治上的把握。我不敢妄言自己对这一课题的研究驾驭得很好，但确实是尽了力的。

1996年，恰逢毛泽东逝世20周年。为纪念这位伟大的人民领袖和革命导师，我在《求是》杂志第17期发表《坚持和发展毛泽东思想的理论硕果》，以表心迹。我在文中开头写道：

> 现在，可以告慰于毛泽东同志在天之灵的是十一届三中全会以来，我们在以邓小平同志为核心的党中央领导下，在坚持和发展毛泽东思想方面进行了艰辛的探索和理论创造，取得了丰硕的成果。今天，以江泽民同志为核心的党中央对这些成果，百倍珍视，大力

弘扬，使之在现代化建设和改革开放的伟大实践中发出了熠熠光辉。

写到这里，想起一件事。1977年5月11日，法中友好协会主席夏尔·贝特兰发表了在国际上一时颇有影响的《辞职书》，由此而引发了一场争论。在我和钱宏鸣、张彩云合著的《毛泽东在海外》（河南人民出版社）一书中，介绍过这场争论。贝特兰对中国粉碎“四人帮”及对“四人帮”的批判表示强烈的不满，认为“现在是一条修正主义路线占了上风，批邓已被放弃，要求将生产置于革命之上的呼声甚嚣尘上。纪律和秩序得到赞扬，人民保留自己意见的权利已不复存在，当然更谈不上对资产阶级政策造反的权利和义务了”。为此，他宣布辞去法中友协主席的职务。一位名叫尼尔·伯顿的加拿大人认为贝特兰的结论下得太仓促，他于1977年10月1日发表《为新政权辩护》一文，指出“四人帮”的许多做法早就遭到过毛泽东的批评，希望贝特兰能到中国接触并研究一下客观的现实情况，改变自己的观点。但是，贝特兰在1978年3月3日回答伯顿的忠告时，发表了长篇论文《大跃退》，认为中国已经从执行一种无产阶级的政策倒退到执行资产阶级的政策。后来，加拿大约克大学有影响的毛泽东研究专家陈志让，在《“大跃退”剖析》一文中，以他1978年8月至9月在中国访问时的见闻，评论道：“中国人民不再是狂热地高喊口号，赞颂毛和他的思想，而是采取冷静的态度来对待这位人物和他的教导。我认为这才是真正的马列主义，是科学的，踏踏实实的，合情合理的。毛并不是神，他的教导也不是教条。冷静地对待他的教导与修正主义是毫无共同之处的。”

这场争论发生在1978年底十一届三中全会前。

十一届三中全会后，这样的议论，实际上从未间断过，而且越来越集中到毛泽东与邓小平的思想关系上。

国外是如此，国内也是如此。

但从国内看，1992年邓小平视察南方重要谈话发表和中共十四大以后，人们的认识发生了根本性的变化。十四大确立了邓小平建设有中国特色社会主义理论在全党的指导地位，指出这一理论是毛泽东思想的继承和发展，是当代中国的马克思主义，提出了用这一理论武装全党的战略任务。特别是江泽民在学习《邓小平文选》第三卷报告会上，讲了一段振奋人心的话：

> 毛泽东同志曾经指出："主义譬如一面旗子。"中国共产党成立之初，就郑重地把马克思列宁主义写在自己的旗帜上。经过延安整风和党的七大，又郑重地把马克思列宁主义与中国革命的实践之统一的思想——毛泽东思想写到自己的旗帜上。从十一届三中全会开始，经过十二大、十三大到十四大，我们党又郑重地把邓小平建设有中国特色社会主义的理论写到了自己的旗帜上。这是我们党付出了巨大代价获得的极为珍贵的精神财富，是我们党和人民进行新的历史创造的科学总结，是我们发展社会主义事业的伟大旗帜，是我们民族振兴和发展的强大精神支柱。

在以江泽民为核心的党中央领导下，这几年，越来越多的人在这重大问题上逐渐形成了共识。这是中国共产党之大幸，也是中华民族和中国人民之大幸！

须知，思想、理论的不统一，对一个党、一个民族的影响是灾难性的。1991 年我在苏联访问，就注意到那里的教育、科学、文化比我们发达，社会公德和爱国主义教育也很强，但是党的指导思想已经混乱到极点，尽管这个国家的"硬权力"（hard power）仍然掌握在苏共手里，但是"软权力"（soft power）正在迅速地从苏共的掌握中失去。后来的事变，证明失去软权力必将最后失去硬权力，直至失去工人阶级的政权。

作为一名学者，我长期研究的对象是毛泽东思想，1991 年又开始研究邓小平理论，当时我在上海社会科学院工作。初步的研究就发现：把邓小平与毛泽东对立起来的议论，是十分浅薄的。与一些人相反，我在研究中认为，只有读懂了毛泽东，才能真正读懂邓小平。在上海工作期间，我多次在报告会上向听众们呼吁：每一个有良心的中国人，每一个有党性的中国共产党人，千万千万不要在"毛"和"邓"之间制造矛盾！

这样说，并非是说邓小平和毛泽东在“什么是社会主义、怎样建设社会主义”的思考和回答上，观点是完全一致的，而是说真正继承和发展毛泽东思想的，是邓小平。

本书在引论中已经点明了这一主题，全书各章说明的也是这一主题。第一章指出从毛泽东到邓小平要解决的首要的基本理论问题；第二、三章阐述邓小平解决这一问题时面临的时代背景和国情条件；第四章研究邓小平完成毛泽东未竟之业的战略构想；第五章至第八章以发展为主线论述邓小平在经济、政治和文化（精神文明）方面对毛泽东的继承和发展；第九章归结到思想路线上加以更为深入的思考和研究。

由于我现在的工作不在研究单位，行政性工作占去了全部白天和不少晚上的时间，科研只能在晚上，在不少人已经入睡的时刻，断断续续地坚持着。“格子”终于一格一格、一页一页地爬完，但书中难免存在着偏颇或不足，存在着某些重复之处，敬请读者批评、教正。

本书按计划应该在1995年交稿，实出无奈拖延今日，很对不起出版社和读者。确实，我衷心地感谢福建人民出版社领导俞金树先生和政治理论编辑室陈云女士、李天兵先生的宽容、关照和督促，感谢妻子和朋友的关心和支持。特别值得提出的是，80多岁高龄的老哲学家周抗先生，抱病坚持阅读书稿，握笔作序，令我感动不已。子夜已过，深夜之时，谨在北国向远在上海的周老鞠躬致谢致敬！

作　　者

1996年12月于北京方庄

再版后记

校改好“毛泽东研究三部曲”最后两章，看手机上的日历，是11月26日。也就是说，再过一个月，就是毛泽东诞辰120周年。此时此刻，我的心情，很难用一句话来表达。

一

毛泽东研究，在中国本来是一门显学。我专注于这门学问研究的时候，是大家纷纷转到新学科研究的时候，已经不是显学了。我曾经写过一篇很“怪”的文章，题目是《维纳的〈控制论〉和我的毛泽东研究》，发表在2011年4月的《中国党政干部论坛》上。文中写了这样一件事：

> 1984年，我在上海社会科学院哲学研究所从事马克思主义哲学研究已经有4个年头了。这4年里，我不仅读了马克思、恩格斯和列宁的哲学著作，还啃完了黑格尔的《逻辑学》和康德的《纯粹理性批判》等名著。党的十二届三中全会的改革精神传达下来后，哲学所掀起了改革热潮。许多长期从事马克思主义哲学研究的同事，开始转向研究信息论、系统论、控制论。我也动了心，找来了维纳的名著《控制论》，认真地“啃起了书皮”。但是，很快，我就发现这不是我的研究方向。
>
> 当时，我是上海理论界都非常敬重的老所长周抗同志的助手。一天，我去他家汇报工作的时候，对他谈了我的思想和苦恼。
>
> 我说，现在信息论、系统论、控制论这“三论”很时髦，已经

被大家看作是哲学研究的前沿，像我这样的年轻人都开始转向这一研究方向。但是，我认真地读了《控制论》，也了解了信息论、系统论以及更为前沿的耗散结构论、混沌论等新理论，我感到有一个大问题。

周抗同志是从延安抗大走出来的哲学家，以求实、正直而又体谅、关心年轻人著称。他说，在我这里，你有什么话都可以说出来。你发现了什么问题？

我说，维纳是个数学家，他的《控制论》尽管不难读，但是没有高等数学基础的人，是无法真正理解他的方法论的。我尽管是从以数理化教学出名的重点中学松江二中毕业的，函数、微积分都学过，但只是一些基础性的知识，我在上海师范大学读的是政治历史系，全是文科知识。我如果转向研究“三论”，必须先补高等数学这一课，而这是基本不可能的；否则，充其量也只能是在哲学文章中加上一些“信息”“反馈”“系统”“熵”等新名词，或者把马克思主义哲学的一些基本原理用“整体大于部分之和”等新话来点缀点缀。我感到，这样做实在谈不上是什么“研究”，也不可能出好的有自己独到见解的成果。

周抗同志说，你的话我理解。说实在的，这不怪你们。一些大家，在知识结构上大多是文理相通的。研究哲学的本来更应该文理都懂，但是我们现在的教育体系是文理分割的，学哲学的只会那么一点哲学知识，这些知识对于教教书够用了，对于搞研究是不够用的。你发现的问题，很重要；你能够毫无顾忌地说出来，也很好。

其实，我之所以对周抗同志讲，而不敢对别人讲，就是因为有顾忌。但是，在他那诚恳的态度和话语鼓励下，我说出了自己的想法。我说，《控制论》我至少读了三遍，边读边思考我今后的研究方向。我现在有一个想法，希望能够得到领导的支持。我注意到，维纳的《控制论》是在科技实践特别是“自动机”技术研究的基础上概括出来的，我们最丰富的实践是什么？是我们党领导的革命实践。我们中国哲学发展的方向应该从这样的实践中去研究、提炼和概括。

所以我想把马克思主义哲学研究与我们的党史研究结合起来，以我们党领导的革命实践为基础去研究我们的哲学。

周抗同志不等我说完，就说："就研究毛泽东哲学思想吧！我同你一样，不反对别人去研究新东西，但自己研究的应该是自己能够研究的东西。我就希望有年轻人能跟我一起研究毛泽东哲学思想，我们一老一少一起来研究吧。"

我知道，周抗同志对毛泽东哲学思想的研究有很深的造诣和自己的独到见解，但他们老一辈人研究毛泽东哲学思想最器重的是毛主席的《实践论》《矛盾论》。我说，我研究毛泽东哲学思想的思路，不想仅仅局限在毛主席的那些哲学著作上，而是想研究我们党的全部历史经验，包括毛主席领导的政治、军事、经济、文化等方面的经验，通过这样的研究看一看贯穿在党的实践经验中的哲学思想是什么。想不到，周抗同志耐心地听完了我的想法后，兴奋地说："我完全赞成你的思路。"

没过多长时间，所党委在充分听取大家意见的基础上，把哲学所的改革方案敲定下来了。其中让我特别高兴的是，专门成立了一个毛泽东哲学思想研究室。后来，又任命我为研究室主任。这样，我就从马克思主义哲学一般原理的研究集中到"中国革命与毛泽东哲学思想"这一专业方向的研究上来。这是我的研究工作和人生道路上的一个重要转折点。后来，我给研究生先后讲的"毛泽东与近代中国""毛泽东与当代中国"等课程，就是在这样的研究基础上形成讲稿的。这些讲稿后来加上"毛泽东与毛泽东后的当代中国"，形成"毛泽东研究三部曲"在福建人民出版社出版后，受到读者的广泛好评，一版再版又多次印刷，并在1998年获第11届中国图书奖。

历史就是这样，说变就变。我专注于毛泽东研究的时候，这门学问不是显学，但我出版毛泽东研究著作的时候，却是"毛泽东热"的时候。

二

“毛泽东研究三部曲”是由《毛泽东与近代中国》《毛泽东与当代中国》《毛泽东与毛泽东后的当代中国》三本书组成的，但这三本书不是在同一时间出版的。

第一本出版的是《毛泽东与当代中国》，时间是1991年，1997年再版，两版共印了4次；第二本出版的是《毛泽东与近代中国》，时间是1994年，1997年再版；第三本出版的是《毛泽东与毛泽东后的当代中国》，时间是1997年。如果从1991年算起，到今年已经有22个年头了；如果从三本书合成一套出版算起即从1997年算起，到今年也有16个年头了。

为什么要讲这个问题呢？因为为这次再版，我把这三本书从头到底读了一遍，感到十分欣慰的是，经过那么长时间，这套书的基本观点站住了，依然没有过时。福建人民出版社的李天兵先生作为编辑，读了之后，和我有同样的感觉。我们在电话里谈到这个同感，都很高兴。

我们都知道，时间对于学术研究中形成的观点来说，是一个很重要的考验。这部著作的许多重要观点，应该讲基本上站住了。比如关于近代以来中国要解决的基本问题，当年许多人认为是“救亡和启蒙”，我在研究中认为中国要解决的问题，一是“救亡”，二是“发展”。为了救亡就要进行反帝反封建的革命，革命胜利后就要集中力量解决中国的发展问题。至于“启蒙”，也很重要，但不是同“救亡和发展”并列的，是围绕“救亡和发展”展开的思想解放运动。中共十五大报告对这个问题作了深刻而又科学的阐述，指出：“鸦片战争后，中国成为半殖民地半封建国家。中华民族面对着两大历史任务：一个是求得民族独立和人民解放；一个是实现国家繁荣富强和人民共同富裕。前一个任务为后一个任务扫清障碍，创造必要的前提。”读到党代会报告这个论断，我非常高兴，因为我关于近代中国要解决的基本问题是救亡和发展这两个问题，和中央的精神是一致的，基本上站住了。

三

在这次再版“毛泽东研究三部曲”的时候，我和出版社的同志商定，原则上要忠实于历史，除了文字上的订正外，对原书不做大的修改，必要的修改要通过注释做说明。

有些必要的增补，在注释中解决不了的，就在这里做一个说明。

一是，在全书前面加了一个“总序”。原来这三本书各有一个序言，都是我的导师周抗抱病握笔、反复推敲写成的，反映了他老人家的思考和思想，再版时全部保留了。这次增加一篇总序，主要是考虑把“马克思主义中国化”这条贯穿这三本书的主线明确的点出来，同时集中讲一下毛泽东提出这个问题的由来及其要义。

二是，在《毛泽东与近代中国》第六章讲党的建设思想时，在原来所写的思想建设基础上，增写了毛泽东关于“着重从思想上建设党”的重要思想，并把原来的“党的‘四大建设’”小标题改为“‘伟大的工程’及其四大建设”。这些思想和提法，原来就有，但不突出，比如毛泽东把党的建设称为“伟大的工程”，原书中应用过，但没有在标题上点明。江泽民提出新时期党的建设是“新的伟大工程”，就是对毛泽东这一论断的运用和发展，所以这次特地把“伟大的工程”这一论断做在标题上了。至于毛泽东关于“着重从思想上建设党”的重要思想，原书中也一般地提到过，在研究“三个代表”重要思想的时候，我深深地体会到毛泽东这一建党思想的重要性，在原来研究的基础上深化和细化了这一问题的研究，所以，在这次修订时感到有必要把毛泽东这一思想突出出来，把这几年的研究成果充实进去。这是需要说明的。

三是，在《毛泽东与近代中国》第四章讲毛泽东关于“农村包围城市，最后夺取全国政权”这一独特的革命道路时，原来的重点是讲毛泽东开辟农村根据地，走“农村包围城市”道路，这次增加了毛泽东在“最后夺取全国政权”问题上的贡献。也就是说，毛泽东开辟的“农村包围城市、最后夺取全国政权”这一独特的革命道路，由“农村包围城市”

和“最后夺取全国政权”两个方面的思想组成的。只有把这两个方面的思想讲全了，才能真正说明这条道路对中国革命胜利无比巨大的历史性贡献。因为，这几年我在研究协商民主的时候，注意到毛泽东关于“夺取全国政权”的思想，包括了“武装推翻旧政权”和“民主建立新政权”这两个方面的重要思想，在“民主建立新政权”的思想中又包括了通过协商民主建立新中国的特点。应该讲，毛泽东的这些思想对于我们今天探索民主政治建设是很有意义的，所以在修订时增加了这方面的内容。这也是需要说明的。

四是，在《毛泽东与当代中国》第七章阐述毛泽东的“民族统一论与民族独立论”时，加了一个附录《民族英雄毛泽东》。这是我在庆祝中华人民共和国成立60周年时写的一篇论文，集中论述了毛泽东一生为中华民族伟大复兴所作出的杰出的不可磨灭的贡献。

从这些增补中，我们可以体会到，毛泽东研究不能简单地看作是历史的研究，它同时也是现实的研究。也就是说，毛泽东思想对我们今天的实践确实具有极其重要的指导作用。我们希望这套书的再版，能够给朋友们提供更多的新启示，更好地为今天建设中国特色社会主义作出我们的贡献。

作　者

2013年11月26日于北京昆玉河畔